Kohlhammer

Religionspädagogik innovativ

Herausgegeben von

Rita Burrichter
Bernhard Grümme
Hans Mendl
Manfred L. Pirner
Martin Rothgangel
Thomas Schlag

Band 51

Die Reihe „Religionspädagogik innovativ" umfasst sowohl Lehr-, Studien- und Arbeitsbücher als auch besonders qualifizierte Forschungsarbeiten. Sie versteht sich als Forum für die Vernetzung von religionspädagogischer Theorie und religionsunterrichtlicher Praxis, bezieht konfessions- und religionsübergreifende sowie internationale Perspektiven ein und berücksichtigt die unterschiedlichen Phasen der Lehrerbildung. „Religionspädagogik innovativ" greift zentrale Entwicklungen im gesellschaftlichen und bildungspolitischen Bereich sowie im wissenschaftstheoretischen Selbstverständnis der Religionspädagogik der jüngsten Zeit auf und setzt Akzente für eine zukunftsfähige religionspädagogische Forschung und Lehre.

Katharina Wanckel

Wie Religionslehrkräfte von ihrem Religionsunterricht erzählen

Orientierungen angesichts von Umbruchs-situationen

Verlag W. Kohlhammer

Zgl. Lüneburg, Leuphana Universität, Dissertation 2020
Promotion zum Thema: „Religionsunterricht zwischen ‚Sternstunden' und Problemfach. Orientierungen von Religionslehrkräften an niedersächsischen Grundschulen angesichts avisierter Reformbestrebungen"

Herzlichsten Dank
den Lehrkräften und Schulleitungen für ihre Offenheit und Zeit, Prof.in Dr.in Hanna Roose für ihr Vertrauen und ihre wertvollen Ratschläge, meinen Mitstreiter*innen für ihre Gedanken und Aufmunterungen und meinem Freundeskreis, meiner Familie und Julian für die liebevolle und unterstützende Begleitung, ohne die ich es nicht geschafft hätte!

1. Auflage 2022

Gesamtherstellung: W. Kohlhammer GmbH, Stuttgart

Print:
ISBN 978-3-17-042482-1

E-Book-Format:
pdf: 978-3-17-042483-8

Inhaltsverzeichnis

1 Hinführung

1.1 Problemaufriss und forschungsleitendes Interesse

> *„hier in der Klasse habe ich glaube ich zwei getaufte Christen, und 70 Prozent mindestens Muslime auch mehr mehr oder weniger gläubig; aber es ist halt ja (.) es verändert sich ganz doll; [...] gerade hier an der Schule, ne, und das ist für mich gerade schwierig; weil (.) ich nicht die klassische Religionslehrerin bin °mach/° wir haben zwei Stunden pro Woche, und da mache ich auch entweder ganz viel Klassenrat oder ganz viel ähm soziale Themen"*
>
> [Lehrkraft im Interview, 2016]

Es vollzieht sich ein stiller gesellschaftlicher Umbruch. Religiöse Praxis verliert an gesellschaftlicher Relevanz und institutionelle Bindungen lösen sich zusehends auf. Zugleich treten neue(re) Religionen zu den etablierten hinzu. Wie erleben Religionslehrkräfte im Kontext dessen ihren alltäglichen Religionsunterricht? Welche Konstruktionen von Unterrichtswirklichkeit zeigen sich in ihren Erzählungen über ihre Praxis? Welchen impliziten Logiken folgen Lehrkräfte in ihren (Sprech-)Handlungen und wie nehmen sie die Schüler*innen wahr, die an ihrem Unterricht teilnehmen?

Vor dem Hintergrund einer zunehmenden Vervielfältigung gesellschaftlicher Lebensformen liegt in Forschungskontexten die These nahe, religiöse Heterogenität als gegebene Strukturen von Ungleichheit anzunehmen. Infolgedessen kommt zuweilen die Frage nach der Sinnhaftigkeit und Rechtfertigung eines konfessionellen bzw. konfessionell getrennten Religionsunterrichts auf – die Spannung eines nominellen Unterrichts auf der einen Seite und einer vielfältig(er)en Schüler*innenschaft auf der anderen sucht nach Auflösung. Auf schulpolitischer Ebene wird durch Reformen der Konstitution des Faches versucht, diesen Herausforderungen zu begegnen. Auf alltagspraktischer Ebene geschieht dies jedoch im Unterricht und Schulablauf in erster Linie durch die Praxis der Lehrkräfte selbst – im Zusammenspiel mit den Schüler*innen.

Im Bundesland Niedersachsen werden derzeit schulpolitische Reformen angestrebt, den Religionsunterricht auch an Grundschulen in (formal) religiös homogeneren Lerngruppen zu erteilen: Den in Deutschland ‚herkömmlichen' Unterrichtsangeboten des evangelischen bzw. katholischen Unterrichts an der Grundschule werden zunehmend auch andere Unterrichtsangebote als Alternative an die Seite gestellt: Neben dem seit 2012 eingeführten islamischen Religionsunterricht läuft derzeit auch das Unterrichtsfach „Werte und Normen" im Modellversuch. Diese Form der steigenden Aufteilung des Klassenverbandes für die Zeit des Religionsunterrichts verfolgt das Ziel religiöser Bildung in formal homogen(er)en Lerngruppen. Die flächendeckende *Umsetzung* dieses sog. ‚Drei-Säulen-Modells' vollzieht sich dabei jedoch schleichend und ist durch Einflussfaktoren der schulischen Organisationslogik möglicherweise eingeschränkt: So titelt die LANDESZEITUNG FÜR DIE LÜNEBURGER HEIDE beispielsweise: *„Grundschüler lernen jetzt auch Werte und Normen [...] Doch woher kommen die Lehrer?"*[1] – vielerorts findet religiöse Bildung an Grundschulen tendenziell noch im Klassenverband statt. Der Religionsunterricht befindet sich dementsprechend derzeit in einer Umbruchssituation.

Die Schilderungen der Lehrkraft im Eingangszitat sind zwar möglicherweise extrem; dennoch veranschaulichen sie einige Aspekte, die die derzeitige Situation des evangelischen Religionsunterrichts nicht nur kennzeichnen, sondern auch das Forschungsinteresse der vorliegenden Arbeit gewissermaßen abstecken: Es stellt sich die Frage nach einer sich verändernden (formalen) Religionszugehörigkeit der Schüler*innenschaft und danach, woran Konfessionalität bzw. Religiosität der Schüler*innen überhaupt festgemacht werden kann („*getauft*", „*Christen*" / „*Muslime*", „*gläubig*"). Auch wird im Zusammenhang damit die Frage nach dem Verständnis eines „*klassische[n]*" Religionsunterrichts bzw. dem Bild einer „*klassischen Religionslehrerin*" relevant, dem jedoch anscheinend nicht mehr unbedingt entsprochen werden kann. Daran schließen sich Fragen an, wie Lehrkräfte mit diesen neuen Gegebenheiten individuell und alltagspraktisch umgehen. Dementsprechend sollen einige Aspekte (das Phänomen ‚religiöse Vielfalt' sowie Beobachtungen aus der Schulpraxis) noch einmal gesondert erörtert werden.

1.1.1 Zum Phänomen der „religiösen Vielfalt"

Angesichts des gesellschaftlich-religiösen Wandels wird mit den Schlagworten Vielfalt, Heterogenität oder auch Pluralität derzeit vielfach die Situation um den Religionsunterricht überschrieben.[2] Dabei beziehen sich diese Begriffe zum einen auf die Religionsunterrichtsformen europaweit, innerhalb Deutschlands

---

1 Seng 2019, 1.

2 Siehe dazu beispielsweise die Titel der jüngeren Sammelbände „*Religion unterrichten in Vielfalt. Konfessionell – religiös – weltanschaulich*" (hrsg. v. Eisenhardt et al. 2018), „*Religiöse Pluralität. Jahrbuch für konstruktivistische Religionsdidaktik 8*" (hrsg. v. Büttner et al. 2017), „*Konfessioneller Religionsunterricht in religiöser Vielfalt*" (hrsg. v. Pohl-Patalong et al. 2016), „*Wir sind alle ‚andere': Schule und Religion in der Pluralität*" (hrsg. v. Schluß et al. 2015). S. auch „*Religiöse Heterogenität im Religionsunterricht: Worauf wir achten und was verstärkt in den Blick treten sollte*" (Domsgen & Witten 2018), „*Religionsunterricht vor den Herausforderungen religiöser Pluralität*" (Klutz 2015) „*Schule im Spannungsfeld von religiöser und kultureller Pluralität*" (Dressler 2015).

sowie nicht zuletzt auch von einer Schule zur nächsten (Nachbar-)Schule.[3] Zum anderen fokussieren sie Merkmale der Schüler*innen selbst: Zur Erhebung von (religiöser) Vielfalt als Kennzeichen einer postmodernen Gesellschaft werden dabei zuweilen Differenzmarker wie religiöse, formale Zugehörigkeit, Lebensformen, religiöse Sozialisation bzw. Prägung, Kirchenbindung, Weltverständnis und Überzeugungen und andere Parameter herangezogen. Während sich einiges davon weniger abstrakt bestimmen lässt (wie die Sozialisation bzw. Lebensformen), zeigt sich eine mehr oder weniger formal *messbare* Vielfalt durch Migrationsprozesse, durch die u. a. der Islam bzw. muslimische Schüler*innen an Präsenz gewonnen haben[4] und gleichzeitig durch einen Rückgang der individuellen und gesellschaftlichen Bindungen an institutionelle Strukturen.[5] Infolgedessen stellt die Zugehörigkeit zu einer der beiden großen Kirchen in Deutschland nicht mehr den Normalfall dar, wie es in den 1950er Jahren zur Zeit der Entstehung des heutigen Religionsunterrichts noch der Fall gewesen ist.

Auch die Vervielfältigung innerhalb der einzelnen (Religions-)Gruppierungen stellt einen Aspekt zunehmender Pluralität dar, der mit BERNHARD DRESSLER auch als „*Prozess [der] wachsenden Ausdifferenzierung*“[6] in kultureller und sozialer Hinsicht bezeichnet werden kann. Die Vorstellung der Pluralisierung löst damit die einer Ablösung des religiösen Weltverständnisses durch ein säkulares, rationales ab, die die Diskussionen bis vor 20 Jahren bestimmte, was EVA-MARIA KENNGOTT in Bezug auf MAX WEBERS These der *Entzauberung der Welt* feststellt.[7] Die Frage, wie konkret sich diese Prozesse ausgestalten, muss jedoch religionssoziologisch erklärt werden.

---

3 Vgl. Pohl-Patalong 2018, 19f.

4 Die Zahl der Muslime in Deutschland wird derzeit auf knapp 5 Mio. geschätzt (6 % der Bevölkerung, vgl. REMID, Stand 2017), die sich aus unterschiedlichen Gruppierungen speist. Es ist bewusst, dass es sich bei der Begriffsnutzung ‚der Islam‘ um eine inhaltliche Verkürzung handelt, die hier jedoch teilweise aus sprachlichen und pragmatischen Gründen in den Kauf genommen wird. In diesem Zusammenhang ist zudem mit ROHE darauf verwiesen, dass nicht ‚der Islam‘ als Abstraktum ‚präsent‘ ist, sondern dass sich die Präsenz vielmehr auf die auf die in Deutschland lebenden Muslime bezieht (vgl. Rohe 2014, 14).

5 Als ‚konfessionslos‘ können derzeit ca. 25 Mio. Menschen, also 31 % der Bevölkerung bezeichnet werden (vgl. Schröder 2017, 36). Vgl. ebd. auch zum Rückgang der formalen Religionszugehörigkeiten: z. B. evangelisch (1950: 50,6 %, Westdeutschland, 2015: 27,1 %, West- und Ostdeutschland) und römisch-katholisch (1950: 45,8 %, Westdeutschland, 2015: 28,9 %).

6 Dressler 2015, 39.

7 Vgl. Kenngott 2015, 7 (in Bezug auf Weber 1992, 17).

1.1.2 *Beobachtungen zur Schulpraxis des Grundschul-Religionsunterrichts*

Die erwähnten gesellschaftlichen Voraussetzungen, nicht nur hinsichtlich der formal religiösen Vielfalt, schlagen sich auch in der schulischen Unterrichtspraxis nieder, denn – so KENNGOTT: *„Der Religionsunterricht findet nicht im luftleeren Raum statt, sondern vor dem Hintergrund solcher gesellschaftlicher Veränderungen, Selbstbeschreibungen und Diskurse.“*[8] Die theoretisch und empirisch fundierten Thematisierungen von Pluralität beziehen sich somit nicht nur auf Beschreibungen soziodemografischer Phänomene, sondern auch auf die (deutschlandweite) Situation des Religionsunterrichts an sich: Mit UTA POHL-PATALONG kann diese in erster Linie als *„überwiegend konfessionell und vielfältig zugleich“*[9] beschrieben werden. In ergänzender Betrachtung der Pluralität der Schüler*innenschaft innerhalb einer Konfession konstatiert sie überspitzt eine *„Lage vielfältiger Pluralität im nominell konfessionellen Religionsunterricht“*[10]. Nicht nur hinsichtlich einer deutschlandweiten Vielfalt an Unterrichtskonzeptionen, sondern vor allem auch hinsichtlich der Umsetzungen der formalen Vorgaben für die Praxis selbst entsteht auch *innerhalb* eines Bundeslands wie Niedersachsen ein breites Spektrum an Unterrichtsorganisationsformen und Unterrichtspraxen. Bedingt wird dies durch lokal-gesellschaftliche Gegebenheiten, durch Ressourcen und schulinterne Entscheidungsspielräume. Insofern ist ein erlasskonform erteilter Religionsunterricht[11] nicht (unbedingt) der Regelfall.

Hinsichtlich des Unterrichts*angebots* bildet das für Niedersachsen angedachte Nebeneinander von islamischem Religionsunterricht, dem (an der Grundschule neu eingeführten) Ersatzfach ‚Werte und Normen‘ sowie einem oder mehreren christlich geprägten Angeboten (evangelisch und/oder katholischer bzw. konfessionell-kooperativer Religionsunterricht) an den einzelnen Grundschulen momentan (noch) die Ausnahme. Insofern bleibt eine strikte Trennung der Schüler*innen ihrer formalen Religionszugehörigkeiten bzw. dem elterlichen Willen nach vorerst noch eine schulpolitische und kirchliche Vision.[12] Tendenziell scheint hier eher für den Status quo zuzutreffen, dass sich eine der christlichen Unterrichtsvarianten in den Stundentafeln findet, an manchen Schulen auch ein alternatives Angebot unterrichtet wird und der Religionsunterricht mit Ausnahmen der abgemeldeten Schüler*innen weiterhin vornehmlich im Klassenverband stattfindet; u. a. wird hier die Einrichtung des

---

8 Kenngott 2015, 18.

9 Pohl-Patalong 2018, 19; so auch Kenngott 2015, 10f.

10 Pohl-Patalong 2018, 20.

11 Siehe ausführlich dazu Kap. 2.4., S. 45ff.

12 Vgl. Pohl-Patalong 2018, 19f. und Kraft 2007, 84. Siehe ausführlich auch zu den gesetzlichen Regelungen, Kap. 2. Für die evangelische Zukunftsperspektive vgl. Gäfgen-Track 2014.

konfessionell-kooperativen Unterrichts teilweise als Synonym für einen Klassenverbandsunterricht gebraucht.[13]

Auf Ebene der Unterrichtsgestaltung schlussfolgert FRIEDHELM KRAFT dadurch Tendenzen eines „*Religionsunterricht ‚für alle' ohne christliches Profil*"[14]. Diese Form des Klassenverbandsunterrichts in der Grauzone wird außerdem durch Bemühungen vonseiten der Lehrkräfte und Schulleitungen begünstigt, Schüler*innen an der Grundschule tendenziell im Religionsunterricht zu halten und Abmeldungen abzuwenden. Die Gründe für diese Bestrebungen liegen häufig in einem Zusammenspiel aus den organisatorischen Herausforderungen, die nicht am Religionsunterricht teilnehmenden Schüler*innen betreuen zu müssen, einem grundschulpädagogisch-inklusiven Anspruch an gemeinsamem Lernen sowie der Tatsache, dass Grundschulreligionsunterricht häufig die erste und möglicherweise einzige Begegnung mit christlichen Inhalten sein kann, die allen Schüler*innen ermöglicht werden sollte. Von kirchlicher Seite wird dies formal durch die Öffnung des Konfessionsverständnisses von Religionsunterricht auch zunehmend gestattet und mitgedacht.[15]

Auch bei der schulisch organisierten Unterrichts*erteilung* zeigen sich Abweichungen von den derzeitigen Regelungen und Vorgaben und insofern signifikante Unterschiede von Schule zu Schule: KRAFT konstatiert u. a. Varianten zur erlasskonformen Erteilung des Religionsunterrichts im Schulalltag, wenn „*der Religionsunterricht im Falle einer angespannten Lehrerversorgung vielfach zugunsten von ‚Hauptfächern' gekürzt bzw. aus den Stundentafeln gestrichen wird*".[16] Auch steht der Religionsunterricht grundsätzlich vor der Herausforderung, dass in der Gesellschaft kein Konsens mehr darüber besteht, dass dieser seine Notwendigkeit hat. Deswegen würde eine Kürzung oder aber ein Ausfall von den Schulleitungen (mit der entsprechenden Entscheidungsmacht) eher toleriert.[17]

Insgesamt lassen sich sowohl innerhalb als auch außerhalb der gesetzlichen Vorgaben unterschiedliche Möglichkeiten beobachten, den Religionsunterricht schulisch und unterrichtlich zu gestalten. Für eine Weiterentwicklung des Religionsunterrichts, der sich gesellschaftlichen Voraussetzungen anpasst und diese mitzugestalten sucht, bedarf es neben intensiven theoretischen Reflexionen und

---

13 Vgl. Pohl-Patalong 2018, 20.

14 Kraft 2007, 85.

15 Vgl. aus evangelischer Perspektive das Kirchenamt der EKD 2014, 40. Auch von katholischer Seite sind in den letzten Jahren Bestrebungen erkennbar, die Öffnung konfessioneller (formaler) Homogenität bei den Schüler*innen zu berücksichtigen. Vgl. Sekretariat der Deutschen Bischofskonferenz 2016. Vgl. dazu Pohl-Patalong 2018, 22. S. ausführlich Kap. 2.2.

16 Kraft 2007, 83.

17 Vgl. Kraft (2007, 84) zitiert an dieser Stelle den damaligen Landesbischof Friedrich Weber (Bericht des Rates der Konföderation Evangelischer Kirchen in Niedersachsen, 2007). Er verweist hier auf die Entscheidungsmacht der Schulleitung, die u. a. im Zuge der Schulreform zur ‚Eigenverantwortlichen Schule' noch einmal gestiegen ist.

normativen Konzeptualisierungen auch konkrete Einblicke in den Religionsunterricht, wie er sich derzeit in der konkreten Praxis konstituiert. Mit diesem explorativen Forschungsvorhaben wird grundlegend erforscht, wie sich die alltägliche Situation des Religionsunterrichts in den Erfahrungen der Lehrkräfte gestaltet und wie in diesem Kontext Differenzen und Gleichheiten von Schüler*innen (überhaupt) relevant werden. Der Forschungsschwerpunkt liegt dabei auf der evangelischen Perspektive, die sich u. a. jedoch auch in der Erteilung konfessionell-kooperativen Religionsunterrichts wiederfindet.

1.2 Forschungsstand und zentrale Forschungsfragen

Mit diesen skizzierten veränderten (Rahmen-)Bedingungen, denen der Religionsunterricht an Schulen derzeit ausgesetzt ist (s. dazu ausführlich Kapitel 2.3), ist der Bedarf an empirischer Beforschung und Begleitung des Unterrichtsfaches gewachsen. Denn konfessionellem Religionsunterricht, d. h. religiöser Bildung im schulischen Kontext, wird zunehmend mit Skepsis und kritischen Anfragen begegnet, die sich *„nicht allein mit Hilfe theoretischer Annahmen oder Argumente beantworten lassen“*.[18] Empirische Befunde dienen dazu, den (konfessionell gebundenen) Religionsunterricht zu begründen, zu begleiten und zu verbessern. Dies betonte Klaus Wegenast bereits 1968 in seiner Forderung nach der viel zitierten *„empirischen Wende“*[19], mit der er die damalige *„Krise des Religionsunterrichts“*[20] durch empirisch gewonnene Befunde zu überwinden beabsichtigte. Obwohl es seitdem immer empirische Religionspädagogik gegeben hat, befindet sich diese laut Schröder doch erst *„seit gut zwanzig Jahren im Aufschwung“*[21] – nicht zuletzt auch unter dem Einfluss der florierenden empirischen Bildungsforschung, die aufgrund von PISA-Befunden bildungspolitisch stark vorangetrieben wurde.[22]

---

18 Schreiner & Schweitzer 2014, 11.

19 Wegenast 1968, zit. n. Kalbheim 2017. Diesen Begriff prägte zwar Wegenast innerhalb der Religionspädagogik, er beobachtet mittlerweile aber auch in der allgemeinen Erziehungswissenschaft *„eine fundamentale Veränderung in der politischen und didaktischen Reflexion von Schule und Unterricht in Deutschland“* (Kalbheim 2017, 1).

20 Mit *Krise* wird auf Diskrepanzen zwischen theoretischen Paradigmen und Alltagspraxis im Religionsunterricht Bezug genommen (vgl. Bucher 2000, 11).

21 Schröder 2014c, 95. So auch Schweitzer & Boschki 2018a: *„Instead [of using research results from other fields] religious education has more and more become willing and able to do its own research, in terms of historical, analytical and empirical research at different national and international levels“.*

22 Vgl. Schröder 2014c, 95; Kalbheim 2017. Dass empirischer Erkenntnisgewinn jedoch keinesfalls andere Formen der Theoriegenese verdrängen darf, hebt Schröder ebenfalls hervor: *„Das ist unangenehm und sogar unangemessen, wenn damit [mit dem Zugzwang zur empirischen Forschung in den Fachdidaktiken; Anm. K. W.] Geringschätzung oder Ausblendung anderer*

Gegenstand empirischer Religionspädagogik kann zum einen das tatsächliche Geschehen *im* Unterricht selbst sein, d. h. das lange Zeit vernachlässigte Teilgebiet der Religionsunterrichtsforschung.[23] Zum anderen können dazu auch Äußerungen *über* Unterricht der direkt daran Beteiligten beitragen, um auf diesem Wege Erfahrungen zu religionsunterrichtsbezogenen Einstellungen, (Ziel-)Vorstellungen, Präferenzen, Wahrnehmungen und auch – wie im vorliegenden Kontext – zu handlungsleitenden Orientierungen der Akteur*innen zu gewinnen. Neben Befunden zur Personengruppe der Schüler*innen[24] bilden die Lehrkräfte im Rahmen der empirischen Religionspädagogik *„schon seit längerer Zeit in theoretischer wie empirischer Hinsicht einen wesentlichen Fokus"*.[25] Auch die Eltern, die vor allem in den unteren Jahrgangsstufen ihre Kinder vom Religionsunterricht abmelden können, partizipieren damit (indirekt) am Religionsunterrichtsgeschehen, sind jedoch selbst kaum Gegenstand der Forschung, ebenso wenig wie die im vorliegenden Forschungskontext ursprünglich auch zu erforschende Instanz der Schulleitungen, die für die schulinterne Organisation verantwortlich ist.[26]

Die Forschungslandschaft empirisch-religionspädagogischer Befunde zu Lehrkräften der letzten 20 Jahre[27] zeigt sich dennoch durchaus weitläufig: Neben

Arbeitsweisen verbunden ist (wie es mir in der Erziehungswissenschaft aufs Ganze gesehen der Fall zu sein scheint): der historischen etwa, der vergleichenden oder der systematisch-hermeneutischen Theoriebildung" (2014c, 95).

23 Vgl. Schweitzer 2008b, 62; Pirner & Schwarz 2017, 3. Vgl. zu aktueller Unterrichtsforschung u. a. die Beiträge in den englischsprachigen Überblicksbänden mit europäisch-vergleichender Perspektive von Schweitzer & Boschki (2018b) und ter Avest et al. (2009), sowie den Überblicksband Schambeck & Riegel 2018. Vgl. exemplarisch Keiser 2020, Roose 2019, Englert, Hennecke & Kämmerling 2014; Dressler, Klie, & Kumlehn 2012, Fischer, Elsenbast & Schöll 2003.

24 Vgl. u. a. Knauth, Leutner-Ramme & Weiße 2000; Bucher 2001; Pohl-Patalong, Boll, Dittrich, Lüdtke & Richter 2017.

25 Rothgangel 2014, 165.

26 Vgl. die Befunde in Schweitzer & Biesinger 2002; Kuld, Schweitzer, Tzscheetzsch & Weinhardt 2009. Diese Studien haben die bisherigen Perspektiven von Lehrkräften und Schüler*innen um die Blickwinkel der Eltern und Schulleitungen (und Klassenlehrkräften) ergänzt. Vgl. zu Begründungen und Veränderungen des Studiendesigns über den Forschungsprozess hinweg die Reflexion am Ende dieses Kapitels (Kap. 1.3, S. 23ff.) und in Kapitel 3.3.3, S. 72f.

27 Für einen Überblick über weitere Gegenstandsbereiche religionspädagogischer Forschung außerhalb des schulischen Raums vgl. Schreiner & Schweitzer 2014. Der vorliegende Forschungsüberblick bezieht einschlägige Studien von 1999–2019 mit ein und beschränkt sich auf den deutschen Raum; für einen Überblicküber schweizerische sowie österreichische Studien vgl. Kießling, Günter & Pruchniewicz 2018, 55–59; Klutz 2015, 44–52. Für den Zeitraum vor 1999 findet sich eine Zusammenfassung der Befunde bei Lück 2002, 198–230.

einer Zunahme an international ausgerichteten Vergleichsstudien (z. B. im Rahmen des REDCo-Projekts)[28] ist besonders in den letzten Jahren die Forschungstendenz zu erkennen, den konfessionellen Religionsunterricht vor dem Hintergrund gesellschaftlich-religiöser Pluralisierungsprozesse zu betrachten; ebenso wie eine Tendenz, spezifische Organisationsformen des Religionsunterrichts zu analysieren bzw. zu evaluieren. Insbesondere auf den spezifischen Forschungsbereich der Lehrkräfteforschung trifft die These Beiers, Hellers & Wermkes zu, dass *„Religionsunterricht offensichtlich insbesondere dort erforscht wird, wo neue Modelle eingeführt wurden und/oder wo er bildungspolitisch, kirchlich oder gesellschaftlich umstritten ist“.*[29] In diese Forschungstendenzen reiht sich auch die vorliegende Arbeit ein, doch den Fokus möchte ich auf die Grundschule sowie auf das handlungsleitende – implizite – Wissen der Lehrkräfte legen und damit zentrale Fragestellungen vor dem Hintergrund wandelnder Organisationsformen beantworten. Die im Folgenden vorgestellten Befunde sind in Anlehnung an Rothgangel[30] sowie entlang des vorliegenden Forschungskontexts strukturiert.[31]

1.2.1 *Studien zu bundeslandspezifischen Modellen des Religionsunterrichts*

Die Erforschung spezieller Organisationsmodelle von Religionsunterricht erfolgt hauptsächlich lokal für ein bestimmtes Bundesland – dies gründet vor allem in der großen Vielfalt der Modelle deutschlandweit in Folge der Kulturhoheit der Länder. Für das Organisationsmodell ‚konfessionell-kooperativer Religionsunterricht‘ liegen sowohl Befunde für Baden-Württemberg als auch für Niedersachsen vor. Vor der offiziellen Einführung (in Baden-Württemberg) haben sich Schweitzer & Biesinger dieser Unterrichtsform 2002 in einem umfassenden Forschungs- und Entwicklungsprojekt mehrperspektivisch gewidmet (in

---

28 Van der Want, Bakker, ter Avest & Everington 2009, vgl. auch Ziebertz & Riegel 2009.

29 Beier, Heller & Wermke 2014, 155. Interessanterweise müssen die Autor*innen diese Aussage später dahingehend revidieren, dass diese nicht auf die wenig beforschten Unterrichtsmodelle zutrifft, welche nicht dem Artikel 7,3 GG entsprechend erteilt werden (zum Beispiel „Biblische Geschichte“ in Bremen oder die freiwilligen Unterrichtsangebote in Brandenburg und Berlin).

30 Vgl. Rothgangel 2014.

31 Es ist möglich, dass Studien sich mehreren Schwerpunkten zuordnen lassen, in diesem Falle wurde die jeweilige Studie dem vordergründig thematisierten Schwerpunkt zugeordnet. Überdies soll hier auf eine Religionslehrer*innenstudie verwiesen werden, die sich diesen Schwerpunkten nicht zuordnen lässt: In einer Fallstudie im Rahmen ihrer Habilitationsschrift geht Silke Leonhard (2018) der Forschungsfrage nach, wie religionspädagogisch professionelles Handeln sich im Umgang mit Kontingenzerfahrungen strukturiert (vgl. Leonhard 2018, 135).

Form von Konzeptionen, Unterrichtsbeobachtungen und Gesprächen mit Schüler*innen, Lehrkräften, Eltern, Schulleitungen und Klassenlehrkräften). Die Befunde zu den Lehrkräften lassen sich insofern zusammenfassen, dass *„konfessionelle Kooperation eine gewinnbringende Herausforderung ist. Wenn sich Lehrerinnen und Lehrer auf die konfessionelle Kooperation einlassen, entstehen Wahrnehmungs- und Diskursebenen, die auch für die eigene Identität und Kompetenz wirksam werden"*.[32] Dabei wäre es sinnvoll – so die Beobachtungen zu den Aussagen der Lehrkräfte – vielfältige Formen der Kooperation einzugehen (S. 193).

Zusätzlich zu dieser konzeptionellen, qualitativen Grundlagenforschung wurden auch breiter angelegte, quantitative Studien in den jeweiligen Bundesländern durchgeführt; für den niedersächsischen Raum stellten FEIGE, DRESSLER, LUKATIS & SCHÖLL (2000)[33] ebenfalls vor offizieller Modelleinführung in ihrer groß angelegten und viel rezipierten Religionslehrer*innenstudie eine prinzipielle Offenheit von knapp der Hälfte der Befragten gegenüber konfessionell-kooperativen Unterrichtsformen wie dem *Team-Teaching* fest. Hinsichtlich der Lerngruppenzusammensetzung bevorzugt die Mehrheit jedoch eher den Klassenverband, wohingegen ein konfessionell getrennter Unterricht wesentlich geringere Zustimmung erfährt (S. 314–326). Neben den Einstellungen zu ökumenischen Kooperationen bietet die Studie u. a. einzigartige und im vorliegenden Forschungskontext relevante berufsbiografisch fokussierte Einzelfallanalysen. Dazu wurde u. a. die je fallspezifisch rekonstruierte *„gelebte"* Religion in ein Verhältnis zu den individuellen Darstellungen der *„gelehrten"* Religion gesetzt (S. 202). Zudem konnte eine *„hohe Identifikation"* mit dem Fach bei einer gleichzeitig über die Bedingungen *„klagenden Minderheit"* konstatiert werden (S. 452). Auch für Baden-Württemberg wurden von FEIGE & TSCHEETZSCH (2003)[34] bereits vor der Einführung der konfessionellen Kooperation – mit gleichem Fragebogen wie in Niedersachsen – quantitative Lehrer*innenbefragungen durchgeführt, um ebenfalls Einstellungen der Lehrkräfte zu konfessioneller Kooperation zu ermitteln, wobei auch hier das Votum zugunsten eines Religionsunterricht im Klassenverbund ausfällt und dennoch lässt sich eine *„Präferenz für Möglichkeiten zur Wahrung der konfessionellen Identität"*[35] feststellen.

Nach einigen Jahren konfessionell-kooperativen Religionsunterrichts in Baden-Württemberg (KRU) evaluieren KULD et al. (2009) diesen triangulativ und mehrperspektivisch, indem sie die Wahrnehmung der Schüler*innen, Lehrer*innen, Schulleitungen und Eltern erheben sowie Unterrichtsbeobachtungen und Vergleichstests durchführen. Die Lehrkräfte ziehen ein positives Fazit zum

---

32 Schweitzer & Biesinger 2002, 194, zit. nach Rothgangel 2014, 169.

33 Feige, Dressler, Lukatis, & Schöll 2000. Auf dieser Studie wurde später aufbauend eine weitere Studie veröffentlicht, die die dort genannten Forschungsdesiderate aufgreift und bearbeitet, vgl. Dressler, Feige & Schöll 2004.

34 Feige & Tzscheetzsch 2005.

35 Feige & Tzscheetzsch 2005, 57.

KRU (S. 169), denn die „*Zusammenarbeit im Team wird trotz Mehraufwand praktisch von allen als Bereicherung und Gewinn erlebt; [...] sie vermag zum Vorbild kollegialer Zusammenarbeit an Schulen, bisweilen sogar zum Motor von Schulentwicklung zu werden*".[36] Auch bei den Schulleitungen und Eltern stößt der KRU auf positive Resonanz, denn die Schulleitungen verweisen hauptsächlich – entgegen den Erwartungen der Autoren – auf schulpädagogische, teils religionspädagogische und weniger auf organisatorische Motive (S. 195). Die Eltern hingegen heben hervor, dass ihre Kinder den Unterricht durch die Klassenlehrerin, besonders in den ersten zwei Jahrgängen, als positiv erleben (S. 198).

Auch in Niedersachsen erfolgte jüngst eine Evaluation des konfessionell-kooperativen Religionsunterrichts von Gennerich & Mokrosch (2017)[37] mit dem Ziel, Möglichkeiten für dessen Ausweitung (hier: KKRU) auf religions-kooperative Unterrichtsformen auszuloten. Mit Fokus auf Praxis und Wirkung[38] des KKRUs aus Perspektive der Lehrer*innen war das Datenmaterial sowohl quantitativ (Fragebogenstudie aus 2005/06) als auch qualitativ (Interviewstudie aus 2015/16). Die Studie zeigt, dass Religion vielfach in gemischten Lerngruppen über die Konfessionsgrenzen hinweg unterrichtet wird (S. 63f.), bei mehr als der Hälfte der befragten Lehrkräfte sogar im Klassenverband (S. 64) und dass die Kooperationen vor allem projektbezogen sind (z. B. in Form von Schulgottesdiensten, S. 63f.). Darüber hinaus konnte festgestellt werden, dass unterrichtliche Zielvorstellungen mehr angesichts des Gemeinsamen der Konfessionen und weniger auf dem Trennenden liegen (S. 68). Insgesamt wird der Modellversuch, wie auch in Baden-Württemberg, überwiegend positiv beurteilt (S. 78), wobei einer Integration von islamischem und jüdischem Unterricht innerhalb dieser Kooperation eher zurückhaltend begegnet wird.

Jenseits der Begleitung bildungspolitisch eingeführter Unterrichtsmodelle werfen Hütte & Mette (2003)[39] einen alltagspraktischen Blick auf die offiziell nicht vorgesehene, aber an Schulen *de facto* häufig (in der gesetzlichen *Grauzone*) stattfindende Praxis des Religionsunterrichts im Klassenverband.[40] Anhand qualitativer Interviews wollen sie die konkreten Erfahrungen damit, das *Wie* des Unterrichts sowie die Gründe für die Einrichtung erforschen. Schulformenübergreifend liegen die Gründe für das Unterrichten im Klassenverband tendenziell

---

36 Kuld et al. 2009, 168.

37 Gennerich & Mokrosch 2016.

38 Der Versuch einer Wirkungsanalyse des KKRUs ist ein Alleinstellungsmerkmal der Studie, jedoch soll in Anlehnung an Schweitzer (2017a, 186) auf die (methodologisch-methodische) Problematik verwiesen werden, die Wirksamkeit von Unterricht anhand von Aussagen der Lehrkräfte messen zu wollen.

39 Hütte & Mette 2003.

40 Dem Klassenverbandsunterricht widmet sich auch die Studie von Asbrand (2000), die gemeinsam stattfindenden Religionsunterricht aus konzeptionellen Gründen beobachtet, um dadurch eine grundschulpädagogische Didaktik für den Religionsunterricht im Klassenverband zu entwickeln.

nicht in der organisatorischen Erleichterung, sondern eher im (religions-)pädagogischen Anspruch, einer verändert aufwachsenden Schüler*innenschaft eine (Erst-)Begegnungen mit Religion, Kirche und Glaube zu ermöglichen (S. 230f.).[41] In den Interviews ist eine implizite Didaktik erkennbar, bei all den Bemühungen, das allen Menschen „*transzendental*" Gemeinsame hervorzuheben und die zwischen den Konfessionen bestehenden Differenzen zu vernachlässigen (S. 232f.).[42]

1.2.2 *Studien zum Religionsunterricht und Herausforderungen durch religiöse Vielfalt*

Zwar ist das Phänomen einer religiös heterogeneren Gesellschaft keineswegs neu, dennoch scheinen sich empirische Studien erst in den letzten Jahren vermehrt mit Fragen des Religionsunterrichts vor dem Hintergrund dieses gesellschaftlichen Wandels zu beschäftigen. So erforschen sowohl POHL-PATALONG, WOYKE, BOLL, DITTRICH & LÜDKE[43] im schleswig-holsteinischen Raum als auch ROTHGANGEL, LÜCK & KLUTZ[44] für den Raum der Evangelischen Kirche im Rheinland Perspektiven von Lehrkräften auf den aktuellen Religionsunterricht, um Aussichten und Handlungsempfehlungen für die Zukunft zu formulieren. POHL-PATALONG ET AL. fokussieren dabei die Größe ‚*religiöse Vielfalt*', wobei sie das Erleben und Gestalten des Religionsunterrichts durch die Lehrkräfte interessiert. Quantitative Befunde wurden an geeigneten Stellen mit Interviewausschnitten unterfüttert, indem nach der Wahrnehmung religiöser Vielfalt, dem unterrichtlichen Umgang damit, dem diesbezüglichen Kompetenzverständnis sowie nach den Zukunftsperspektiven gefragt wurde. Eines der Teilergebnisse ist, dass ‚religiöse Vielfalt' als zentraler Faktor im Unterrichtsalltag der Lehrkräfte wahrgenommen wird, wobei die Marker dafür ganz unterschiedlich sein können (Religion, Konfessionen, Kultur oder auch die Anwesenheit religionsferner Schüler*innen, S. 297). Gleichzeitig scheint aus Sicht der Lehrkräfte diese Vielfalt eher nicht als unvereinbar mit dem Konfessionalitätsprinzip des Unterrichts empfunden zu werden, wie dies in öffentlichen Diskursen häufig vertreten wird (S. 243).

Im Mittelpunkt der Studie von ROTHGANGEL ET AL. steht hingegen die Frage nach dem konkreten Religionsunterricht, um vor dem Hintergrund öffentlicher Diskussionen um die momentane Form des Religionsunterrichts diesbezüglich gesicherte Erkenntnisse über die tatsächlich stattfindende Schulpraxis zu erlangen. Neben der fruchtbaren Teilstudie von KLUTZ (2017), die im folgenden

41 Dies bestätigt für die konfessionell-kooperative Unterrichtsform auch die Studie von Kuld et al. (2009).

42 Vgl. hier die ähnlichen Befunde bei Gennerich & Mokrosch 2017.

43 Pohl-Patalong, Woyke, Boll, Dittrich & Lüdke 2016. Siehe hier auch die Anschlussstudie zur Schüler*innenperspektive: Pohl-Patalong, Boll, Dittrich, Lüdtke & Richter 2017.

44 Rothgangel, Lück & Klutz 2017.

Forschungsschwerpunkt der Grundschule thematisiert wird, konnten die Forschenden bedeutsame Erkenntnisse zu den vielfältigen Zielvorstellungen von Religionslehrkräften und ihrem konzeptionellen Denken gewinnen: Die im Fachdiskurs häufig angenommenen Dichotomien (z. B. christlich-religiöse *versus* ethisch-gesellschaftspolitische Ziele / Schüler*innenorientierung *versus* Bibelorientierung) bestätigen sich nicht anhand der (quantitativ erhobenen) Daten. Vielmehr sind die jeweiligen Pole eher verwoben (S. 38f., 114ff.). Bei den Unterrichtsformen wird am konfessionellen Charakter des Religionsunterrichts festgehalten, wobei eine weitere Öffnung erwünscht ist (S. 261).

Die Dissertation von Klutz (2015)[45] ist sowohl thematisch als auch methodologisch für den vorliegenden Forschungskontext relevant. Die Herausforderung, dass der Religionsunterricht in seiner konfessionellen Organisationsform vor dem Hintergrund religiöser Pluralisierung der Gesellschaft stellenweise „*an seine Grenzen zu geraten droht*" (S. 14), nimmt Klutz zum Anlass, an zwei betroffenen Schulen qualitative Gruppendiskussionen mit einer Lehrkräftegruppe sowie dem Schulgemeinschaftsausschuss durchzuführen. Mit der Rekonstruktion der kollektiven Orientierungen dieser Personengruppen zu ihrer religiösen Vielfalt und zum Religionsunterricht gelingt es der Studie, die Akzeptanz eines möglichen Religionsunterrichts für alle in gemeinsamer Verantwortung der Kirchen und Religionsgemeinschaften zu prüfen. Klutz schlussfolgert, dass den beiden Dimensionen *Religion* und *religiöse Vielfalt* im Schulalltag teilweise zu wenig Raum in Form von konzeptionalisierten Umgangsformen gegeben wird (z. B. „*Tendenz zur Harmonisierung*", S. 219). Zudem wird Religionsunterricht durch verschiedene schulinterne Faktoren sowie an ihn herangetragene Erwartungen verstärkt in die Randständigkeit verdrängt (S. 234f.). Auf eine generelle Zustimmung treffe eine Öffnung des Religionsunterrichts hin zu einem Religionsunterricht für alle (S. 247).[46]

Eine europäische Vergleichsstudie haben van der Want, Bakker, ter Avest & Everington (2009) vorgelegt – stellvertretend für Deutschland steht das Hamburger Modell des *Religionsunterrichts für alle.* Neben länderspezifischen Befunden wurde herausgefunden, dass jüngere Lehrer*innen tendenziell eher das Unterrichtsziel verfolgen, dialogische Kompetenzen sowie solche der Reflexion auszubauen, während ältere Lehrpersonen eher Wissen über Religionen vermitteln möchten. Insgesamt hat die biografische Erfahrung im Leben der Lehrer*innen

45 Zwar erforscht die Studie (Klutz 2015) Schulen und Lehrkräfte in Wien und fällt insofern streng genommen nicht in das eigene Forschungsgebiet. Dennoch wird sie hier berücksichtigt, da der vorliegende Forschungskontext anschlussfähig an die methodologischen Grundlagen sowie Fragestellungen der Studie von Klutz sind.

46 Auch in dieser Studie finden sich Tendenzen der Nivellierung von Differenzen, wenn die Befragten nach einem Religionsunterricht für alle befragt werden (S. 247), wie beispielsweise auch bei Mette & Hütte 2003.

einen größeren Einfluss auf die Unterrichtsziele und -strategien als die konkrete Ausbildung selbst („*teacher training*", S. 126).

1.2.3 *Studien zum Religionsunterricht an der Grundschule*

Einige der bislang genannten Studien liefern Teilergebnisse zum Religionsunterricht an speziellen Schulformen; von denen werden nun solche vorgestellt, die sich hauptsächlich auf den spezifischen Kontext *Grundschule* beziehen. Diese besondere *inklusive* Schulform besuchen alle Schüler*innen und der Religionsunterricht bedeutet dort für alle Anfangsunterricht. ENGLERT & GÜTH (1999)[47] betrachten dabei den katholischen Grundschulreligionsunterricht, wohingegen LÜCK (2003)[48] auch erste Befunde auf evangelischer Seite vorstellt. Beide Studien nutzen (fast ausschließlich) quantitative Daten und zielen u. a. auf Präferenzen und Zielvorstellungen ab. Die Befunde von ENGLERT & GÜTH bestätigen zunächst den Religionsunterricht als „*Domäne der Frauen*" (S. 31) und weisen signifikante Altersdifferenzen hinsichtlich der Unterrichtsintentionen (S. 79), Kirchenbindung (S.36) sowie der Einstellung zum Konfessionalitätsprinzip nach (S. 95). Insgesamt nehmen die Lehrkräfte durchaus eine veränderte Schüler*innenschaft wahr (S. 67ff.), wobei sie sich gleichzeitig durch ein hohes Maß an Orientierung bei den Bedürfnissen des Kindes auszeichnen (S. 170). Die Arbeitsbedingungen schätzen die Lehrkräfte dabei als schwieriger ein, wobei die Berufszufriedenheit dennoch hoch ausfällt (S. 166f.). Nach LÜCK (2003) stellt hingegen ein Religionsunterricht in konfessionell getrennten Gruppen von Klasse 1–4 *de facto* eine Ausnahme dar, denn besonders in den unteren Klassen wird verstärkt ökumenisch, häufig auch im Klassenverband unterrichtet (S. 42ff.), was vor allem pädagogisch, teilweise auch organisatorisch begründet wird (S. 55). Diese aktuelle Praxis spiegelt sich auch in Tendenzen des Votums für solche Organisationsmodelle wider: So stimmt die Mehrzahl der Befragten für einen ökumenischen Unterricht oder eine an die Klassenstufen angepasste Mischform (konfessionell getrennter RU erst ab Klasse 3, S. 72). Der Vorschlag zur Teilnahme an einem Alternativfach (wie z. B. Ethik o. ä.) für die Schüler*innenschaft, die vom Religionsunterricht abgemeldet ist, erfährt eine hohe Zustimmung (S. 98), wohingegen dem Ersatz durch einen islamischen Religionsunterricht zurückhaltender begegnet wird (S. 102).

Die jüngere Studie von KIEßLING, GÜNTER & PRUCHNIEWICZ (2018)[49] untersucht Ansichten und Erfahrungen von katholischen Lehrkräften mit einem Religions-

---

47 Englert & Güth 1999.

48 Lück 2003.

49 Die Befunde von Kießling, Günter und Pruchniewicz (2018) stellen eine Art Ergebnisvorschuss einer größer angelegten Studie dar, denn weitere Veröffentlichungen sollen auf Basis quantitativer Daten sowie Unterrichtsvideografien folgen.

unterricht in gemischten Gruppen an der Grundschule, der in Hessen genehmigungsbedürftige Praxis ist. Dabei wurde eruiert, inwiefern dieses Modell Chancen, aber auch Grenzen hat. Ähnlich der Befunde Lücks (2003) ergibt sich hier ein unterschiedliches Bild: Während für die Klassenstufen 1 und 2 eine Präferenz für konfessionell gemischte Gruppen bzw. für den Klassenverband besteht, plädiert man für die Klassenstufen 3 und 4 für konfessionell getrennte Gruppen (S. 95, 99). Im Hinblick auf die Unterrichtsinhalte scheint die konfessionelle Profilierung *„in konfessionell gemischten Lerngruppen sogar deutlich zutage zu treten“* (S. 126), was im Kontrast zu den Befunden anderer Forschungsarbeiten steht, nach denen ein gemeinsamer Unterricht vermehrt zu Nivellierungstendenzen von Unterschieden führt.[50]

Die einzige Studie zu Grundschulreligionslehrkräften, die sich nicht hauptsächlich explizit formulierten Einstellungen, Vorstellung und Präferenzen bzw. zählbaren Befunden zuwendet, ist die (Teil-)Studie von Klutz (2017).[51] Dort wurden die Gruppendiskussionen mit evangelischen Grundschullehrkräften rekonstruktiv ausgewertet. Danach wird der Religionsunterricht im Spannungsfeld seiner prägenden *Offenheit* und den konfrontierten *Distanzierungen* erlebt – Offenheit zeigt sich u. a. im Verständnis eines einladenden Charakters des Unterrichts gegenüber allen Kindern, die Distanzierungen ergeben sich u. a. in Form von Kritik aus Reihen andersgläubiger Eltern oder extremer Glaubensgruppen (S. 245f.). Auf der Ebene der schulischen Organisation wird dem Religionsunterricht ein fragiler Charakter zugeschrieben, weil seine Selbstverständlichkeit oder Notwendigkeit angezweifelt wird (S. 246). Dass sich die Lehrer*innen dabei dezidiert an den Schüler*innen hinsichtlich der Unterrichtspraxis und -ziele orientieren (S. 247), bestätigt sich anhand der Ergebnisse der anderen Teilstudien.[52]

1.2.4 Forschungsdesiderat und Forschungsfragen

Zwar lässt sich hier hinsichtlich des Forschungsstands kein Anspruch auf Vollständigkeit erheben, dennoch zeigt dieser zum einen, dass der Religionsunterricht in Deutschland derzeit – mit den Worten Schweitzers – *„nicht nur in der Theorie, sondern gerade in seiner Praxis in einer Grundspannung steht, die als nicht auflösbar bezeichnet werden könnte: Festhalten an einem konfessionell gebundenen Religionsunterricht einerseits und Unterricht im Klassenverband andererseits“*.[53] An diesem Ausgangspunkt setzt die vorliegende Studie thematisch an. Anhand des

---

50 Vgl. zum Beispiel Hütte & Mette 2003.

51 Klutz 2017.

52 Vgl. Lück 2017, 114, auch Rothgangel 2017.

53 Schweitzer 2017a, 189.

Forschungsstands zeigt sich zum anderen, dass den aktuellen Fragen und Herausforderungen des Religionsunterrichts in der Lehrkräfteforschung hauptsächlich mit quantitativen, weitaus weniger mit qualitativen Methoden nachgegangen wird; spärlich werden rekonstruktive Zugänge zur Erforschung dieser Thematik gewählt. Damit liegen zum Forschungsgegenstand vor allem zählbare Befunde, Einstellungen, Meinungen und Präferenzen der Lehrkräfte vor. Vernachlässigt (mit Ausnahme der Studien KLUTZS) wurde bislang jedoch das (implizite) handlungspraktische Wissen der Lehrkräfte.[54] Diese besondere Wissensform, die Orientierungen, die ihre (berichteten) Erfahrungen strukturieren sowie ihr Handeln leiten, sind Gegenstand der vorliegenden Arbeit, wobei auch der Raum Niedersachsen mit seinen offiziellen Vorgaben sowie seiner religiösen Vielfalt an Schüler*innen berücksichtigt wird. Leitend sind für diese empirische Studie folgende Fragestellungen:

- Wie erzählen die Lehrkräfte von ihrem Religionsunterricht? Welche konkreten Unterrichtssituationen werden beschrieben und wie werden diese gedeutet?
- Welche Rolle spielen Organisationsformen von Religionsunterricht?
- Wie kommen die Schüler*innen darin vor?
- Wie kommen Unterrichtsinhalte darin vor?

1.3 Zum Forschungsprozess – eine kurze Reflexion

Die vorliegende Monografie ist das Ergebnis eines mehrjährigen Forschungsprozesses, der im Folgenden nun knapp reflektiert wird. Das Ziel ist es dabei, zentrale Herausforderungen, Entscheidungen und Anpassungen während dieses Prozesses transparent zu machen. Vor dem Horizont dessen ist auch der Aufbau der Arbeit (Kap. 1.4) zu lesen, da dieser bereits das Ergebnis dieses Forschungsprozesses darstellt. Schwerpunktmäßig fokussiere ich mich auf die folgenden drei Aspekte: den Gegenstand der Forschung, die Einübung in die dokumentarische Interpretationspraxis und die ‚Art' und Form der Ergebnisse.

Der Gegenstand der Forschung: Während des Forschungsprozesses haben sich entscheidende Anpassungen des Ausgangsstudiendesign sowie des Fokus der Forschung ergeben. Zu Anfang hatte ich beabsichtigt, die Perspektiven der drei am Religionsunterricht beteiligten Personengruppen der Lehrkräfte (unterrichtend), der Schulleitungen (unterrichtsorganisierend) sowie die Eltern (ihr Kind potenziell abmeldend) zu rekonstruieren. Damit sollten diesbezügliche Wahr-

---

54 Eine weitere Ausnahme bildet hier die Studie von Anke Holl (2011), die Orientierungsrahmen von Lehrkräften an Schulen in evangelischer Trägerschaft rekonstruierte. Diese fokussiert jedoch nicht in erster Linie den Religionsunterricht an sich, sondern das Selbstverständnis der dort arbeitenden Lehrkräfte.

nehmungen und Erfahrungen mit dem Religionsunterricht mehrperspektivisch betrachtet werden. Jedoch zeigte sich recht schnell, dass die Erarbeitung und Durchführung dreier verschiedener Interviewsets durch den aufwendigen Datenerhebungs- und Auswertungsprozess nicht zu leisten war. An dieser Stelle habe ich mich dagegen entschlossen, die Eltern als Akteur*innengruppe mit in das Sample aufzunehmen. Dementsprechend wurden lediglich Interviews mit Lehrkräften und Schulleitungen geführt und dementsprechende Daten generiert. Doch musste ich mich im Laufe des fortschreitenden Auswertungsprozesses auch gegen die geführten Interviews mit Schulleitungen als Datengrundlage entscheiden; zum einen aus Gründen der zur Verfügung stehenden (zeitlichen) Ressourcen und zum anderen war es mir nicht möglich, die forschungslogische Hürde zu nehmen, in welches Verhältnis diese nun zueinander zu stellen wären. Denn eine trennscharfe Kontrastierung beider Perspektiven hätte wohl nur über die Gegenüberstellung zweier unabhängig entwickelter Typologien funktioniert, um an valide gruppen*typische* Ergebnisse zu gelangen. Die Datengrundlage hat dies hingegen nicht hergegeben. Diese Form der notwendigen Verschlankung des Samples hat mir nun jedoch eine intensive tiefgehende Auseinandersetzung mit der Perspektive der Lehrkräfte ermöglicht.

Überdies hat sich der Fokus der Forschung verschoben: Das Forschungsziel war zu Beginn des Forschungsprozesses, Einschätzungen von Akteur*innen aus der Praxis zu anstehenden Reformveränderungen einzuholen. Während des Forschungsprozesses wurde hingegen deutlich, dass die Datengrundlage viel eher einen indirekten Blick auf die Zukunft hergab, und zwar über die Gegenwart und über die handlungsleitenden Orientierungen der Lehrkräfte. Insofern fokussiere ich mich in der Arbeit schwerpunktmäßig auf die Rekonstruktion der Erfahrungen und des handlungsleitenden Wissens der Lehrkräfte, um daraus dann implizite Rückschlüsse mit Blick auf die Zukunft ziehen zu können.

Die Einübung in die dokumentarische Interpretationspraxis: Ich habe im Laufe der Arbeit am Material wahrgenommen, dass die forschungspraktische Anwendung der dokumentarischen Methode, die den methodischen und methodologischen Rahmen der vorliegenden Arbeit bildet, erst ‚eingeübt' werden musste, was eine gewisse Zeit in Anspruch genommen hat und in unterschiedlichen Forschungsgruppen und -kontexten erst möglich wurde. Die Lektüre der relevanten Methodenliteratur konnte nur bis zu einem gewissen Grad Einblick in die Interpretationspraxis geben; vor allem war der Austausch mit Anderen über die eigenen Interpretationen hilfreich und zielführend. So konnte ich in Forschungsgruppen ein Stück weit erlernen, welche ‚Brille' aufzusetzen ist und welche Fragen an das Material und auch an die (eigenen und fremden) Interpretationen zu stellen sind. Hierbei war die Unterschiedlichkeit der Forschungs- und Fachkulturen innerhalb der Forschungsgruppen einerseits eine Herausforderung und andererseits gewinnbringend, um den eigenen, auch forschungskulturell bedingten Standpunkt zu relativieren. Der Prozess der Aneignung ist dabei keinesfalls abgeschlossen.

Erst im Laufe des Forschungsprozesses habe ich ein tieferes Verständnis für die Kriterien guter Interviewführung bekommen. Dies entwickelte sich vor allem in der detaillierten Interpretation des eigenen (und z. T. auch fremden) Materials. An geeigneter Stelle werden die (qualitativ wertvollen und weniger wertvollen) Interviewimpulse mitdiskutiert und reflektiert. Dementsprechend war es auch nicht möglich, dem Anspruch an vorwiegend erzählenden Passagen in den Interviews vollständig zu entsprechen; hier haben die vielen argumentativen Interviewpassagen die Interpretation an manchen Stellen erschwert. Jedoch hat sich durch die zunehmende Erfahrung mit der Auswertung ein produktiver und reflektierte Umgang damit eingestellt.

Die ‚Art' und Form der Ergebnisse: Die dokumentarische Interpretation zielt auf eine Typologisierung von – im vorliegenden Fall – Religionslehrer*innen unter einer besonderen Fragestellung. Im Laufe des Forschungsprozesses musste ich allerdings feststellen, dass das Material eine solche Typologisierung nicht hergibt. Ein Grund dafür könnte das recht spezifische Forschungsanliegen sein, Alltagserfahrungen angesichts der wandelnden Rahmenbedingungen zu erforschen. Als weiterer Grund wäre das zu geringe Maß an Erzählungen in den Interviews denkbar, das möglicherweise in der Interviewführung oder aber in einem berufsspezifischen argumentierend-bewertend Habitus von Lehrkräften gründen könnte.

Insofern habe ich mich dagegen entschlossen, eine Typenbildung zu erzwingen, sondern stattdessen aus dem Material passendere Formen der Ergebnispräsentationen erarbeitet. So konnte ich zunächst ausmachen, dass sich (nicht nur) die Kernfälle intensiv mit der Anpassung ihres Unterrichts an eine bestimmte vorgefundene Schüler*innenschaft auseinandersetzen. Diese Beobachtung habe ich zum Ausgangspunkt genommen, anhand dessen die Spezifik der drei Kernfälle zu erarbeiten und diese anschließend in ihrer Eigenlogik ausführlich zu präsentieren. An dieser Stelle ist anzumerken, dass der Bestimmung der drei Fälle als ‚Kernfälle' bereits umfangreiche komparative Interpretationen des ganzen Samples vorangegangen waren. Überdies hat sich im Forschungsprozess zusehends herauskristallisiert, dass die Erfahrungen der Lehrkräfte durch zwei, teilweise miteinander in Konflikt stehenden Basisrahmungen (‚Prekarität' und ‚Potenzial' des Religionsunterrichts) geprägt sind. Damit wurde diese Kategorie als die zu erklärende Struktur des Samples gewahlt. Dementsprechend baut sich auch die Ergebnisdarstellung auf (s. das folgende Teilkapitel).

1.4 Überblick über die Arbeit

Zur Bearbeitung der bereits formulierten Forschungsfragen werden im zweiten Kapitel zunächst relevante Kontexte analysiert, in welchen der Religionsunterricht an niedersächsischen Grundschulen derzeit stattfindet. Hier gilt es, die lokal schulpolitischen und soziodemographischen Bedingungen zu fassen und Voraussetzungen zu klären.

Das dritte Kapitel widmet sich der ausführlichen Darstellung des Studiendesigns. Es werden Fragen der zugrundliegenden Methodologie sowie Methodik der Datenerhebung und Datenauswertung zu beantworten gesucht. Zugleich wird das forschungspraktische Vorgehen anhand beispielhafter Interpretationen transparent gemacht.

Anschließend bildet das vierte Kapitel einen ‚Brückenschlag' von der Theorie zur Empirie. Dabei werden zwei Ziele verfolgt: Zum einen kann den Lesenden ein Einblick in die (komparative) Betrachtung des vorliegenden Materials gegeben werden, die der Forschungsarbeit zugrunde liegt. Und zum anderen wird anhand dessen erarbeitet, in welcher Hinsicht sich die drei Kernfälle des Samples kontrastiv zueinander verhalten. Insofern wird diesem Kapitel die Funktion einer Heuristik zur Betrachtung des Materials zuteil.

Im fünften Kapitel schließen sich die drei ausführlichen Falldarstellungen der Kernfälle an. Dabei steht der jeweils rekonstruierte Orientierungsrahmen des Falls, die Eigenlogik im Zentrum. Zudem werden alle weiteren Fälle des Sample in Kurzportraits präsentiert.

Daraufhin nimmt der Abstraktionsgrad im sechsten Kapitel weiter zu: Die aus den Kernfällen rekonstruierten Strukturen werden hier – unter Hinzunahme weiterer Fälle – abstrahiert und zu einer das Material umfassenden Logik (Basisrahmung) zusammengetragen.

Das siebte und letzte Kapitel zieht Schlussfolgerungen aus den empirischen Rekonstruktionen, welche unter Bezugnahme auf die Forschungsfragen anhand von drei rekonstruierten Spannungsfeldern präsentiert werden. Überdies ordnet das Kapitel die Rekonstruktionsergebnisse in relevante Forschungsdiskurse ein und setzt sie in ein Verhältnis zu den Ergebnissen anderer empirischer (Religions-)Lehrkräftestudien. Zudem werden abschließende Limitationen der Arbeit benannt und ein Ausblick auf mögliche Anschlussforschung eröffnet.

2 Kontexte: Analysen zur Ausgangssituation des nds. Religionsunterricht an der Grundschule

Da die vorliegende Studie die Alltagserfahrungen von Religionslehrer*innen im Bundesland Niedersachsen vor dem Hintergrund dortiger Reformbestrebungen in den Blick nimmt, sind zunächst die spezifischen lokalen Voraussetzungen zu klären. Dem liegt die Annahme zugrunde, dass (institutionelles) Handeln und somit die Praxis des Religionsunterrichts auf Bedingungen vor Ort trifft, die es zu berücksichtigen gilt. Deshalb wird zunächst die (niedersächsische) Konstitution des Unterrichtsfachs Religion mit seinen institutionellen, fachbezogenen Rahmungen sowie relevanten (regionalen) Bedingungen betrachtet, in deren Kontext die Erfahrungen der Lehrkräfte zu verorten sind. Die Schulform der Grundschule findet hier in besonderem Maße Beachtung.

Es sei anzumerken, dass das Kapitel an dieser Stelle nicht dazu dient, die geschilderten Erfahrungen der Lehrkräfte und ihre Praxis hinsichtlich der ‚normativen Gesetzesmäßigkeit bzw. Richtigkeit' mit diesen Vorgaben abzugleichen. Vielmehr ermöglicht dies ein vertieftes Verständnis für die rahmenden Voraussetzungen und den besonderen Charakter des Fachs, im Kontext dessen Akteur*innen agieren. Insofern wird die Frage beantwortet, wie sich das Forschungsfeld des *niedersächsischen (evangelischen) Grundschul-Religionsunterrichts* und somit das Tätigkeitsfeld der Religionslehrer*innen umreißen lässt. Dies eröffnet die Möglichkeit, die Rekonstruktionen dementsprechend zu verorten und kontextrelevante Ausblicke und Implikationen zu generieren.

2.1 Formalrechtliche Bestimmungen des Religionsunterrichts

> *„Der RU lässt sich ohne Wahrnehmung seiner besonderen rechtlichen Voraussetzungen kaum verstehen, weder in seiner Begründung noch in seiner Ausrichtung."*[1]

Diesem Paradigma von Schweitzer & Ziebertz folgend, soll zunächst die grundlegende (einzigartige) gesetzliche Konstitution des Faches fokussiert und die spannungsreiche Stellung des Religionsunterrichts als *„einerseits ein Fach wie*

[1] Schweitzer & Ziebertz 2017, 30.

jedes andere und andererseits ist es in mehrfacher Hinsicht ein besonderes Fach" beleuchtet werden.[2] Im Grundgesetz steht dazu in Artikel 7, Abs. 2 & 3:

> *„(2) Die Erziehungsberechtigten haben das Recht, über die Teilnahme des Kindes am Religionsunterricht zu bestimmen.*
> *(3) Der Religionsunterricht ist in den öffentlichen Schulen mit Ausnahme der bekenntnisfreien Schulen ordentliches Lehrfach. Unbeschadet des staatlichen Aufsichtsrechtes wird der Religionsunterricht in Übereinstimmung mit den Grundsätzen der Religionsgemeinschaften erteilt. Kein Lehrer darf gegen seinen Willen verpflichtet werden, Religionsunterricht zu erteilen."*[3]

Den Kern dieser grundgesetzlichen Bestimmung des schulischen Religionsunterrichts bildet seine Konstitution als *res mixta*[4], d. h. als eine gemeinsame Angelegenheit von Religionsgemeinschaft(en) und dem Staat. Während die inhaltliche Verantwortung des Unterrichts bei den jeweiligen Religionsgemeinschaften liegt, der Unterricht also konfessionell (*in Übereinstimmung mit den Grundsätzen*) erteilt wird,[5] obliegt die Aufsicht und die Verantwortung zur Bereitstellung der Rahmenbedingungen dem Staat. Der Religionsunterricht ist demzufolge ein *ordentliches Lehrfach*. Damit wird sowohl seine gleichrangige Position mit anderen Fächern als auch eine Angebotsgarantie an der Schule selbst festgeschrieben.[6] Konkret ist der Religionsunterricht

> *„Pflichtfach, versetzungsrelevant, wird von staatlich ausgebildeten Lehrkräften erteilt, die von der Religionsgemeinschaft eine Unterrichtserlaubnis erhalten haben, und basiert auf vom Staat in Übereinstimmung mit den Kirchen erlassenen Lehrplänen und zugelassenen Schulbüchern."*[7]

---

2 Pohl-Patalong 2018, 19. Die rechtliche Begründung des schulischen Religionsunterrichts ist nur eine neben mehreren und würde – alleinstehend – kaum ausreichen, konfessionellen Religionsunterricht unter heutigen Voraussetzungen noch zu begründen. An dieser Stelle kann dem Fokus der Studie und der Übersichtlichkeit halber nur auf die weiteren Begründungen verwiesen werden, u. a. in Schweitzer & Ziebertz 2017, 35–37, Adam & Lachmann 2013.

3 Artikel 7, Absatz 2 und 3 GG. Die Formulierung ist nahezu wortwörtlich aus der Weimarer Reichsfassung übernommen, nun jedoch den Grundrechten des Einzelnen zugeordnet, nicht den organischen. Eine Erweiterung des Artikels 7 GG bildet der Artikel 141 GG. Diese *„territoriale Ausnahmenbestimmung"* (Heinig 2014, 142) für das Bundesland Bremen (und Berlin) befreit diese Bundesländer von den Regelungen aus Artikel 7,3 GG.

4 Dieser Begriff entstammt dem Staatskirchenrecht bzw. dem Religionsverfassungsrecht, was (nicht nur) in diesem Falle das Verhältnis des religionsneutralen Staats zu den jeweiligen Glaubensgemeinschaften regelt, wobei Letzteres eine Öffnung darstellt, *„um der zunehmenden Pluralität zu entsprechen und eine terminologische Verengung der grundgesetzlichen Bestimmungen auf die Kirchen zu vermeiden"* (Meyer-Blanck 2013, 161). Vgl. dazu auch Adam & Lachmann 2013, 153f. und ausführlich zu den rechtlichen Bestimmungen im Staatskirchenrecht: Heckel 2002, Teil I, 1–37.

5 Siehe dazu ausführlich Kap. 2.2.

6 Vgl. Schweitzer & Ziebertz 2017, 30.

7 Bade 2014, 119.

Zudem sichern die rechtlichen Bestimmungen die positive und negative Religionsfreiheit des Individuums: Indem der Staat auf diese Weise mit religiösen Partnern kooperiert, ist es ihm möglich, bei gesetzlichem Schulzwang religiöse Bildung im öffentlichen Raum zu gewähren (positive Religionsfreiheit), ohne dafür inhaltlich selbst verantwortlich zu sein und die religiös-weltanschauliche Neutralität aufgeben zu müssen.[8] Dadurch, dass weder am Religionsunterricht teilgenommen noch dieser stattfinden muss, wird auf individueller Ebene ferner die negative Religionsfreiheit des/der Einzelnen (Schüler*in und Lehrkraft) geschützt. In Anbetracht des geschichtlichen Entstehungszusammenhangs dieser gesetzlichen Verankerung und Kooperation mit der Kirche aus dem Jahre 1949 wird das Anliegen erkennbar, dass *„ein Rückfall in den totalitären Staat dadurch verhindert werden sollte, dass in der Religion eine den Staat relativierende Größe bindend anerkannt wurde“.*[9] In diesem Zusammenhang wurde auch die Föderalisierung und somit die Verantwortung der Bildungsfragen auf Länderebene eingeführt, um eine diesbezügliche Dezentralisierung voranzutreiben.[10]

Wurden diese grundgesetzlichen Festschreibungen damals in erster Linie in Hinblick auf die beiden großen Kirchen in Deutschland (ev./kath.) getroffen, so wird es – durch die offene Formulierung – jedoch prinzipiell *jeder* Religionsgemeinschaft ermöglicht, *ihre* Kinder im schulisch-öffentlichen Rahmen und unter schulischer Aufsichtspflicht zu unterrichten, wenn die bundeslandspezifischen Voraussetzungen dafür gegeben sind. Faktisch existiert in der Bundesrepublik Deutschland vor allem evangelischer und katholischer bzw. konfessionell-kooperativer Religionsunterricht, teilweise islamischer und vereinzelt alevitischer, jüdischer und orthodoxer Religionsunterricht an öffentlichen Schulen.[11]

Ausgehend von den Grundgesetzartikeln werden alle weiteren Bestimmungen und schulpolitischen Entscheidungen von den einzelnen Bundesländern getroffen. Diese Art der Dezentralisierung führt in Kombination mit einer wachsenden religiös-weltanschaulichen Pluralität der Gesellschaft dazu, dass sich die bundesweite Situation des Religionsunterrichts heute vielfältig gestaltet, teil-

---

8 Vgl. ausführlich Heinig 2014, 144. In diesem Zusammenhang wird auf das teils kontrovers diskutierte, auf den gleichnamigen Rechtswissenschaftler zurückgehende sog. Böckenförde-Theorem verwiesen, demzufolge der *„freiheitliche, säkularisierte Staat [und somit das Schulwesen] [...] von Voraussetzungen [lebt], die er selbst nicht garantieren kann“* (Böckenförde 2013, 112). Damit ist, so Kerstin Gäfgen-Track, u. a. der im Schulgesetz formulierte Anspruch der Schule gemeint, *„Werte, Sinn und Orientierung“* zu vermitteln. Denn genau dies ist dem säkularen Staat inhaltlich nicht möglich; die Formulierung eines diesbezüglichen Konsenses könne dieser nicht aus sich selbst heraus generieren; es bedürfe hierfür *„anderer Quellen“*, nicht zuletzt die des Christentums (vgl. Gäfgen-Track 2014, 127).

9 Schweitzer & Ziebertz 2017, 3.

10 Vgl. Meyer-Blanck 2013, 160.

11 Vgl. Schweitzer & Ziebertz 2017, 33f; Pohl-Patalong 2018, 19; siehe auch die ‚Auswertung Religionsunterricht. Schuljahr 2017/18‘ (Sekretariat der Ständigen Konferenz der Kultusminister der Länder 2019).

weise unübersichtlich und damit zwischen den Ländern wenig kompatibel ist.[12] Zwar ist der konfessionelle Religionsunterricht – mit Ausnahmen – immer noch der Regelfall in Deutschland, dennoch zeigen sich hier bereits unterschiedliche Modelle und Weiterentwicklungen in Anpassung an aktuelle und lokal-gesellschaftliche Gegebenheiten.[13]

Die formalgesetzlichen Konkretisierungen für das Bundesland Niedersachsen als (geografischen) Fokus der vorliegenden Forschungsarbeit liefern das Niedersächsische Schulgesetz (NSchG) sowie der vom Kultusministerium herausgegebene, aktualisierte Erlass zum Religionsunterricht (RdErl.).[14] Sie greifen die Grundgesetzartikel mit der Formulierung des *ordentlichen Lehrfachs* auf und sehen eine Einrichtung des Religionsunterrichts an der jeweiligen Schule vor, wenn eine Mindestanzahl von zwölf Schüler*innen des gleichen Bekenntnisses erreicht ist (NSchG § 124,1). Die Schüler*innen sind grundsätzlich zur Teilnahme am Religionsunterricht verpflichtet, sofern sie einer Religionsgemeinschaft angehören, die diesen anbietet. Eine Abmeldung ist auf schriftlichem Weg möglich (bei den unter 14-Jährigen wird die Unterschrift eines Erziehungsberechtigen benötigt, NSchG § 124.2; RdErl. Art. 4.1 und 4.2). Zusätzlich ist es Schüler*innen jedoch bei Zustimmung der Lehrkraft und der jeweiligen Religionsgemeinschaft auch erlaubt, an einem Religionsunterricht eines (anderen) Glaubensbekenntnisses teilzunehmen (RdErl. Art. 4.3 und 4.4). Für Schüler*innen, die an keinem

---

12 Vgl. Meyer-Blanck 2013, 161.

13 Vgl. für einen Überblick über die unterschiedlichen organisatorischen Formen und Unterrichtsmodelle sowie die jeweiligen Situationen in den Bundesländern die Aufsätze in den Sammelbänden von Rothgangel & Schröder 2009 und von Meyer-Blanck 2013. Ausnahmen zum konfessionellen Religionsunterricht bieten die Bundesländer Bremen, Brandenburg, Berlin und Hamburg. In Bremen gibt es das sog. Unterrichtsfach „Biblische Geschichte", welches nicht konfessionell gebunden ist bzw. keinen Kirchenbezug aufweist, jedoch auf „*allgemein christlicher Grundlage*" erteilt wird (vgl. Meyer-Blanck 2013, 165); vgl. ausführlich zur Situation in Bremen: Lott & Schröder-Klein 2009. Demgegenüber wird Religionsunterricht in Berlin nur durch die Religionsgemeinschaften erteilt, wobei der Staat lediglich für den Rahmen Sorge trägt, wie die Bereitstellung eines Raumes und die Einplanung von freien Stunden im Stundenplan. Religionsunterricht ist dementsprechend kein *ordentliches Lehrfach* (vgl. Meyer-Blanck 2013, 166 und ausführlich Häusler 2009). Die dritte Sonderform ist der Brandenburger Unterricht mit dem Titel „LER, Lebensgestaltung-Ethik-Religionskunde", der mittlerweile alternativ zum konfessionellen Religionsunterricht erteilt wird und auf das Konfessionalitätsprinzip verzichtet (vgl. Meyer-Blanck 2013, 167 und ausführlich zur Situation in Brandenburg: Borck & Schluß 2009). Die vierte Sonderregelung besteht in Hamburg, wo ein „Religionsunterricht für alle" vorgesehen ist, der konfessionell ausgerichtet ist und durch das zentrale Anliegen des „*Dialog[s], ggf. auch [der] Auseinandersetzung über Gemeinsamkeit und Differenz angesichts religiöser und weltanschaulicher Vielfalt in der Lerngruppe*" gekennzeichnet ist (Meyer-Blanck 2013, 168 und ausführlich zu Hamburg u. a.: Doedens & Weiße 2009).

14 Vgl. NSchG § 124–128 sowie der aktuelle Erlass zum Religionsunterricht „*Regelungen für den Religionsunterricht und den Unterricht Werte und Normen*" (Niedersächsisches Kultusministerium 2011), kurz: RdErl.

Religionsunterricht teilnehmen, ist ab Klasse 5 das Unterrichtsfach „Werte und Normen" einzurichten (NSchG § 128).[15] Im Erlass stehen dazu ergänzend alltagspraktische Vorgaben, die die Gleichstellung des Unterrichtsfachs Religion und „Werte und Normen" im Fächerkanon dahingehend sichern (sollen), dass Religion weder von überdurchschnittlich hohen *unvermeidbaren Kürzungen* noch von regelmäßig unvorteilhaften Platzierungen im Stundenplan (zum Beispiel in Randstunden) betroffen sein darf; auch sind jahrgangsweise Aussetzungen untersagt (RdErl. Art. 1.2 und 1.3).

Insgesamt kommt dem Religionsunterricht mit dieser rechtlichen Absicherung eine *Sonder*rolle bei gleichzeitiger Forderung nach *Gleich*stellung zu: Nicht nur taucht er als einziges Fach überhaupt im Grundgesetz auf und ist insofern *besonders* abgesichert, sondern dieser ist auch institutionell doppelt gebunden: sowohl an den Staat als auch an die jeweilige Religionsgemeinschaft.[16] Dadurch wird keiner Kirche eine Vorrechtsstellung gewährt, sondern die Rechtsprechung gewährleistet vielmehr die individuelle religiöse Freiheit im positiven sowie im negativen Sinne.[17]

2.2 Zur „Konfessionalität" des Religionsunterrichts

Im allgemeinen Sprachgebrauch wird die zuvor beschriebene Form des Religionsunterrichts als *„konfessioneller"*[18] Religionsunterricht bzw. als *„konfessionell gebundener"* Religionsunterricht o. ä. bezeichnet, womit sich dies zunächst vom religionskundlichen bzw. ethischen Unterricht abgrenzt. Im Kontext gesellschaftlicher Wandlungsprozesse wird ebendiese konfessionelle Ausrichtung je-

15 Zu den Besonderheiten und aktuellen Entwicklungen an Grundschulen in diesem Kontext vgl. Kap. 2.3.2 und 2.3.3, S. 39–43.

16 Die Mitverantwortung der Religionsgemeinschaften zeigt sich u. a. bei den Lehrkräften, die neben einer staatlichen Lehrbefähigung auch eine durch die jeweilige Religionsgemeinschaft benötigen; für den evangelischen und katholischen Religionsunterricht sind es die kirchlichen Bevollmächtigungen der *Vocatio* bzw. der *Missio canonica* (vgl. Adam 2013, 302), für den islamischen Religionsunterricht ist es die *Idschaza*.

17 Vgl. das Böckenförde-Theorem in Fußnote 61.

18 Zum Begriff der *Konfessionalität* schreibt Bernd Schröder, dass *„kein grundlegender Rechtstext zum Religionsunterricht – weder das Grundgesetz noch die Schulgesetze der Länder – [...] von ‚konfessionellem' Religionsunterricht [spricht]. Der Ausdruck lässt gottesdienstliches Bekennen assoziieren und ein Streben nach Affirmation traditioneller Konfessionskirchen, gerade so, als ob es um eine einseitig theologisch bestimmte Veranstaltung ginge"* (Schröder 2014e, 164f). Um *„pädagogische Herausforderungen deutlich zu machen"*, schlägt er im Anschluss daran die Begriffe der *„Ligatur"*, also im Sinne einer religiösen Bindung der Schüler*innen (bzw. der Lehrkraft), und des *„transparent-positionellen Religionsunterrichts"* vor (ebd., 165). Dieser Verweis dient hier einer besonderen Sensibilisierung des Begriffs; im Folgenden wird nichtsdestotrotz in Anlehnung an den allgemeinen Sprachgebrauch sowie zur besseren Lesbarkeit am Begriff des „konfessionellen" Religionsunterrichts festgehalten.

doch zusehends hinsichtlich des Passungsverhältnisses zur heutigen Zusammensetzung der Schüler*innenschaft skeptisch hinterfragt. Aufgrund der gesellschaftlichen Tendenzen einer ansteigenden Konfessionslosigkeit (bzw. *„religiösen Indifferenz*“[19]) sowie solche der (religiösen) Pluralisierung[20] der Schüler*innenschaft scheint das Einrichten formal konfessionell-homogener Lerngruppen mittlerweile hinsichtlich (wechselseitiger) Minderheitssituationen kaum noch gegeben zu sein.[21]

Während einerseits zum Teil massive Kritik am Fach selbst[22] vorherrscht, erscheint der schulische Religionsunterricht zunehmend auch im Rahmen aktueller religionspädagogischer Auseinandersetzungen hinsichtlich seines „konfessionellen“ Charakters zumindest als diskussionswürdig.[23] Neben der Frage danach, was diese Konfessionalität formal (in den Verlautbarungen der Kirchen) konstituiert, wird hier vermehrt auch die Frage nach der inhaltlichen Bedeutung bzw. dem adäquaten Unterrichtsverständnis von Konfessionalität aufgeworfen bzw. zu beantworten versucht.[24] FRIEDRICH SCHWEITZER verweist in diesem Zusammenhang darauf, dass die *Grundsätze* in der Formulierung der

---

19 Mit Link-Wieczorek (2014, 8) ist damit die Situation gemeint, dass *„immer mehr Menschen [...] eine religiöse Sinnsuche überhaupt für überflüssig [halten] und [...] ohne ein ‚Defizit-Bewusstsein‘ [...] unreligiös sein [können].*“ Dabei bezieht sie sich u. a. auf Tiefensee 2009, 415.

20 Vgl. dazu Schröder, der die Phänomene der *„religiöse[n] Pluralisierung und Individualisierung sowie [...] der Konfessionslosigkeit*“ (Schröder 2014e, 164) um weitere *„religionspädagogisch und religiös relevante Momente modernen Lebens*“ ergänzt: wie beispielsweise die *„innere Vielfalt*“ der Religionen, die *„latente Entplausibilisierung religiöser Wahrheiten und Perspektiven*“ sowie die *„Depotenzierung von Religion als Prägefaktor der Lebensführung Einzelner*“.

21 Vgl. Woppowa 2015, 157. 90 % der Schüler*innen an niedersächsischen Grundschulen besuchten im Schuljahr 2017/18 einen christlichen Religionsunterricht (ev., kath. oder koko). Mit Blick auf die Verteilung der Schüler*innen auf formale Religionszugehörigkeiten sind knapp 42 % der Schüler*innen evangelisch, 16 % katholisch, 9 % muslimisch, 6 % andere und 27 % ohne formale Zugehörigkeit (vgl. Niedersächsisches Kultusministerium 2019a, 41). Mit knapp 40 % der Schüler*innen, die weder ev. noch kath. sind, lässt sich schlussfolgern, dass sich die Lerngruppen demensprechend formal heterogen(er) zusammensetzen.

22 Allgemeine Kritik an einer kirchlichen Beteiligung an schulischer Bildung sowie Forderungen nach deren Abschaffung, vgl. zum Beispiel das Positionsprofil der Partei „Die Humanisten“ (https://diehumanisten.de/vision/themen/religionsunterricht/), die eine radikale Trennung von Kirche und Staat fordern. Nach der Abschaffung eines gemeinsam verantworteten Religionsunterrichts fordern sie stattdessen die Einführung eines staatlichen Werte-Unterrichts.

23 So z. B. Link-Wieczorek (2014, 13): *„Ist konfessioneller Religionsunterricht auch angesichts immer weniger konfessionell homogener Klassen [...] trotzdem unverzichtbar?*“ Vgl. dazu auch Noormann 2012, Englert 2014, Woppowa 2015, Schweitzer 2017b und Schröder 2014e.

24 U. a. auch durch explizite Abgrenzungen und Negativ-Bestimmungen im Sinne dessen, was mit dieser mehrdeutigen Begrifflichkeit eben nicht gemeint ist, vgl. Schröder 2014e und Schweitzer 2017b, der seinen Beitrag mit einer ersten Unterüberschrift *„Was Konfessionalität (nicht) bedeutet*“ beginnt (ebd., 41).

Grundgesetzes („*in Übereinstimmung mit den Grundsätzen der Religionsgemeinschaften*", 7,3 GG) eben „*nicht etwa im Sinne eines Biblizismus aufzufassen sind, sondern dass von einer immer wieder neu gegebenen Auslegungsbedürftigkeit gesprochen werden muss*"[25].

Formal wurde der konfessionelle Charakter des evangelischen bzw. katholischen Religionsunterrichts[26] lange Zeit über die sog. „*Trias*" einer konfessionell gebundenen Lehrkraft, den Unterrichtsinhalten „*in konfessionsspezifischer Entfaltung*"[27] sowie konfessionell-gebundenen Schüler*innen bestimmt. Diese hat sich in den letzten Jahrzehnten zumindest hinsichtlich der Schüler*innen aufgeweicht: Zwar richtet sich der katholische Religionsunterricht (noch immer) explizit an katholische Schüler*innen, doch wurde diese Bindung jedenfalls für die Möglichkeiten des konfessionell-kooperativen Unterrichts aufgehoben. Für den evangelischen Religionsunterricht ist dies vollständig geschehen, sodass alle Schüler*innen an einem evangelischen Religionsunterricht teilnehmen (dürfen) bzw. ausdrücklich willkommen sind, ohne dass der Unterricht seine konfessionelle Ausrichtung aufgibt.[28] Doch diese formale Öffnung ist hinsichtlich ihrer (inhaltlichen) Bedeutung für das Unterrichtsgeschehen noch wenig aussagekräftig; hier muss auf weitere (normative) kirchenamtliche sowie religionspädagogische Bestimmungen zurückgegriffen werden.

Ein grundsätzliches Merkmal in der Konzeption des konfessionellen Religionsunterrichts in Deutschland sieht BERND SCHRÖDER in dem Bestreben darin, den Religionsunterricht

> „*von einer als gegeben angenommenen religiösen Bindung her zu entwerfen. Diese vorhandene Ligatur soll gestärkt, primär intellektuell geklärt und vertieft, sowie innerhalb des Religionsunterrichts der eigenen Konfession wie durch Kooperation mit benachbarten Religionsunterrichten dialogisch und tolerant geöffnet werden: Pluralitätsfähigkeit soll durch Aufklärung und Kommunikation der Ligaturen erzielt werden.*"[29]

Demgegenüber sieht er in den (konfessionell nicht gebundenen) Unterrichtformen anderer europäischer Länder[30] das Unterrichtsanliegen nicht in „*der Arbeit an der individuellen Ligatur, sondern [im] Aufbau von Orientierungswissen*".[31] Das Pos-

---

25 Schweitzer 2017b, 45.

26 Im Folgenden werden sich die Ausführungen auf den ev. und kath. Religionsunterricht beziehen. Für beispielweise eine Perspektive zum orthodoxen Religionsunterricht vgl. Danilovich 2017, für eine zum islamischen vgl. Müller 2010.

27 Meyer-Blanck 2013, 164. Dazu auch der Artikel „*in Übereinstimmung mit den Grundsätzen der Religionsgemeinschaften*".

28 Vgl. Kirchenamt der EKD 2014, 40; Sekretariat der ständigen Konferenz der Kultusminister 2002, 9. Vgl. ausführlich Kap. 2.3 zum konfessionell-kooperativen Religionsunterricht.

29 Schröder 2014, 163.

30 Siehe für den europäischen Vergleich: Schröder 2013.

31 Schröder 2014e, 163.

tulat der Pluralitätsfähigkeit versucht man dort durch „*Information und Neutralisierung persönlicher Ligaturen*"[32] zu erfüllen.

Diese abgrenzenden Unterscheidungen finden sich auch in den Verlautbarungen der beiden großen Kirchen für den evangelischen bzw. den katholischen Religionsunterricht: Eine (informierende) Religionskunde in lediglich staatlicher Verantwortung wird sowohl von der EKD als auch von den katholischen Bischöfen abgelehnt.[33] Zugleich wehren sich beide Kirchen gegen die „*innerkirchliche Gemeindekatechese*"[34]. Vielmehr hat der Religionsunterricht, den Kirchen zufolge, die

> „*Aufgabe, die Schülerinnen und Schüler in die Wirklichkeitssicht des christlichen Glaubens ein- oder weiterzuführen, mindestens darüber sprachfähig zu machen. Sie sollen damit eine konkrete, praktisch gelebte religiöse Weltdeutung kennen und verstehen lernen, die vornehmlich aus dem repräsentativen Bekenntnis der Lehrperson lebt.*"[35]

Mit der hier geforderten, normativen Positionalität der Lehrkraft ergibt sich nach HANNA ROOSE zugleich ein markantes Spannungsverhältnis im konfessionellen Religionsunterricht, das einerseits aus jenem „*Positionierungsgebot*"[36] besteht und andererseits aus dem „*Überwältigungsverbot*" – sprich: der Illegitimität der Mission. In Kombination mit einer weiteren Achse zwischen entscheidbaren und unentscheidbaren Fragen entsteht im Religionsunterricht damit ein Spannungsfeld, in welchem sich jede Lehrkraft im Unterrichtsgeschehen positionieren muss. Die Notwendigkeit dessen – so ROOSE – konstituiert die (Aspekte einer) Fachkultur des konfessionellen Religionsunterrichts.[37]

Diese Positionalität der Lehrkraft (und auch die der Schüler*innen) findet ihren Ausdruck in den von BERND SCHRÖDER vorgestellten „*Strukturmomente[n]*"[38] des konfessionellen Religionsunterrichts. Der Autor hebt einen transparenten Umgang damit als zentrales Merkmal hervor, womit gleichsam eine Haltung der Unverbindlichkeit aufgehoben wird.[39] Als weitere solche Strukturmomente benennt er in seinem Beitrag beispielsweise die Bestimmung des Religionsunter-

---

32 Schröder 2014e, 163.

33 Vgl. Sekretariat der DBK 1996, 17f; Kirchenamt der EKD 2014, 47. Vgl. zu ausführlichen Darstellungen zu den kirchlichen Positionen: Link-Wieczorek 2014.

34 Vgl. Link-Wieczorek 2014, 12 mit Bezug auf ‚Identität und Verständigung' und ‚Die bildende Kraft'. Siehe für weiterführende Analysen der kirchlichen Verlautbarungen und Positionierungen: Link-Wieczorek 2014.

35 Link-Wieczorek 2014, 12f. Dort finden sich zudem weiterführende Analysen, insbesondere zum unterschiedlichen Blick der evangelischen bzw. der katholischen Kirche auf Konfession.

36 Roose 2013a, 450.

37 Vgl. Roose 2013a, 450.

38 Schröder 2014e, 170.

39 Vgl. Schröder 2014e, 167.

richts, einen *„Brückenschlag zur gelebten Religion“* über die religiöse Praxis anzubahnen. Gleichzeitig gilt es, die *„Grenzen der staatlichen Erziehungsvollmacht“*[40] der inhaltlichen Gestaltung des Religionsunterrichts anzuerkennen. Mit Bezug auf die Lehrkraft unterstreicht SCHRÖDER die Notwendigkeit der *„reflektierten Positionalität“* sowie *„reflektierten Toleranz“* – *„der konfessionell gebundene Religionslehrer [sic!] weiß um die Relativität seiner Position“*.[41]

Auch FRIEDRICH SCHWEITZER befasst sich – mit Blick auf die *Zukunftsfähigkeit* des Religionsunterrichts – mit dessen Konfessionalität. Neben bereits genannten Aspekten betont er die Möglichkeiten eines solchen Unterrichts, lediglich Raum für die Auseinandersetzung mit existenziellen Überzeugungen zu bieten und insofern (und auch formal) die Religionsfreiheit zu wahren. Hier geht es u. a. auch um die Auseinandersetzung der Schüler*innen mit den existenziellen Überzeugungen der Lehrkraft selbst und nicht nur der Mitschüler*innen.[42] Zudem hebt SCHWEITZER das Potenzial des konfessionellen Religionsunterrichts für das Bildungsideal der Pluralitätsfähigkeit, des Dialogs und der Kooperation hervor.[43] Konfessioneller Religionsunterricht, der nicht die (religiös-konfessionellen) Unterschiede bzw. solche der existenziellen Gewissheiten zu nivellieren sucht, führt demnach zur Akzeptanz und Toleranz von Unterschieden.

Mit SCHRÖDER sei abschließend darauf hingewiesen, dass die hier theoretisch vorgenommene Differenzierung zwischen einem *„konfessionellen Religionsunterricht“* und einer Religionskunde bzw. einem Ethikunterricht zwar *„richtig und wichtig“* ist, in der Unterrichtspraxis jedoch *„zeitlich wie sachlich keineswegs durchgängig, sondern nur gelegentlich zur Geltung kommt“*.[44]

2.3 Aktuelle Formen des Religionsunterrichts, Reformbestrebungen sowie ihre Implikationen

Im Laufe der letzten Jahrzehnte hat sich die Landschaft des Religionsunterrichts in Niedersachsen vervielfältigt und zwar sowohl hinsichtlich der schulpolitisch beschlossenen Weiterentwicklungen als auch ihrer praktischen Umsetzungen. Während der evangelische (und mancherorts auch der katholische[45]) Religionsunterricht lange Zeit die ausschließliche Unterrichtsform religiöser Bildung

[40] Schröder 2014e, 168f.
[41] Schröder 2014e, 170.
[42] Vgl. dazu Schweitzer 2017b, 47f.
[43] Vgl. Schweitzer 2017b, 49f. Vgl. auch das Kirchenamt der Evangelischen Kirche in Deutschland 2014, 47f.
[44] Schröder 2014e, 165. Vgl. dazu auch Kap. 2.3.
[45] Das Bundesland Niedersachsen ist protestantisch geprägt (ca. 43,9 % der Bevölkerung sind evangelische Kirchenmitglieder), während die rund 17 % katholischen Kirchenmitglieder

darstellte(n), wurden mit Blick auf gesellschaftliche Wandlungsprozesse – hier konkret nun u. a. die steigende Anzahl an muslimischen Schüler*innen bzw. die wachsende gesellschaftliche Entfremdung von den großen Kirchen – dementsprechende Anpassungen angestrebt, jedoch immer unter der Prämisse des Festhaltens an der konfessionellen Gestalt religiöser Schulbildung im Sinne des Grundgesetzes. Eine erste solche (adaptive) Weiterentwicklung stellte die rechtliche Einführung zur konfessionellen Kooperation im Unterrichten von evangelischen und katholischen Schüler*innen in den 1990er-Jahren dar. Des Weiteren wurde mit dem islamischen Religionsunterricht Jahre später ein völlig neues Fach in den Kanon aufgenommen, das im Unterrichtsband damit auch ein Angebot für die Vielzahl an muslimischen Schüler*innen bereithält. Neben diesen bekenntnisgebundenen Fächern ist an dritter Stelle die Einführung des bekenntnisungebundenen Unterrichtsfachs „Werte und Normen" – auch an den Grundschulen – geplant, wozu derzeit ein Modellversuch läuft.

Im Folgenden werden diese hier skizzierten Weiterentwicklungen jeweils gesondert betrachtet, insbesondere der Stand ihrer jeweiligen Implementation[46] in die Schulpraxis. Dadurch werden die damit verbundenen Implikationen für die Alltagspraxis des (evangelischen) Religionsunterrichts erfasst, sodass die wesentlichen aktuellen Schlaglichter formuliert werden, die das Forschungsfeld umreißen, auf das sich die zuvor formulierten Forschungsfragen beziehen.

2.3.1 *Konfessionell-kooperativer Religionsunterricht*

Beim Einhalten gewisser formaler Vorgaben besteht in Niedersachsen (sowie in anderen Bundesländern) für die Schulen die Möglichkeit, Religion konfessionell-kooperativ zu unterrichten, d. h. als gemeinsame Unterrichtsform für die am evangelischen und katholischen Religionsunterricht teilnehmenden Schüler*innen. Nach dem Selbstverständnis dieses Unterrichts behält dieser seine konfessionelle (nicht ökumenische!) Gestalt entsprechend der Konfession der jeweils unterrichtenden Lehrkraft und nicht mehr jedoch über die (traditionelle) konfessionelle Bindung der Schüler*innen.[47] Als Gründe für die Etablierung die-

in den meisten Kreisen des Bundeslandes in der Diaspora leben, vgl. die Statistik ‚Kirchenmitgliederzahlen. Stand 31.12.2017 (EKD 2018).

46 Den Begriff der *Implementation* nutze ich an dieser Stelle in Anlehnung an Hasselhorn et al. 2014, die damit die „*Umsetzung von Neuerungen bzw. Innovationen in die Praxis*" hier: die Schulpraxis, definieren (Hasselhorn et al. 2014, 141).

47 Vgl. dazu RdErl. Abs. 4.5: „*Der konfessionell-kooperative Religionsunterricht ist schulrechtlich Religionsunterricht der Religionsgemeinschaft, der die unterrichtende Lehrkraft angehört und nach deren Grundsätzen der Religionsunterricht erteilt wird.*" Vgl. ausführlich zur Konfessionalität bzw. zum Konfessionsverständnis Kap. 2.2.

ses Faches werden der *„Lehrkräftemangel, die abnehmende Zahl christlicher Schülerinnen und Schüler an bestimmten Schulformen, aber auch der Wunsch, möglichst viele Schülerinnen und Schüler gemeinsam zu unterrichten“*, genannt.[48]

Initiiert wurde dieser konfessionell-kooperative Religionsunterricht (KKRU) von den Kirchen selbst (EKD / DBK) durch eine 1998 erschienene gemeinsame Verlautbarung, in der diese Kooperationsformen befürwortet und konkrete Möglichkeiten der Ausgestaltung aufgezeigt wurden, wenn der konfessionelle, nicht ökumenische Charakter des Religionsunterrichts beibehalten wird.[49] Eine gesetzliche Legitimierung der konfessionellen Kooperation[50] erfolgte im gleichen Jahr anhand eines entsprechenden Erlasses.[51] Da sich die *„Ausnahmeregelung“* in der Praxis zügig zur *„Normalregelung“*[52] des KKRUS verselbstständigte, wie es GENNERICH und MOKROSCH (2016) in ihrer Evaluation von KKRUs bezeichnen, bedurfte es auch einer Anpassung der entsprechenden formalrechtlichen Bestimmungen. Dazu steht im aktuell gültigen Erlass von 2011:

> *„Wenn für eine Klasse, eine Lerngruppe, einen Schuljahrgang oder eine Schule besondere curriculare, pädagogische und damit zusammenhängende schulorganisatorische Bedingungen vorliegen, die einen gemeinsamen Religionsunterricht für Schülerinnen und Schüler erforderlich machen, so kann der evangelische und katholische Religionsunterricht als*

---

48 Evangelisch-Lutherische Landeskirche Hannovers, ‚Konfessionell kooperativ‘. Im Unterschied zu Baden-Württemberg sieht Sabine Pemsel-Maier die Gründe für die Einführung des KKRUs in Niedersachsen (und u. a. Nordrhein-Westphalen) in der *„Diaspora-Situation, [dem] Mangel an Religionslehrkräften und Unterrichtsausfälle[n], Prozesse[n] massiver Entkonfessionalisierung und wachsende[r] religiöse[r] Pluralisierung“*, ergänzt durch einen *„gesellschaftliche[n] Druck und ein gewisses Unverständnis der Eltern angesichts der schulischen Trennung“* (Pemsel-Maier 2014, 28). In Baden-Württemberg hingegen resultierte die Einführung *„nicht als pragmatisch bedingte Notstandsmaßnahme [...], sondern aus einer langjährigen intensiven ökumenischen Zusammenarbeit“*.

49 Die DBK & EKD 1998. Dieser Erklärung waren auf beiden Seiten Stellungnahmen vorangegangen: Bereits 1994 äußerte sich die EKD in ihrer Denkschrift ‚Identität und Verständigung‘ zu einer teilweisen Öffnung des evangelischen Religionsunterrichts und bahnte so *„einen neuen Umgang mit Konfessionalität im Religionsunterricht an“* (Gennerich & Mokrosch 2016, 21). Dazu gibt es die Denkschrift ‚Identität und Verständigung‘ (Kirchenamt der EKD (2014 (1994)) sowie die Verlautbarung ‚Die bildende Kraft des Religionsunterrichts‘ (Sekretariat der DBK 1996).

50 Dazu Pemsel-Maier 2014, 28: *„Von den verschiedenen Formen der Kooperation [gemeinsam verantwortete Schulprojekte, Austausch von Unterrichtsmaterialien u. v. m] zu unterscheiden ist konfessionell-kooperativ erteilter Unterricht als eine reguläre, durch Einzelbestimmungen der beteiligten Landeskirchen, Diözesen und Ministerien geregelte Organisationsform von Religionsunterricht.“*

51 Niedersächsisches Kultusministerium 1998, zit. n. Gennerich & Mokrosch 2016, 11.

52 Vgl. Gennerich & Mokrosch 2016, 11–12, bes. 11: *„Die Zustimmung wuchs [...] von Jahr zu Jahr. [...] Der Modellversuch hatte das Laufen gelernt und sich verselbstständigt.“*

> *konfessionell-kooperativer Religionsunterricht für höchstens die Hälfte der Schuljahrgänge einer Schulform geführt werden.*"[53]

Während diese Konstitution als *dialogischer* Unterricht[54] zu verstehen ist, zeigen Wahrnehmungen der Praxis jedoch, dass die „*rechtliche Möglichkeit, konfessionell zu kooperieren, so gelöst [wird], dass die Lehrkraft einer Konfession die ganze Klasse (bzw. alle, die sich nicht abgemeldet haben) unterrichtet*".[55] Insofern liegt hier die Vermutung nahe, dass das Selbstverständnis des Unterrichts in der Praxis eher mit seinem organisatorischen Vorteil der Nicht-Trennung (also als Sammelbegriff für Klassenverbandsunterricht) als mit seiner normativen Bestimmung des Dialogs verknüpft ist.[56] Insbesondere angesichts der Schüler*innenschaft selbst gewinnt dies an Relevanz, wenn man bedenkt, dass sich die Schüler*innen heute kaum mehr einer dieser beiden Konfessionen eindeutig zuordnen lassen: Ist dies bei evangelisch bzw. katholisch getauften Schüler*innen (formal) unstrittig, so betrachten sich einige Ungetaufte möglicherweise aufgrund familiärer Bezüge trotzdem zu einer der beiden Konfessionen zugehörig. Daneben stellen explizit Konfessionslose eine überaus heterogene Gruppe dar und es gibt Schüler*innen, die einer (möglicherweise christlich geprägten) Freikirche angehören u. v. m.[57] Unter dem *Deckmantel* eines konfessionell-kooperativen Religionsunterrichts kann demnach eine formal vielfältige Schüler*innengruppe versammelt sein. Dies wird insbesondere auch an der Grundschule dadurch begünstigt, dass dort – anders als an der weiterführenden Schule – (noch) kein Alternativfach (flächendeckend) eingerichtet ist. So konnten Gennerich & Morkrosch in ihrer Evaluation dieser Unterrichtsform eine „*Spannung*" zwischen der Kernidee der konfessionellen Kooperation und den Zielvorstellungen eines „*ökumenischen Religionsunterrichts*" bei den Lehrkräften feststellen, welcher „*allgemeines christliches Wissen vermittelt*".[58]

---

[53] RdErl. Abs. 4.5. Als konkrete Voraussetzungen für die Erteilung wurden die Zustimmung von Schulvorstand und Fachkonferenz, die regelmäßige Verfügbarkeit sowohl evangelischer als auch katholischer Religionslehrkräfte sowie die Entwicklung eines Schulcurriculums festgelegt. Im Vergleich dazu war es gemäß dem ursprünglichen Erlass noch nötig, eine Genehmigung bei der Schulbehörde zu beantragen (vgl. Erlass „Organisatorische Regelungen für den Religionsunterricht und den Unterricht Werte und Normen" vom 13.1.1998, zit. n. Gennerich & Mokrosch 2016, 11). Die bürokratischen Prozesse zur Beantragung wurden also dementsprechend vereinfacht.

[54] Vgl. die EKD 2000, 13f. Vgl. dazu auch Gennerich & Mokrosch 2016, 22f.

[55] Pohl-Patalong 2018, 20.

[56] Diese Wahrnehmung deckt sich auch mit der von Pemsel-Meier diskutierten Spannung zwischen den von den Kirchen normativ formulierten Gründen für die Einrichtung (ökumenische Bestrebungen) und den rein pragmatischen Organisationsgründen.

[57] Vgl. Gennerich & Mokrosch 2016, 35.

[58] Gennerich & Mokrosch 2016, 146.

Aktuell zeichnet sich hinsichtlich dieses Unterrichtsfachs jedoch eine Weiterentwicklung ab, denn die evangelischen Kirchen und die katholischen Bistümer in Niedersachsen ließen verlautbaren, dass der konfessionell-kooperative Religionsunterricht (bzw. zu Teilen der evangelische bzw. der katholische Religionsunterricht) zukünftig in einen gemeinsam verantworteten christlichen Religionsunterricht übergehen soll. Hierzu steht derzeit ein einjähriger Beratungsprozess an.[59]

2.3.2 Islamischer Religionsunterricht

Die zweite wesentliche Veränderung in der niedersächsischen Landschaft religiöser Schulbildung ergibt sich aus der Einführung (und teilweisen Etablierung) des islamischen Religionsunterrichts. Nach rund zehn Jahren der Erprobung im Modellversuch konstituiert sich der islamische Religionsunterricht seit dem Schuljahr 2013/14 als *ordentliches Lehrfach* gemäß den Vorgaben des Grundgesetzartikels 7,3 GG für die Grundschule[60]. Damit verwirklicht sich für die in Deutschland lebenden muslimischen (Grund-)Schüler*innen – bzw. momentan (noch) für einen Teil von ihnen – der grundgesetzlich verankerte Anspruch auf Religionsunterricht sowie die positive Religionsfreiheit.[61] Während der rechtliche Anspruch mit einer steigenden Anzahl von in Deutschland lebenden Muslimen wenig strittig war, barg und birgt die verfassungskonforme Errichtung dieses Unterrichts besondere Herausforderungen und „*Baustellen*“[62], die praxisbegleitend bearbeitet wurden bzw. noch immer werden. Dazu gehört zum Beispiel die Konstitution eines in Deutschland lebenden muslimischen Ansprechpart-

---

59 Stand: Okt. 2021. Vgl. FAZ (19.05.2021) und RPI Loccum.

60 Für die weiterführenden Schulen geschah dies mit dem Schuljahr 2014/15, vgl. dazu Mohagheghi 2014, bes. 62f; vgl. Darwisch 2013, 96–102.

61 Zu weiteren Erwartungen, die im Zuge der Etablierung des Fachs islamische Religion formuliert wurden: Die Kultusministerkonferenz befasste sich bereits 1984 mit Möglichkeiten eines islamischen Religionsunterrichts (vgl. dazu Bock 2007, 3) und forderte auch später die Einführung aufgrund des Ideals der Gleichbehandlung der Religionen (vgl. den Bericht „Zuwanderung“, Sekretariat der Ständigen Konferenz der Kultusminister der Länder in der BRD 2006, 5). Demgegenüber bezog sich die (innen-)politische Erwartung an die Einführung u. a. auf eine (gesellschaftliche) Integration der Muslime selbst sowie auf eine Integration der religiösen Bildung in den Kontext der staatlichen Schulaufsicht (und eben nicht „*in den Hinterhöfen der Moscheen*“, Thomas de Maiziere, in Marschall & Mayntz 2010). Auch die Deutsche Bischofskonferenz sowie die Evangelische Kirche in Deutschland befürworteten die Einführung, Letztere forderten jedoch gleichzeitig das Einhalten hoher wissenschaftlich-fundierter Standards entsprechend den Verpflichtungen des christlich-konfessionellen Religionsunterrichts (vgl. Kirchenamt der EKD 1999).

62 Wiedenroth-Gabler 2008, 81.

ners für den Staat (Beirat), die Entwicklung einer islamischen Religionspädagogik, eines Kerncurriculums, die Gestaltung von Unterrichtsmaterialien sowie die Form der Lehrkräfteausbildung.[63] Letztgenanntes erfolgt mittlerweile im Rahmen des Lehramtsstudiums an der Universität Osnabrück, an dem das Unterrichtsfach Islamische Religion für alle Schulformen am 2012 errichteten Institut Islamische Theologie angeboten wird.[64] Entsprechend der *Vocatio* bzw. der *Missio canonica* für die evangelischen und katholischen Lehrkräfte bedarf auch das Lehrpersonal für den islamischen Religionsunterricht einer Lehrerlaubnis, der sog. „*Idschaza*“[65], die von einem Beirat[66] verliehen wird, der im Zusammenhang mit der Einführung des Fachs gebildet wurde.

Die Einführung dieses Unterrichtsfachs wird insgesamt als Erfolg gewertet,[67] obwohl die tatsächliche Implementation jedoch vorerst eine weitere *Baustelle* zu bleiben scheint. Aktuell wird an rund 49 Grundschulen ein islamischer Religionsunterricht, was für das Schuljahr 2017/18 (nur) rund 12 % der muslimischen Grundschüler*innen betrifft.[68] Die übrigen ca. 88 % der muslimischen Schüler*innen (in absoluten Zahlen: 22.505) nehmen entweder an einem der christlich fundierten Unterrichtsangebote teil oder werden während des Religionsunterrichts anderweitig betreut. Als Erklärung für die stockende Implementierung des Fachs wird vonseiten des Kultusministeriums ein deutlicher Lehrkräftemangel angeführt.[69] Mit den Hochschulabsolvent*innen, die die in Osnabrück laufende universitäre Ausbildung abschließen und anschließend in den Vorbereitungsdienst bzw. in das Referendariat gehen, kann der tatsächliche Bedarf bei Weitem nicht gedeckt werden, sodass davon auszugehen ist, dass der akute Lehrkräftemangel erst einmal fortbesteht.[70]

---

63 Vgl. zu weiteren Darstellungen und Analysen angesichts der Etablierung des islamischen Religionsunterrichts exemplarisch Darwisch 2013, Mohagheghi 2014, 54–65, bes. 54; Yavuzcan 2017; Wiedenroth-Gabler 2008; Abdel-Rahman 2011; Bade 2007, 129–134; Graf & Gibowski 2007 und ausführlich u. a. der Sammelband Uçar & Bergmann 2010.

64 Vgl. die Homepage des Instituts https://www.islamische-theologie.uni-osnabrueck.de/studium/studiengaenge.html [letzter Zugriff: 2.8.2019].

65 Der Beirat für den Islamischen Religionsunterricht in Niedersachsen 2012. Kritisch dazu: Behr, Rochdi & Ulfat 2012, 13–25.

66 Der vom Land Niedersachsen als Ansprechpartner akzeptierte Beirat ist ein Zusammenschluss der muslimischen Verbände Schura Niedersachsen sowie DITIB Niedersachsen – Bremen; dazu: Niedersächsisches Kultusministerium 2012.

67 Vgl. dazu Wiedenroth-Gabler 2008, 80.

68 Absolut sind es 3.283 von insgesamt 25.788 muslimischen Grundschüler*innen, vgl. Niedersächsisches Kultusministerium 2019a, 41.

69 Vgl. dazu die Artikel „Zu wenig Lehrer: Ausbau des Islamunterrichts dauert noch“, (Braunschweiger Zeitung 31.01.2019; „Niedersachsen will islamischen Religionsunterricht ausbauen“ (Schaumburger Nachrichten, 12.05.2018).

70 Der Präsident der Universität Osnabrück 2018; vgl. zu den Zahlen der Studienfälle im WS 2017/18: S. 35 (derzeit sind im Bachelor als Unterrichtsfach islamische Religion 120 eingeschriebene Kandidat*innen; im Masterstudiengang für das Lehramt an Grund-, Haupt-

Nach den Ursachen, warum eine Tätigkeit als Lehrkraft für islamische Religion derzeit wenig attraktiv zu sein scheint, wurde bislang wenig geforscht. Ebenso steht eine wissenschaftliche Erhebung zur Situation der bereits tätigen Lehrkräfte für den islamischen Religionsunterricht noch aus. Im Rahmen einer Studie zu Einstellungen von Religionslehrer*innen für den islamischen Religionsunterricht verweisen jedoch STEIN, CEYLAN & ZIMMER auf ein „*Beziehungsgeflecht*“[71], in dem sich (angehende) Religionslehrkräfte befinden, da verschiedenste Akteur*innen „*formelle und informelle Erwartungen*“ an sie als Religionslehrer*innen richten, womit „*die Öffentlichkeit, die Medien, die Politik, die Schulbehörden, die muslimischen Verbände, die Schulen, die KollegInnen und schließlich die muslimischen Eltern selbst*“ gemeint sind. Die an das Fach herangetragenen Ansprüche der letzten ca. 20 Jahre schlagen sich demnach in der Praxis vor allem auf die Lehrkräfte nieder, die den Unterricht täglich gestalten. Als konkretes Schlaglicht aus der Praxis sei an dieser Stelle auf ein Interview mit einer Lehrkraft für islamischen Religionsunterricht verwiesen, die ihre Situation u. a. als „*überlastet überfordert mit zu vielen Schülern*“ erlebt, da sie mitunter wöchentlich an vier verschiedenen Schulen rund 400 Schüler*innen unterrichtet. Darüber hinaus bemängelt sie das Fehlen eines eigenen Raums und einer Auswahl an Unterrichtsmaterialien bzw. die fehlende Zeit für den diesbezüglichen Austausch mit Kolleg*innen. Zudem beschreibt sie aufkommende Konflikte mit Eltern, die aus fehlender Übereinstimmung der von ihr im Unterricht vermittelten Lehre mit der von den Eltern privat gelebten/gelehrten Lehre entstehen, was zu massiver Kritik und teilweise zur Abmeldung der Kinder vom Religionsunterricht führt. Hierin sieht sie u. a. Gründe dafür, dass Kolleg*innen den Dienst bereits wieder quittiert hätten.[72]

Zudem verdeutlichen auch die mitunter hitzig geführten, öffentlichen Debatten über ein mögliches Kopftuchverbot für muslimische Religionslehrerinnen außerhalb des Religionsunterrichts[73] oder über die Frage nach der Thematisierung sexueller Vielfalt im Unterricht[74] dieses als belastend empfundene *Beziehungsgeflecht*, in dem sich der Unterricht und nicht zuletzt die Lehrkräfte selbst durch ihre Situation in einer „*doppelte[n] institutionelle[n] Bindung*“[75] befin-

---

und Realschulen insgesamt 19); vgl. für die Anzahl der Abschlüssen S. 46 (im Jahr 2017 zehn Abschlüsse im Bachelor und einen Abschluss im Master für das Lehramt an Grundschulen). Der Braunschweiger Zeitung zufolge befinden sich derzeit eine „*Handvoll Studenten*“ im Referendariat, vgl. Braunschweiger Zeitung 2019.

71 Und auch im Folgenden: Stein, Ceylan & Zimmer 2017, 48–63, bes. 52–53.

72 Es wurden zwei Interviews mit Lehrkräften für den islamischen Religionsunterricht geführt. Mit dem Rückgriff auf diesen Praxisbericht wird an dieser Stelle auch das Forschungsdesiderat zur Situation von Lehrkräften für islamischen Religionsunterricht kompensiert.

73 Spiegel Online (09.05.2018).

74 Ehlert 2019.

75 Grethlein & Lück 2006, 58.

den. Es bleibt abzuwarten, welche Entwicklungen die akademische Professionalisierung des Fachs nach sich zieht und ob sich dadurch möglicherweise mehr Student*innen für dieses Fach interessieren und auch einschreiben.

2.3.3 *‚Werte und Normen' als Alternative*

Das bekenntnisungebundene Unterrichtsfach „Werte und Normen", das an weiterführenden Schulen zum festen Bestand gehört, wird seit dem Schuljahr 2017/18 im Modellversuch auch an den niedersächsischen Grundschulen erprobt.[76] Das Kultusministerium sieht darin ein *„Zusatzangebot zum konfessionellen Religionsunterricht, nicht [einen] Ersatz für das Fach Religion"*.[77] Schüler*innen, die einer Glaubensgemeinschaft angehören, sind (weiterhin) verpflichtet, am Religionsunterricht ihrer Religionsgemeinschaft teilzunehmen, sofern sie nicht schriftlich abgemeldet sind. Damit stellt das Unterrichtsfach „Werte und Normen" hauptsächlich ein Angebot für diejenigen Schüler*innen dar, die keiner Religionsgemeinschaft angehören bzw. für die an ihrer Schule kein Unterricht der eigenen Religionsgemeinschaft angeboten wird. Auch die vom Unterricht abgemeldeten Schüler*innen sollen alternativ den Unterricht „Werte und Normen" besuchen.

Nicht nur Eltern, Lehrkräfte und Schulleitungen forder(te)n die Einführung eines solchen Unterrichts,[78] auch die evangelisch-lutherischen Landeskirchen in Niedersachsen befürworten dies. Die Landeskirchenrätin Kerstin Gäfgen-Track sieht darin das Recht auf nicht-religiöse Bildung verwirklicht; durch die Erfahrungen an den weiterführenden Schulen hat sie keinerlei *„Sorge"* um den Religionsunterricht, da dieser dort dennoch auf viel Resonanz stößt.[79] Zudem äußerst die EKD jüngst das Bestreben, die Zusammenarbeit mit den bekenntnisungebundenen Fächern (hier konkret: Ethik und Philosophie) zu suchen, um Dialog- und Pluralitätsfähigkeit der Schüler*innen zu fördern.[80]

Der Schulversuch startete im Schuljahr 2017/18 an zehn Schulen und wurde nach dem Modellversuch in den Schuljahren 2018/19 und 2019/20 auf 40 Grundschulen ausgeweitet. Das Kultusministerium ließ verlautbaren, dass das Fach zum Schuljahr 2025/26 als ordentliches Lehrfach an den Grundschulen eingeführt werden soll.[81] Bis dahin sind entsprechende Lehrkräfte auszubilden bzw.

---

[76] Niedersächsisches Kultusministerium 2017.

[77] Niedersächsisches Kultusministerium 2018.

[78] Vgl. das Niedersächsische Kultusministerium 2018; 2017.

[79] Evangelisch-lutherische Landeskirche Hannovers 2018.

[80] Vgl. das Kirchenamt der EKD 2018, 18.

[81] Vgl. dazu das Niedersächsische Kultusministerium 2019b.

einzustellen,[82] weshalb das universitäre Studienangebot erweitert und neue Studienseminare ins Leben gerufen werden müssen.

2.3.4 *Implikationen: Tendenzen einer ‚Homogenisierung' der Lerngruppe*

Die Weiterentwicklungen der religiösen Schulbildung im Sinne dieser schulpolitischen Reformbestrebungen[83] bezeichnet die Landeskirchenrätin GÄFGEN-TRACK als ein (Zwei- bis) Drei-Säulen-Modell,[84] wobei jede der drei Unterrichtsformen, d. h. konfessionell-kooperativer (bzw. ev./kath.) Religionsunterricht, ‚Werte und Normen' (für alle abgemeldeten Schüler*innen) und islamischer Religionsunterricht, einer der *Säulen* entspricht, die zeitgleich ‚im Band' unterrichtet werden. Ein Angebot an islamischem Religionsunterricht als dritte Säule ist dabei nur für jene Schulen mit entsprechendem Bedarf vorgesehen.[85] Während die Entwicklungen innerhalb der ersten Säule – also die Einführung des KKRUs – wie eine Art innerchristliche Vereinigung erscheint, so erweist sich das Drei-Säulen-Modell insgesamt als eine Vervielfältigung von Angeboten religiöser Bildung (im Gegensatz zu einem ausschließlichen evangelischen oder katholischen Religionsunterricht). In den meisten Fällen geht dies mit einer Auflösung des jeweiligen Klassenverbandes zugunsten neuer Gruppenzusammensetzungen in den jeweiligen Fächern einher.[86]

In theoretisch-modellhafter Betrachtung lassen sich diese Reformbestrebungen als eine Art ‚Homogenisierungsstrategie' der jeweiligen Lerngruppen deuten, die sich entlang des Differenzkriteriums der ‚formalen Religionszugehörigkeit' der Schüler*innen vollzieht: Die für den jeweiligen Religions- (bzw.

---

82 Religionslehrkräfte dürfen Werte und Normen unterrichten.

83 Zum Begriff der Reformbestrebungen vgl. Hasselhorn et al. 2014, wobei der Wortbestandteil ‚-bestrebung' auf den unabgeschlossenen Charakter verweist. Betrachtet man Schule aus organisationaler Perspektive, kann diese als Mehrebenensystem aufgefasst werden: Hier stellt die Unterrichtsebene die Mikroebene dar; die Einzelschule inkl. ihrer Gestaltungsorgane die Mesoebene. Schulpolitische Reformentwicklungen wie das sog. ‚Drei-Säulen-Modell' durch die Bundesländer (und höher) können demzufolge auf der Makroebene verortet werden, vgl. dazu ausführlich Schmerbauch 2017, 66f, die sich u. a. auf die Ausführungen von Fend (2008, 31) und Kussau & Brüsemeister (2007, 32) bezieht.

84 Vgl. Gäfgen-Track 2014, 131; Evangelisch-lutherische Landeskirche Hannovers 2013.

85 Dies ist ab 12 Schüler*innen eines Bekenntnisses der Fall, vgl. Niedersächsisches Kultusministerium 2011, 1.

86 In gewissen Zusammensetzungen der jeweiligen Klassen bzw. Schulen ist ein Beibehalten des Klassenverbandes jedoch nicht auszuschließen, wenn sich die Klasse an sich bereits relativ (formal) homogen erweist.

Werte und Normen-)Unterricht neu entstandenen Gruppen sind dementsprechend ‚formal homogen(er)'.[87] In der Praxis wird jedoch auch die Entscheidung der Eltern zum ausschlaggebenden Kriterium für die Gruppenzugehörigkeit der Kinder, die möglicherweise unabhängig von der formalen Religionszugehörigkeit des Kindes ist.[88] Damit hat das Bundesland Niedersachsen einen Weg eingeschlagen, der bei dezidiertem Hervortreten der konfessionellen (evangelischen/katholischen oder islamischen) Ausrichtung des Unterrichts gleichzeitig die Auflösung des Klassenverbunds bedeutet.

Diese Lösung steht im Kontrast zur Handhabung in den Stadtstaaten Hamburg und Bremen, denn dort dient der Klassenverband sogar als Bezugsgröße der Lerngruppe: Während in Hamburg mit dem „Religionsunterricht für alle" eine dialogische Öffnung des Unterrichts herbeigeführt wurde, verzichtet man in Bremen mit dem Unterrichtsfach „Biblische Geschichte" gänzlich auf den konfessionellen Charakter des Religionsunterrichts.[89]

---

87 Mit der Wahl der Formulierung einer „*formal*" homogeneren Lerngruppe soll angezeigt werden, dass der Begriff der ‚Homogenität' bzw. der des Gegenstücks der Heterogenität, im vorliegenden Forschungszusammenhang lediglich auf der Ebene formaler Kriterien zur Analyse des Drei-Säulen-Modells anzusiedeln ist und nicht selbstverständlich die soziale Ordnung der Gruppe konstituiert. Damit wird sich von einem (grundlagentheoretischen) Ansatz abgegrenzt, demzufolge Homogenität bzw. Heterogenität als ontologisch gegebene, sozial wirksame Ordnungen von Gleichheit/Einheit bzw. Vielfalt verstanden werden, die mit den Schüler*innen in den Unterricht getragen werden, „*mit denen ein angemessener Umgang in der Schule gefunden werden muss*", vgl. Roose 2013b, bes. 507. In diesem Zusammenhang fasst sie zusammen: „*ein wichtiges Ergebnis einschlägiger Studien besteht darin, dass die formale Religionszugehörigkeit als bedeutsame Differenz im Religionsunterricht ein Stück weit dekonstruiert wird*" (S. 508) und bezieht sich damit auf Studien zur Schüler*innenwahrnehmung von Asbrand 2000 sowie Knauth 2009. Damit kann religiös formale Heterogenität in der alltäglichen Praxis des Religionsunterrichts als „*bedeutsame Differenz*" konstruiert, „*stabilisiert und [aber] auch transformiert*" bzw. dekonstruiert werden. Vgl. dazu die Diskussion in Kap. 7.2, S. 237ff.

88 Denkbar sind beispielsweise konfessionslose Eltern, die ihre ebenfalls konfessionslosen Kinder in den konfessionell-kooperativen Religionsunterricht geben, oder aber ‚formal' muslimische bzw. christliche Eltern, die ihre Kinder von dem an der jeweiligen Schule bestehenden Unterrichtsangebot abmelden und die Kinder dann am ‚Werte und Normen'-Unterricht teilnehmen. An dieser Stelle sei nochmals auf die – ebenfalls grundgesetzlich verankerte – negative Religionsfreiheit im Sinne einer Freiheit zur Nicht-Teilnahme verwiesen.

89 Vgl. Kap. 2.1.

2.4 Schlaglichter der gegenwärtigen Alltagspraxis des (ev.) Religionsunterrichts

> *„Von den verschiedenen Voraussetzungen und Begründungen ist die Realität des RU natürlich noch einmal zu unterscheiden. Das betrifft bereits die Frage, wo und in welchem Ausmaß der RU tatsächlich erteilt wird." (Schweitzer & Ziebertz 2017, 37)*

Während die Vorgaben und Rahmenbedingungen in den vorangegangenen Ausführungen normativ festlegen, wie Religionsunterricht in der Theorie angelegt ist bzw. zu funktionieren hat, gestaltet sich demgegenüber die schulische Alltagspraxis zuweilen unterschiedlich, wie empirische Befunde bzw. individuelle Beobachtungen nahelegen. Dabei sprechen FRIEDRICH SCHWEITZER und HANS-GEORG ZIEBERTZ von einer von den Vorgaben abweichenden *„Realität"*[90]; FRIEDHELM KRAFT konstatierte *„erhebliche Lücken"*[91] in der Umsetzung.

Zuerst einmal lässt sich dies anhand der bislang dargestellten Weiterentwicklungen der Unterrichtsangebote („Drei-Säulen-Modell") ausmachen. Wie bereits erwähnt ist die tatsächliche Implementation dieser in den Schulalltag derzeit noch kaum sichtbar: An einem Großteil der Grundschulen findet (noch) kein islamischer Religionsunterricht statt und auch der Anteil an Schulen mit einem Unterrichtsangebot ‚Werte und Normen' ist (noch) marginal. Dies scheint sich in absehbarer Zukunft auch kaum wesentlich zu ändern. Das einzige Unterrichtsangebot religiöser Bildung bildet am Gros der Grundschulen infolgedessen der konfessionell-kooperative Religionsunterricht (bzw. die ‚klassisch' zu nennenden Angebote des evangelischen bzw. katholischen Religionsunterrichts). Zudem verweist PETRA-FREUDENBERGER-LÖTZ auf die Situation, dass *„gerade in den ersten beiden Schuljahren [der Grundschule], die als pädagogische Einheit gesehen werden, gemeinsamer Religionsunterricht sehr verbreitet [ist] – allerdings häufig auch in der sog. ‚Grauzone'"*[92].

Auf der Ebene der schulischen Unterrichtsorganisation kommt erschwerend hinzu, dass Religionsunterricht teilweise, so zeigen Beobachtungen, *„im Falle einer angespannten Lehrerversorgung"* zugunsten sog. *Hauptfächer* der Grundschule gekürzt wird.[93] Die Unterrichtserteilung ist durch Schulleitungen nicht hinreichend sichergestellt, weshalb der braunschweigische Bischof FRIEDRICH WEBER darauf hinweist, dass *„nicht selten [...] Schulleitungen fälschlich davon aus[gingen], dass ein Ausfall im Fach Religion von Eltern eher toleriert werde als in anderen*

90 Schweitzer & Ziebertz 2017, 37.
91 Kraft 2007, 83.
92 Freudenberger-Lötz 2013, 46.
93 Vgl. Kraft 2007, 83.

Fächern".[94] Dabei variiert die Situation in einem Flächenstaat wie Niedersachsen – bedingt durch die Größe des Landes – erheblich, was nicht nur auf das Stadt-Land-Gefälle, sondern auch auf die konfessionelle Prägung der Gebiete zurückzuführen ist. In weiten Teilen ist Niedersachsen evangelisch geprägt, mit Katholiken in der Diaspora, wobei es auch einige wenige Gebiete mit stärkerer katholischer Präsenz sowie einem ausgeglichenen Verhältnis gibt.[95] Hier macht KRAFT die *„vorsichtigen Einschätzungen"*, dass sich eine erlasskonforme, durchgehend zweistündige Erteilung des Religionsunterrichts eher in den katholisch geprägten Gebieten finden lässt, während man in den evangelisch geprägten eher zu einem einstündig erteilten Religionsunterricht (bzw. Mischformen) tendiert.[96] Daran schließen sich die Ausführungen ROLF BADES zum neu verfassten Erlass zum Religionsunterricht von 2011 (1.2)[97] an, der die *„besondere Erwähnung der Kürzung des Religionsunterrichts [...] oder der Aussetzung dieses Unterrichts"* durch die Erfahrung gerechtfertigt sieht, *„dass manche Schulen den Ausfall von Religionsunterricht eher als den anderer Fächer hinzunehmen bereit sind"*.[98] In der Grundschule haben Lehrkräfte zusätzlich noch durch den verstärkten Klassenlehrkraftsunterricht einen größeren Handlungsspielraum, denn Fächer können getauscht, ersetzt oder verschoben werden.

Neben diesen schulisch-institutionellen Schlaglichtern der Rahmenbedingungen werden hier noch einige Aspekte zur konkreten Schulpraxis ergänzt. In den Unterrichtsbeobachtungen RUDOLF ENGLERTS zeigte sich ein verhaltener Umgang der Lehrkraft mit der (theoretisch) konfessionellen Ausrichtung des Religionsunterrichts:

> *„Dass ein Religionslehrer [sic!] von seinem eigenen Glauben erzählt oder sonst wie bekenntnishaft gesprochen hätte, kam so gut wie nicht vor. [...] Es ist [sogar] auch ausgesprochen*

---

94 Rat der Konföderation evangelischer Kirchen in Niedersachsen 2007. In diesem Zusammenhang ist mit KRAFT auf die Schulreform Anfang der 2000er zu verweisen, nach der den Schulen – bei zunehmender Kontrolle und Prüfung (Schulinspektionen etc.) – zugleich mehr Eigenverantwortung zugesprochen wurde und die Handlungsspielräume der Schulleitungen erweitert wurden, u. a. was die jeweilige Erteilung der einzelnen Fächer betrifft. Die Frage danach, ob bzw. mit wie vielen Stunden Religion bei akutem Lehrkräftemangel unterrichtet wird, liegt in der unbürokratischen Entscheidungsbefugnis der Schulleitung, vgl. dazu Kraft 2007, 81.

95 Vgl. Kraft 2007, 84f.

96 Vgl. Kraft 2007, 85. Zu den Stundentafeln des Religionsunterrichts in Niedersachsen (und den anderen Bundesländern vgl. Sekretariat der Ständigen Konferenz der Kultusminister 2002, 11.

97 *„Sofern nicht ausdrücklich etwas anderes bestimmt ist, gelten für den Religionsunterricht und den Unterricht Werte und Normen die gleichen Regelungen wie für die anderen Schulfächer. Das bedeutet insbesondere, dass der Religionsunterricht und der Unterricht Werte und Normen nicht stärker als andere Unterrichtsfächer von unvermeidbaren Kürzungen betroffen sein dürfen und dass es unzulässig ist, den Religionsunterricht oder den Unterricht Werte und Normen durch Konferenzbeschluss für einen bestimmten Schuljahrgang auszusetzen"* (RdErl. Abs. 1.2).

98 Bade 2012, 25.

selten, dass ein Lehrer seine theologische Expertise einbringt und fachlich erklärt, ‚was Christen glauben'.“[99]

Ein weiteres Merkmal der tatsächlichen Unterrichtspraxis ist die bereits andiskutierte schulische Situation, dass an den meisten Grundschulen Niedersachsens noch immer (lediglich) ein evangelischer bzw. katholischer oder konfessionell-kooperativer Religionsunterricht, allerdings kein islamischer Religionsunterricht bzw. ein bekenntnisungebundenes Unterrichtsfach angeboten wird. Demnach müssen Schüler*innen, die nicht am Religionsunterricht teilnehmen wollen/sollen, nach wie vor schulintern betreut werden, ohne dass dafür ausgewiesene Stunden zur Verfügung stehen. Hier schließt sich die Frage an, ob bzw. wie sich dies auf die Alltagspraxis des Religionsunterrichts auswirkt. Mit Blick auf die Profilierung des Unterrichts formuliert KRAFT folgende Einschätzung der Situation in Niedersachsen:

> *„Kinder, die nicht am Religionsunterricht teilnehmen, müssen ‚versorgt' werden, aber es gibt keine ausgewiesenen Stunden dafür. Die Folge davon ist oft ein Religionsunterricht ‚für alle' ohne ein christliches Profil.“*[100]

Das inklusive Moment eines Religionsunterrichts mit Schüler*innen, die (eigentlich) nicht am RU teilnehmen wollen/sollen, führt nach dieser These in der Praxis zu einer Nivellierung der christlichen Ausrichtung im Sinne eines ‚Rechtmachens für alle'. Ähnliche Tendenzen einer schwindenden Profilierung zeichneten sich auch in den empirischen Studien zur Praxis des Klassenverbandsunterrichts in Nordrhein-Westfalen bei NORBERT METTE und SASKIA HÜTTE ab sowie zum konfessionell-kooperativen Religionsunterricht in Niedersachsen bei CARSTEN GENNERICH und REINHOLD MOKROSCH: Dort zeigten sich in den jeweiligen gemeinsamen Unterrichtsformen, dass Differenzen zugunsten der Hervorhebung des (ökumenisch) Gemeinsamen vernachlässigt wurden.[101]

Für den vorliegenden Forschungszusammenhang – mit dem Fokus auf den evangelischen Religionsunterricht (auch in konfessionell-kooperativer Form) – wird die soeben beschriebene Situation als Ausgangslage verstanden, um hiermit auf eine „Spurensuche“ nach Erfahrungen und Orientierungen von Lehrkräften in ihrer konkreten Unterrichtspraxis zu gehen.

---

99 Englert 2012, 85f.

100 Kraft 2007, 85. Es ist davon auszugehen, dass sich diesbezüglich seit 2007 nichts Wesentliches verändert hat. Anzunehmen ist, dass Lehrkräfte einem Abmelden der Schüler*innen möglicherweise damit begegnen, indem sie den Unterricht nicht mehr dezidiert christlich ausrichten. Im Schuljahr 2017/18 haben rund 26.200 Grundschüler*innen an keinem der an ihrer Schule angebotenen Religionsunterrichte teilgenommen, vgl. das Sekretariat der Ständigen Konferenz der Kultusminister der Länder 2019, 16.

101 Vgl. dazu Gennerich & Mokrosch 2016, 68 sowie Hütte & Mette 2003, 232f.

3 Anlage der empirischen Studie

> *„Der Knoten ist – so individuell er auch geknüpft sein sollte – niemals als das Produkt eines isolierten Menschen zu verstehen."*[1]

Vor dem Hintergrund dieser formal-kontextuellen Bestimmungen zum Forschungsfeld wird mit der vorliegenden empirischen Studie beabsichtigt, die individuellen Erfahrungen und Konstruktionen der Alltagspraxis von Religionsunterricht aus der Perspektive der Akteur*innen zu *re*konstruieren. Da die Frage nach der (erfolgreichen) Implementation und (An-)Passung reformbedingter Neuordnungen (‚top-down', vgl. Kap. 2.3)[2] eng an die Frage geknüpft ist, auf welche Eigenlogiken diese in der Schule und im Religionsunterricht stoßen werden, gilt es herauszufinden, welche dort wirksam werden.[3]

Die Alltagspraxis im Religionsunterricht ist dabei maßgeblich vom habitualisierten und routinierten Handeln der Lehrkräfte (mit-)bestimmt. Dementsprechend will die vorliegende Studie im Sinne einer explorativen Grundlagenforschung Einblicke in die Relevanzsysteme der unterrichtenden Akteur*innen eröffnen, um u. a. auch Erkenntnisse darüber zu gewinnen, welche (typischen) Herausforderungen und Spannungen *wie* in der beruflichen Praxis wahrgenommen und auch bewältigt werden. Daran anschließend lassen sich (vorsichtige) Implikationen für eine erfolgreiche (Weiter-)Einführung des ‚Drei-Säulen-Modells' formulieren, sodass auch ein Ausblick auf die Zukunft der religionsunterrichtlichen Praxis erfolgen kann.

---

1 Nohl 2017, 6.

2 Anzumerken ist an dieser Stelle, dass das sog. ‚Drei-Säulen-Modell' bereits an einigen wenigen Schulen vorzufinden ist, an denen unterschiedliche Angebote an religiöser Bildung zeitgleich stattfinden. Bei der großen Mehrheit der Schulen entspricht dies allerdings (noch lange) nicht dem Standard, weshalb hier die Rede von einer zukunftsgerichteten und nach wie vor anstehenden Implementation ist. Insofern stellt die vorliegende Studie auch keine nachgelagerte Evaluationsstudie dar, sondern eine Studie zur Erforschung diesbezüglich relevanter, alltagspraxis-basierter Grundlagen von Lehrkräften.

3 Mit Steffen Amling wird Schule hier als Organisation und insofern als „*‚kulturelle Praxis' […] in Bezug auf die in ihr wirksam werdenden Logiken der Praxis*" verstanden, vgl. Amling 2017, 104, der sich auf Göhlich, Hopf & Tröhler 2008a bezieht. Anders als in der Forschung Amlings (vgl. Amling 2017 sowie beispielweise im Sammelband Vogd & Amling 2017) wird Schule als *kulturelle Praxis* allerdings nicht selbst zum Gegenstand der Forschung, sondern dient lediglich als notwendige Perspektive auf das eigentliche Forschungsobjekt: das Handeln der Lehrenden.

Dieses dritte Kapitel dient nun der Darlegung und Begründung der rekonstruktiven Anlage der Studie, welche zur Beantwortung der oben konkretisierten Fragestellungen entwickelt wurde. Dazu wird zunächst in die methodologische Ausrichtung der Untersuchung eingeführt, auf der die Konzeption der Studie fußt (Kap. 3.1). Daran knüpft die Vorstellung der Methode an, wobei hier besonders auf die Datenerhebung sowie auf die Datenauswertung eingegangen wird (Kap. 3.2). In einem weiteren Schritt wird das konkrete forschungspraktische Vorgehen erläutert, um auch notwendige methodische Anpassungen an den spezifischen Gegenstand transparent zu machen und zu reflektieren (Kap. 3.3). Damit wird den Gütekriterien rekonstruktiver Sozialforschung entsprochen, insbesondere der intersubjektiven Nachvollziehbarkeit.[4]

3.1 Methodologische Überlegungen: Praxeologische Wissenssoziologie

Einen rekonstruktiven Zugang zu den alltagspraktischen Erfahrungen von Akteur*innen sowie ihrem Handlungs- und Orientierungswissen bietet die dokumentarische Methode und die ihr zugrundeliegende praxeologische Wissenssoziologie, die in ihrer derzeitigen Form federführend von Ralf Bohnsack geprägt worden sind. Dabei bezieht er sich maßgeblich auf die Wissenssoziologie Karl Mannheims[5], die er dann *„in Auseinandersetzung insbesondere mit Harold Garfinkel, Pierre Bourdieu, Erwin Panofsky, Alfred Schütz, Niklas Luhmann und Erving Goffman“*[6] theoretisch sowie forschungspraktisch weiterentwickelte.[7]

---

4 Zu dieser „*intersubjektive[n] Nachvollziehbarkeit der gewonnenen Erkenntnisse*“ zählen die Autorinnen u. a. die Offenlegung der „*Methoden und Techniken*“ (vgl. Przyborski & Wohlrab-Sahr 2014, 401). Vgl. zur intersubjektiven Nachvollziehbarkeit auch Meyer & Meier zu Verl (2014, 248–250) sowie allgemein zur Güte qualitativer Sozialforschung: Flick 2011, 487–510.

5 Mannheim 1980.

6 Bohnsack 2017, 16.

7 Die praxeologische Wissenssoziologie bildet zwar die methodologische Grundlage der dokumentarischen Methode, wurde theoriehistorisch erst im Zusammenhang mit konkreter rekonstruktiv-empirischer Forschung, d. h. erst in der Forschungspraxis (weiter-)entwickelt (vgl. Bohnsack 2017, 11, 16 und Bohnsack 2014b, 11). Über das Primat der Wissenschaftspraxis für die dokumentarische Methode schreibt Bohnsack (2017, 14): „*Wenn der Zugang zur Praxis der AkteurInnen im Forschungsfeld selbst eine Praxis ist, dann ist [...] die methodologische Begründung dieses Zugangs in ihren Grundprinzipien nicht aus (philosophisch-)erkenntnislogischen Reflexionen deduzierbar, sondern vor allem aus unserer eigenen wissenschaftlichen Praxis rekonstruierbar.*“ Eine umfassende Darstellung der derzeitigen Form der praxeologischen Wissenssoziologie bietet Bohnsack (2017), wobei dieses Grundlagenwerk erst während des fortgeschrittenen Forschungsprozesses der vorliegenden Arbeit erschienen ist, weshalb hier dies nur zu Teilen berücksichtigt werden konnte.

Im Folgenden werden einige zentrale Aspekte der praxeologischen Wissenssoziologie im Sinne von „*Kristallisationspunkten*“[8] für die vorliegende Forschungsarbeit präsentiert; sie bilden die grundlagentheoretische Basis für die Anlage und Methodik dieser empirischen Studie.

3.1.1 *Kommunikatives und konjunktives Wissen*

Als wesentlicher Kristallisationspunkt der praxeologischen Wissenssoziologie – und der darauf basierenden dokumentarischen Methode – gilt die Unterscheidung zweier Wissensebenen, die auf MANNHEIM und seine „*Lehre der Seinsverbundenheit des Wissens*“[9] zurückgeht: Dort differenziert er zwischen kommunikativ-generalisiertem und konjunktivem Wissen. Die erste Wissensform betrifft die Ebene des Bewusstseins. Sie hat „*gesellschaftliche Bedeutung*“ und ist dem Menschen reflexiv zugänglich und zugleich explizierbar, sodass sie auch als ‚explizites‘ Wissen bezeichnet wird.[10] Dazu gehören u. a. subjektive Theorien, Intentionen sowie gesellschaftliche Normen.

Die zweite Wissensform betrifft hingegen die „*primordiale Ebene des ‚Seins‘*“[11], denn dieses konjunktive Wissen bezieht sich nach BOHNSACK in Anlehnung an MANNHEIM auf die Form des „*handlungspraktischen und handlungsleitenden ‚atheoretischen‘ Erfahrungswissens*“[12]. Es ist dahingehend atheoretisch, als dass es zwar den Strukturzusammenhang der Alltagspraxis darstellt und als solcher verfügbar – und nicht ‚exterior‘ – ist, dass es jedoch alltagstheoretisch durch die Akteur*innen nicht zur begrifflichen Explikation gebracht werden muss bzw. dies auch nicht ohne Weiteres möglich ist.[13] Vielmehr wird das Handeln dadurch „*relativ unabhängig vom subjektiv gemeinten Sinn*“[14] strukturiert.

---

8 Der Begriff wurde an dieser Stelle von Bohnsack, Nentwig-Gesemann & Nohl 2013b, 10 (u. a.) übernommen.

9 Mannheim 1995, 227–267.

10 Bohnsack (2011c, 137) benennt diese auch als „*institutionalisierte und zweckrationale Wissensbestände*“, die sich in ihrer Explikation durch die Akteur*innen auch in deren Handlungs*motive* bzw. *-intentionen* zeigen.

11 Bohnsack 2011c, 137.

12 Bohnsack 2011c, 137, in Bezug auf Mannheim 1964a.

13 Vgl. Nohl 2017, 6f; Bohnsack 2011a, 41, Bohnsack 2011c, 137.

14 Bohnsack 2011a, 41. Im Vorgriff auf den rekonstruktiven Zugang auf ebendieses implizite Wissen durch die dokumentarische Methode ist darauf hinzuweisen, dass diesem Postulat zufolge die Beobachter*innen nicht davon ausgehen, mehr als die beobachteten Akteur*innen zu wissen, sondern das Letztere „*selbst nicht wissen, was sie da eigentlich (implizit) alles wissen*“ (Bohnsack 2011a, 41). Damit leistet die dokumentarische Methode einen Beitrag, die Aporie zwischen objektivistischen und subjektivistischen Zugängen zu überwinden.

„Dieses [...] Wissen ist von seiner Genese her ein grundlegend kollektives (oder in der Sprache Mannheims) ein ‚konjunktives' Wissen, welches in der gemeinsam gelebten Praxis angeeignet wird und diese Praxis zugleich in habitualisierter Weise orientiert."[15]

Darin offenbart sich auch die Bezugnahme auf PIERRE BOURDIEUS Habitustheorie, die für das konjunktive Wissen der praxeologischen Wissenssoziologie wesentlich ist, sodass sich dieses Wissen (im Sinne BOURDIEUS) auch als inkorporiertes Wissen bezeichnen lässt. In anderen wissenschaftstheoretischen Traditionen wird auch von einem impliziten, stillschweigenden Wissen (‚tacit knowledge', MICHAEL POLANYI) bzw. von einem indexikalischen Wissen in der Ethnomethodologie gesprochen.[16]

Die Differenzierung beider Wissensformen kann mit BOHNSACK ET AL. am Beispiel der ‚Familie' veranschaulicht werden[17]: Die öffentlich-gesellschaftliche Bedeutung des Ausdrucks als Institution ist ohne Weiteres für jede*n prinzipiell explizierbar (kommunikatives Wissen). Im Unterschied dazu verweist das konjunktive Wissen auf das Wissen *„innerhalb des Erfahrungsraums der konkreten Familie in ihrer je milieuspezifischen oder auch individuell-fallspezifischen Besonderheit"*[18]. Damit wird es zu einem konjunktiv geteilten Wissen für (lediglich) diejenigen, die den konjunktiven Erfahrungsraum dieser spezifischen Familie teilen.

In neueren Entwicklungen der praxeologischen Wissenssoziologie umschließt dieser konjunktive Erfahrungsraum nach BOHNSACK beide Wissensformen der Akteur*innen, denn dieser beinhaltet die *„Relation des inkorporierten und habitualisierten Wissens, also des konjunktiven Wissens, zu den als exterior erfahrenen Bereichen der normativen Erwartungen, der Rolle und der Identitätserwartungen, also zum kommunikativen Wissen"*[19]. In der vorliegenden Forschungsarbeit ist dieser konjunktive Erfahrungsraum als der Religionsunterricht an Grundschulen in Niedersachsen zu fassen.

---

15 Bohnsack 2011c, 137.

16 Vgl. Bohnsack 2011c, 137, der sich auf Bourdieu 1976 und Polanyi 1985 bezieht; vgl. auch Bohnsack 2011a, 41. Die Orientierungen des konjunktiven Wissens *„werden im Sinne des ‚modus operandi' bei Bourdieu und mit einigen Analogien zu anderen Theorien der Praxis [...] als* handlungsleitende *verstanden"* (Amling & Hoffmann 2013, 181, mit Verweis auf Bourdieu 1979/1987 und Schatzki 1996).

17 Vgl. Bohnsack, Nentwig-Gesemann & Nohl 2013b, 15; vgl. auch Bohnsack 2012, 122 und Bohnsack 2011a, 42f.

18 Bohnsack 2011a, 42f. Der Begriff des Milieus wird v. a. in Bezug auf eine Soziogenese relevant, die im vorliegenden Kontext nicht vorhanden ist. Vgl. zum Verständnis des Milieus als gesellschaftlichem Erfahrungsraum aus Perspektive der praxeologischen Wissenssoziologie: Bohnsack 2017, 216–242.

19 Bohnsack 2017, 103.

3.1.2 *Sinnebenen einer Handlung*

Neben den Wissensebenen von Akteur*innen lassen sich auch zwei Sinnebenen in Handlungen unterscheiden, die gleichsam einen weiteren zentralen Kristallisationspunkt in der methodologischen Fundierung dieser Arbeit bilden. Im vorliegenden Forschungskontext sind *Handlungen* in Form des Mitteilens und Berichtens von Erfahrungen zu finden. Dabei wird ein expliziter, wörtlicher Sinn, d. h. der *immanente* Sinngehalt einer Praxis (hier: dem Sprechen), einem *Dokumentsinn* gegenübergestellt (s. Abb. 1, S. 43).[20]

Beim expliziten Sinn wird nochmals zwischen dem „*intentionalen Ausdruckssinn*"[21], also dem subjektiv gemeinten Sinn (Motive), sowie dem Objektsinn unterschieden, welcher den allgemeinen Inhalt einer Äußerung, das *Was*, fokussiert. Die zweite Sinnebene, der dokumentarische Sinngehalt, verweist auf das *Wie* einer (sprachlichen) Handlung, auf die Herstellungsweise oder den „*modus oparandi*". Damit ist erfasst, „*wie der Text und die in ihm berichtete Handlung konstruiert ist [sic!], in welchem Rahmen das Thema [...] abgehandelt wird, d. h. in welchem Orientierungsrahmen eine Problemstellung bearbeitet wird.*"[22] Die Äußerung dient hier insofern der Rekonstruktion der Orientierung, als dass es als *Dokument* auf seinen Herstellungszusammenhang verweist. Im Vorgriff auf das methodische Vorgehen bei der Interpretation entspricht diese Differenzierung zwischen immanentem und dokumentarischem Sinngehalt den Auswertungsschritten einer formulierenden und reflektierenden Interpretation (s. u. Abb. 1). Damit wird der charakteristische „*Wechsel der Analyseeinstellung vom Was zum Wie*"[23] in der dokumentarischen Methode vollzogen.

Sinngehalt		Empirische Erfassbarkeit	Interpretationsschritt
Immanenter Sinngehalt	Intentionaler Ausdruckssinn	nicht erfassbar	-/-
	Objektiver Sinn	thematisch zu identifizieren	formulierende Interpretation
Dokumentarischer Sinngehalt		anhand des Herstellungsprozesses zu rekonstruieren	reflektierende Interpretation

Abbildung 1: Ebenen des Sinngehalts und ihre empirische Erfassbarkeit nach Nohl 2017, 6.

[20] Vgl. Nohl 2017, 4f.

[21] Nohl 2017, 4.

[22] Nohl 2017, 4. Zum Begriff des Orientierungsrahmens s. u., Kap. 3.2.2.

[23] Bohnsack 2014b, 165, vgl. auch Nohl 2017, 5; Bohnsack, Nentwig-Gesemann & Nohl 2013b, 13f.

Diese Unterscheidung von Sinnebenen ist nicht nur für die Handlungen der Akteur*innen in ihrer beruflichen Alltagspraxis relevant, sondern auch für das Interview selbst, denn nach ANDREAS WERNET können auch „*die Äußerungen des Interviewten [sic!] selbst als (Sprech-)*Handlungen *gelesen werden*“[24]. Damit gibt diese Form des „*Interviewhandelns*“ Auskunft über die berufliche Alltagspraxis, indem sie nach WERNET als ein „*Protokoll eines Berufshandelns*“[25] verstanden wird.

3.2 Methodik der empirischen Studie

Die dokumentarische Methode stellt neben dieser methodologischen Basis ein differenziertes Analyse- und Auswertungsverfahren für verschiedene Datenformen dar, u. a. für Gruppendiskussionen, (Unterrichts-)videografien, Bilder und Interviews.[26] Im Forschungsprozess rekonstruktiv ausgearbeitet und fortan weiterentwickelt,[27] findet sie mittlerweile ein breites Anwendungsgebiet als etablierte und „*an den Forschungsdiskurs hochgradig anschlussfähige*“[28] Methode. Eingesetzt wird die dokumentarische Methode beispielsweise in zahlreichen Forschungsgebieten wie Jugend- und Geschlechterforschung, der Familien- und Medienforschung, der Unterrichtsforschung sowie der Organisationsstrukturforschung u. a.[29] Eine explizite Verknüpfung der dokumentarischen Methode mit der Datenerhebung durch narrativ fundierte, leitfadengestütze Interviews wurde federführend von ARND-MICHAEL NOHL forschungspraktisch ausgearbeitet und methodologisch reflektiert.[30] BOHNSACK selbst bezieht ebenfalls das narra-

---

[24] Wernet 2009, 58, Hervorhebungen i.O.; vgl. auch Heinemann 2018, 62. Wernet verweist dabei auf den Zusammenhang zwischen dem Handeln der Lehrkräfte und ihrem Wissen, indem er „*das Interview selbst vermittelt und indirekt als Protokoll von ‚Lehrerhandeln‘*“ begreift (Wernet 2009, 58).

[25] Wernet 2009, 58.

[26] S. die methodischen Ausarbeitungen u. a. in den Beiträgen in Bohnsack, Nentwig-Gesemann & Nohl 2013a; Przyborski 2004, in den Beiträgen in Bohnsack, Przyborski & Schäffer 2010 und in denen in Loos et al. 2013, in Bohnsack 2014b, und Bohnsack, Fritzsche & Wagner-Willi 2015; Bohnsack, Michel & Przyborski 2015, Nohl 2017, in den Beiträgen in Amling & Vogd 2017 und bei Asbrand & Martens 2018.

[27] Ausgangspunkt für die methodischen Weiterentwicklungen sowie deren methodologische Fundierung bildeten die Rekonstruktionen Bohnsacks von kollektiven Orientierungen Jugendlicher anhand von Gruppendiskussionen, vgl. Bohnsack 2014b, 33. Vgl. ausführlich zur grundlagentheoretischen Fundierung Bohnsack 2017; Bohnsack 2014b.

[28] Schieferdecker 2016, 41.

[29] Vgl. Bohnsack, Nentwig-Gesemann & Nohl, 2013b, 9; vgl. Bohnsack 2014b, 33. Ein Überblick über Forschungsarbeiten, die mit der dokumentarischen Methode arbeiteten, findet sich in einer ständig aktualisierten und systematisierten Liste von Nohl (2020) unter: www.dokumentarischemethode.de [Zugriff: 22.01.2020].

[30] Vgl. Nohl 2017, vgl. auch Nohl 2005.

tive Interview in seine methodologischen und methodischen Arbeiten mit ein, wenngleich dies weniger konkret und systematisch geschieht.[31]

Ein Zugang zu den Wahrnehmungen, Erfahrungen und Orientierungen (nicht nur) von Religionslehrkräften ist möglich, indem diese den Forschenden von ihren Erfahrungen erzählen.

> *„Erzählungen (Geschichten) sind im Alltag ein allgemein vertrautes und gängiges Mittel, um jemandem etwas, das uns selbst betrifft oder was wir erlebt haben, mitzuteilen. Erzählungen sind Ausdruck selbst erlebter Erfahrungen, d. h. wir greifen immer dann auf sie als Mittel zurück, wenn es darum geht, Eigenerlebtes einem anderen nahezubringen. Insofern kann also von Erzählen als ‚elementarer Institution menschlicher Kommunikation', als alltäglich eingespielter Kommunikationsform gesprochen werden."*[32]

Dies stützt sich gleichzeitig auf die Annahme der Narrationsstrukturanalyse von Fritz Schütze, wonach Erzählungen sehr dicht an den tatsächlichen Erfahrungen der Akteur*innen dran sind:[33] Besonders auf die Stegreiferzählung – so Nohl in Bezug auf Fritz Schütze – trifft dies durch die „*Dynamik der Zugzwänge*"[34] zu, denn dort muss der Erzählende seine Geschichte in ihrer Gestalt vervollständigen (Komplettierungszwang), verdichten (Kondensierungszwang) und ausführen (Detaillierungszwang). Dadurch steigt die Erzählinstanz in seine Erfahrungen ein und erlaubt „*einen tiefen Einblick in seine Erfahrungsaufschichtung*".[35] Das tatsächliche Geschehen lässt sich jedoch in seiner Gänze ebenso wenig abbilden, wie die Wirklichkeit dadurch wiedergegeben werden kann, was ein methodologisches Postulat darstellt. Vielmehr kommen das individuelle Erfahren und das Erleben dieses Geschehens dadurch zum Vorschein, wie es in der Erzählung *konstruiert* ist.

Genau dies gilt es anschließend in der interpretativen Auswertung zu *re-konstruieren*.[36] Das *Fremdverstehen* sprachlicher Äußerungen, d. h. ein solcher Rekonstruktionsprozess, stellt allerdings durch die Differenz in den Erfahrungsräumen

---

31 Vgl. Bohnsack 2014b, 93–105. Unterschiede in den Begrifflichkeiten sowie forschungspraktischen Grundlagen existieren jedoch (nicht nur) zwischen Bohnsack und Nohl. In der konkreten Auswertungspraxis orientiert sich die vorliegende Forschungsarbeit hauptsächlich an Nohl (vgl. z. B. Kap. 3.2.2), wobei ich mich bei den Begrifflichkeiten und der methodisch-methodologischen Rahmung auf Bohnsack stütze; auch mit Blick auf sein Verständnis des Orientierungsrahmens, vgl. Kap. 3.1 und 3.2.2, S. 61.

32 Schütze 1987, 77, zit. n. Bohnsack 2014b, 93. Hier wird sich auf Schützes Variante des narrativen Interviews bezogen, welches mit geringer Vorstrukturierung auskommt, weil es lediglich durch einen Erzählimpuls eröffnet wird.

33 Vgl. Nohl 2017, 25f, der sich auf Kallmeyer & Schütze 1977 bezieht.

34 Nohl 2017, 24f.

35 Nohl 2017, 25. Vgl. zu den Zugzwängen des Erzählens auch Bohnsack 2014b, 95; Przyborski & Wohlrab-Sahr 2014, 80f.

36 Vgl. Nohl 2017, 25f.

zwischen Forschenden und den zu Erforschenden eine Herausforderung dar.[37] Um dieses Fremdverstehen methodisch zu kontrollieren, formuliert BOHNSACK Prinzipien. Mit dem Prinzip der *Offenheit* bezieht er sich auf die Offenheit der Forschenden gegenüber den Beforschten und ihren Relevanzsystemen, sodass das eigene *Relevanzsystem* und die Themenstrukturierung durch den Forschenden selbst zurückgestellt werden.

Als zweites Prinzip benennt er *Kommunikation*, denn die Untersuchungssituation erfordert sowohl ein kommunikatives Verhältnis zwischen Forschenden und Erforschten als auch die Beachtung des „*kommunikative[n] Regelsystem[s] der Forschungssubjekte*“[38]. Werden diese Prinzipien des Fremdverstehens beachtet, dann ermöglicht dies zum einen Einblicke in die zu erforschenden Relevanzsysteme. Zum anderen erlaubt dies, die Sinnkonstruktionen der Akteur*innen zu rekonstruieren. Mit dem Forschungsfokus auf den Alltagserfahrungen und Sinnkonstruktionen von Lehrkräften wurde sich gegen die Rekonstruktion tatsächlicher Unterrichtspraxis entschieden, da dort die ‚Innenwelt‘ und Erfahrungsaufschichtung der Lehrkräfte verschlossen bliebe. Stattdessen wird dann die interaktive Praxis zwischen Lehrkraft und beispielweise Schüler*innen analysiert, womit andere Forschungsfragen beantwortet werden könnten.

Im nächsten Abschnitt werden die verwendeten Methoden zunächst theoretisch präsentiert und begründet, wobei mit der Datenerhebung begonnen wird; daran schließt sich die Datenauswertung an. Im darauffolgenden Teilkapitel wird das konkrete forschungspraktische Vorgehen explizit gemacht.

3.2.1 Datenerhebung anhand von qualitativen Interviews

Im Gegensatz zu teilnehmenden (Unterrichts-)Beobachtungen wird das Geschehen der Datenerhebung anhand von qualitativen Interviews durch den/die Forschende*n initiiert. Dadurch wird dieses Geschehen teilweise, wenn auch bestenfalls in geringfügigem Maße, (vor-)strukturiert. Demnach entsteht nach ANNE HONER eine „*asymmetrische Kommunikationsform*“[39], die „*gleichwohl immer von bei-*

---

[37] Bohnsack (2014b, 21) diskutiert diese vielschichtige Problematik: „*Im Grunde wirft […] jede Kommunikation und allzumal die Kommunikation z. B. zwischen einem Interviewten und einem ihm fremden Interviewer […] Probleme des Fremdverstehens auf. Im Interview z. B. tauchen diese Probleme nicht nur dort auf, wo der oder die Befragte die Äußerungen des Interviewers oder der Interviewerin interpretiert oder diese die Antwort der Befragten, sondern auch dort, wo die Frage ‚codiert‘, d. h. in Beobachtungssprache übersetzt wird.*“

[38] Vgl. Bohnsack 2014b, 21–24, bes. 23f, der sich hier auf HOFFMAN-RIEM 1980 bezieht. Vgl. dazu auch Przyborski & Wohlrab-Sahr 2014, 14–17.

[39] Honer 2011, 95: „*Das Interview ist typischerweise dadurch motiviert, dass einer der Beteiligten versucht, beim anderen Äußerungen über etwas hervorzulocken, das in der Interviewsituation selbst (so) nicht präsent ist; d. h. durch den anderen etwas Bestimmtes in Erfahrung zu bringen; in*

den Beteiligten gemeinsam hergestellt und unterhalten wird". Es gilt insofern, die Konzeption des Datenerhebungsinstruments vorab zu reflektieren. Insbesondere ist die Frage zu stellen, welche Implikationen sich aus der methodologischen Rahmung sowie aus dem Forschungsinteresse und -gegenstand ergeben.

In Anlehnung an die bislang diskutierten Prinzipien des methodisch kontrollierten Fremdverstehens ist das Datenerhebungsinstrument dahingehend zu entwickeln und anzuwenden, als dass den Beforschten

> *„die Strukturierung der Kommunikation im Rahmen des für die Untersuchung relevanten Themas so weit wie möglich überlassen [wird], damit diese ihr Relevanzsystem und ihr kommunikatives Regelsystem entfalten können und auf diesem Wege die Unterschiede zum Relevanzsystem der Forschenden überhaupt erst erkennbar werden.*"[40]

Neben der geforderten Offenheit gegenüber den Beforschten und deren Relevanzen soll das Interview *narrativ fundiert* sein, um dem engen Zusammenhang von Erzählungen und Erfahrungen Rechnung zu tragen. Diese Interviewform zielt auf die Artikulation von Erzählungen (und weniger auf die Artikulation von Argumentationen und Bewertungen) ab. Damit gewährleistet sie einen Zugang zum (impliziten) Handlungswissen.

Dennoch ist das Forschungsinteresse im vorliegenden Kontext und damit der Interviewfokus eingegrenzt, weshalb die Interviewteilnehmenden sich das Thema ihrer Ausführungen (innerhalb ihrer Biografie) nicht – wie im sog. *„narrativen Interview*" nach Fritz Schütze – vollkommen frei wählen dürfen.[41] Um diesen gegensätzlichen Ansprüchen nach gleichzeitiger Offenheit und Narrativität vs. Themenbegrenzung gerecht zu werden, eignet sich das *leitfadengestützte* Interview.[42] Durch diese Interviewkonzeption werden mehrere Themen durch er-

---

der Regel eben etwas das schon vergangen ist, das also – durch das Interviewen – re-präsentiert werden muss, ohne dass anhand des Interviews mit Sicherheit geklärt werden könnte, wie genau die ursprüngliche Situation dabei gewusst, und wie genau dieses Wissen wiederum verbalisiert wird bzw. werden kann."

40 Bohnsack 2014b, 23. Vgl. auch Przyborski & Wohlrab-Sahr 2014, 126.view nem ihm fremde Interviewer m fremde Interviewer [...] Probleme des Fremdverstehens auf. Im Inter in der Forschungsliteratur

41 Vgl. zum narrativen Interview Schütze 1983. Vgl. auch Hopf 2000, 355–357; Flick 2011, 228–238; auch Przyborski & Wohlrab-Sahr 2014, v. a. 79–83.

42 Vgl. Nohl 2017, 13. Andere Autoren sprechen anstelle von *leitfadengestützten* Interviews beispielsweise von einem *„offenen Leitfadeninterview*" (Przyborski & Wohlrab-Sahr 2014, 126), vom *„Leitfadeninterview*" (Gläser & Laudel 2009, 111) oder vom *„leitfadenoffenen Interview*" (Meuser & Nagel 2009, 51); vgl. auch Fellmann 2014, 100. In den folgenden Ausführungen stütze ich mich auf die Begrifflichkeiten Nohls. Das wissenschaftliche Repertoire an verschiedenen Interviewformen zeichnet sich in seiner Definition durch einen hohen Grad an Unschärfe aus, was u. a. auch als *„babylonisches Sprachgewirr*" (Lamnek 2005, 330) eingestuft wird.

zählgenerierende Fragen nacheinander zur Sprache gebracht.[43] Zugleich kann der/die Interviewende sich durch eine flexible Handhabung des Leitfadens bereits im Gespräch selbst an den Relevanzstrukturen des Befragten orientieren. Damit steht nach NOHL diese Art der Leitfadenverwendung einer gewünschten Erzählgenerierung nicht entgegen.[44]

Auch der Problematik einer „*Leitfadenbürokratie*"[45], die von CHRISTEL HOPF für qualitative Interviews diskutiert wird, lässt sich mit einem solchen Vorgehen vorbeugen. In ihrem Aufsatz zur „*Pseudo-Exploration*"[46] in qualitativen Interviews kritisiert sie eine zu enge Leitfadenbindung, die genau dann zur Schwierigkeit wird, wenn der „*Leitfaden [dadurch] von einem Mittel zur Informationsgewinnung zu einem Mittel der Blockierung von Informationen wird*"[47]. Zu beachten ist dieser Aspekt nicht nur bei der Konzeption des Interview(leitfaden)s, sondern insbesondere auch bei der Interviewführung selbst (s. zur Darstellung des Leitfadens Kap. 3.3.2).

Hinsichtlich der Adressierung der ausgewählten Interviewpartner*innen (sprich: der Lehrkräfte) sind diese in *dem* Sinne als Expert*innen zu bezeichnen, als dass sie durch ihr tägliches Handeln in einem für die Forschungsfrage relevanten Handlungsfeld agieren: Sie sind Expert*innen für ihre eigene Praxis. Zur Beantwortung der Forschungsfrage interessiert hier besonders, wie diese Personengruppen ihr Betriebsfeld wahrnehmen, konstruieren und wie sie darin handeln. Da sich der Begriff „*Experte*" in der Methodenliteratur derzeit jedoch als äußerst unscharf erweist,[48] wird hier davon Abstand genommen, von einem „*Experten*interview" zu sprechen. Dadurch werden die Interviewpartner*innen lediglich auf ihre *Funktion als* verkürzt angesprochen, wodurch andere interessante biografische Aspekte außen vor bleiben müssten.

---

43 Vgl. hier zur Leitfadennutzung Witzel 1982, zit. n. Nohl 2017. Nohl bezieht sich in Anlehnung an Witzel auf das von ihm ausgearbeitete „*problemzentrierte*" Interview. Der Leitfaden dient dabei vor allem als „*flexible Gedächtnisstütze*" für den Interviewenden, vgl. Witzel 1982, 90, zit. n. Nohl 2017, 18.

44 Vgl. Nohl 2017, 18.

45 Hopf 1978, 101–106.

46 Hopf 1978.

47 Hopf 1978, 102. Dies liegt genau dann vor, so Hopf, wenn 1. die Reichweite des Interviews beschränkt wird und die Relevanzsetzungen der Befragten im Interview durch die Interviewenden nicht aufgenommen werden; wenn 2. Spezifizierungen der Befragten durch die eingeschränkte Reichweite des Leitfadens beschnitten werden und wenn dementsprechend 3. „*der affektive und personale Kontext der Reaktionen im Interview zu oberflächlich erfaßt [sic!] wird*" (ebd.).

48 Vgl. Flick 2011, 214f. Auch der Begriff des „*Experteninterviews*" wird als „*außerordentlich unpräzise*" betrachtet, vgl. Liebold & Trinczek 2009, 32.

3.2.2 Datenauswertung mit der dokumentarischen Methode

> *„Sie dient der Rekonstruktion der praktischen Erfahrungen von Einzelpersonen und Gruppen, in Milieus und Organisationen, gibt Aufschluss über die Handlungsorientierungen, die sich in der jeweiligen Praxis dokumentieren, und eröffnet somit einen Zugang zur Handlungspraxis." (Nohl 2017, 4)*

Zusätzlich zur methodologischen Rahmung des Forschungsprozesses stellt die dokumentarische Methode auch die Auswertungsmethode dar, die im Folgenden skizziert wird. Zentrales Kennzeichen dieser Methode ist der sog. *„Wechsel der Analyse-Einstellung vom Was zum Wie"*[49]. Demnach wird mittels Interpretation nicht die Frage nach der tatsächlichen (gesellschaftlichen) Realität aus der Akteur*innenperspektive zu beantworten (*Was) versucht*, vielmehr steht die Frage nach der Herstellung dieser in der Praxis (*Wie*) im Mittelpunkt. Dazu zählt auch die Praxis des Sprechens bzw. Erzählens in einem Interview.

Der Wechsel findet seine forschungspraktische Anwendung in einer Datenauswertung in zwei Schritten; dies korrespondiert mit der erwähnten Unterscheidung von zwei Sinnebenen einer (sprachlichen) Handlung (Objektsinn / Dokumentsinn, s. Kap. 3.1.2) in der dokumentarischen Methode.

Im ersten Analyse-Schritt, der *formulierenden* Interpretation, wird zunächst das *Was* einer Äußerung herausgearbeitet, d. h. der Objektsinn und damit der immanente Sinngehalt. Dieser Schritt ist als *„Rekonstruktion des* Themas *[...] mit seinen Untergliederungen zu verstehen."*[50] Danach wird in einem zweiten Schritt, der *reflektierenden Interpretation*, der Dokumentsinn einer Äußerung fokussiert, wobei *„die geschilderte Erfahrung als Dokument einer Orientierung rekonstruiert [wird], die die geschilderte Erfahrung strukturiert"*[51].

Für die dokumentarische Interpretation ist neben diesen zwei Schritten der Auswertung auch ein stringent vergleichendes Vorgehen (fallintern und fallübergreifend) konstitutiv. Dabei ermöglicht der Vergleich zum einen, die Standortgebundenheit der Forschenden in den Interpretationen zu relativieren, denn dadurch erweitert sich der Horizont, vor dessen Hintergrund die Äußerungen interpretiert werden. Zum anderen können auf diese Weise jene Themen bzw. Dimensionen identifiziert werden, die sich über den Einzelfall hinaus als relevant herausgestellt haben. Damit bilden sie die sog. *Tertia Comparationis* (die

---

49 Bohnsack 2011a, 42; vgl. auch Bohnsack, Nentwig-Gesemann & Nohl 2013b, 13f; Nohl 2017, 5.

50 Bohnsack 2014b, 137.

51 Nohl 2017, 4.

den Fällen gemeinsame Dritte), was eine Typisierung der Bearbeitungsweisen eines Themas oder von mehreren Themen zulässt.[52]

Zur Auswertung der *formulierenden Interpretation* wird zunächst ein *thematischer Verlauf* des gesamten Interviews angefertigt, anhand dessen diejenigen Interviewpassagen identifiziert werden, die zur Transkription und Interpretation ausgewählt werden. Dabei wird nach folgenden Kriterien vorgegangen: Ein Thema ist erstens hinsichtlich des vorher festgelegten Forschungsinteresses relevant, zweitens durch eine erhöhte Beteiligung in der Darstellung durch den/die Interviewte*n oder aufgrund der Metaphorik in der Sprache (sog. „*Fokussierungsmetaphern*"[53]) bedeutsam oder drittens durch ein wiederkehrendes Vorkommen in unterschiedlichen Fällen, was eine komparative Analyse der Fälle ermöglicht.[54]

Die selektierten Passagen werden anschließend transkribiert[55] und einer *formulierenden Feininterpretation* unterzogen, in welcher das Gesagte in Ober- und Unterthemen gegliedert und mit einer „*thematische(n) Zusammenfassung in ganzen Sätzen und mit den eigenen Worten*"[56] paraphrasiert wird. Dabei wird jedoch die Perspektive des Forschungssubjektes nicht verlassen, d. h. es wird nicht Stellung „*zu dessen Geltungsansprüchen (hinsichtlich Wahrheits- und Realitätsgehalt)*"[57] genommen. Mit diesem Analyseschritt nimmt der/die Forschende gegenüber dem Inhalt eine distanzierte Position ein, sodass die Inhalte fremd werden.

Den Kern der dokumentarischen Methode bildet jedoch die sich anschließende *reflektierende Interpretation*, die auf die Analyse des Dokumentsinns abzielt. Mit diesem Interpretationsschritt wird der (Orientierungs-)Rahmen rekonstruiert, innerhalb dessen ein Thema bzw. ein Problem bearbeitet wird.[58] Bei diesem Analyseschritt ist die leitende Frage die nach dem *Wie* der Bearbeitung.

---

52 Zur Typenbildung vgl. Kap. 3.2.2, S. 63f. Das konkrete forschungspraktische Vorgehen sowie die Anwendung der Methode werden an einem Beispiel in Kap. 3.3.5 veranschaulicht.

53 Nohl 2017, 30, in Bezug auf Bohnsack 2014b, 46.

54 Vgl. Nohl 2017, 30.

55 Für diese Arbeit wurden die Interviews hingegen zuerst vollständig transkribiert, wobei die Passagenauswahl aus den verschriftlichen Interviews dann nach den angeführten Kriterien erfolgte.

56 Nohl 2017, 31.

57 Bohnsack 2014b, 136.

58 Vgl. Nohl 2017, 31.

Abbildung 2: Die Konzeption des Orientierungsrahmens in der Dokumentarischen Methode nach Bohnsack 2014a, 37.

Den Begriff des Orientierungsrahmens gilt es an dieser Stelle zu schärfen. In neueren methodologischen Arbeiten wird dieser v. a. von BOHNSACK in zweifacher Hinsicht gebraucht: Zum einen bezeichnet er *im engeren Sinne* die Handlungspraxis bzw. der Habitus und damit das konjunktive Wissen, womit er als Gegenkonzept zu den Größen der Eigentheorien, institutionalisierten Verhaltenserwartungen bzw. Normen (kommunikatives Wissen) steht. Denn letztere werden als kommunikatives Wissen mit Begriff der Orientierungsschemata gefasst. Der Orientierungsrahmen *im weiteren Sinne* kann in dem Sinne auch als Oberbegriff zu beiden Kategorien bzw. Wissensformen betrachtet werden, weil Orientierungsschemata ihre „*eigentliche Bedeutung erst durch die Rahmung und ‚Brechung' in und durch die fundamentale existenzielle Dimension der Handlungspraxis erhalten*"[59].

Die *reflektierende Interpretation* erfolgt sowohl auf formaler als auch auf semantischer Ebene, wobei sich die Vorgehensweise der *formal reflektierenden Interpretation* an die Textsortentrennung der Narrationsstrukturanalyse nach SCHÜTZE anlehnt. Unterschieden wird zwischen Erzählung, Beschreibung, Argumentation sowie Bewertung. Dabei werden diejenigen Textsorten im Gespräch identifiziert, die eine Passage vordergründig oder in Hintergrundkonstruktio-

[59] Bohnsack 2014a, 35.

nen strukturieren.[60] Auf den Erzählungen (und auch den Beschreibungen) liegt das besondere analytische Augenmerk, was mit der Nähe von Erfahrungen und Erzählungen zusammenhängt. Dort kommen die Zugzwänge des Erzählens besonders zum Tragen. Mit dieser trennscharfen Abgrenzung wird den Erfahrungen der Akteur*innen in Erzählungen und Beschreibungen Rechnung getragen, ohne aber ihren subjektiven Sinnzuschreibungen (in Argumentationen und Bewertungen) „*aufzusitzen*"[61]. Während sich in Argumentationen und Bewertungen vornehmlich Orientierungsschemata wiederfinden, ermöglichen Erzählungen und Beschreibungen einen analytischen Zugang zum Habitus und insofern zu den Orientierungsrahmen (i. e. S.) der Befragten (s. Abb. 2, S. 50).[62]

Bei der sich anschließenden *semantisch reflektierenden Interpretation* wird der Orientierungsrahmen fokussiert, innerhalb dessen das Thema bzw. die Themen bearbeitet werden. Dabei wird nun der „*implizite[n] Regelhaftigkeit*" der (geschilderten) Erfahrungen nachgegangen, um „*den in dieser Regelhaftigkeit liegenden dokumentarischen Sinngehalt*" zu rekonstruieren. Dazu werden „*über eine „Sequenz von (erzählten) Handlungen hinweg Kontinuitäten*"[63] identifiziert, weshalb diese Vorgehensweise auch als *komparative Sequenzanalyse* bezeichnet wird. Eine empirisch vorhandene Äußerung wird mit möglichen und empirisch existenten Anschlussäußerungen aus anderen Fällen verglichen, mit dem Ziel, minimal kontrastierende, d. h. homologe Äußerungen und maximal kontrastierende, heterologe Äußerungen zu klassifizieren. Die reflektierende Interpretation setzt sich demnach aus dem fallinternen Vergleich, der Suche nach Homologien innerhalb eines Falles sowie dem fallübergreifenden Vergleich zusammen (die Suche nach minimal und maximal kontrastierenden Bearbeitungsweisen eines Themas bzw. einer ersten Äußerung).

> „*Reflexion* [in der reflektierenden Interpretation, K. W.] *setzt Gegen- oder Vergleichshorizonte voraus. Und eine Reflexionsleistung, die empirisch-methodisch kontrollierbar vollzogen werden soll, muss sich auf empirisch fundierte und nachvollziehbare Gegenhorizonte stützen.*"[64]

Damit sind nicht nur die empirischen Vergleichshorizonte gemeint, die der Forschende durch die Kontrastierung mit anderen Fällen heranzieht, sondern auch die dem Fall inhärenten Vergleichs- und Gegenhorizonte, die von den Erforsch-

---

60 Vgl. Nohl 2017, 32–35, der sich hier auf Schütze 1987 bezieht. Nohl betont, dass die Unterscheidung zwischen kommunikativem und konjunktivem Wissen rein analytisch ist, auf die auch die Textsortentrennung zielt, denn „*gerade das Zusammenspiel von Erzählung/Beschreibung und Argumentation/Bewertung im narrativen Interview macht deutlich, dass die Menschen stets in beiden Ebenen der Sprache [kommunikative und konjunktive Ebene] leben*" (Nohl 2017, 34).

61 Nohl 2017, 35.

62 Vgl. Rauschenberg & Hericks 2018, 115, vgl. auch die Abbildung (1) in Bohnsack 2014a, 37.

63 Nohl 2017, 36.

64 Bohnsack 2014b, 39; Amling & Hoffman 2013, 182.

ten selbst gebildet werden. Denn diese sind für den jeweiligen Orientierungsrahmen konstitutiv, da er sich zwischen diesen Horizonten *„aufspannt“*[65]. JULIANE LAMPRECHT hat eine Systematik für Vergleichshorizonte entwickelt, auf die ich mich hier beziehe:

Positive Horizonte: Diese Vorstellung ist für die [...] [Erforschten] erstrebenswert und potenziell umsetzbar, d. h. enaktierbar.	*Positive Gegenhorizonte:* Diese Vorstellung gewinnt ihre Funktion als Ideal, das nicht erreicht werden kann/ muss und dennoch bewundert wird.	*Negative Horizonte:* Diese Vorstellung lehnen die [...] [Erforschten] ab und wehren sich gegen eine potenzielle Annäherung.	*Negative Gegenhorizonte:* Diese Orientierungsfigur beschreibt Vorstellungen, die von den Tandemgruppen abgelehnt werden und nicht enaktiert werden können/ müssen.

Abbildung 3: Horizonte nach Lamprecht 2012, 42.

Den Fokussierungsmetaphern kommt in der reflektierenden Interpretation eine besondere Relevanz zu, denn diese zeichnen sich – so BOHNSACK – durch *„interaktive und metaphorische Dichte“* aus. Sie stellen damit *„dramatische Höhepunkte“* des Diskurses dar.[66] Diese Fokussierungsmetaphern bieten einen besonderen Zugang zum jeweiligen Orientierungsrahmen, da – wie LAMPRECHT in ihrer Arbeit herausfinden konnte –*„metaphorisch vermittelte Sachlogiken den Beteiligten [hier: den Lehrkräften] Artikulationsmöglichkeiten für Uneindeutigkeiten und Paradoxien ihrer professionellen Praxis bieten“*[67].

In der Forschungslogik der dokumentarischen Methode zielen die Interpretationen und die komparativen Analysen schlussendlich auf die *„Generierung mehrdimensionaler Typologien“* ab, d. h. der Genese einer *sinngenetischen* und (in einem weiteren Schritt) einer *soziogenetischen Typenbildung.*[68] Während die sinngenetische Typenbildung eine Typisierung des *„generativen (Sinn-)Muster[s]“*[69] fokussiert, wird die *„Frage nach den sozialen Zusammenhängen und der Genese eines Orientierungsrahmens“*[70] in der soziogenetischen Typenbildung bearbeitet. Zwar befinden sich die Rekonstruktionen der vorliegenden Forschungsarbeit auf der Ebene der sinngenetischen Typenbildung, sie beantworten demnach die Frage danach, *„in welch unterschiedlichen Orientierungsrahmen die erforschten Personen*

---

65 Bohnsack 2012, 131f.

66 Bohnsack 2011b, 67.

67 Lamprecht 2012, 136.

68 Vgl. ausführlich zur sinn- und zur soziogenetischen Typenbildung u. a. Bohnsack 2013; Amling & Hoffmann 2013, Nentwig-Gesemann 2013.

69 Bohnsack 2013, 248.

70 Nohl 2017, 43.

jene Themen und Problemstellungen bearbeiten, die im Zentrum der Forschung stehen"[71]. In dieser Logik können die einzelnen Fälle, v. a. die dargestellten Kernfälle, als *Typen* bezeichnet werden. Jedoch wurde auf eine Typisierung der Grundschulreligionslehrer*innen, die das Sample bilden, aufgrund der Begutachtung des Materials[72] verzichtet. Mit Blick auf das Forschungsanliegen war auch der damit verbundene hohe Abstraktionsgrad einer vollständigen Typisierung nicht gerechtfertigt. Vielmehr werden mit dieser Arbeit die Eigenlogiken im Orientierungsrahmen dreier sich als kontrastiv verhaltenen Einzelfälle erforscht. Ausgehend davon werden zentrale Bedeutungsachsen im Erfahrungsraum des Grundschulreligionsunterrichts aus den Erzählungen aller Lehrkräfte des Samples herausgearbeitet. Dabei handelt es sich einerseits um die beiden (teilweise konkurrierenden) Basisrahmungen ihrer Erfahrungen[73] sowie andererseits um drei implizit liegende Spannungsfelder, die sich in ihrer Alltagspraxis dokumentieren. Zusammenfassend gilt es also zu rekonstruieren, welche expliziten und impliziten Wissensbestände sich diesbezüglich bei den Lehrkräften zeigen.

Eine vollumfängliche sinn- und soziogenetische Typenbildung von Grundschulreligionslehrkräften in Niedersachsen könnte somit eine interessante Forschungsperspektive für weitere Forschungsvorhaben darstellen. Dabei könnten unterschiedliche Schwerpunkte in der Ausarbeitung gelegt werden wie ‚religiöse Vielfalt', ‚(religiöse) Positionierungen der Lehrkräfte', ‚Umgang mit unentscheidbaren Fragen im Religionsunterricht'[74] etc.

3.2.3 *Reflexion der Standortgebundenheit der Forscherin*

Für die rekonstruktive Forschungsarbeit als Praxis selbst gilt, auch diese im Forschungsprozess zu reflektieren und sich der eigenen Standortgebundenheit bzw. der „*Seinsverbundenheit*"[75] des eigenen Wissens und auch der verkörperten Rolle (in der Interviewsituation) bewusst zu sein. In professionstheoretischer Hinsicht gab es möglicherweise Intervieweffekte, dass mich die interviewten Religionslehrkräfte als (ebenfalls ausgebildete) Religionspädagogin ‚von der Uni' wahrgenommen haben (könnten). Dadurch blieb vermutlich der Grad der Ausführlichkeit teilweise eingeschränkt, denn nach Aglaja Przyborski und Monika

71 Nohl 2017, 43.

72 Das vorliegende Material enthält zwar auch erzählende und beschreibende Passagen, jedoch überwiegen die argumentativen und evaluierenden Anteile. Zur Typisierung der Handlungspraxis eignen sich jedoch v. a. Erzählungen und Beschreibungen, vgl. Bohnsack 2013, 248.

73 Vgl. zum Begriff der Basisrahmung Schieferdecker 2016, 122.

74 Vgl. dazu den Artikel von Roose 2013a.

75 Mannheim 1995, 229, s. auch das vorangegangene Teilkapitel 3.1.1.

Wohlrab-Sahr kann es in einem Gespräch *„unter ‚Wissenden“‘*[76] zu verkürzten Darstellungen kommen, weil die Personen über einen (ansatzweise) gleichen Erfahrungshintergrund verfügen: Die Gesprächspartner*innen müssen sich nicht erklären, sondern *verstehen* einander (konjunktiv).[77] Auf diesen Umstand deuteten im vorliegenden Forschungskontext Äußerungen von Interviewpartner*innen wie *„kennst du oder“* u. a. hin.[78] Dieser ähnliche Erfahrungshintergrund kann sich auch in der Rekonstruktionspraxis nachteilig ausgewirkt haben, weil das Datenmaterial nicht vollständig fremd war, sodass Äußerungen in der Interpretation beispielsweise konjunktiv verstanden wurden, ohne diese zu explizieren.

Forschungslogisch kann die Standortgebundenheit zwar nicht nivelliert werden,[79] sie lässt sich jedoch methodisch kontrollieren. So wurden die Rekonstruktionen in zwei regelmäßig stattfindenden Forschungswerkstätten (sowohl an der Leuphana Universität Lüneburg als auch an der Universität Hamburg) und auch in Kolloquien der Erst- und Zweitbetreuerin diskutiert, um diese zu validieren. Dazu war auch die große Vielfalt an Forschungsfeldern der jeweils Teilnehmenden hilfreich. Für einen weiteren Verfremdungsschritt zum Material hätte eine fachfremde Person für die Interviewführung beauftragt werden können. Dadurch wären die Schilderungen der Interviewten vermutlich ausführlicher ausgefallen. Aufgrund der Ressourcenknappheit war dies nicht möglich. Zudem hätten dann alle Rahmeninformation zur Interviewsituation etc. lediglich über Dritte in die Auswertungssituation hineingetragen werden können, wodurch möglicherweise relevante Aspekte verloren gegangen wären.

3.3 Forschungspraktisches Vorgehen

Nach diesen theoretischen sowie methodologisch-methodischen Überlegungen dient das folgende Teilkapitel nun dazu, das konkrete forschungspraktische Vorgehen nachzuzeichnen: von der Kontaktaufnahme zu den Interviewpartner*innen bis zur empirischen Ergebnisdarstellung. Dies erlaubt, sich kritisch mit der Umsetzung der Theorie auseinanderzusetzen, sodass auch deren Gültigkeit und mögliche Einschränkungen diskutiert werden.

3.3.1 *Kontaktaufnahme, Samplebildung und Anonymisierung*

Aus der Zielsetzung der Studie, (Unterrichts-)Erfahrungen angesichts des avisierten, bundeslandspezifischen ‚Drei-Säulen-Modells‘ an Grundschulen empi-

[76] Przyborski & Wohlrab-Sahr 2014, 288.
[77] Vgl. Przyborski & Wohlrab-Sahr 2014; vgl. Heinemann 2018, 83.
[78] Solche Effekte wurden in den betreffenden Analysen vermerkt.
[79] Vgl. dazu Przyborski & Wohlrab-Sahr 2014, 282.

risch zu erfassen, ergibt sich bereits eine erste Beschränkung des Samples auf (evangelische) Lehrkräfte, die im Bundesland Niedersachsen an Grundschulen aktiv tätig sind. Zudem gilt, dass sie das Unterrichtsfach Religion regelmäßig (d. h. nicht nur in Vertretung) unterrichten. Dabei bildet die *Vocatio*[80] allerdings kein Ausschlusskriterium für eine Aufnahme ins Sample, denn das Unterrichten von Religion scheint ohne diese kirchliche Genehmigung den Unterrichtsalltag ebenso zu prägen.[81] Die Interviewpartner*innen wurden nicht als an sich – also als Individuen – befragt, sondern hinsichtlich ihrer Rolle als Repräsentant*innen der bereits skizzierten Personengruppe,[82] welche alle den spezifischen Erfahrungsraum des Unterrichtens im Fach Religion an einer Grundschule unter den Rahmenbedingungen niedersächsischer Bildungspolitik teilen.

Die Suche nach Lehrkräften, die einer (freiwilligen) Interviewteilnahme zustimmten, erfolgte auf unterschiedlichen Wegen: Zum einen wurde der Kontakt – vor allem in der Phase der Pilotierung des Leitfadens – über Bekannte hergestellt, die teilweise auch an (anderen) Universitäten tätig waren bzw. sind.[83] Deshalb ist an dieser Stelle kritisch anzumerken, dass im Sample dadurch ‚universitätsnahe' Lehrkräfte[84] stärker vertreten sind, als dies im landesweiten Durchschnitt zu erwarten ist.

Zum anderen wurden Fortbildungsleiter*innen des RPI Loccums sowie Schulleitungen per Email mit der Bitte kontaktiert, meine Anfrage an interessierte Fortbildungsteilnehmer*innen bzw. Kolleg*innen aus der jeweiligen Fachkonferenz Religion weiterzuleiten.[85] Besonders am Ende der Datenerhebungsphase wurden Schulleitungen gezielt zur Vervollständigung des Samples angeschrieben. Um einen möglichst umfassenden Ausschnitt des Forschungsfeldes zu erhalten und den unterschiedlichen Gegebenheiten in einem Flächenstaat wie Niedersachsen gerecht zu werden, spielten bei der Auswahl der Interviewpartner*innen folgende Faktoren eine Rolle:[86] *Berufserfahrung der Lehrkräfte*

---

80 Zur *Vocatio* vgl. Kap. 2.1, S. 31, Fußnote 16.

81 Vgl. dazu die Erhebung von Feige et al. 2000, 206f.

82 Vgl. Przyborski &Wohlrab-Sahr 2014, 178.

83 In Anlehnung an das „*Snowball-Sampling*" (vgl. Przyborski & Wohlrab-Sahr 2014, 184) erhielt ich auf diese Art und Weise Feldzugang, welcher ohne Kontakte – wie ich vorher feststellen musste – schwer möglich war. Es war jedoch vorteilhaft, dass sich (fast) alle Interviewteilnehmenden und die Forscherin vorher nicht kannten bzw. befreundet waren.

84 Im Sample sind dadurch verhältnismäßig viele Lehrkräfte vertreten, die neben ihrer Unterrichtstätigkeit auch an der Lehrkräfteausbildung als Studienseminarleiter*in oder als Dozent*in beteiligt sind.

85 Die Email-Anfrage enthielt lediglich einen kurzen Verweis auf das Anliegen meinerseits (Interesse an Erzählungen aus dem Unterrichtsalltag) sowie die Bitte, die Mail gerne im Kollegium weiterzuleiten. Darüber hinaus wurde über die Datengewinnung (Audioaufnahme & Anonymisierung) informiert.

86 Zwar wird mit der vorliegenden Studie nicht der Anspruch an Repräsentativität angestrebt. Dennoch wird mit der Berücksichtigung einiger soziodemografischer Faktoren

(in Jahren), *Geschlecht,*[87] *Angebot an Religionsunterricht* an der Schule (Klassenverband vs. getrennter Unterricht) und *Einzugsgebiet der Schule* (ländlich vs. städtisch). Die jeweiligen Einzugsgebiete der Schulen erstrecken sich über ganz Niedersachsen, wobei sowohl Großstädte als auch Kleinstädte sowie Dörfer im Sample enthalten sind. Insgesamt erwies sich die Gewinnung von Interviewpartner*innen als Herausforderung: Sowohl von Schulleitungen als auch von Lehrkräften selbst bekam ich teilweise Rückmeldungen, dass aufgrund der alltäglichen Arbeitsbelastung es dazu an Zeit mangelt; auch blieben viele Emailanfragen meinerseits unbeantwortet.

Insgesamt wurden 17 Interviews mit Lehrkräften geführt. Nach einer Sichtung aller Transkripte wurden neun davon für eine Detailanalyse ausgewählt, denn zum einen erfüllten diese die bereits konkretisierten Kriterien der Samplebildung und zum anderen versprachen sie eine hohe inhaltliche Relevanz aufgrund der (relativen) Güte des jeweiligen Interviews.[88] Drei dieser neun Interviews stellen die *Kernfälle* des Samples dar; die ausführliche Darstellung der drei individuellen Orientierungsrahmen findet sich in den drei Falldarstellungen in Kap. 5.

Zudem wurden auch 6 Interviews mit Grundschulleitungen geführt, womit das ursprüngliche Anliegen verbunden war, die beiden Personengruppen der Lehrkräfte sowie der Schulleitungen mit ihren möglicherweise divergierenden Orientierungsrahmen gegenüberzustellen. Aufgrund des Umfangs eines solchen Auswertungsprozesses sowie seiner Darstellung musste von einer intensiven Auseinandersetzung mit den Schulleitungen Abstand genommen werden.[89]

---

versucht, ein Spektrum abzudecken bzw. Einseitigkeit zu vermeiden. Insofern bedeutet die Hervorhebung dieser Faktoren keineswegs, dass diese sich in einer soziogenetischen Typenbildung als relevante Differenzkriterien herausgestellt haben, sondern sie dienen als reines Auswahlkriterium in der Zusammenstellung des Samples. Vgl. hierzu auch das Vorgehen bei Schieferdecker 2016, 53.

87 Ein (ansatzweise) ausgeglichenes bzw. authentisches Geschlechterverhältnis wurde zwar bei der Samplebildung angestrebt, konnte aber aufgrund der mangelnden Bereitschaft von (männlichen) Grundschulreligionslehrern nicht annähernd erreicht werden. Dies hat einerseits eine Einschränkung der Ergebnisse zur Folge; zum anderen aber verweist dies auch auf ein unausgewogenes Geschlechterverhältnis an Grundschulen im Allgemeinen und im Religionsunterricht im Besonderen (vgl. dazu der Sammelband Hastedt & Lange 2012 u. a.). Gleichzeitig gibt dies Aufschluss über die Tatsache, dass Frauen auch verhältnismäßig häufig in der Ausbildung und Fortbildung von Religionslehrkräften beschäftigt sind.

88 Damit ist u. a. die Ausführlichkeit des Interviews (Länge der Passagen etc.) bzw. die Qualität der tatsächlich gestellten Interviewimpulse gemeint, da davon auszugehen ist, dass der Zugang zum jeweiligen Relevanzsystem durch ein hohes Maß an Ausführlichkeit und Strukturierung des Interviews aufseiten der Interviewten erleichtert wird.

89 Deshalb beschränken sich auch hier die Ausführungen hauptsächlich auf die Lehrkräfte. Die Kontaktaufnahme zu den Schulleitungen erfolgte in vielen Fällen über die „*Loccumer Konferenz für Schulleiterinnen und Schulleiter an Grundschulen*" im September 2017, an der ich

Als Schwäche lässt sich angesichts dieser Samplebildung festhalten, dass sich aufgrund der freiwilligen Teilnahme sowie des erschwerten Zugangs zum Feld (über E-Mail bzw. über Dritte) lediglich solche Interviewteilnehmende meldeten, die *gerne* etwas über ihren Unterricht preisgeben und dem Fach Religion tendenziell eher positiv und selbstbewusst gegenüberstehen. Personen, die zu Unsicherheiten gegenüber dem Unterrichtsfach tendieren, lehnen ein Interview eher ab, weil sie sich möglicherweise als weniger souverän im Umgang damit empfinden. Zudem war es im Sample nicht annähernd möglich, unter den Lehrkräften ein ausgeglichenes Verhältnis hinsichtlich der soziodemografischen Variable des Geschlechts zu erlangen. Die einzige interviewte männliche Lehrkraft konnte aufgrund mangelnder Möglichkeiten der Anonymisierung nicht mit ins Sample aufgenommen werden, da auch Kolleg*innen an der Schule interviewt wurden.

Zur Anonymisierung wurden die Nachnamen der Lehrkräfte durch Namen heimischer Vögel ersetzt. Zudem wurde das Alter um ein bzw. zwei Jahre nach oben oder nach unten verschoben. Außerdem wurden die geografischen Daten in den Äußerungen der Interviewten – soweit biografisch relevant – anonymisiert. Damit wurde ausgeschlossen, dass vom Interview Rückschlüsse auf die Person der Lehrkraft gezogen werden können.

Neben der Anonymisierung dient diese Form der Umbenennung auch der Verfremdung: Dadurch wird ebenfalls verdeutlicht, dass die rekonstruierten, individuellen Orientierungsrahmen lediglich aspekthaft und kontextuell sind, „*nämlich abhängig von den jeweiligen Vergleichshorizonten und von der Fragestellung*“[90] und nur im Sinne eines „*fokussierte[n] Ausschnitt[s]*“[91]. Diesen fokussierten Ausschnitt stellt ein ‚Fall' dar. Damit lässt sich niemals der Orientierungsrahmen als ganzer erfassen, den die Person der Lehrkraft auszeichnet.

Pseudonym	Alter	Interviewlänge	Lage der Schule	Art des RUs[92]
Frau Zaunkönig	52	76 min	ländlich	ev. RU
Frau Dompfaff	55	62 min	städtisch	k.-k. RU größtenteils

aus Akquisegründen dankeswerterweise teilnehmen durfte. In einigen Fällen wurde der Kontakt ebenfalls über gemeinsame Bekannte hergestellt.

90 Bohnsack 2017, 125.

91 Kramer et al. 2009, 51f., ebenfalls in Bohnsack 2017, 125.

92 Zu den Abkürzungen: RU = „Religionsunterricht“; k.-k. = „konfessionell-kooperativ“; ev. = „evangelisch“, kath. = „katholisch“; isl. = „islamisch“.

Frau Buntspecht	38	92 min	städtisch	ev. RU, tw. Betreuung der Abgemeldeten
Frau Fink	33	27 min	ländlich	k.-k. RU
Frau Stieglitz	53	55 min	städtisch	k.-k. RU (parallel z. T. isl. RU, Förderunterricht)
Frau Kleiber	36	42 min.	ländlich	ev. RU
Frau Sperling	49	41 min.	Vorort	k.-k. RU
Frau Goldammer	44	24 min.	städtisch	ev. RU
Frau Kohlmeise	49	29 min.	ländlich	k.-k. RU

Abbildung 4: Auflistung der Fälle

3.3.2 Datenerhebung: Setting, Leitfaden und Interviewführungsstrategien

Die Datenerhebung erstreckte sich auf den Zeitraum zwischen *November 2015* bis *November 2017.* Nach Zustimmung zu einem Interview wurde den Lehrkräften (meist via Email) die Wahl des Erhebungszeitpunkts und -ortes überlassen. Auf diesem Wege sollte eine angenehme, vertraute und nach Möglichkeit störungsfreie Umgebung ermöglicht werden, in der sich die Interviewten wohlfühlten. In einem solchen Umfeld ist das ertragreichste Material zu erwarten, weil die Teilnehmenden in einen Redefluss geraten können.[93] Dabei wählte ca. die Hälfte der Lehrkräfte das eigene Zuhause als Interviewort; einige bevorzugten einen Raum in der jeweiligen Schule und eine Minderheit entschied sich – zum Teil bei weiter Anreise – für das Büro der Forscherin. Zu Beginn des Forschungsprozesses wurden die Daten noch per Audioaufnahmegerät erfasst, welches jeweils auf dem Tisch lag; dies wurde im weiteren Verlauf jedoch durch den ‚Alltagsgegen-

[93] Vgl. Przyborski & Wohlrab-Sahr 2014, 63. Vgl. auch Lamnek 2005, 388, der ebenfalls als Interviewsetting einen gewohnten Raum vorschlägt, um dem Gespräch mittels Settings mehr Vertrautheit zu verschaffen.

stand' des Handys ersetzt, um die visuelle Aufmerksamkeit weniger auf die laufende Aufnahme zu lenken.[94]

Ein *Leitfaden* soll – wie bereits diskutiert (s. Kap. 3.2.1) – dem Interview als Stütze dienen und zudem einen vergleichbaren Rahmen über die Einzelinterviews ermöglichen. Nach dem ersten Entwurf wurde dieser Leitfaden anhand der Pilotinterviews angepasst, der grundsätzlich in zwei Themenbereiche eingeteilt ist: erstens in die Erfahrungen der Lehrkräfte mit dem Istzustand und ihre diesbezüglichen Wahrnehmungen (Teil I: ‚Erfahrungsteil') sowie zweitens in ihre Zukunftsvisionen und Veränderungsideen, auch in Bezug auf das bestehende Drei-Säulen-Modell (Teil II: ‚Zukunftsteil').[95] Diese strikte Trennung ermöglicht den Befragten einerseits, dass sie anfangs ‚frei' über ihre Erfahrungen erzählen können, ohne dass sie durch den Leitfaden zu einem theoretisierenden Modus verleitet werden. Andererseits kann aber durch eine daran anschließende thematische Fokussierung auf konzeptionelle Überlegungen auch dieser Anspruch eingelöst werden, der sich aus dem Forschungsinteresse ergibt.

Das Interview beginnt – noch vor dem eigentlichen Erfahrungsteil – mit zwei ‚Eisbrecher'-Fragen.[96] Diese knapp zu beantwortenden Fragen u. a. nach dem Beginn der eigenen Lehrtätigkeit und persönlichen Beweggründen für die Fächerwahl dienen dem Ankommen in der Interviewsituation und dem Abbauen möglicher Rede- und Erzählhürden für die Interviewten. Durch den Haupterzählimpuls wird der sich anschließende Erfahrungsteil eröffnet, der nach Möglichkeit stets in genauem Wortlaut formuliert wird, um den Interviewstart an dieser Stelle vergleichbar zu gestalten:[97]

---

94 Zum Umgang mit „*Recorderangst*" im Interview, vgl. Hermanns 2000, 362f. Bereits im E-Mail-Kontakt wurden die zu Interviewenden vorab über die Audioaufnahme während des Gespräches informiert, um etwaige Unsicherheiten bzw. Zweifel frühzeitig abzuwägen.

95 Im Folgenden ist der Einfachheit halber die Rede von „*Erfahrungsteil*" sowie „*Zukunftsteil*". Wenn die Befragten von sich aus bereits im Rahmen des Erfahrungsteils auf künftige Ideen bzw. Vorstellungen zu sprechen kamen, so wurde dem trotzdem (aufgrund des Prinzips der Offenheit bzw. der Achtung der Relevanzen) Raum gegeben.

96 Zu sog. Eisbrecherfragen vgl. Meyen et al. 2019, 87, 94. Eine kritische Auseinandersetzung und Reflexion dieses methodischen Schrittes finden sich in Kap. 3.3.3, S. 72.

97 Vgl. Nohl 2017, 18; vgl. Przyborski & Wohlrab-Sahr 2014, 68. Im Vergleich zu rein biografischen Interviews wird im vorliegenden Kontext nicht von einem Erzählimpuls bzw. einem Erzählstimulus gesprochen (vgl. beispielweise Przyborski & Wohlrab-Sahr 2014, 85), sondern vom *Haupt*erzählimpuls, weil sich im Verlauf des Leitfadens noch weitere, konkrete Erzählaufforderungen finden. Dennoch besitzt dieser durch seine Offenheit und seine feststehende Position im Interview besondere Relevanz in der Auswertung. Noch zu Beginn der Pilotierungsphase lautete dieser: *Welche Erfahrungen machen Sie momentan mit dem Unterrichten von Religion?* Während der Pilotierung hat es sich jedoch als vorteilhaft erwiesen, die Erzählaufforderung auch als eine solche zu formulieren (*erzählen Sie)*, was sich auch mit den Ausführungen von Przyborski & Wohlrab-Sahr zur Formulierung bzw. Weiterentwicklung des Erzählimpulses deckt, vgl. Przyborski & Wohlrab-Sahr 2014, 68,

In meiner Arbeit beschäftige ich mich vor allem mit den Erfahrungen, die Lehrerinnen und Lehrer heutzutage mit dem Unterrichten von Religion machen. Könnten Sie da vielleicht einfach mal ein bisschen etwas aus Ihrem Schulalltag erzählen?

Ziel der offenen und vagen Formulierung der Erzählaufforderung ist es, dass die Befragten aus dem breiten Feld des ‚Schulalltags' bzw. des ‚Unterrichtens von Religion' die für sie relevanten Themenbereiche bzw. Erfahrungen eigenständig auswählen. Was strukturiert ihre Alltagerfahrungen? Gleichzeitig wird durch diese Unbestimmtheit auch eine Fremdheit bzw. Unwissenheit der Forscherin gegenüber dem Forschungsfeld demonstriert, womit der Expertenstatus vielmehr den Befragten zugeschrieben wird.[98]

Um dennoch dem Anspruch an eine gewisse thematische Konzentration gerecht zu werden, wurden größere Themenbereiche anschließend im Leitfaden festgelegt. Diese wurden ebenfalls durch offen gehaltene Wie- und Erzählfragen zur Sprache gebracht, wenn dies nicht bereits im Haupterzählimpuls durch die Befragten selbst erfolgte. Dabei handelt es sich um folgende Themengebiete:

- *Religionsunterricht konkret an der Schule*
- *Tätigkeit und Situation als Religionslehrkraft*
- *die Schüler*innen im Religionsunterricht*
- *Charakter des eigenen Religionsunterrichts*

Mit diesem Aufbau sind die Prinzipien der Offenheit im Haupterzählimpuls zu Beginn eines leitfadengestützten Interviews und der zunehmenden Spezifizierung im weiteren Verlauf gewährleistet.[99] Ergänzend dazu werden die Teilnehmenden im Erfahrungsteil dazu aufgefordert, von einer *besonders fruchtbaren* und von einer *problematischen Stunde* zu erzählen (konkretere Erzählgenerierung) sowie von ihren Wünschen für den Religionsunterricht zu berichten.[100] Dies dient dem gezielteren Ausloten positiver sowie negativer Horizonte (s. Kap. 3.2.2, S. 62f.).

Im *Zukunftsteil* des Interviews werden die Befragten nun mit konzeptionellen Fragen zum Religionsunterricht konfrontiert. Dazu wird das bis dato angestrebte ‚Drei-Säulen-Modell' vorgestellt, um nach daraus resultierenden Veränderungen, Chancen sowie Grenzen zu fragen. Auch werden die Interviewten

---

74. Dies wurde noch durch einen kurzen Verweis auf das eigene Anliegen ergänzt: Aufgrund des skizzierten Forschungsinteresses kann der Beforschte die Absichten der Forscherin besser einordnen.

98 Vgl. dazu Przyborski & Wohlrab-Sahr 2014, 68f. Vgl. zur Vagheit der Formulierung des Erzählimpulses auch Bohnsack 2014b, 226f. Zu einer ausführlichen Interpretation des Haupterzählimpulses vgl. Kap. 4.1.

99 Vgl. Przyborski und Wohlrab-Sahr 2014, 127ff.

100 Die Leitfadenkonzeption lehnt sich teilweise an die Studie von Hütte & Mette an (2003, 8–10).

dazu aufgefordert, sich zwischen den Polen eines gemeinsamen Klassenverbandsunterrichts sowie eines konfessionell getrennten Unterrichts in Gruppen zu positionieren. Den Abschluss des Zukunftsteils bildet die Vervollständigung des Satzes *Religionsunterricht hat in dem Maße Zukunft, dass ...* Mit diesem zweiten Interviewteil werden verstärkt gedankliche Überlegungen angeregt, die zu theoretisierenden Äußerungen der Befragten führen. Insofern muss ihm eine nachgeordnete Rolle in der Auswertung zugeschrieben werden (vgl. die bereits erwähnten Ausführungen zum Verhältnis von Argumentationen/Bewertungen und Erzählungen/Beschreibungen, Kap. 3.2).

Zu den Grundsätzen der Gesprächsführung zählt, dass der/die Interviewende eine zuhörende Haltung einnimmt, sodass den Befragten Raum und Zeit gelassen wird, ihre Schilderungen auszuführen. Dies betrifft vor allem das Aushalten von Pausen über eine längere Zeit und eine bestärkende, positive Ausstrahlung. Erst nach einer entsprechenden Pause und ohne erkennbare Zeichen der Gesprächsfortführung seitens der Interviewten darf der Interviewende sowohl immanente (die vorherigen Themen vertiefende) Fragen als auch exmanente (einen neuen thematischen Gehalt einbringende) Fragen stellen.[101]

Direkt im Anschluss an das Interview wurde sich jeweils bei den Gesprächsteilnehmenden bedankt. Danach wurden sie gebeten, eine Einwilligungserklärung zur Verwendung der zuvor erhobenen Daten zu unterschreiben sowie einen Fragebogen zu den soziodemografischen Angaben auszufüllen.[102]

3.3.3 Kritische Reflexion des Datenerhebungsprozesses

Im Lichte des abgeschlossenen Auswertungsprozesses betrachtet, hat sich die Wahl zweier „*Eisbrecherfragen*" zu Beginn der Interviews als wenig sinnvoll erwiesen, denn diese zielen bereits auf argumentative Stellungnahmen ab und führen weniger zu Erzählungen wie im Haupterzählimpuls, was allerdings mit der dokumentarischen Methode gefordert wird. Insofern hätte man gleich mit dem Haupterzählimpuls oder einem anderen, möglicherweise noch offener formulierten Erzählimpuls beginnen können.

---

101 Vgl. zur Gesprächsführung Przyborski & Wohlrab-Sahr 2014, 70–74, bes. 74, und Nohl 2017, 18f.

102 Die Einwilligungserklärung durch die Interviewten stellte ein Ausschlusskriterium zur Datenverwendung dar. Jedoch ergaben sich an dieser Stelle auch keinerlei Weigerung bzw. geäußerte Zweifel, dies zu unterschreiben. Das Einsetzen eines Fragebogens zu soziodemografischen Randdaten und Informationen zur Schule hat sich erst im Verlaufe der Pilotphase als nötig erwiesen. Bei den zu Anfang geführten Interviews wurden die auf dem Fragebogen thematisierten Informationen per Email nachträglich erhoben. Beide Dokumente (Einwilligungserklärung und Fragebogen) finden sich im Anhang. Für die Konzeption des Fragebogens habe ich wertvolle Hinweise von Anja Wilken erhalten.

Verallgemeinernde Darstellungen wurden möglicherweise auch durch den Adverbgebrauch „*heutzutage*“ in der Formulierung des Haupterzählimpulses provoziert, obwohl im weiteren Verlauf eine *Erzähl*aufforderung expliziert wurde. Dies liegt womöglich daran, dass das Wort einen bestimmten Rahmen aufruft, indem eine Betrachtung und Beurteilung einer gegenwärtigen Situation durch einen Zeitgenossen erfolgt;[103] dementsprechend würden möglicherweise eher allgemeine Einschätzungen abgegeben werden, anstatt das individuelle Erleben zu schildern.

Vermutlich wäre eine noch offenere Formulierung hinsichtlich der Generierung von Erzählungen vorteilhafter gewesen wie z. B. *Sie sind ja Religionslehrerin – Könnten Sie da vielleicht einfach mal ein bisschen etwas aus Ihrem Schulalltag erzählen?* Zu dieser Erkenntnis gelangte die Forschende jedoch erst im nachgelagerten Schritt der intensiven reflektierenden Interpretation; zu diesem Zeitpunkt war die Datenerhebung bereits abgeschlossen.

Während der Datenerhebungsphase zeigte sich ein zunehmend flexibler Umgang mit dem Leitfaden, was sich auf einen Praxiszuwachs der Interviewerin zurückführen lässt. Nichtsdestotrotz musste in der Reflexion der Interviewverläufe (v. a. im Rahmen der reflektierenden Interpretation) immer wieder festgestellt werden, dass die Forschende – trotz ihres theoretischen Wissens zur ‚guten‘ Interviewführung – Pausen teilweise nicht aushielt und Fragen im Interviewverlauf nicht stringent und in der *Wie*-Form formulierte.

Teilweise wurden auch solche Themen in den Äußerungen der Lehrkräfte, die sich im Reflexionsprozess als ‚interessant‘ erwiesen haben, nicht immer durch die Interviewerin erneut mal aufgegriffen, was die Güte der Interviews zum Teil einschränkt. Denn dadurch konnte nicht das volle Erzählpotenzial aufseiten der Interviewten ausgeschöpft werden. Hier hätte bereits im Datenerhebungsprozess eine verstärkte Reflexionsarbeit der Interviewverläufe und der Interviewführung stattfinden müssen, um die Interviewführungspraxis zu verbessern.

3.3.4 *Transkription*

Die Daten wurden im Anschluss an die Erhebung transkribiert, d. h. die auditiv (bzw. auch audiovisuell) aufgezeichneten Daten wurden verschriftlicht. Dies dient der Datenaufbereitung für die anschließende Analyse.[104] Zu beachten ist, dass das Schriftstück, das Produkt dieses Vorgangs, niemals den sozialen Prozess (hier: das Interview) abbildet,[105] sondern es *„hebt bestimmte Aspekte heraus und*

---

103 Vgl. Duden, Art. „*heutzutage*“. Dort wird es mit „*in der gegenwärtigen Zeit, wie sie dem Zeitgenossen (gegenüber einer früheren) erscheint*“ erklärt.

104 Vgl. Knoblauch & Kahl 2018, 233.

105 Knoblauch & Kahl 2018, 233.

vernachlässigt andere“[106]. Aus diesem Grund muss auch die Wahl der Transkriptionsvorschriften im Hinblick auf das Forschungsanliegen gut überlegt sein, da diese Daten die Grundlage für die Analysearbeiten bilden.

Für diesen Forschungskontext und angesichts der Wahl der Auswertungsmethode wurde sich für die Transkriptionsrichtlinie *TiQ* (*Talk in Qualitative Social Research*) nach BOHNSACK entschieden, da diese durch ihren Detaillierungsgrad bei der Betonung und Intonation der Art des Sprechens angemessene Bedeutung beimisst, ohne den Lese- und Verständnisfluss in der Auswertung durch einen zu hohen Grad an Detaillierung zu überlasten, wodurch die Transkripte unübersichtlich würden. Die Transkription erfolgte technisch durch die Software F5.

TiQ: Talk in Qualitative Social Research	
└	Beginn einer Überlappung bzw. direkter Anschluss beim Sprecherwechsel
┘	Ende einer Überlappung
(.)	Pause bis zu einer Sekunde
(2)	Anzahl der Sekunden, die eine Pause dauert
nein	betont (unterstrichen)
nein	laut (fett) (in Relation zur üblichen Lautstärke des/der Sprecher*in)
°nee°	sehr leise (in Relation zur üblichen Lautstärke des/der Sprecher*in)
.	stark sinkende Intonation
;	schwach sinkende Intonation
?	stark steigende Intonation
,	schwach steigende Intonation
viellei/	Abbruch eines Wortes (tw. auch viellei-)
oh=nee	Wortverschleifung
nei::n	Dehnung, die Häufigkeit vom : entspricht der Länge der Dehnung
(doch)	Unsicherheit bei der Transkription, schwer verständliche Äußerungen
( )	unverständliche Äußerungen, die Länge der Klammer entspricht etwa der Dauer der unverständlichen Äußerung
((stöhnt))	Kommentare bzw. Anmerkungen zu parasprachlichen, nonverbalen oder gesprächsexternen Ereignissen; die Länge der Klammer entspricht im Falle der Kommentierung parasprachlicher Äußerungen (z. B. Stöhnen) etwa der Dauer der Äußerung
@nein@	lachend gesprochen
@(.)@	kurzes Auflachen
@(3)@	3 Sek. Lachen
//mhm//	Hörersignal des Interviewers, wenn das „mhm“ nicht überlappend ist

Abbildung 5: Transkriptionsrichtlinien TiQ nach Bohnsack 2014b, 253.

Satzzeichen werden nach diesen Transkriptionsvorschriften als Intonationszeichen im Transkript verwendet und nicht in ihrer grammatikalischen Bedeutung.

---

[106] Knoblauch & Kahl 2018, 233.

Zur Verdeutlichung dessen wird nach einem Satzzeichen klein weitergeschrieben. Hauptwörter werden jedoch durchgehend großgeschrieben. Nach einem Sprecherwechsel wird ebenfalls großgeschrieben und eine neue Zeile begonnen. Für eine Orientierung innerhalb des Transkriptes und zum Zitieren werden die Zeilen durchlaufend nummeriert.[107]

Zugunsten der Lesbarkeit des Transkriptes hat sich eine schwache Anpassung der gesprochenen Sprache an die Standardsprache als hilfreich erwiesen: Ein wortwörtlich transkribiertes, umgangssprachliches „*nach Hause gehn*" wurde beispielsweise in ein „nach Hause gehen" übertragen. Wortabbrüche oder Auslassungen wurden jedoch als solche gekennzeichnet und nicht ergänzt, da damit relevante Brüche in der Darstellung markiert sein könnten. Auch wurden innerdeutsche Dialekte in der Transkription nivelliert, da dies keinerlei Relevanz für die Auswertung hat.

3.3.5 *Beispielhafte Darstellung des Auswertungsprozesses*

Mit dem folgenden Abschnitt wird das konkrete Vorgehen am Material während des Forschungsprozesses dargestellt, um die (bislang lediglich theoretisch beschriebenen) Auswertungsschritte der dokumentarischen Methode – die formulierende sowie die reflektierende Interpretation – beispielhaft und ausführlich an einer Passage zu illustrieren.[108] Dabei ist es jedoch nur begrenzt möglich, den Auswertungsprozess in seiner Gesamtheit abzubilden. Auf Fallvergleiche sowie die Erarbeitung der (beiden) Basisrahmungen der Erfahrungen sowie Spannungsfelder (s. Kap. 6) kann in dieser Darstellungsform nur verwiesen werden. Auch die sequenzhafte und zirkuläre Interpretation im Rahmen von Forschungswerkstätten lässt sich hier nicht wiedergeben. Viel eher wird hier die Art und Weise transparent gemacht, wie sich dem Interviewmaterial im Forschungsprozess zunächst genähert wurde.

Im Folgenden werden zunächst Informationen zur Interviewpassage gegeben, woran sich der Transkriptausschnitt selbst anschließt sowie eine formulierende Interpretation dessen. Diese reflektierende Interpretation ist in die Textsortentrennung (I) sowie die semantische Interpretation (II) untergliedert. Da Letztere umfangreich ist, wird diese nur ausschnitthaft dargestellt, denn das Ziel dieses Arbeitsschritts ist die Präsentation des Vorgehens und nicht die ergebnisrelevante Generierung von (vollständigen) Interpretationen.

---

107 Vgl. Bohnsack 2014b, 254.

108 Diese Darstellungsform der Interpretation entspricht in etwa einer sog. ‚Tischvorlage' für eine Forschungswerkstatt; also einer ausgearbeiteten Analyse einer Passage, welche den Werkstattteilnehmenden vor einer Sitzung zur Verfügung gestellt wurde. In den Sitzungen selbst wurden einzelne Interpretationen daraufhin diskutiert, um die Standortgebundenheit des Forschenden methodisch zu kontrollieren.

Informationen

Zur Veranschaulichung des interpretativen Vorgehens wird die folgende Passage *„Noteneinkaufen“* (364–385) genutzt, die aus dem Interview mit FRAU STIEGLITZ stammt. Unmittelbar vor dieser Passage thematisierte die Lehrkraft vermehrt die Schüler*innen, ihre religiöse Sozialisation sowie die Auswirkungen auf den Unterricht. Zum Gegenstand des Gesprächs wird im Anschluss an diese Passage noch einmal die *heterogene* Schüler*innenschaft (386) durch eine immanente Nachfrage der Interviewerin.[109]

Passage: „Noteneinkaufen“

364 I: mhm (...) und äh (..) hast du Kontakt zu Eltern über Religionsunterricht, oder gibt es Anfragen
365 von Eltern,
366 H: so gut wie überhaupt nicht; (..) neulich habe ich was ganz Freches gemacht da habe ich einen
367 Elternbrief dazu gegeben da hatte ich die Mappen eingesammelt jetzt tatsächlich zu Luther (..)
368 und wir hatten gerade Ablasshandel fertig und Thesen noch nicht; (..) und dann (..) ähm hab ich
369 die Mappen zurückgeben und die werden benotet, geht zehn Prozent in die Note mit ein, und
370 hab dann reingeschrieben deine Mappe könnte besser sein, ich benote sie mit einer vier, wenn
371 du eine drei möchtest überweise auf folgendes Konto zehn Euro für ne zwei (.) zwanzig und für
372 ne eins fünfzig Euro; und habe erst mal geguckt was passiert; und habe den Eltern aber einen
373 Brief geschrieben, ne, worauf ich eigentlich hinauswollte; es dauert zwei Minuten da sagte die
374 eine das ist ja genauso wie früher damals zur Zeit von Luther °ich dachte dadam dankeschön
375 (.) super °eigentlich Ziel erreicht; ne, sie wusste genau worauf ich anspiele; und die nächste
376 dann und wo hast du unsere richtigen Noten, okay //(lacht)// hab ich dann aber 'ne Stunde erst
377 @später rausgegeben@ (..) ne, aber ich hatte genau das erreicht eigentlich (.) wie wäre das
378 heute, //mhm// so ähnlich; //mhm// ne, wie ist das mit dem Freikaufen; oder mit dem
379 Noteneinkaufen (..) //ja, lustig// aber das hätte ich mich ehrlich gesagt vor 20 Jahren nicht
380 getraut; ne, heute mit (.) mit der Erfahrung, und (..) ja; traue ich mich solche Sachen schon;;
381 (..) aber es kam von den Eltern nichts es kam nichts zurück; und ich sehe auch von den Eltern
382 keinen, der sich da mit mir drüber unterhalten will oder so etwas, ich höre wohl manchmal dass
383 der Unterricht gut ankommt bei den Kindern, also auch über die Eltern, aber das ist auch alles;
384 (..) das Einzige was die Eltern mitmachen ist das halt mit den Deckeln; da unterstützen sie ihre
385 Kinder (.) komplett

[109] Weitere Informationen zum Interview mit Frau Stieglitz finden sich in 3.3.1 sowie etwas ausführlicher in Kap. 5.4.

Formulierende Interpretation[110]

OT:[111] Kaum „*Kontakt zu Eltern*" (364–385)

UT: nahezu keinen Kontakt zu Eltern bzw. keine Kontaktaufnahme

364–366: Die exmanente Interviewfrage nach kommunikativen Verbindungen mit den Eltern („*Kontakt*", 364, auch ausgehend von den Eltern („*Anfragen*", 364), verneint FRAU STIEGLITZ nahezu vollständig („*so gut wie überhaupt nicht*", 366).

UT: Unterrichtsaktion – Analogisierung mit dem Ablasshandel bei der Bewertung von Schüler*innenleistungen

366–368: FRAU STIEGLITZ berichtet von einer Aktion ihrerseits, die in der jüngeren Vergangenheit liegt und in der sie keck-provozierend handelte („*was ganz Freches gemacht*", 366). Diese Tat wurde durch eine Information an die Eltern („*Elternbrief*", 367) begleitet und steht in Verbindung mit den eingesammelten Materialsammlungen („*Mappen*", 367) der Schüler*innen zum Thema „*Luther*" (367). Thematisch wird diese Aktion nach der Beendigung des Themas „*Ablasshandel*" vor der Auseinandersetzung mit den „*Thesen*" („*noch nicht*", 368) eingeordnet.

368–373: Die Bewertung der wieder ausgehändigten Materialsammlung („*zurückgegeben*", 369) fließt zu einem gewissen Anteil in die „*Note*" (369) mit ein. Ihr schriftlicher Kommentar zur jeweiligen Arbeit („*reingeschrieben*", 370) enthält zum einen die Benotung mit „*vier*" sowie den Verweis auf eine potenzielle Verbesserung („*könnte besser sein*", 370). Zum anderen wird den Schüler*innen darin die Option des Erkaufens anderer Noten über das Überweisen von konkreten Geldbeträgen unterbreitet („*wenn du [...] möchtest überweise*", 370f.) – je niedriger die Note, desto höher der Geldbetrag. Nochmals verweist FRAU STIEGLITZ auf die begleitenden Informationen an die Eltern über ihr intentionales Ziel („*worauf ich eigentlich hinauswollte*", 373).

373–375: Eine Schülerin stellte nach kurzer Zeit („*zwei Minuten*", 373) eine Analogie zu einer vergangenen Zeit – zu Lebzeiten Luthers (374) – her, was FRAU STIEGLITZ einerseits mit einem Laut

[110] Auf den Abdruck des thematischen Verlaufs (als Teil der formulierenden Interpretation) sei an dieser Stelle der Übersichtlichkeit halber nur verwiesen, da ein Themenüberblick im Gesamtverlauf des Interviews hier keinen Mehrwert zur Explikation des interpretativen Vorgehens hat.

[111] Zu den Abkürzungen: OT = „Oberthema"; UT = „Unterthema"; UUT = „Unterunterthema"; ET= „eingeschobenes Thema". Andere Forschende strukturieren ihre formulierende Interpretation beispielsweise nur stichwortartig über die Formulierung von Ober-, Unter- und eingeschobenen Themen.

(*„dadam“*, 374) sowie andererseits mit Äußerungen des lobenden Dankes (*„dankeschön (.) super“*, 374f.) kommentiert. Den sich anschließenden Verweis auf die Erfüllung ihrer Intention relativiert sie zugleich (*„eigentlich Ziel erreicht“*, 375) und schreibt der Schüler*in das Wissen um ebendiese Intention zu (*„worauf ich anspiele“*, 275).

375–379: Eine weitere Schülerin (*„die nächste“*, 375) erkundigte sich daraufhin nach ihren ordnungsgemäßen Bewertungen (*„unsere richtigen Noten“*, 376), die FRAU STIEGLITZ (jedoch) erst in der darauffolgenden *„Stunde“* (376) mitteilte (*„rausgegeben“*, 377). Erneut verweist sie darauf, dass sie ihr Anliegen, eine Analogie zur derzeitigen Situation herzustellen (*„wie wäre es heute“*, 377f.), umsetzen konnte. Hier hebt sie den Aspekt des *„Freikaufens“* hervor, den sie mit einem *„Noteneinkaufen“* (379) konkretisiert. Die Interviewerin kommentiert dies mit einem Verweis auf die Unterhaltsamkeit (*„ja lustig“*, 379).

UT: Zuwachs an Mut für derartige Aktionen

379–380: Das notwendige Selbstvertrauen zur Realisierung einer ungewöhnlichen Aktion hat sie erst über die Jahre gewonnen; früher (*„vor 20 Jahren“*, 379) hat sie ihn nicht gehabt (*„nicht getraut“*, 379f.).

UT: Keine Rückmeldung von den Eltern, kein Austausch bzw. Feedback über den Unterricht

381–385: Die Eltern haben FRAU STIEGLITZ jedoch (*„aber“*, 381) diesbezüglich keinerlei Rückmeldung gegeben (*„kam von den Eltern nichts“*, 381).
Sie hat keinen Kontakt (*„sehe [...] keinen“*, 381f.) zu Eltern, da diese keinen Bedarf an Austausch zeigten: *„drüber unterhalten will“* (382). Ausschließlich seitens der Schüler*innen (*„aber das ist auch alles“*, 383) erhält sie Feedback zu ihrer Unterrichtskonzeption, die positiv angenommen wird (*„gut ankommt bei den Kindern“*, 383), teils auch indirekt *„über die Eltern“* (383). Die Ausnahme besteht in der Mitarbeit der Eltern *„mit den Deckeln“* (384) und der damit verbundenen uneingeschränkten Hilfe (*„unterstützen [...] komplett“*, 384f.).

Reflektierende Interpretation I – Textsortentrennung

362: Bewertung (*„gut“*[112])

362–374: Erzählung (*„neulich“* (362), *„und dann“* (364), *„erst mal“* (368), *„da“*, (369), *„dann“* (372))

[112] Zur jeweilig bestimmten Textsorte werden die Signalworte dazugeschrieben, um die Nachvollziehbarkeit zu vereinfachen.

362–364: Beschreibende Hintergrundkonstruktion („*da*" (362))
365: Beschreibende Hintergrundkonstruktion („*werden [...] geht*")
368f.: Beschreibende Hintergrundkonstruktion mit argumentativen Anteilen („*worauf ich eigentlich hinauswollte*", 369)
379f. Beschreibende Hintergrundkonstruktion (370f., „*ich dachte*")
373: Beschreibende Hintergrundkonstruktion mit argumentativen Anteilen („*ich hatte [...] eigentlich*", 373)

375–376: Evaluation (375f., „*hätte*")
376–380: Beschreibung („*es kam [...| und ich sehe*", 376), mit argumentativen Anteilen („*wohl*", 378, „*halt*", 380)

Reflektierende Interpretation II - semantische Interpretation

Die geschlossene Interviewfrage („*hast du*", „*gibt es*", 364), die die Antwortmöglichkeiten eher einengt, fokussiert die Kommunikation mit Eltern zum Thema „*Religionsunterricht*" (364); das Auslassen eines Artikels verweist dabei eher verallgemeinernd auf einen thematischen Komplex („*Religionsunterricht*") als auf eine konkrete Situation.

Während Frau Stieglitz den Impuls zunächst dahingehend aufnimmt, die (geschlossene) Frage lediglich – relativierend – zu verneinen, schließt sich nach kurzer Pause die Erzählung einer Situation an, die in der Vergangenheit liegt. Bevor sie die eigens initiierte Situation ausführt, bewertet sie diese einführend als „*was ganz Freches*" (366). Dies weckt Assoziationen an eine provokative, geradezu etwas ungehorsame Tat, die damit außerhalb des Rahmens normativ-angepassten Verhaltens zu verorten ist bzw. gegen diesen Rahmen auflehnt.

Der Verweis auf einen ausgehändigten „*Elternbrief*" (367) könnte in einer ersten Lesart bereits das *Freche* an sich darstellen. In einer zweiten Lesart lässt sich *Elternbrief* in diesem Zusammenhang dahingehend deuten, dass die Eltern zu Mitwissern bzw. Komplizen gemacht werden, denn sie werden begleitend („*dazu*", 367) über die *freche*[113] Tat in Kenntnis gesetzt. Dementsprechend würde dies implizieren, dass ihr *Frech*sein sich nicht (vordergründig) gegen die Eltern richtet. Im Kontext der gesamten Passage erscheint die zweite Lesart überzeugender. Es folgt eine Art situative Einordnung ihrer Aktion, die sich einerseits auf methodische Aspekte bezieht („*Mappen eingesammelt*", 367) und andererseits

[113] Kursiv gesetzte Worte in den Analysen deuten an, dass diese ‚im Wortstamm' aus dem Transkript übernommen, jedoch grammatikalisch in den Fließtext angepasst wurden, um unglückliche Konstruktionen mit eckigen Klammern zu vermeiden.

das thematische Feld zu „*Luther*“ (367) zwischen „*Ablasshandeln*“ und „*Thesen*“ (368) absteckt.

Anhand der praktisch-methodischen Tätigkeiten des *Einsammelns* sowie *Zurückgebens* der *Mappen* (367, 369) lässt sich die hier erzählte Situation als Unterrichtssituation interpretieren, in der FRAU STIEGLITZ als Lehrerin agiert. In einer beschreibenden Hintergrundkonstruktion (369f.) ordnet sie die (weitreichende) Relevanz des *Mappen-Einsammelns* für die Schüler*innen ein: Denn zum einen erfolgt eine Bewertung dessen anhand von (Schul-)*Noten* (369) und zum anderen haben diese anteiligen Einfluss („zehn Prozent“, 369) auf die (Zeugnis-)„Note“ (369).

Im Anschluss an einen in der *Mappe* schriftlich eingetragenen Kommentar von FRAU STIEGLITZ („*hab dann reingeschrieben*“, 370) mit der Note „*vier*“ eröffnet sie den Schüler*innen ebendort die Möglichkeit, gegen Bezahlung in unterschiedlicher Höhe („*zehn Euro [...] zwanzig und [...] fünfzig Euro*“, 371f.) eine bessere Note („*drei [...], zwei [...] eins*“, 367) zu erlangen. Nach Ausgabe der Mappen, in der nächsten Erzählsequenz, hat sie „*erst mal geguckt was passiert*“ (372) – dies stellt eine Homologie zur Bewertung dar, etwas *Freches* getan zu haben: Hier wird die eingangs etablierte Lesart eines provokanten Aktes bestätigt, da sie eine Reaktion durch andere erwartet.

Mit dem wiederholten Verweis auf einen begleitenden *Brief an die Eltern* (367; 372f.), bei dem nun ein Hinweis auf den Inhalt dessen enthalten ist („*worauf ich eigentlich hinauswollte*“; 373), wird deutlich, dass die hier angedeutete Komplizenschaft mit den Eltern einer Art Schadensvorbeugung dient, denn sie erklärt ihnen vorab ihre Absichten, sodass diese es nicht fehlinterpretieren können.

Die nach kurzer Zeit von einer Schülerin Analogisierung zur Zeit Luthers („*ist ja genauso wie früher damals*“, 374) rahmt FRAU STIEGLITZ explizit als positiven Horizont („*dankeschön (.) super*“, 374f.), denn sie verknüpft das Wissen der Schülerin mit ihren Absichten („*wusste* [...] *worauf ich anspiele*“, 375). Auf impliziter Ebene entsteht hier jedoch durch die relativierende Partikel „*eigentlich*“ (375) eine gewisse Spannung, was zusätzlich durch den in sinkender Intonation gesprochenen Laut „*dadam*“ (374) unterstützt wird. Eine Lesart des „*eigentlich*“ ist, dass die Äußerung der Schülerin ‚genau genommen‘ zum Ziel führt, dass aber die anderen Schüler*innen durch diese frühzeitige ‚Auflösung‘ („*es dauert zwei Minuten*“, 372) um ihren Ah-Effekt beraubt werden. In einer weiteren Lesart könnte sich dies auf eine ambivalente Bewertung beziehen, sodass das *Wissen* um die Intention nur bedingt das Ziel war, sodass andere denkbare Ziele beispielweise wie Verunsicherung usw. zunächst ebenfalls wünschenswert gewesen wären. Eine dritte Lesart an dieser Stelle ist der Ausdruck von Beiläufigkeit durch das „*eigentlich*“.

Die Forderung einer weiteren Schülerin nach den „*richtigen Noten*“ (376) kommentiert FRAU STIEGLITZ mit einem einräumenden, die ‚Auflösung‘ akzeptierenden „*okay*“ (376). Das Herauszögern („*später*“, 377) der Rückgabe dieser „*rich-*

tigen Noten" ihrerseits kann jedoch als eine beabsichtigte, kurzzeitige Aufrechterhaltung des Effekts gelesen werden.

An dieser Stelle endet die Darstellung der reflektierenden Interpretation der vorliegenden Passage aus Gründen des Umfangs sowie der Übersichtlichkeit des Kapitels, denn eine vollständige Präsentation der reflektierenden Interpretation schafft für den Zweck dieses Kapitels keinen Mehrwert.

3.4 Art und Darstellung der Ergebnisse

Wie bereits in Kap. 3.2.2 thematisiert, zielt die vorliegende Forschungsarbeit auf die Rekonstruktion von Eigenlogiken einzelner Fälle – also dem jeweiligen Orientierungsrahmen von handelnden Akteur*innen – und darüberhinausgehend auf das Aufdecken von Strukturen und Spannungsfeldern, die den konjunktiven Erfahrungsraum der Fälle konstituieren. Eine vollständige sinn- und soziogenetische Typisierung war aufgrund des vorliegenden Materials nicht möglich (vgl. Kap. 3.2.2, S. 63f.).

Hinsichtlich der Darstellung qualitativer Forschungsergebnisse formuliert Uwe Hericks die Schwierigkeit, „*die Balance zu halten zwischen dem Anspruch des Lesers [sic!], den Auswertungsprozess zumindest teilweise nachvollziehen zu können, und dem Bemühen um eine übersichtliche und auf das Wesentliche konzentrierte Präsentation der Ergebnisse.*"[114] Dem Anliegen entsprechend, beiden Ansprüchen gerecht zu werden, erfolgt die Ergebnisdarstellung in einem Dreischritt: Zunächst dient ein „Brückenschlag" (Kap. 4) als Verbindungsglied zwischen der theoretischen Konzeption der Studie (Kap. 3) und dem Material selbst: In diesem ersten Empirie-Kapitel wird anhand von Fallvergleichen erarbeitet, inwiefern sich die drei Kernfälle des Samples maximal bzw. minimal kontrastierend zueinander verhalten. Zugleich werden die Lesenden in die komparative Analyse der dokumentarischen Methode eingeführt, die bislang noch nicht als integraler Bestandteil des Forschungsprozesses präsentiert wurde.

Im 5. Kapitel werden die drei Kernfälle einzelfallbasiert präsentiert. Es widmet sich der ausführlichen, vertieften Darlegung der jeweiligen – kontrastierenden – Orientierungsrahmen von drei Grundschulreligionslehrkräften in Niedersachsen. Auf dieser Grundlage wird im 6. Kapitel die Ebene des Einzelfalls verlassen und ein höherer Abstraktionsgrad angestrebt. Dazu werden die kontrastierenden Aspekte der Kernfälle herausgearbeitet und anhand der weiteren Fälle im Sample angereichert. Ziel dessen ist es, die Interpretationen und die

---

[114] Hericks 2006, 178, vgl. auch Heinemann 2018, 85. In diesem Zusammenhang weisen Przyborski & Wohlrab-Sahr bei der Ergebnisdarstellung darauf hin, dass hinsichtlich der Gütekriterien „*allen voran [...] die intersubjektive Nachvollziehbarkeit [...] gewährleiste[t]*" sein muss (Przyborski & Wohlrab-Sahr 2014, 402).

Spezifika der Fälle schärfer zu konturieren. Dadurch werden für den Grundschul-Religionsunterricht in Niedersachsen die rekonstruierten Strukturen (Basisrahmungen) dieses konjunktiven Erfahrungsraums – aus der Perspektive der Lehrkräfte – nachgezeichnet, sodass gleichzeitig auch zentrale Spannungsfelder hervortreten.

4 Empirische Rekonstruktionen I: Brückenschlag zur Materialgrundlage

Mit diesem ersten empirischen Teil wird ein Übergang zwischen der Beschreibung und Begründung des Studiendesigns (Kap. 3) und der weiteren Ergebnisdarstellung (Kap. 5 und 6) geschaffen. Dieses Kapitel versteht sich als eine Art Zwischenschritt mit dem Ziel, zum einen auf Perspektiven *aus* dem und *auf* das Material einzustimmen und zum anderen in das komparative methodische Vorgehen einzuführen, welches den weiteren Rekonstruktionen sowie dem Forschungsprozess an sich zugrunde liegt.

Zugleich wird mit dieser vergleichenden Vorgehensweise herausgearbeitet, inwiefern die drei ausführlich dargestellten Beispiele aus dem Sample FRAU ZAUNKÖNIG, FRAU DOMPFAFF und FRAU BUNTSPECHT kontrastive Kernfälle darstellen. Insofern finden sich hier bereits erste Abstraktionen. Im Sinne eines solchen komparativen Ausblicks wurden aus den Interviews mit den jeweiligen Lehrkräften exemplarische Passagen ausgewählt.[1]

In allen drei Interviews lässt sich jeweils das Zusammenspiel zwischen einer spezifischen Wahrnehmung von Schüler*innen seitens der Lehrkräfte und dem entsprechenden (veränderten) Unterrichten des Faches Religion bzw. seiner fachspezifischen Unterrichtsgegenstände rekonstruieren. Diese thematische Bestimmung bildet damit das *Tertium Comparationis,* das den folgenden Vergleich strukturiert. Das Gemeinsame wurde aus dem Material und somit anhand der Relevanzsetzungen der Lehrkräfte rekonstruiert, was zugleich auch den Forschungsschwerpunkt der vorliegenden Arbeit darstellt.

Die Transkriptausschnitte beinhalten die Reaktionen der Interviewpartnerinnen auf den Haupterzählimpuls.[2] Der erste Ausschnitt aus dem Interview mit FRAU ZAUNKÖNIG wird zunächst hinsichtlich dieses Tertium Comparationis interpretiert; anschließend dienen die Transkriptausschnitte aus dem Interview mit FRAU DOMPFAFF als ein erster Vergleichshorizont. Die so rekonstruierten Differenzen und Gemeinsamkeiten werden schließlich einem dritten Fall (FRAU BUNTSPECHT) gegenübergestellt, um minimale und maximale Kontraste herauszuarbeiten. Schlussendlich werden die Rekonstruktionsthesen zu diesen Fällen in eine vergleichende Zusammenschau überführt.

---

1 Weitere Interpretationen und Textstellen, mit denen die hier (thesenhaft) vorgenommenen Rekonstruktionen gestützt werden können, finden sich in den jeweiligen Falldarstellungen (Kap. 5).

2 Zum Haupterzählimpuls des Interviewleitfadens s. das Kapitel zum Studiendesign (Kap. 3.3.2, S. 70f.).

Auf die Darstellung der ausführlichen formulierenden und reflektierenden Interpretation der Transkriptausschnitte im Sinne der dokumentarischen Methode wird aus Gründen der Übersichtlichkeit und Lesbarkeit an dieser Stelle verzichtet. Exemplarisch wurde dieses Vorgehen im Kapitel zum Studiendesign (3.3.5) vorgeführt.

4.1 Fall ‚Frau Zaunkönig': Zurückstellung der christlichen Unterrichtsprägung

I[3]: ja in meiner Arbeit beschäftige ich mich vor allem mit den Erfahrungen so, die Lehrkräfte //(mhm)// heutzutage mit Religionsunterricht //(ja)// machen, ähm und mit dem Unterrichten von Religion, (.) können Sie da vielleicht einfach so ein bisschen aus I/ihrem (.) Alltag erzählen?

K: von heute oder von früher; oder wie es //(lautes Ausatmen)// sich entwickelt hat; also es ist schon auch so dass ich feststelle (.) ähm dass äh Kinder sehr religionsfern aufwachsen, //(mhm)//die Eltern ist tatsächlich jetzt ,ne ganz andere Generation die (.) auch damit ganz wenig Berührung haben, //(mhm)// und ähm (lautes Ausatmen) (..) ich (.) deshalb (.) auch (.) anders (.) glaube ich unterrichte (.) ähm um den Kindern so 'ne (..) nja; ich sage mal so Werte zu vermitteln; das ist (.) im Moment (.) glaube ich vorrangiger, und das dann auch über Bibel, (.) weiterzugeben, aber äh (.) früher habe ich angefangen mit äh 'ner Bibelerzählung, heute fange ich eigentlich mit dem Thema (.) an, worum es geht, was- wie die Kinder sich selbst damit ähm identifizieren können (.) und dann erst (.) ähm erzähle ich wie das in der Bibel steht; //(mhm)// und ähm (.) heute ist es auch ich früher bin ich viel selbstverständlicher (.) mit auch mit Bibelerzählungen umgegangen habe da (..) das °naja° (..) viel übernommen; //(mhm)// und heute bereite ich di- äh also sage ich den Kindern eben auch ganz viel ähm (.) dass es in der Bibel so steht, weil es Menschen vor 2000 Jahren oder vor 4000 Jahren im Alten Testament aufgeschrieben haben um (.) ähm de- den den Menschen etwas (.) mitzugeben; //(mhm mhm)// und zum Beispiel Wundergeschichten da habe ich mich früher überhaupt niemals rangetraut; weil ich das (.) da konnte ich ja selbst gar nicht (..) das reflektieren; ich habe ja auch kein Theologiestudium;//(mhm)// ich finde das ist auch was ne, was ich wirklich auch gemerkt habe; an mehrere Punkten; wo ich sage, ja; den dieses äh Theologische, das habe ich (.) habe ich nicht, (..) und ähm hoffe dass ich dann trotzdem den Kindern gut beibringen kann; also (..) es ist manchmal (..) ein bisschen schwierig;

Im vorliegenden Interviewausschnitt thematisiert FRAU ZAUNKÖNIG ihre Wahrnehmung von einer Schüler*innenschaft, die sich hinsichtlich ihrer religiösen Sozialisation im Laufe der Jahrzehnte verändert hat („*religionsfern aufwachsen*",

[3] Zur Lektüre des Transkripts: Mit den Abkürzungen „I" und „K" wird im Transkript der Sprecher*in-Wechsel angezeigt. Mit „I" ist im weiteren Verlauf immer die Interviewerin gemeint; mit „K" oder einem anderen Buchstaben die jeweils sprechende Lehrkraft. Die Satzzeichen (.,:;) haben keine grammatikalische Bedeutung, sondern geben Hinweise auf die Intonation (s. dazu die Transkriptionsvorschriften in Kap. 3.3.4, S. 74, Abb. 5).

38[4]). Dies wird mit einer Abänderung der eigenen Vorgehensweise im Unterricht verknüpft. Der Ausschnitt stellt eine vordergründig beschreibend-argumentierende Passage[5] dar.

Mit dem Haupterzählimpuls markiert die Interviewerin zunächst ihr persönliches sowie universitäres Beteiligtsein am Gegenstand („*in meiner Arbeit beschäftige ich mich*", 33), den sie daraufhin ausführt; die Wort-Kombination „*vor allem*" (33) deutet auf eine Schwerpunktsetzung im Rahmen dessen hin. Sie konkretisiert den Gegenstand offen und allgemein auf die individuellen „*Erfahrungen*" (33) einer bestimmten Personengruppe (nämlich von *Lehrkräften*, 33) in Bezug auf einen bestimmten schulischen Bereich (nämlich den *Religionsunterricht*, 34). Die betont gesprochene Reformulierung dieses Gegenstands setzt einen neuen Fokus; es geht nicht (ausschließlich) um das Erleben des Unterrichtsfachs an sich, sondern viel eher steht die selbsttätige Unterrichtserteilung im Zentrum; das Erleben der eigenen Praxis („*Unterrichten von Religion*", 34f.). Zugleich grenzt die Interviewerin dies auch zeitlich ein: das Adverb „*heutzutage*" (34) hebt dabei auf eine evaluierende Ebene, in der Zeitgenoss*innen die gegenwärtige Situation begutachten.

Erst nach dieser sachlich-abstrakten Gegenstandsbeschreibung adressiert die Interviewerin die Interviewpartnerin direkt („*Sie*", 35) mit einer Aufforderung, etwas aus ihrem eigenen Erlebnisrahmen preiszugeben. Diese Aufforderung wird mehrfach relativiert bzw. verharmlost („*vielleicht einfach so ein bisschen*", 35). Die Partikel „*da*" (35) verknüpft den zuvor abstrakt beschriebenen Gegenstand der *Lehrkräfteerfahrungen* nun direkt mit ebendiesem Erlebnisrahmen von Frau Zaunkönig; diese wird so implizit in ihrer unterrichtenden Funktion angesprochen.

Indem Frau Zaunkönig die zeitliche Dimension des Haupterzählimpulses („*heutzutage*", 34) in ihre Antwort aufnimmt, unterscheidet sie zu Beginn der Passage verschiedene Formen von Zeitlichkeit („*von heute oder von früher oder wie es [...] sich entwickelt hat*", 37). Damit markiert sie mehrere Optionen, den Haupterzählimpuls zeitlich-spezifisch, statisch oder dynamisch zu bearbeiten, und

---

4 Im Anschluss an ein Zitat aus dem Transkript folgt direkt die Zeilenangabe, der Übersichtlichkeit halber wird auf einen erneuten Verweis darauf (zum Beispiel durch: „Z.") im weiteren Verlauf verzichtet.

5 In Verbindung mit dem methodologisch begründeten Vorzug narrativ-dominierter Passagen in der dokumentarischen Auswertung von Interviews (Nohl 2017, 18f. u. a.) wurde dies in der Interviewkonzeption und -führung zwar angestrebt, allerdings kam dies in den tatsächlichen Interviews selbst nicht immer zum Tragen. Im Artikel „Wenn Narrationen nicht zustande kommen ..." diskutieren Carlson, Kahle & Klinge (2017), warum in Interviews mit Personen aus „hochreflektierten Berufsfeldern" vermehrt die Schwierigkeit entsteht, dass „argumentativ-evaluative Textpassagen" in eigentlich narrativ-angelegten Interviews dominant werden. Dies schreiben die Autor*innen dem aus der Berufspraxis entstandenen Berufshabitus zu.

deutet bereits nicht weiter spezifizierte Veränderungen an. Zuerst einmal verbleibt sie in der Zeitform des Präsens („*jetzt*", 39) und elaboriert diesen Status quo anhand der außerschulischen Lebenswelt der Schüler*innen („*Eltern*", 39, „*aufwachsen*", 38). Hier zeigt sich eine Defizitperspektive, denn es mangelt an religiöser Bildung im Elternhaus („*religionsFERN*", 38 und „*wenig Berührung*", 40) – was nicht nur mit den Schüler*innen, sondern auch mit den Eltern zusammenhängt (39). Mit der Formulierung einer „*ganz andere[n] [Eltern-]Generation*" (38) rahmt sie den erlebten Wandel als globales Phänomen und damit als kein singuläres Vorkommnis an ihrer Schule.

Die Veränderung der Schüler*innenschaft nutzt FRAU ZAUNKÖNIG auf der Ebene des kommunikativen Wissens bzw. der Orientierungsschemata argumentativ („*deshalb*", 40) für ihre (habituelle) Anpassung des eigenen methodisch-didaktischen Vorgehens im Unterricht: Allgemeinethische „*Werte*" (41) bzw. „*ein Thema*" (44) werden hier dem dezidiert christlichen Unterrichtsgegenstand der „*Bibel*" (42) bzw. der „*Bibelerzählung*" (43) gegenübergestellt und von ihr priorisiert, d. h. im Unterricht nach einer gewissen Rangfolge eingesetzt („*vorrangiger [...], dann*", 42, „*heute fange ich [...] an [...] und dann erst [...]*", 43–45). Ihre abgeänderte Unterrichtsstrategie richtet sie nun an allgemeinethischen Inhalten aus – dezidiert christliche Inhalte, hier durch die „*Bibel*" symbolisiert – werden im Unterricht hinten angestellt. Als Vergleichshorizont dient dabei immer wieder die (andere) Situation in der Vergangenheit.

Insofern zeigt sich hier eine Darstellung der eigenen Unterrichtspraxis, in der zunächst Kontinuität hergestellt wird: Die Distanz der Schüler*innen zur Religion wird dadurch bearbeitet, dass die Lehrkraft Anpassungen in Hinblick auf den Unterrichtsgegenstand vornimmt. Dies bestätigt sich auch im positiven Horizont der Begrifflichkeiten der *Weitergabe*[6] („*weiterzugeben*", 43) und der *Identifikation* („*identifizieren können*", 45). Unterrichtspraktisch bedeutet dies, dass dem Unterrichtsgegenstand der „Bibel" zunächst ein „*Thema*" vorgeschaltet wird. Dabei kann dieses als Gegenpol zur Bibelerzählung gerahmt werden (43), sodass es als ein nicht speziell-christliches *Thema* und insofern möglicherweise allgemeinethisch-lebensnahes Thema interpretiert wird. Mit dem *Thema* als Brücke gelingt es der Lehrkraft, Kontinuität und eine gewisse Nähe zwischen Schüler*innen und christlichem Unterrichtsgegenstand (wieder-)herzustellen, um keine Brüche bzw. Lücken entstehen zu lassen.

Doch nicht nur der Zeitpunkt der Bezugnahme auf die Bibel hat sich in der Unterrichtsabfolge nach hinten verschoben, sondern auch die Art der unterrichtlichen Aufbereitung und Einbettung der Bibel beschreibt FRAU ZAUNKÖNIG als tiefgreifenden Wandel. In einer metaphorisch dichten Stelle hebt sie die menschliche Autorenschaft sowie die Historizität der Bibel („*Menschen vor 2000*

---

6 Kursiv gesetzte Worte in den Analysen deuten an, dass diese ‚im Wortstamm' aus dem Transkript übernommen wurden, jedoch grammatikalisch in den Fließtext angepasst wurden, um unglückliche Konstruktionen mit eckigen Klammern zu vermeiden.

Jahren oder vor 4000 Jahren [...] aufgeschrieben haben", 49) und gleichzeitige Bedeutsamkeit für „*heute*" (48) zentral hervor; implizit grenzt sie sich damit vom Verständnis einer göttlichen Autorenschaft ab. Dies manifestiert sich auch im Sprachgebrauch des Verbs *aufschreiben* (50) als eine dezidiert menschliche Handlung – so wird erneut ‚vermittelte Kontinuität' anhand des analogen Herstellungsprozesses erzeugt, diesmal zwischen Schüler*innen als (menschliche) Lesende der Bibel und den (menschlichen) Autor*innen.[7] Eine Spannung entsteht jedoch genau an dieser Stelle, denn das Verständnis einer ‚vermittelten Kontinuität' bricht sich an der von FRAU ZAUNKÖNIG erwähnten großen Zeitspanne, die für die Schüler*innen unvorstellbar ist („*vor 2000 Jahren oder vor 4000 Jahren*", 49).

Neben der (strategischen) Herstellung von Kontinuität durch die Zurücknahme einer christlichen zugunsten einer allgemeinethischen Unterrichtsausrichtung lotet FRAU ZAUNKÖNIG ihr eigenes Unterrichtsvorgehen auch vor dem Hintergrund des Spannungsverhältnisses von eigener Sicherheit und Unsicherheit im Umgang mit Inhalten aus: Während für sie ein speziell christlicher Unterrichtsgegenstand („*Bibelerzählung*", 47, das „*Theologische*", 54) eher ungewohnt ist (früher „*selbstverständlicher*", 46), was sie u. a. auf ihre eigene mangelhafte Ausbildung zurückführt („*kein Theologiestudium*", 52f.) und somit als einen negativen Horizont darstellt, hat sich hingegen eine neue Sicherheit im Umgang mit Wundergeschichten bei ihr eingestellt („*früher überhaupt niemals rangetraut*", 51). Damit orientiert sich FRAU ZAUNKÖNIG an Kriterien der *Sicherheit* bei der Auswahl von Unterrichtsinhalten. Inwiefern nun das Vergangene oder aber das Heutige den eigentlich positiven Horizont darstellt, bleibt offen.

Angesichts des Sozialgefüges im Unterricht besteht ein ähnliches Spannungsverhältnis von Sicherheit und Unsicherheit: In der (formulierten) Hoffnung, dass sie es „*dann trotzdem den Kindern gut beibringen kann*" (55), kommt zum Ausdruck, wie sehr sie an ihrer eigenen Rolle als Lehrkraft zweifelt, weil Ansprüche sowohl an sie direkt seitens der Schüler*innen als auch aufgrund des Unterrichtsgegenstands indirekt bestehen. Somit konstruiert sie ihre Rolle im Unterrichtsgefüge als defizitär und klein.

Zwischenfazit:
Im Umgang mit und in der Wahrnehmung von einer sich wandelnden Schüler*innenschaft ist bei FRAU ZAUNKÖNIG eine ‚Herstellung von Kontinuität und Anschlussfähigkeit' erkennbar, die sie mit der Orientierung an ‚Sicherheit' bearbeitet. Dabei weist sie sich selbst eine kleine Rolle im Unterrichtsgefüge aus Gegenstand, Schüler*innen und sich selbst zu. Eine Spannung zwischen Gegenstand und Schüler*innen löst sie tendenziell mit einer Schüler*innenorientierung auf, sodass FRAU ZAUNKÖNIG die dezidiert christlichen Themen im

[7] Vgl. dazu die Dissertation von Juliane Keiser zur Unterrichtspraxis der Rahmung biblischer Geschichten im Grundschulreligionsunterricht (2020).

Unterricht zuerst einmal zurückstellt. Darin dokumentiert sich die Zurückstellung einer christlichen Unterrichtsprägung.
Implizit scheint in dieser Passage ein spezielles Unterrichtsverständnis der Bibel auf. Demzufolge ist diese für die Schüler*innen nicht (mehr) ohne Weiteres zugänglich, denn für Schüler*innen ohne religiöse (Vor-)Sozialisation wird nun ein *Thema* der biblischen Geschichte vorgeschaltet. Insofern fungiert dieses Thema aus der Lebenswelt als Brücke, um die Bibel überhaupt anschlussfähig für die Schüler*innen werden zu lassen. Was konkret den Zugang zu den biblischen Geschichten erschwert, wird nicht weiter ausbuchstabiert.[8]

4.2 Fall ‚Frau Dompfaff': Akzentuierung einer christlichen Unterrichtsprägung

Zur Schärfung dieser Rekonstruktionen wird nun der weitere Fall ‚FRAU DOMPFAFF' hinzugezogen, vor dessen Hintergrund der erste Fall (FRAU ZAUNKÖNIG) noch deutlichere Konturen annimmt und umgekehrt.[9]

I: ja vielen Dank. und ähm (.) welche Erfahrungen machen S/sie momentan mit dem Religionsunterricht mit dem Unterrichten (von Religionsunterricht, von Religion);
B: also für mich hat sich das in meiner äh Religions::laufbahn grundlegend gewandelt, äh früher äh hatte man das Problem, wenn man mit äh Kindern biblische Geschichten durchgenommen hat, dass drei Viertel der Klasse diese Geschichten kannte, heutzutage ist es häufig so dass kein Kind mehr diese Geschichten kennt selbst so bekannte Geschichten wie äh der verlorene Sohn oder der barmherzige Samariter, dass man manchmal äh also nicht=mal mehr fragen ke/ muss kennt jemand die Geschichte weil sie keiner kennt und ist für die Kinder 'ne @totale Überraschung ist@ diese Geschichten. das hat sich total gewandelt für mich (3) //mhm// ähm
I: und was was bedeutet das für S/sie im Unterrichten?
B: (seufzt) (.) äh zum einen hat es den Religionsunterricht spannender gemacht, also ich habe weniger gelangweilte Kinder, die denken, ich kenn' das ja alles sowieso schon, das ist auf jeden Fall spannender geworden, äh:m (.) dass man eben das Gefühl hat äh man vermittelt sozusagen etwas Neues und man deshalb können können sich die Kinder auch besser auf neue Gedanken einlassen, die sind also selber noch nicht so festgelegt, auf der anderen Seite kann ich natürlich überhaupt nicht auf religiöse Sozialisation zurückgreifen (.) und das macht es an manchen Stellen natürlich äh auch viel schwerer und man muss=viel äh tiefer ansetzen sozusagen weil eben wenig religiöses Verständnis auch da ist (.) //mhm// (.) hm was war nochmal I/ihre Ausgangsfrage jetzt eben?

---

8 Die hier dargestellten Rekonstruktionen stehen nicht für sich, sondern die Transkriptausschnitte wurden exemplarisch ausgewählt, sodass die Darstellungen im Kontext der Interpretation des gesamten Falls zu verstehen sind. Vgl. dazu die Falldarstellung von FRAU ZAUNKÖNIG in Kap. 5.1.

9 Anzumerken ist, dass dieser Darstellung bereits der Prozess der komparativen Analyse vorangegangen ist, d. h. die Darstellung des ersten Falls ist bereits als Produkt aus der Komparation (nicht nur) mit dem zweiten Fall hervorgegangen.

Wie bereits FRAU ZAUNKÖNIG, konstatiert auch FRAU DOMPFAFF eine veränderte Schüler*innenschaft auf der expliziten Inhaltsebene in Reaktion auf den Haupterzählimpuls[10]. Und auch FRAU DOMPFAFF verbindet direkte Auswirkungen auf ihr Unterrichten von Religion, die mit diesem Wandel einhergehen.

So leitet sie die Sequenz mit einem Verweis auf einen unbestimmten Sachverhalt ein („*das*", 49), der einen Umbruch der Situation bedeutet („*grundlegend gewandelt*", 49). Diese rahmt sie als einen Kontext, der sie persönlich in ihrer Rolle als Religionslehrerin betrifft („*für mich [...] in meiner Religionslaufbahn*", 49 und 55). Dadurch bewirkt sie nichts aktiv, sondern ihr widerfährt dies viel eher passiv. Wie auch FRAU ZAUNKÖNIG zieht FRAU DOMPFAFF hierbei stetige Vergleiche zwischen „*früher*" (49) und „*heutzutage*" (51), wobei sich als Differenzmarker die abnehmende Bibelkenntnis erweist, die sich im Unterricht zeigt: Eine früher ausgeprägte Bekanntheit von biblischen Geschichten kontrastiert FRAU DOMPFAFF mit der Fremdheit, der sie derzeit häufig bei ihren Schüler*innen begegnet („*kein Kind mehr diese Geschichten kennt*", 51f.).[11] Dies gipfelt im vermeintlichen Widerspruch, dass selbst bei den *beKANNTen Geschichten* (52)[12] eine allgemeine *UnKENNTnis* besteht: Dabei kollidiert die erlebte Realität mit einer von ihr als relevant markierten Norm (zugeschriebene *Bekanntheit* der Geschichten).

Das kollektive Wissen der Schüler*innen über christliche Unterrichtsgegenstände, markiert durch die Kenntnis biblischer Geschichten, wird bei FRAU DOMPFAFF nun – im Kontrast zu FRAU ZAUNKÖNIG – als Leerstelle definiert. Auf unterrichtspraktischer Ebene führt dies zu einem Überraschungseffekt (55) bzw. zu gesteigertem Interesse der Schüler*innen („*spannender*", „*weniger gelangweilte Kinder*", „*man vermittelt [...] etwas Neues*", 57–60) – hier hat der Religionsunterricht für die Schüler*innen geradezu unterhaltenden Charakter. Im Neuen und Anderen der Bibel sieht FRAU DOMPFAFF die Stärke des Unterrichts und nicht wie FRAU ZAUNKÖNIG ein zu überwindendes Hindernis. Es stellt einen positiven Horizont dar, den man sich zunutze machen kann. Kehrseite dessen („*auf der anderen Seite*", 61) sind jedoch höhere Anforderungen an sie selbst als unterrichtende Lehrkraft, weil sie mehr Einführungsarbeit leisten muss („*kann nicht* [...] *zurückgreifen*", „*schwerer*", „*tiefer ansetzen*", 61–63). Auf kollektives, deklaratives Wissen

10 Das Interview mit FRAU DOMPFAFF wurde als erstes des Samples geführt; zu diesem Zeitpunkt war der Wortlaut des Haupterzählimpulses noch etwas anders, womit sich die Unterschiede in der Formulierung des Haupterzählimpulses im Interview mit FRAU ZAUNKÖNIG erklären lassen. Zur Reflexion dieses Haupterzählimpulses sowie zu seiner Entwicklung vgl. Kap. 3.3.2, S. 70f.; 73.

11 Im Vergleich dazu sieht FRAU ZAUNKÖNIG in der abnehmenden „*religiösen Sozialisation*" der Schüler*innen das Hauptdifferenzkriterium; diese Unterscheidung stellt sich im Gesamtkontext jedoch als irrelevant heraus, denn im weiteren Interviewverlauf markiert auch FRAU DOMPFAFF mit Blick auf die außerschulischen Sozialisationsprozesse eine Leerstelle. Auch FRAU ZAUNKÖNIG stuft die zunehmende, fehlende Bibelkenntnis der Schüler*innen als äußerst relevant für den Unterricht ein, vgl. die Falldarstellung Kap. 5.1, S. 107f.

12 Hervorhebung durch K. W.

kann sie als Ansatzpunkt nicht mehr *„zurückgreifen"*. Ähnlich wie FRAU ZAUNKÖNIG beurteilt allerdings auch FRAU DOMPFAFF die Veränderungen auf Ebene der Schüler*innen insgesamt als ambivalent. Weder stellt die Vergangenheit noch die momentane Situation einen eindeutig negativen bzw. positiven Horizont dar. Während eine verbreitete Bibelkenntnis in früheren Zeiten als *„Problem"* (50) für die Lehrkraft im Unterricht bewertet wird, führt die fehlende Kenntnis *„heutzutage"* jedoch auch zu einer erhöhten Beanspruchung an sie als Lehrkraft.

Während FRAU ZAUNKÖNIG die neue Situation einer veränderten (ent*fernten*) Schüler*innenschaft mit (An-)Passung und Anschlussfähigkeit des Unterrichtsinhalts zu kompensieren versucht, wird diese Lücke bzw. Diskontinuität zwischen Schüler*innenschaft und christlichen Unterrichtgegenständen bei FRAU DOMPFAFF eher als produktive Chance für den Unterricht gewertet. In der Unkenntnis sieht sie die Möglichkeit, wirksam zu werden, um die Schüler*innen zu überraschen. Als zentrales Moment im ‚heutigen' Unterricht beschreibt sie dabei nicht die Anpassung in Form einer Zurücknahme, sondern den Neuartigkeitscharakter, den die unbekannte Bibel für die Schüler*innen hat.

Dazu wird eine weitere Sequenz aus dem Interviewverlauf mit FRAU DOMPFAFF hinzugezogen. Dort konstatiert sie zudem, dass den Schüler*innen, insbesondere den ungetauften, häufig der Bezug zu *„ihrer Religion"* fehle und dass Taufe und Konfirmation erst relevant werden, wenn sich die Schüler*innen dazu selbst entscheiden:

> dazu [zur Konfirmation] find=ich ist der Religionsunterricht auch 'nen Weg, (.) also dadurch dass wir eh Religion sozusagen vermitteln, werden manche Kinder, die von Zuhause aus also nichts mitbringen also denen sozusagen:: die Freiheit gelassen werden soll, //mhm// ähm die bringen äh also die kommen dadurch ins Nachdenken und also ich denke dass der eine oder andere sich dann doch en/ entscheidet sich dann doch noch konfirmieren zu lassen, es hängt sicherlich auch vom Freundeskreis ab aber das kann nochmal so'n Anstoß mit bieten (78–84)

FRAU DOMPFAFF elaboriert die Leerstelle des kollektiven Wissens und des fehlenden religiösen Bezugs der Schüler*innen im Elternhaus (*„die von Zuhause aus also nichts mitbringen"*), indem sie diese als eine Chance für den Religionsunterricht begreift, seine Wirksamkeit zu entfalten (*„die kommen dadurch ins Nachdenken"*, *„Anstoß mit bieten"*). Dann kann dieser auch auf das außerschulische Leben der Schüler*innen einen gewissen Einfluss nehmen. In der Metapher des *„Weg[es]"* dokumentiert sich dieses dynamische Unterrichtsverständnis, das auf Veränderungen abzielt. Es kommt erst in dem Moment zum Tragen, wenn das außerschulische Umfeld der Schüler*innen dies nicht (mehr) bereithält. Der Religionsunterricht hat daher eine Kompensationsfunktion, wenn im privaten Umfeld kein (Bibel-)Wissen (mehr) angebahnt wird. Insofern orientiert sie sich hier an der religiösen Wirksamkeit des Unterrichts.

Zwischenfazit: Komparationen zwischen Frau Zaunkönig und Frau Dompfaff

In der Konfrontation mit einer verändert wahrgenommenen Schüler*innenschaft entwickeln beide Lehrkräfte unterschiedliche Umgangsweisen mit dieser veränderten Situation, die sich als ‚Traditionsabbruch' bezeichnen lässt. Im Sozialgefüge des Religionsunterrichts aus (nun nicht mehr religiös sozialisierten) Schüler*innen und der Lehrkraft selbst nehmen beide Lehrkräfte, Frau Zaunkönig und Frau Dompfaff, Veränderungen wahr, die sich auf ihre Art und Weise des Unterrichtens christlicher Unterrichtsgegenstände auswirkt. Als heuristische Fokussierung bietet es sich nun an, diese Feststellung mit dem systemtheoretisch fundierten Zusammenspiel aus *Sozialdimension* und *Sachdimension (& Zeitdimension)* von Unterricht zu fassen:[13]

Den Ausgangspunkt dieser Konstruktionen seitens der Lehrkräfte (und unabhängig davon auch des Forschungsinteresses) bilden wahrgenommene Veränderungen in der Sozialdimension, also bei den Adressat*innen ihres Religionsunterrichts. Es besteht eine Lücke zwischen den Schüler*innen und den als für den Religionsunterricht relevant markierten christlichen Unterrichtsinhalten wie der Bibel (Sachdimension). Relevante Bezugspunkte sind dabei das kollektive Wissen der Schüler*innen und ihr außerschulisches Aufwachsen. Daran schließt sich in den Darstellungen der beiden eine modifizierte Aufbereitung christlicher Unterrichtsinhalte in der Sachdimension an, die jedoch unterschiedlichen ausfällt, was hier einen Kontrast darstellt.

Im Falle Frau Zaunkönigs bildet das (veränderte) kollektive Wissen der Schüler*innen ‚heute' den Anknüpfungspunkt, um den Unterrichtsgegenstand (Sachdimension) dahingehend anzupassen, dass die christliche Unterrichtsprägung (symbolisiert durch biblische Geschichten) hinter einer allgemeinethischen zunächst zurücktritt. Erst im Nachgang wird dies dann hervorgebracht. Demnach bedarf es also eines Bindeglieds zwischen den Adressat*innen und der *Sache* der Bibel. Ein Zugang dazu ist nach ihren Erfahrungen für die Schüler*innen heute nicht mehr ohne Weiteres möglich. Über ein allge-

13 Vgl. dazu Meseth 2011, 187: „*Unterrichten ist demzufolge erstens auf die Darstellung kultureller Repräsentationen zentriert. Es hat ein Thema (Sachdimension), das mit dem Ziel vermittelt wird, individuelles Lernen zu ermöglichen und den Lernerfolg kriterienbezogen zu bestimmen. Ihre pädagogische Qualität gewinnt die Form des Unterrichtens zweitens durch ein spezifisches Anerkennungsverhältnis von Erzieher und Zögling (Sozialdimension). Die Normen dieser Anerkennung [...] orientieren sich an den Prinzipien der Verständigung und der Kooperation. Sie sind auf das Wohl der Adressaten und seine individuelle Förderung gerichtet. Die Darstellung/Vermittlung des Themas zeichnet sich also nicht nur durch eine reziproke Rollenerwartung aus. [...] Drittens handelt es sich bei der Form des Unterrichtens um ein zeitlich strukturiertes Geschehen. Es umfasst in der Regel eine bestimmte Unterrichtszeit, in der das Thema seine Wirkung entfaltet, individuelles Lernen also nachhaltig bestimmt werden soll.*" Die Zeitdimension als Taktung von Unterrichtsgeschehen findet hier wenig Relevanz, da der Unterricht selbst als zeitliches Geschehen nicht im Fokus (der Beobachtung) steht.

meinethisches Thema versucht sie zu Beginn des Unterrichts Anschlussfähigkeit und Kontinuität herzustellen.
Frau Dompfaff hingegen beschreibt ihre Praxis nicht vordergründig als ein Verbinden, sondern vielmehr als Akzentuierung und Hervorhebung der christlichen Prägung des Unterrichts nach dem Motto ‚jetzt erst recht'. Das fehlende kollektive Wissen der heutigen Schüler*innen wird als Chance für den Religionsunterricht elaboriert, die Schüler*innen wirksam in ihrem Werdegang zu begleiten und einen (positiven) Einfluss zu nehmen.
Mit Blick auf eine bibeldidaktische Modellierung scheint sich in der Darstellung von Frau Zaunkönig eher der Ansatz von Korrelation abzuzeichnen,[14] während Frau Dompfaff mit dem Fokus auf die Neuheit und Andersartigkeit biblischer Geschichten eher dem der Alterität zuzuordnen ist.[15] Zu beachten bleibt hier jedoch, dass dies als Analyseschritt zu verstehen ist und keine von den Lehrkräften selbst formulierte, theoretisierte Norm darstellt, an der sie ihren Unterricht intentional ausrichten.
Die hier nun rekonstruierten unterschiedlichen Umgangsweisen dieser Lehrkräfte mit dem sog. ‚Traditionsabbruch', welche auf der Ebene der Sachdimension verortet werden können (Anpassung des Unterrichtsgegenstandes), gilt es nun im weiteren Verlauf anhand eines dritten Falls anzureichern. Erst dadurch können die Kontraste zwischen den ersten beiden Fällen als minimale bzw. maximale Kontraste eingeordnet werden.

4.3 Fall ‚Frau Buntspecht': Akzentuierung einer vergleichenden Unterrichtsprägung

Im Sinne dieser Anreicherung wird nun der Vergleich auf den dritten, maximal kontrastierenden Fall ‚Frau Buntspecht' ausgeweitet, sodass anhand von diesem erkennbar wird, welche der Differenzen, auch zwischen Frau Zaunkönig und Frau Dompfaff, eher minimale oder maximale Kontraste darstellen.

Das *Tertium Comparationis* ist die jeweilige Konstruktion der Befragten, die sich aus dem Zusammenspiel der Wahrnehmung der Schüler*innen und der Darstellung der eigenen Unterrichtspraxis im Umgang damit ergibt. Dieses Moment strukturiert den Vergleich. Während die ersten beiden Fälle (Frau Zaunkönig

[14] Vgl. dazu Lindner 2011, 8, die im Rahmen der Elementarisierungsdidaktik von Karl Ernst Nipkow und Friedrich Schweitzer auf die Nähe zur Korrelation verweist: „*[S]o geht es hier um eine didaktische Verbindung heutiger Erfahrungen mit den Erfahrungshintergründen, die in einem biblischen Text oder mit einem theologischen Thema angesprochen sind*" (Verweis auf Schweitzer 2008a, 28).

[15] S. dazu Müller 2009. Der von Frau Dompfaff im Unterricht erlebte Verwunderungseffekt der Bibel (*ne totale Überraschung*), den sie sich zunutze macht, entspricht dabei dem Ansatz an der „*Orientierung an der fremden Welt*" (Müller 2009, 73).

und Frau Dompfaff) die *veränderte* Schüler*innenschaft im Gegensatz zu früher als relevant markieren, sodass sie daran ihr Unterrichten des Fachs Religion ausrichten, liegt bei Frau Buntspecht die Herausforderung in einer besonders *vielfältigen* Schüler*innenschaft, mit der es ebenfalls unterrichtspraktisch umzugehen gilt:[16]

44 *K: ja, das ist es weit gefasst, also (.) ähm wir haben bei uns an der Schule die Problematik, und*
45 *es ist auch tatsächlich wirklich erst einmal eine Problematik dass wir (.) Kinder aus (.)*
46 *verschiedenen Religionen haben, also wir haben (.) an der Schule fast dreiz/ dreißig*
47 *verschiedene Nationalitäten, ähm wir haben viele Kinder die dem Islam (.) zugeordnet sind, die*
48 *(.) äh auc die Möglichkeit haben sich abzumelden vom Religionsunterricht, und das auch;*
49 *wirklich äh machen*

[Hintergrundkonstruktion zu organisatorischen Schwierigkeiten bei abgemeldeten Schüler*innen & das Resultat kleiner Klassengrößen, 48–60]

63 *oder 25, @(.)@ ähm und äh dann ist es so dass wir Kinder auch im Religionsunterricht haben,*
64 *die ähm (.)keiner Religion zugehörig sind, (.) ähm aber auch Kinder sitzen haben die (.) ähm*
65 *dem Islam zugehörig sind, was sehr schön ist, weil sie dann halt einfach auch berichten*
66 *(können) >ah das haben wir auch, >wir haben grad (.) äh Thema Opferfest, äh äh hatten wir*
67 *nicht wirklich, aber durch die Kinder kam das natürlich auf, weil sie die Möglichkeit haben sich*
68 *da befreien zu lassen, vom Unterricht, und dann (.) natürlich auch die Nachfrage wa/ warum,*
69 *und dann sie festgestellt haben <ah; Abraham und Sarah kenne ich auch, ><achso, ja, wieso das*
70 *dann, ähm das kommt halt mit dazu; also dass wir schon eine Vielfalt haben, leider nicht immer,*
71 *ähm wenn die Kinder alle raus sind, das heißt dann kommen wir nicht dazu das so schön zu*
72 *Verbinden und zu schauen (.) was macht denn ihr, was haben wir gemeinsam,*

Auch Frau Buntspecht nimmt in ihrer (argumentierenden) Beschreibung der derzeitigen Unterrichtserfahrungen zuerst einmal Aspekte in den Blick, die die Schüler*innenschaft charakterisieren – im systemtheoretischen Sinne: die Sozialdimension. Mit der einleitenden Bewertung „*weit gefasst*" (44) markiert sie das Bezugsfeld des Erzählimpulses (*Alltagserfahrungen* mit dem *Unterrichten von Religion*) als vielfältig; eine direkte, präzise Beantwortung erscheint schwierig. Der Erzählimpuls wird daraufhin anhand der als höchst heterogen wahrgenommenen Schüler*innenschaft elaboriert. Mit der einleitenden Bewertung „*zuerst einmal eine Problematik*" (45) verweist sie gleich zu Beginn auf eine Ambivalenz dessen im Sinne ‚zweier Seiten einer Medaille'. Die ‚erste Seite der Medaille' stuft sie als *Problematik* (44) ein, die anschließend sowohl argumentativ verstärkt („*tatsächlich wirklich*", 45) als auch relativiert („*erst einmal*", 45) wird, was auf eine Brisanz des Begriffs und damit auch der Situation an sich hindeutet.

Dabei wird auf den *problematischen* Aspekt der Verschiedenheit auf schulischer Ebene („*wir […] bei uns an der Schule*", 44) eingegangen und (noch) nicht auf

16 Auch diese nun folgende Passage stellt die Reaktion auf den Haupterzählimpuls dar, welcher die *Erfahrungen heutzutage mit dem Unterrichten von Religion* fokussiert und eine Aufforderung enthält, aus dem *Alltag* zu *erzählen.*

der Ebene des konkreten Unterrichts.[17] Hier bildet sich ein Handlungs- und Erfahrungskollektiv zwischen ihr und weiteren Beteiligten, möglicherweise den Kolleg*innen. Das individuelle *Unterrichten*, welches durch den Impuls proponiert wurde, scheint also maßgeblich durch die Einbindung des Unterrichts in den schulischen Kontext strukturiert zu sein.

Ein allgemein verbleibender Verweis auf die *Religions*vielfalt an der Schule („*Kinder aus (.) verschiedenen Religionen*", 45f.) wird in einer Hintergrundkonstruktion implizit mit dem Differenzmerkmal des Herkunftslandes der Schüler*innen verknüpft („*also* [...] *fast* [...] *30 verschiedene Nationalitäten*", 46f.). Damit wird dieses Argument quantitativ konkretisiert, wodurch das Faktum der schulischen Diversität unterstrichen und greifbar wird. Hier untermalt das präpositionale Objekt „*AUS verschiedenen Religionen*"[18] (45f.) das Bild einer zusammengesetzten Gruppe unterschiedlicher (religiöser und geografischer) Herkunft.

Mit den muslimischen Schüler*innen wird aus den verschiedenen Religionen eine konkrete Repräsentant*innen-Gruppe genannt, anhand derer nun Frau Buntspecht den Bogen von der schulisch-organisationalen Ebene konkret zum *Religionsunterricht* spannt: und zwar über die formale Möglichkeit der Abmeldung vom Religionsunterricht. Insbesondere markiert sie jedoch das tatsächliche Wahrnehmen dieser Möglichkeit aufseiten der Schüler*innen als relevant („*und das auch wirklich äh machen*", 48f.), denn in der weiteren Hintergrundkonstruktion (49–61) thematisiert Frau Buntspecht die Implikationen für die organisatorische und unterrichtliche Ebene, die durch eine hohe Anzahl von Abmeldungen entstehen. Aus Gründen der Übersichtlichkeit und thematischen Fokussierung wird an dieser Stelle auf die Falldarstellung für die ausführliche Rekonstruktion dieser Hintergrundkonstruktion verwiesen.[19]

Im Anschluss an diese Hintergrundkonstruktion knüpft sie mit der Formulierung *und dann ist es so* (63) wieder an die Beschreibung der von ihr entworfenen, durch Vielfalt geprägten Situation an. Die Vielgestaltigkeit zeigt sich auch auf der konkreten Unterrichtsebene, denn es scheinen sich nicht alle Schü-

---

17 Hier könnte man auch von der Unterscheidung zwischen Meso- und Mikroebene sprechen, vgl. hierzu Schmerbauch 2017, 66: „*Auf der Makroebene ist die Bildungsadministration von Bund und Ländern zu verorten, die eine grundlegende und übergreifende Steuerung des Bildungssystems durch Gesetze, Verordnungen und Weisungen anstrebt. Die danach folgende Mesoebene setzte sich zusammen aus den Einzelschulen mit ihren Gestaltungsorganen. Als Vermittlungs- und Kontrollinstanz nimmt die Schulleitung auf dieser Ebene eine nicht immer spannungsfreie Position zwischen dem Kollegium und der Verwaltungsebene ein. Die Mikroebene wird letztendlich durch die einzelnen Lehrerinnen und Lehrer und das durch sie gestaltete Unterrichtsgeschehen gebildet. Obwohl diese Ebene in der hierarchischen Betrachtungsweise die Basis oder die ‚Stufe der Befehlsempfänger' darstellt, sind Lehrpersonen in der Gestaltung ihres Unterrichts relativ autonom und können sich einer direkten Steuerung durch die Makroebene entziehen.*" Schmerbauch bezieht sich in diesem Modell u. a. auf Fend 2008, 31.

18 Hervorhebung durch K. W.

19 Vgl. dazu Kap. 5.3, besonders S. 171f.

ler*innen abzumelden. Wie bereits zuvor wird die Vielfalt anhand des formalen Differenzkriteriums der Religions(nicht)zugehörigkeit markiert („*keiner (.) Religion zugehörig*", 64, „*dem Islam zugehörig*", 65). Im präpositionalen Objekt „*im Unterricht*" (63) kommt homolog zu den vorangegangenen Formulierungen *aus Religionen* (45f.) sowie *zugeordnet* und *zugehörig* eine ordnend-sortierende, fast räumlich anmutende Dimension dieser Vielfalt zum Ausdruck. Dadurch entsteht eine trennscharfe Unterscheidung zwischen einer Sphäre *im Unterricht* und außerhalb von diesem.

Im Zusammenhang dieser Verweise auf die Schüler*innen bleiben jedoch solche Andeutungen auf eine ‚Ausgangslerngruppe' eine Leerstelle, zu der die benannten Schüler*innen hinzukommen („*auch im Religionsunterricht haben*", 63). Damit liegt der Fokus in ihren Äußerungen auf einzelnen Schüler*innen, anhand derer sich die Vielfalt konstituiert, sodass diese zum Diversitätsmarker werden.

Die positive Bewertung *sehr schön* (65) knüpft FRAU BUNTSPECHT argumentativ an die Rolle, die sie diesen Schüler*innen im Religionsunterricht zuschreibt: In der formulierten Zuschreibung, *berichten zu können* (65), dokumentiert sich die Vorstellung von Reporter*innen. Ihnen wird im Unterricht Raum gegeben, ihren Erfahrungsvorsprung mit einer für die Restklasse fremden Religion zu präsentieren. In dieser Logik stellen sie Informationsträger*innen dar, anhand derer die Gruppe Überschneidungen und Gemeinsamkeiten diskutieren und neue Erfahrungen gewinnen kann. Dieser erhoffte Erkenntniszuwachs zeigt sich v. a. im inszenierten Ausruf „*ah das haben wir auch*" (66). An dieser Stelle lassen sich nun mehrere Wechsel der Kollektivierung rekonstruieren: Während mit dem kollektiven „*wir*" bis in Zeile 65 das schulische Akteur*innen-Kollektivs gemeint war (im Sinne eines ‚wir als Schule') und das *wir* in Z. 66f. auf das Klassenkollektiv (*wir hatten das Thema Opferfest, 66f.)* verwies, wird nun ein neues Kollektiv angesprochen: das einer *berichtenden* Schüler*innengruppe im Unterricht.

Die bisherigen theoretisierenden Zuschreibungen der Schüler*innen auf der Ebene der Orientierungsschemata werden im Folgenden anhand der rudimentären Beschreibung einer Unterrichtssituation zum „*Thema Opferfest*" (66) in den konkreten Erfahrungsraum und somit in erlebte Praxis überführt. Diese stellen also nun Aspekte des Orientierungsrahmens i. e. S.[20] dar. Mit einem Einschub wird der offizielle Status dieses Themas zunächst relativiert („*nicht wirklich*", 67),

[20] An dieser Stelle sei noch einmal auf die Begriffsunterscheidung Bohnsacks zwischen einem „*Orientierungsrahmen im engeren Sinne*" (i. e. S.) und einem „*Orientierungsrahmen im weiteren Sinne*" (i.w.S.) verwiesen: Der Orientierungsrahmen i. e. S. bezeichnet die „*Struktur der Handlungspraxis selbst und hat in diesem Sinne die Funktion eines Gegenbegriffs zu demjenigen der Orientierungsschemata*" (Bohnsack 2014a, 33–38, hier: 35). Dem Orientierungsrahmen i.w.S kommt dabei zugleich ein Überbegriff auch zur Kategorie der Orientierungsschemata zu, die „*ihre Bedeutung erst durch die Rahmung, d. h. die Integration und ‚Brechung' in und durch die fundamentale existenzielle Dimension der Handlungspraxis erhalten*" (ebd.). Ausführlich dazu in Kap. 3.2.2.

wobei Frau Buntspecht die Themeninitiierung als *durch die Schüler*innen aufkommend* (67) und sich damit spontan entwickelnd beschreibt. Implizit grenzt sie diesen Themenstatus also von solchen Themen ab, die durch Planung und Intention der Lehrkraft entstanden und möglicherweise im Kerncurriculum verankert sind. Zentrales Moment dessen ist der (schüler*inneninitiierte) Dialog bzw. Austausch über Aspekte der eigenen (religiösen) Lebenswelt der Schüler*innen, an denen sich dann die vorher unbekannten Gemeinsamkeiten in der religiösen Schrifttradition erkennen lassen („*Abraham und Sara kenne ich auch*", 69).

Das Dialogische selbst dokumentiert sich zum einen in der wörtlichen Rede und zum anderen in den Begriffen des *Nachfragens* sowie *Feststellens* (68f.). Dabei konkurriert das Erkennen von Gemeinsamkeiten und Homogenität mit einer gleichzeitig stattfindenden sprachlichen Praxis der Differenzierung[21] von *wir* und (implizit) ‚ihr'. Sprachlich realisiert sich das ‚ihr' allerdings nur implizit; der Fokus liegt in der Darstellung auf dem *wir* (66) bzw. dem *ich* (69).[22]

Zugleich rahmt Frau Dompfaff diesen Umstand als ein *schönes Verbinden* (71f.), was erneut auf das grundsätzliche Spannungsverhältnis bei den Gemeinsamkeiten in der allgemeinen Vielfalt verweist („*was haben wir gemeinsam*", 72). An dieser Stelle und auch im weiteren Interviewverlauf bleibt die Gruppe der *konfessionslosen* Schüler*innen zwar ein formales Merkmal einer vielfältigen Schüler*innenschaft, hat jedoch auf der Ebene des Unterrichts keinerlei Bedeutung.[23]

Daran zeigt sich, dass Frau Buntspecht die Schüler*innen – anders als Frau Zaunkönig und Frau Dompfaff – als vielfältig und zugleich wissend und neugierig-kommunikativ wahrnimmt, denn sie können von der eigenen Tradition berichten. Dies ist die Ausgangsbasis für spontane, schüler*inneninitiierte Dialoge über Gemeinsamkeiten im Unterricht.
Im weiteren Interviewverlauf bezieht sich auch Frau Buntspecht auf die Bibel als Unterrichtsgegenstand, und zwar anhand des *Vaterunsers*:

357 *es ist ja so, dass wir Themen schon, beziehungsweise Kompetenzen*
358 *schon festgelegt haben, die wir eigentlich dann auch erreichen sollen; das heißt (.) ähm ich habe*
359 *für mich auch überlegt beispielsweise behandele ich jetzt das Vaterunser oder nicht; das war*

[Kurzer Exkurs zur diametralen Selbstverständlichkeit im Umgang biblischer Texte an ihrer alten Schule]

362 *Erntedankfest (.) wann auch immer sie in der Kirche sind, (.) und habe dann für mich*
363 *gesagt warum denke ich da jetzt eigentlich drüber nach; nein natürlich mache ich das; ähm und*
364 *sage dann zu den Kindern dass es ein Gebet ist, dass es für mich auch a/ in gewisser Weise ein*

---

21 Zur theoretischen Diskussion vgl. Kap. 7.2, S. 237ff.

22 Diese Form der dialogischen Redeinszenierung zwischen Schüler*innen verschiedener Religionen bildet eine zentrale metaphorische Figur für den Fall Frau Buntspecht, welcher sich an verschiedenen Stellen im Interview mit unterschiedlichem Bezug immer wiederfindet, vgl. dazu die Falldarstellung 5.3, z. B. S. 174f.

23 Vgl. dazu Kap. 7.2, S. 236.

bisschen zum Allgemeinwissen gehört, dass auch muslimische Kinder die es nicht (.) äh mitbeten möchten es sich mit anhören, ähm aber nicht mitbeten, müssen, und dass muslimische Kinder dann wiederum von sich Gebete vorstellen; also da (.) mischen wir dann halt auch wieder;

Der Kontext dieser Passage ist der von Frau Buntspecht thematisierte Umstand einer hohen Anzahl an Unterrichtsabmeldungen von (nicht nur) muslimischen Schüler*innen. Daran schließt sich eine möglicherweise etwas ungeschickt formulierte Interviewnachfrage an, inwiefern sich dies *auf den Religionsunterricht auswirkt* (354). Daraus entwickelt sich eine Beschreibung (mit argumentativen Anteilen), in der sie über die Behandlung des *Vaterunsers* reflektiert (359). Die schulinternen Vorgaben bzw. *Festlegungen* (358), die als eine Art schulinterner Lehrplan zu interpretieren sind, konstruiert Frau Buntspecht als Norm für ihren Unterricht mit etwas eingeschränktem Gültigkeitscharakter („*eigentlich dann erreichen sollen*", 358). So wägt Frau Buntspecht beispielsweise angesichts des Unterrichtsthemas *Vaterunser* ab, ob dieses überhaupt im Unterricht eingesetzt wird oder nicht („*für mich auch überlegt beispielsweise behandele ich jetzt das Vaterunser oder nicht*", 359). Damit werden diese schulischen Vorgaben zur exterioren Norm, die für sie nicht (unbedingt) zu handlungsleitenden Orientierungen in ihrer Unterrichtspraxis werden müssen. Das *Vaterunser* als ein dezidiert christliches, auch biblisches Unterrichtsthema wird hier also hinsichtlich einer Passung mit der als ‚besonders' konstruierten Schüler*innenschaft angefragt.

Nach einer – hier nicht abgebildeten – Hintergrundkonstruktion zu einem kontrastiven, da selbstverständlichen Umgang mit solchen Themen an ihrer alten Schule kommt sie aufgrund dieser Überlegungen zum Schluss, dass dieser Prozess der Abwägung selbst hinterfragt und damit entwertet wird („*warum denke ich da jetzt eigentlich drüber nach*", 363). Gleichzeitig stellt sie ihr strategisches Vorgehen hinsichtlich einer unterrichtspraktischen Rahmung des Gebets vor („*natürlich mache ich das; ähm und sage dann zu den Kindern*", 363f.). Damit begründet sie für die Schüler*innen ihre didaktische Auswahl an Unterrichtsinhalten („*auch [...] ein bisschen zum Allgemeinwissen gehört*", 364f.). Zugleich findet sich in dieser zweiten didaktischen Begründung auch eine alternative Deutung: Implizit steht nun also ‚Wissen um' („*Allgemeinbildung*") implizit einer religiös-performativen Aneignung im Sinne eines ‚Tuns' gegenüber.

In der sich anschließenden Unterscheidung der Rezeptionsmöglichkeiten zwischen einem *Mitbeten* (366) und einem *Anhören* (366) im Umgang mit dem *Vaterunser* manifestiert sich ebendiese Ergänzung: Damit wird eine sinnhafte Rahmung des *Gebets* als Einüben einer christlichen Praxis (*beten*) um eine andere sinnhafte Rahmung dessen als ein theoretisch-allgemeiner Unterrichtsgegenstand (*anhören*) ersetzt bzw. erweitert. Auch auf inhaltlicher Ebene findet eine Ergänzung statt: Der Gegenstand des *Vaterunsers* wird um ein *Gebet* ergänzt, das muslimische Kinder mitbringen. Mit dieser Unterrichtsstrategie der Ergänzung vollzieht sich eine Vervielfältigung der Unterrichtsgegenstände (*Gebete*) sowie der Rezeptions- (*Anhören vs. Mitbeten*) und Deutungsmöglichkeiten (*christliche Unterrichtspraxis* vs. *Allgemeinbildung*).

Darin zeigen sich Anpassungsleistungen seitens der Lehrkraft in diesem Fallbeispiel, indem der Unterrichtsgegenstand sowie der rahmende didaktische Sinn in Einklang mit der Vielfalt der Schüler*innen gebracht wird. Es dokumentiert sich eine deutliche Schüler*innenorientierung FRAU BUNTSPECHTS.

Fazit:
Hinsichtlich der Schüler*innenwahrnehmung zeigt sich ein maximaler Kontrast zwischen FRAU BUNTSPECHT auf der einen Seite und FRAU DOMPFAFF und FRAU ZAUNKÖNIG auf der anderen Seite – zwischen Letzteren besteht ein minimaler Kontrast, der erst vor dem Hintergrund des Falls FRAU BUNTSPECHT deutlich hervortrat. Denn beide, FRAU DOMPFAFF und FRAU ZAUNKÖNIG, markieren das fehlende kollektive, fachbezogene Wissen bzw. eine Ferne zum Unterrichtsgegenstand als relevante Leerstelle. Dies gilt in der Wahrnehmung der Lehrkräfte tendenziell für alle Schüler*innen, die mit Blick auf den Unterrichtsgegenstand als homogen betrachtet werden. Demgegenüber markiert FRAU BUNTSPECHT zuerst einmal die Verschiedenheit der Schüler*innen hinsichtlich ihres jeweiligen Erfahrungswissens als relevant, die an die (formale) Religionszugehörigkeit geknüpft ist. Diese Ressource kann im Unterricht selbst zum Ausgangspunkt für sich spontan entwickelnde Unterrichtssituationen werden. Dabei wird dialogisch die Spannung aus Verschiedenheit und Gleichheit der Schüler*innen bearbeitet.[24]
In allen drei Fällen ergeben sich aus den jeweiligen Wahrnehmungsweisen der Schüler*innenschaft seitens der Lehrkräfte Implikationen für deren Handeln im Religionsunterricht. Bei FRAU BUNTSPECHT scheinen Spannungen zwischen dem durch die Vorgaben konstituierten Unterrichtsgegenstand und einigen Schüler*innen dahingehend aufgelöst zu werden, dass der Inhalt ergänzt und hinsichtlich des didaktisch-methodischen Umgangs geöffnet wird – das Dialogische und Austauschende sowie die Unterschiede stehen im Fokus.[25]
Bei FRAU DOMPFAFF und FRAU ZAUNKÖNIG entsteht ebenso Spannung zwischen dem christlich-geprägten Unterrichtsgegenstand (Bibel) und den Schüler*innen als Kollektiv. Während FRAU DOMPFAFF nun eine besondere Akzentuierung der christlichen Prägung und sich neu entwickelnde Chancen konstruiert,

[24] Zur theoretischen Diskussion der Spannung zwischen Homogenisierungs- sowie Heterogenisierungspraktiken vgl. Kap. 7.2, S. 237ff.

[25] Damit deuten sich vorsichtig Parallelen zur Idee des Hamburger Modells eines „Religionsunterrichts für alle“ an, vgl. Doedens & Weiße 2009, 133: Diese konstatieren den „*Dialog, ggf. auch die Auseinandersetzung über Gemeinsamkeiten und Differenz angesichts religiöser und weltanschaulicher Vielfalt in den Lerngruppen*“ als das „*Kernanliegen*“ des Religionsunterrichts für alle, zit n. Meyer-Blanck 2013, 168.

setzt Frau Zaunkönig auf eine Anpassung durch eine Rücknahme der christlichen Prägung zugunsten einer allgemeinethischen – über ein allgemeinethisches Thema wird die Brücke zu den biblischen Geschichten gebaut, sodass die Schüler*innen ‚mitgenommen' werden.

4.4 Zusammenfassung der minimalen und maximalen Kontraste

Um die bisherigen gewonnenen Erkenntnisse zu den drei Fällen Frau Zaunkönig, Frau Dompfaff und Frau Buntspecht zu illustrieren und die minimalen und maximalen Kontraste des jeweiligen Verständnisses des Religionsunterrichts gegenüberzustellen, folgt nun eine tabellarische Zusammenfassung dessen:

	Frau Zaunkönig	Frau Dompfaff	Frau Buntspecht
Wahrnehmung der Schüler*innen (Sozialdimension)	– verändert & tendenziell homogen: kein (biblisches) Vorwissen vorhanden		– verändert & heterogen: Vorwissen und Expertentum – Vielfalt durch Religionszugehörigkeit, Nationalität und religiöse Tradition
	– Distanz zur Religion und zu einem biblischen Unterrichtsgegenstand	– kein Rückgriff auf relevantes Wissen sowie auf außerschulische Erfahrungen möglich	
Umgang mit der Bibel als Unterrichtsgegenstand (Sachdimension)	Anpassungsstrategie: ‚Zurücknahme der christlichen Unterrichtsprägung' ‚Herstellung vermittelter Kontinuität' zwischen Schüler*innen und Bibel (Korrelation)	Anpassungsstrategie: ‚Akzentuierung der christlichen Unterrichtsprägung' → ‚Basisbildung' Neuartigkeit der Bibel (Alterität)	Anpassungsstrategie: ‚Erweiterung der christlichen Unterrichtsprägung' → Vervielfältigung der Unterrichtsinhalte und Deutungsmöglichkeiten (Relativierung und vergleichende Öffnung)
Unterrichtsbild	Herstellung eines (lebensweltlichen) Bezugs zwischen Schüler*innen und Gegenstand (→ stetige Aushandlungen)	Einführung in die christliche Gemeinschaft (→ angedeutete Sachorientierung)	Dialog und Austausch zwischen Schüler*innen (→ angedeutete Schüler*innenorientierung)

Rekonstruierte Orientierungen	Orientierung an - Sicherheit - Unterrichtsqualität - der Herstellung von Anschlussmöglichkeiten und Verbindungen	Orientierung an - der christlichen Religion - Dynamik	Orientierung an - den Schüler*innen - Vervielfältigung der Angebote

Abbildung 6: Überblick über die Kernfälle

5 Empirische Rekonstruktionen II: Falldarstellungen

Nach einem ersten komparativen Zugriff auf das Material, in welchem die drei Kernfälle FRAU ZAUNKÖNIG, FRAU DOMPFAFF und FRAU BUNTSPECHT hinsichtlich ihrer maximalen und minimalen Kontraste verglichen wurden, gilt es nun, diese drei Fälle hinsichtlich ihrer Eigenlogik zu analysieren.[1] Dabei stellen die Falldarstellungen jeweils eine *„aspekthafte Rekonstruktion des individuellen Orientierungsrahmens“*[2] der Lehrkräfte in Bezug auf den Religionsunterricht dar; keinesfalls wird damit jedoch der allumfassende Orientierungsrahmen der jeweils befragten Lehrkraft als Person erfasst. Denn im Interview zeigen sich eben nur *Aspekte,* die den ‚Fall' (und nicht die Person) konstituieren.

Der jeweilige Aufbau der Falldarstellung richtet sich nach den Relevanzsetzungen der Befragten: Alle Darstellungen widmen sich zuerst einmal dem Interviewanfang. Nach ersten Rekonstruktionen wird sodann die Chronologie des Interviews als Gliederungskriterium zugunsten der Eigenlogik des Falls aufgegeben – unter Zusammenstellung nach Aspekten des Orientierungsrahmens. Jeder Aspekt wird in einem Zwischenfazit knapp zusammengefasst, woran sich ein verdichteter Überblick über den rekonstruierten Orientierungsrahmen anschließt. Damit werden die Rekonstruktionen zudem aus der Perspektive der an die Arbeit herangetragenen Interessensschwerpunkte (Forschungsfragen) betrachtet. Dies gewährleistet eine gewisse Vergleichbarkeit zwischen den Fällen.

---

1 Mit diesem Vorgehen einer (vorerst) einzelfallbasierten Darstellung orientiere ich mich u. a. an den Dissertationen von Arne Heinemann (2018) zur Professionalität und Professionalisierung im Bilingualen Unterricht sowie von Henrike Evers (2016) zur Bildung durch interkulturelle Begegnung. Anhand der ausführlichen Einzelfalldarstellung wird ermöglicht, *„Einblicke in den Facettenreichtum der Fälle und Interpretationen [zu] geben und ein plastisches Bild des Forschungsfeldes [zu] liefern“* (Przyborski & Wohlrab-Sahr 2014, 412). Da die Ergebnisse der vorliegenden Arbeit jedoch nicht in eine Typenbildung münden, kann hier nicht mit Sicherheit rekonstruiert werden, inwiefern es sich bei diesen drei Fällen bereits um Realtypen (im Sinne der sinngenetischen Typenbildung) handelt (vgl. Nentwig-Gesemann 2013, 301f.). Dazu benötigte man eine Hinzunahme vieler Fälle bis zur theoretischen Sättigung, was im vorliegenden qualitativen Forschungskontext ausgeschlossen ist. Vgl. auch beispielhaft zum Abstraktionsschritt von *„Realtypen“* zu *„Idealtypen“*: Hoffmann & Keitel 2018.

2 Basierend auf der methodologischen Grundannahme, dass der Orientierungsrahmen immer nur *„aspekthaft“* zu rekonstruieren ist und niemals vollständig bzw. in seiner *„Totalität“* (Nohl 2017, 104, vgl. ausführlich Bohnsack 2014b, 191–195), richtet sich die Darstellung hier nach ebenjenen Aspekten, die als relevant rekonstruiert wurden.

Analog zum Aufbau des ‚Brückenschlags' wird zunächst der Fall Frau Zaunkönig analysiert.

5.1 Fallrekonstruktion Frau Zaunkönig: ‚Die Brückenbauerin'

> *„und das war ganz schwierig, (.) ähm da (.) den den Bogen für die Kinder zu schlagen"* (82f.)

Interviewinformation und Ausblick

Die Grundschullehrerin Frau Zaunkönig ist zum Zeitpunkt des Interviews 52 Jahre alt und hat knapp 25 Jahre Berufserfahrung. Einige Zeit vor dem Interview hatte sie die Schule gewechselt und nutzt ihre Erfahrungen an der alten Schule im Verlauf des Interviews immer wieder als Vergleichshorizont für die Einordnung der jetzigen Erlebnisse an der neuen Schule. Sie unterrichtet die Fächer ev. Religion, Deutsch, Sachunterricht, Musik und Kunst an einer kleinen, ländlich gelegenen Schule in Niedersachsen. Neben ihrer Tätigkeit als Lehrerin engagiert sie sich nach eigenen Angaben auch in ihrer Gemeinde.

Frau Zaunkönig stellte den Kontakt (via E-Mail) selbst her, nachdem sie auf das Forschungsvorhaben sowie meine Suche nach interessierten Lehrkräften für eine Interviewteilnahme aufmerksam wurde.[3] Das Gespräch ist mit gut 90 Minuten das längste Interview im Sample. Die vergleichsweise langen Passagen sind selbstläufig, wobei sich neben vielen argumentativ-evaluierenden auch ausführliche narrative Bestandteile finden lassen.

Darstellung der Rekonstruktionen

Im Interview setzt sich Frau Zaunkönig (nicht nur zu Beginn) intensiv mit Fragen der (bzw. ihrer) Qualifizierung als Religionslehrerin auseinander, was bereits im ersten Abschnitt des Interviews erfolgt:

I: vielen Dank dass S/sie daran teilnehmen, (..) und meine erste Frage ist seit wann S/sie als
Religionslehrerin arbeiten, und was S/sie zu dieser Fächerwahl (.) bewogen hat;
K: mhm (bejahend), (.) als ich angefangen habe zu studieren ähm haben wir zwei Hauptfächer
und ein Drittfach gehabt, //(mhm)// Religion war mein Drittfach, //(mhm)// und (.) da- damals
hieß es ähm, die Themen (.) die (.) relevant sind um eine Stelle zu bekommen (.) da war Religion
j- jetzt nicht vorrangig, //(mhm)// so deshalb habe ich Deutsch und Sachunterricht studiert und
Religion weil ich mich das schon immer für interessiert habe °als Drittfach°; habe das aber so
studiert dass es (...) (lautes Einatmen) nicht (..) °so praktisch orientiert war;° mehr theoretisch;
und äh habe (.) dann 92 ähm das Referendariat gemacht, und ja, bin in Religion auch gar nicht
geprüft worden und habe mir eigentlich durch viele viele Fortbildungen im (.)

---

[3] Ausführlich zur Akquise vgl. Kap. 3.3.1, S. 66.

Religionspädagogischen Institut da so'n (.) ja; ein ganz gutes Fundament geschaffen mit viel (.) Ideen und Möglichkeiten; und da hat sich der Religionsunterricht schon auch (.) mein eigener sehr verändert;

In dieser Sequenz thematisiert Frau Zaunkönig „*Religion*" (4) im Kontext ihres Studiums, wobei sie vor allem auf außeruniversitäre Weiterbildungsmaßnahmen eingeht.

Die Sequenz wird von der Interviewerin eröffnet. Mit der Formulierung, dass es sich nun um die „*erste Frage*" (1) handelt, rahmt sie die Interviewsituation als eine Abfolge von Fragen und damit als ein Frage-Antwort-Gespräch, sodass davon ausgegangen werden kann, dass nach erfolgreicher Beantwortung dieser Frage eine weitere usw. folgt.[4] In der Elaboration fällt Frau Zaunkönigs erster Redebeitrag dementsprechend recht knapp aus. (In Anbetracht der Ausführlichkeit des Gesamtinterviews scheint dies jedoch keine weitreichende Relevanz zu haben.) Zudem proponiert die Interviewerin – in Frageform – die beiden inhaltlichen Fokussierungen des zeitlichen Beginns der Lehrtätigkeit sowie der Begründung für die Fächerwahl. Frau Zaunkönig reagiert auf diesen ersten Frageimpuls mit einem zustimmenden „*mhm*" (3), was im Kontext der Fragestellung, die nicht auf Zustimmung oder Ablehnung gerichtet ist, eher als Hörersignal anstatt als inhaltliche Zustimmung verstanden werden kann; d. h. also als eine Rückmeldung, die Frage gehört bzw. verstanden zu haben und nun auszuführen. Inhaltlich beginnt sie mit einer zeitlichen Einordnung ihrer Äußerung am *Anfang*[5] ihres Studiums und beschreibt die Situation, drei Fächer mit unterschiedlicher Gewichtung studiert zu haben („*zwei Hauptfächer und ein Drittfach*", 3f.). Sie verwendet das Pronomen „*wir*" (3) und verweist darauf, dass es sich um keine individuelle Studienform handelt, sondern um eine kollektive. Somit könnte es also auf Rahmenvorgaben zurückzuführen sein. Die Zuordnung von Religion als *Drittfach* begründet sie anschließend aufgrund der damit verbundenen erhöhten damaligen Jobchancen („*die (.) relevant sind um eine Stelle zu bekommen*", 5). Religion wird damit als weniger relevant eingestuft („*nicht vorrangig*", 6) und sogar gegenüber den als Hauptfächer gewählten „*Deutsch und Sachunterricht*" (ebd.) als nachrangig eingestuft. Die Wahl von „*Religion*" wird dagegen mit *Interesse* begründet („*weil ich mich das schon immer für interessiert habe*", 7), was den persönlichen Bezug zu diesem Fach unterstreicht und dieses von den eher rationalen-pragmatischen Gründen der Berufschancen abhebt.

Hinsichtlich der Ausrichtung ihres Studiums verneint sie eine *praktische* Ausrichtung, was damit als Defizit gerahmt wird, sodass der Schwerpunkt auf der *Theorie* (8) liegt, wobei sie dies zwar benennt, aber dazu zunächst keine explizit positive oder negative Rahmung vornimmt. Chronologisch erwähnt sie

---

4 Zur Reflexion über die Güte der Konzeption eines Interviewanfangs: vgl. Kap. 3.3.3, S. 72f.

5 Mit *kursiv* gesetzten Worten ist markiert, dass diese im Wortstamm wörtlich aus dem Transkript übernommen sind.

dann ihre Referendariatszeit („*und äh habe (.) dann 92*", 9); die Zahl 92 steht als Abkürzung für die Jahreszahl 1992. Es ist möglicherweise das Jahr des Examens, denn im Folgenden wird darauf hingewiesen, dass sie im Fach Religion keine *Prüfung* absolviert hat („*NICHT*[6] *geprüft*", 10), d. h. Religion war kein *Prüfungs*fach. In FRAU ZAUNKÖNIGS Ausführungen zu ihrer Berufsausbildung bis hierhin nimmt Religion eine zweitrangige (fast defizitäre) Position ein, was sich sowohl hinsichtlich der geringen Stellenaussichten bei der Studienfachwahl („*jetzt NICHT vorrangig*", 6) zeigt als auch hinsichtlich des mangelnden Praxisbezugs in diesem Unterrichtsfach während des Studiums („*NICHT °so praktisch orientiert*", 8) sowie der fehlenden *Prüfungs*situation („*nicht geprüft*", 9–10). Implizit grenzt sie damit die (defizitäre) Ausbildung in Religion auch von derjenigen in den vorrangigen Unterrichtsfächern (Hauptfächern) ab, was vor allem auf die unterschiedliche Gewichtung dieser Fächer und deren Status innerhalb des Studiums zurückgeführt wird.

Daraufhin benennt sie betont-relativierend („*eigentlich*", 10) ihre eigene Umgangsweise damit: „*und habe mir eigentlich durch viele viele Fortbildungen [...] ein ganz gutes Fundament geschaffen mit viel (.) Ideen und Möglichkeiten*" (10–12). Hier zeigt sich eine (erste) Fokussierungsmetapher: Mit der Formulierung, ein *Fundament* zu *schaffen*, konstruiert sie das Bild eines tragfähigen Unterbaus, einer selbst erarbeiteten Basis. Im Kontext ihrer als defizitär wahrgenommenen Universitäts- und Referendariatsausbildung kann dies als eine Kompensationsstrategie gelesen werden. Sie präsentiert sich narrativ somit als eine Art ‚Selfmade(wo)man'. Die Verknüpfung mit *Ideen und Möglichkeiten* unterstützt den Charakter des Fundaments (jedoch lediglich) als Grundlage bzw. Untergrund, worauf zurückgegriffen werden kann. Denkbar sind hier zum Beispiel Sammlungen an Methoden, Unterrichtsentwürfen oder Fertigkeiten, aber auch – gegenständlich gedacht – Kopiervorlagen o. ä. für den Unterrichtseinsatz.

Zugleich spricht sie damit auch die *Veränderlichkeit* (13) ihres Religionsunterrichts an, die im weiteren Verlauf der Rekonstruktionen noch als entscheidende Perspektive relevant wird. Diese rahmt FRAU ZAUNKÖNIG deutlich als selbstinitiiert. In dieser Passage dokumentiert sich eine Orientierung an institutionell-strukturierter Weiterbildung verbunden mit einem (normativen) Anspruch an Qualifikation bzw. Professionalität: Was im Studium bzw. Referendariat ein Defizit darstellt(e), wurde bzw. wird eigeninitiativ am Fortbildungsinstitut zu kompensieren und auszugleichen versucht. Diese Norm wurde für sie erst während der eigenen Berufstätigkeit mit eigens gewählten Angeboten (Fortbildungen) enaktierbar, was es zu einer handlungsleitenden Orientierung werden ließ. Im Rahmen der universitären Ausbildung bzw. des Referendariats war dies noch nicht der Fall, was möglicherweise mit den externen Vorgaben einer Institution (Universität) und ihren Angeboten zusammenhängt.

---

[6] Worte bzw. Wortteile in Großbuchstaben sind Hervorhebung durch K. W.

An weiteren Passagen des Interviews wird erkennbar, was sich konkret hinter dieser positiv gerahmten Metapher des *erschaffenen Fundaments* verbirgt: FRAU ZAUNKÖNIG benennt beispielsweise ihre Art des Präsentierens von Bibelgeschichten im Unterricht heute als *Erzählen* (im Gegensatz zum *Vorlesen* früher), was sie als Ergebnis einer Selbstreflexion rahmt, die durch einen Fortbildungsbesuch angestoßen wurde:

> *heutzutage erzähle ich nicht mehr (.) und lese aus dem Buch, sondern erzähle die Geschichten dann auch mit (.) Unterstützung von Figuren; oder (.) von anderen (.) Legematerialien oder so was; [...] und habe f- ja; auch gerade so zum Erzählen; ähm viele Fortbildungen auch besucht; weil ich so bei mir gemerkt habe oh da kann ich mich so schlecht lösen* (15–20)

Auch hier wird die Teilnahme an *vielen Fortbildungen* argumentativ („*weil*") mit einem wahrgenommenen Defizit der eigenen Kompetenz, sich *lösen* zu können, verbunden (Selbstreflexion). Gleichzeitig verweist sie insofern auf ihre persönliche Strategie im Umgang mit ihrer eigenen, als mangelhaften erlebten Qualifikation. Dies kann im Zusammenhang als ein Zeichen für zunehmende Professionalisierung gelesen werden. Später im Interview erzählt sie auch von einem „*Langzeitkurs übers Theologisieren*" (146), an dem sie teilgenommen hat, weshalb sie nun das *Theologisieren* auch zum „*Dreh- und Angelpunkt*" (148f.) ihres Unterrichts entwickeln will.[7]

Während die *Fortbildungen* an mehreren Stellen im Interview einen positiven Horizont im Umgang mit ihrem normativen Anspruch an (die eigene) Professionalität bilden, bricht sich diese Norm an anderen Stellen, und zwar dort, wo dieser Anspruch nicht erfüllt werden kann, weil ein formales Theologiestudium fehlt. Hier offenbaren sich dadurch ihre blinden Flecken. Ein Beispiel dafür bildet eine konkrete Beschreibung ihrer (veränderten) Unterrichtspraxis im Umgang mit Wundergeschichten. An diese Gattung biblischer Texte habe sie sich „*früher überhaupt niemals rangetraut*" (51), da sie es damals „*nicht reflektieren*" konnte (52). Diesen vorsichtig-vermeidenden Umgang (nicht *rangetraut)* beschreibt sie auf diese Weise:

> *ich habe ja auch kein Theologiestudium; //(mhm)// ich finde das ist auch was ne, was ich wirklich auch gemerkt habe; an mehreren Punkten; wo ich sage, ja; den/ dieses äh Theologische, das habe ich (.) habe ich nicht, und ähm (..) hoffe dass ich dann trotzdem den Kindern gut beibringen kann; also (..) es ist manchmal (..) ein bisschen schwierig* (52–56).

Dass sie bestimmte Unterrichtsinhalte nicht zu integrieren wagt, begründet sie eigentheoretisch mit der Situation, dass sie kein fachbezogenes Universitätsstudium absolviert hat, weshalb manche Unterrichtsgegenstände für sie nicht greifbar sind („*HABE ja auch kein Theologiestudium*"). Inwiefern damit ein eigenständiges Studium zur (Voll-)Theologin gemeint ist oder das Religionsstudium

---

7 Das *Theologisieren* als didaktisches Unterrichtskonzept wird im Interview häufiger thematisiert. Zur Interpretation dessen s. u. S. 96f.

im Hauptfach (also mit *Prüfung*), bleibt offen. Zwar ist auf sprachlicher Ebene ein hoher argumentativ-verstärkender Anteil („*wirklich auch*") zu erkennen, und doch deutet die Formulierung *an mehreren Punkten merken* hier auf den konkreten, in der Praxis situierten Wahrnehmungsvorgang hin (anders als beispielsweise ‚denken', ‚glauben' bzw. ‚vermuten').

Für das Unterrichten konkret christliche Inhalte („*Wundergeschichten*") markiert FRAU ZAUNKÖNIG ihre Qualifikation als ungenügend. Denn hier fehle ihr das *Theologische*, was sich für sie häufiger als problematisch erweist („*an mehreren Punkten*"). In diesem *Theologischen* könnte sich ein Verweis auf die Theologie als Bezugswissenschaft verbergen, womit sich hier eine fachwissenschaftliche Orientierung dokumentieren würde. Im Kontext anderer Passagen ist dies jedoch eher als Indikator für die (formale) Ausbildung und insofern Qualifikation zu interpretieren, homolog zum *Theologiestudium (53)* und *studiert* (6) und *geprüft* (10). Weitere Homologien zur zweiten Lesart zeigen sich noch im Laufe der weiteren Falldarstellung.[8]

Diese defizitäre Perspektive auf ihre Qualifikation mündet schließlich in Selbstzweifel, sodass sie ihre eigene Kompetenz mit Blick auf die Schüler*innen hinterfragt: Den eigenen Unterrichtserfolg, es den Kindern „*gut beibringen*" zu können, nimmt sie demnach als keineswegs selbstverständlich wahr, sondern kann darauf nur *hoffen.*

Zwischenfazit:
In der Bearbeitung von Fragen zu ihrer eigenen universitären Ausbildung (Studium) zeigt sich bei FRAU ZAUNKÖNIG eine Orientierung an institutionell-strukturierter Qualifizierung (Bildung durch Studium, Prüfung, Fortbildung, später auch „*Vocatio*", s. u. S. 117f.). Dabei lässt sich ein teilweise unsicheres, defizitär geprägtes Bild ihrer selbst als Religionslehrerin rekonstruieren. In ihrer als defizitär wahrgenommenen Ausbildung konnte der Anspruch (Norm) an Qualifizierung nicht enaktiert werden. Erst die späteren, selbst gewählten Fortbildungsmaßnahmen eröffneten Handlungsoptionen im Sinne eines produktiven Umgangs mit den empfundenen Mängeln (positiver Horizont); denn sie hat damit (als einzige Lehrkraft im Sample) Strategien gefunden, ihre Unsicherheiten bzw. Alltagsspannungen zu bearbeiten.
Die (positiv gerahmte) Metapher eines *geschaffenen Fundaments* an *Ideen und Möglichkeiten* bricht sich jedoch auch an Darstellungen der aktuellen Unterrichtspraxis: Gewisse Zweifel sind trotz der Fortbildungen (immer noch) vorhanden. Die von ihr gesetzte Norm, der Anspruch an institutionell erlangte

---

[8] Ausblick: An mehreren Interviewstellen wird diese Norm auch im Rahmen der Qualifizierung ihrer Kolleg*innen relevant, die sie im (fehlenden) Besitz der Vokation sieht: „*und wenn ich dann mitkriege dass ähm (..) Kollegen ohne Vocatio unterrichten (.) und selbst wenn sie die haben (.) nja kaum zu Fortbildungen gehen oder so (.) ja dann ist mir natürlich auch ein bisschen bange*" (185–188), vgl. S. 117f.

Professionalität und Qualifikation vor allem im Umgang mit dezidiert christlichen Unterrichtsgegenständen (Bibelgeschichten, Wundergeschichten), kann sie selbst kaum einlösen, was bei ihr selbst Unsicherheiten hervorruft.

Nachdem der erste Aspekt des Orientierungsrahmens von FRAU ZAUNKÖNIG vorrangig allgemeine Fragen ihrer Ausbildung als Religionslehrerin und somit die Voraussetzungen für das Unterrichtsgeschehen fokussierte, beziehen sich die folgenden Rekonstruktionen auf das praktische Unterrichtsgeschehen. Zunächst wird dazu FRAU ZAUNKÖNIGS Reaktion auf den sehr offen gehaltenen Haupterzählimpuls[9] betrachtet. Wie in den vorangegangenen Darstellungen, werden die Rekonstruktionen anschließend anhand weiterer Passagen belegt bzw. ergänzt.

Die Interpretationen zu dieser ersten Reaktion auf den Haupterzählimpuls wurden bereits im vorherigen vergleichenden Kapitel zu den empirischen Rekonstruktionen präsentiert (Kap. 4.1, S. 84–88). Dort ließ sich bei FRAU ZAUNKÖNIG rekonstruieren, dass sie sich an der ‚Herstellung von Kontinuität[10] und Anschlussfähigkeit' orientiert. Dies dokumentiert sich zum einen in einem veränderten Vorgehen, wie biblische Geschichten in der Unterrichtspraxis kontextualisiert werden. Denn diese behandelt sie heute verstärkt in ihrem *menschlich-historischen* Entstehungszusammenhang (*„Menschen vor 2000 Jahren [...] aufgeschrieben*", 49f.). Ihre geänderte Handhabung im Unterricht erklärt sie eigentheoretisch mit der Feststellung, dass die *Selbstverständlichkeit* (46) im Umgang mit solchen Texten verloren gegangen ist. Zum anderen manifestiert sich diese Orientierung in einer veränderten Unterrichtspraxis hinsichtlich der Chronologie der vermittelten Inhalte: Das dezidiert Christliche stellt sie heute zuerst einmal zurück (*„früher habe ich angefangen mit äh 'ner Bibelerzählung, heute fange ich eigentlich mit dem Thema an*", 43f.), wobei sie ein (allgemeinethisches) Themas vorschaltet. Dadurch überbrückt sie die wahrgenommene Ferne der Schüler*innen zum biblischen Unterrichtsgegenstand, indem sich die Schüler*innen über ein Thema zunächst mit dem thematischen Gegenstand *identifizieren* (45). Während diese ersten Ausführungen FRAU ZAUNKÖNIGS tendenziell noch auf einer abstrakten, generalisierenden Ebene bleiben (d. h. auf der der Orientierungsschemata), lassen sich die rekonstruierten Orientierungen auch in Beschreibungen von konkretem Unterrichtsgeschehen im weiteren Verlauf des Interviews

---

9 Nach den ersten ‚Eisbrecher'-Fragen zum Beginn und zur Motivation des Unterrichtens von Religion enthält der Haupterzählimpuls nun die erste große, offen gehaltene Erzählaufforderung zu den *„Erfahrungen so, die Lehrkräfte //(mhm)// heutzutage mit Religionsunterricht //(ja)// machen, ähm und mit dem Unterrichten von Religion, (.) können Sie da vielleicht einfach so ein bisschen aus I/ihrem (.) Alltag erzählen*" (33–36).

10 Der Begriff der Kontinuität wird hier nicht (nur) im zeitlichen Sinne verstanden, sondern eher im Sinne von Lückenlosigkeit und Verbindung.

festmachen: Auf die immanente Nachfrage der Interviewerin nach einem konkreten Beispiel für diese verallgemeinert beschriebene Praxis („*haben Sie da mal eine Situation aus dem letzten Schuljahr, von der Sie einfach mal erzählen können*“, 69–71) schildert die Lehrkraft eine Unterrichtsstunde zu Moses:

72 *J: also ich (..) versuche, (..) viel mehr jetzt über theologisches Gespräch, //(mhm)// mit den*
73 *Kindern ja; zu theologisieren; (.) dass sie da auch (...) sich erst mal selbst Gedanken machen;*
74 *und selbst (..) ähm Ideen auch entwickeln; (..) warum (.) °ja was hatte ich für ein Beispiel° (...)*
75 *ich habe es nicht gemacht, aber übers Glück philosophieren; //(mhm)// zum Beispiel; ne, (.)*
76 *oder über Mut //(mhm)// wann (sind wir) mutig; (..) °ich muss mal eben überlegen ich hatte ne*
77 *ganz schöne Einheit ° (..) ähm (..) die (..) das Thema ist (..) eigentlich Mose gewesen; //(mhm)//*
78 *und (.) wir haben (.) drüber nachgedacht, wie (.) sich die Hebräer in Ägypten gefühlt haben;*
79 *//(mhm)// und da hatte ich eine (..) eine Egli-Figur, (..) in die Mitte gelegt die (.) so den Kopf*
80 *nach unten hatte, bedrückt aussah, (..) und die Kinder haben erst mal (..) überlegt ähm was (.)*
81 *sie bedrückt; und dann haben wir von den Kindern aus ne, °also es war ich glaube die Figur*
82 *hatte auch noch einen Stein auf den (.) auf den Schultern;° //(mhm)// genau und das war ganz*
83 *schwierig, (.) ähm da (.) den den Bogen für die Kinder zu schlagen dass das so ein Symbol sein*
84 *soll; dieser Stein; ne, also wir Erwachsenen wir wissen ne, es lastet etwas wie ein Stein auf*
85 *unserem Rücken, so, //(mhm)//.aber das war für die Kinder schwer; aber dieses Bedrücktsein;*
86 *ich bin so bedrückt, ähm da haben sie äh (..) gute Dinge gesagt wann sie traurig sind oder*
87 *bedrückt sind; //(mhm)//*

Das adverbial gebrauchten „*also*“ (72) markiert den Anfang ihres Turns, welcher eine verallgemeinerte Explikation ihrer (explizit gemachten) Unterrichtsintention darstellt („*ich (..) versuche*“, 72). Das *theologische Gespräch* wird als ein Weg bzw. eine Methode („*über*“, 72) angeführt, um „*mit den Kindern [...] zu theologisieren*“, 72f. Dabei strebt FRAU ZAUNKÖNIG explizit an, den Einsatz dieser Methode quantitativ zu erhöhen („*viel mehr jetzt*“, 72). Mit der Auslassung eines Artikels des *theologischen Gesprächs* (wie ein ‚das‘) kommt diesem der Charakter eines Schlagwortes zu. Das nachfolgende Verb des *Theologisierens* formt die schlagwortartig genannte Methode (*Gespräch*) sprachlich in eine Handlung um.[11] Dass an dieser Stelle keinerlei Erklärungen sowohl zum *Theologisieren* als auch zum *theologischen Gespräch* kommen, lässt sich dahingehend deuten, dass sie dies als konjunktives Wissen zwischen ihr und der Interviewerin rahmt, sodass es keiner

11 Damit ist dies als Verweis auf das wissenschaftlich fundierte Unterrichtskonzept des „*Theologisierens*“ mit Kindern bzw. Jugendlichen zu deuten, vgl. beispielweise den Sammelband Büttner et al. (2014, Kinder) sowie den Band Dieterich (2012, Jugendliche). Bedeutsam ist an der Formulierung jedoch in Anknüpfung an die bereits rekonstruierten Orientierungen, dass erneut – wenigstens im Wortstamm – auf die Theologie als Bezugswissenschaft des Religionsunterrichts verwiesen wird. Auf sprachlicher Ebene zeigt sich also eine verstärkte Verknüpfung von Religion und Theologie u. a. in der Nennung des *Theologischen*, des *Theologiestudiums*, des *theologischen Gesprächs* und des *Theologisierens*. Dies ist im Sample einmalig und kann als Teil ihrer Orientierung an der (formalen) Qualifizierung der Lehrkraft und Unterrichtsqualität gelesen werden, sodass Theologie für sie ein Gütekriterium bildet.

weiteren Erläuterungen bedarf.

Konkret elaboriert sie diese Form des Unterrichtens (*theologisieren)* anhand einer vorangestellten („*erst mal*“, 73), deutlichen Ausrichtung des Unterrichtsgeschehens auf die Schüler*innen, wodurch bei ihnen mentale, kreative Prozesse angeregt werden sollen („*Gedanken machen*“ und „*Ideen auch entwickeln*“, 73f.). Der Bezug auf die Schüler*innen wird zweifach reflexiv hervorgehoben (2x „*selbst*“, 73 & 74). Dazu werden auf der Ebene der Metakommunikation[12] Themen-*Beispiele* angeführt: „*Glück*“ bzw. „*Mut*“. Ersteres bleibt auf rein gedanklich-reflexiver Ebene („*ich habe es nicht gemacht, aber übers Glück philosophieren*“, 75), also auf Ebene des kommunikativen Wissens, denn sie benennt hier lediglich eine (nicht enaktierte) Idee. Bemerkenswert ist dabei jedoch der begriffliche Wechsel vom zuvor genannten *Theologisieren* zum „*[P]hilosophieren*“ (75). Damit vollzieht sie sprachlich-performativ auch die bereits[13] beschriebene Zurücknahme des dezidiert Christlichen zugunsten des Allgemeinethischen: Aus dem *Theologisieren* wird hier nun ein *Philosophieren.* Das danach genannte Thema des *Mutes* wird ebenfalls hauptsächlich gedanklich-reflexiv entfaltet, jedoch wird es anhand einer didaktischen Frage ein Stück weit konkretisiert („*wann (sind wir) mutig*“, 76): Deutlich wird daran der Unterrichtsansatz einer gemeinsam („*wir*“) vollzogenen Reflexion über das eigene Betroffensein vom Thema *Mut.*

Nach diesen abstrakt verbleibenden Äußerungen wechselt Frau Zaunkönig kurz auf die Ebene der Metakommunikation – eine inhaltliche Aussage wird aufgeschoben („*ich muss mal eben überlegen*“, 76). Es folgt die Eröffnung einer Erzählsequenz anhand einer positiven Einstiegsrahmung dessen („*ne ganz schöne Einheit*“, 76f.) sowie anhand einer stockend gesprochenen thematischen Einordnung: „*das Thema ist (..) eigentlich Mose gewesen*“ (77). Die Partikel *eigentlich* schränkt die Gültigkeit der thematischen Bestimmung „*Mose*“ ein; damit wird impliziert, dass diese thematische Schwerpunktsetzung in der Situation selbst möglicherweise nicht unbedingt zutraf, sodass es lediglich der offizielle Titel gewesen ist.

Frau Zaunkönig wechselt damit von der Erzählzeit in die erzählte Zeit, also in die Zeit des konkreten, zu erzählenden Geschehens.[14] In der Beschreibung einer (kognitiven) Vergegenwärtigung der emotionalen Gefühlszustände anderer („*wir haben (.) darüber nachgedacht, wie sich [...] gefühlt haben*“, 78) wird eine Perspektivenübernahme vollzogen. Das kollektive Subjekt des Satzes („*wir*“) besteht unter Berücksichtigung des Kontextes aus der Lehrkraft (Frau Zaunkönig)

---

[12] Damit ist die Kommunikation über die vorliegende Kommunikation(ssituation) gemeint.

[13] Vgl. Kap. 4.1.

[14] Mit der Unterscheidung der ‚erzählten Zeit‘, d. h. der Zeit der berichteten Erfahrung selbst, und der ‚Erzählzeit‘, d. h. der Zeit der Kommunikationssituation folge ich dem Vorgehen Sarah Thomsens (vgl. Thomsen 2020, 253). Mit dieser Unterscheidung wird einer Fokussierung auf die Erfahrungen selbst Rechnung getragen (im Gegensatz zu argumentativ-theoretisierenden Stellungnahmen).

und den Schüler*innen. Damit wird ein Arbeitsbündnis hergestellt. Die „*Hebräer in Ägypten*" (78) sind das Objekt dieser angestrebten Perspektivenübernahme. Sie stellen für die Schüler*innen in gewisser Weise die ‚ganz Anderen' dar und zwar sowohl hinsichtlich ihrer Zugehörigkeit zu einer (früheren) Personengruppe (*Hebräer*) als auch hinsichtlich ihres (fernen) Aufenthaltsortes (*Ägypten*). Über die *Gefühle* bzw. das Hineinversetzen in deren Perspektive wird ein Zugang zum Thema geschaffen und damit eine Brücke zwischen Schüler*innen/Lehrkraft und den biblischen Personen hergestellt.

Der Tempuswechsel vom Perfekt („*ist [...] gewesen*", 77, „*haben [...] nachgedacht*", 78) zum Plusquamperfekt („*hatte [...] gelegt*", 79) lässt die bisherigen Beschreibungen wie eine Art Rahmung bzw. thematische Einbettung der Situation erscheinen. Darauf folgt die Schilderung einer individuellen Tätigkeit von Frau Zaunkönig: Mit dem Einbinden einer *Egli-Figur* in den Unterricht schafft sie ein neues Zentrum der Aufmerksamkeit, nicht nur in ihrer Klasse (die „*Mitte*" (79) kann dabei als räumliches Zentrum beispielsweise eines Sitzkreises interpretiert werden), sondern auch in dieser Erzählung selbst, denn die Figur wird nun ausführlich hinsichtlich Körperhaltung („*Kopf nach unten*", 79f.) und ihres Erscheinungsbilds beschrieben („*bedrückt aussah*", 80). Erneut wird das Motiv der (kognitiven) Vergegenwärtigung einer Gefühlslage beschrieben („*überlegt ähm was (.) sie bedrückt*", 80f.), das nun allerdings durch die Schüler*innen erfolgt. Das Objekt „*sie*" (81) ist dieses Mal allerdings nicht eindeutig: Denkbar ist sowohl *sie*, die Egli-Figur, als auch *sie*, die Kinder. Im Kontext der abgebrochenen Richtungsvorgabe im Anschluss „*von den Kindern aus*" (81) ist jedoch die zweite Lesart wahrscheinlicher. Damit werden die Kinder dazu aufgefordert, sich belastende („*bedrückt*", 81) Aspekte und damit ihre eigene Gefühlslage zu vergegenwärtigen, um sich in die Figur einzufühlen. An diesem persönlichen Anknüpfungspunkt dokumentiert sich Frau Zaunkönigs ‚Orientierung an den Schüler*innen'.

Der Satzabbruch dient einer Ergänzung in der Beschreibung der *Egli-Figur* (*Stein auf dem Rücken*). Die Worte „*genau, und*" (82) markieren die Äußerung als einen soeben aufgekommenen Gedanken: und zwar die Herausforderung, „*den Bogen für die Kinder zu schlagen*" (83). In der Metapher des *Schlagens eines Bogens* drückt sich das Verständnis von einer gebogenen bzw. unter Spannung stehenden (Verbindungs-)Linie zwischen zwei Punkten aus, die erst durch den Unterricht hergestellt werden muss; es ist keine einfache Gerade.

Sprachlich ist dabei nicht eindeutig festzustellen, inwiefern sich die Zielbestimmung *für die Kinder* auf die Herausforderung selbst bezieht, dass es *für die Kinder* selbst schwierig war, d. h. damit besteht die Schwierigkeit eher aufseiten der Kinder. Alternativ wäre auch denkbar, dass es *schwierig* für die Lehrkraft war, den Bogen *für die Kinder* zu schlagen, womit sich dies als Problematik für Frau Zaunkönig erweist. Anschließend elaboriert Frau Zaunkönig dieses Bild hinsichtlich des Symbolhaften des Steins. Die Herausforderung („*schwierig*", 83) konkretisiert sich dadurch, da nämlich der zugeschriebene Symbolcharakter des Steins als solcher für die Kinder schwierig zu erkennen war („*ein Symbol sein soll*", 83f.).

Mit dem Erkennen wird das *Schlagen des Bogens* erreicht, was sie als Herstellen einer Verbindung zwischen der Figur und der Antizipation des gesellschaftlich zugeschriebenen Sinns durch die Schüler*innen rahmt. Diese gesellschaftliche Dimension wird homolog dazu auch im Anschluss deutlich, indem FRAU ZAUNKÖNIG das *Wissen* darüber (exklusiv) den *Erwachsenen* als Personengruppe zuschreibt. Somit bilden diese als *Wissende* den Vergleichshorizont. Dieser Logik folgend fehlt es den Kindern noch an diesbezüglich relevantem Wissen, weshalb sie mit dem *Bogenschlagen* unterstützt werden müssen. Homolog zur Eröffnung der Passage durch die positive Rahmung der *schönen Einheit* erscheint die positive Bewertung der Lehrkraft hinsichtlich der Äußerungen von den Schüler*innen als *„gute Dinge"* (86) wie eine Art Zwischenkonklusion. Hierin dokumentiert sich eine wertschätzende Haltung der Lehrerin gegenüber den Schüler*innen.[15]

Damit konstruiert FRAU ZAUNKÖNIG die *symbolisch* aufgeladene *Egli-Figur* als ein methodisches Bindeglied zwischen den Schüler*innen (und ihrer Gefühlswelt) und dem *eigentlich* biblischen Stundenthema. In ihren Äußerungen zeigt sich, dass sie sich an der Herstellung von Verbindung(en) orientiert, was die bereits genannte Orientierung an der Kontinuität im Sinne von Anschlussfähigkeit stützt. Die Passage setzt sich folgendermaßen fort:

> *und dann haben wir (..) habe ich von den Hebräern in Ägypten erzählt, (..) und die Kinder haben (.) überlegt, warum (sie da überhaupt sind;) natürlich gibt es eine Erklärung in der Bibel, aber, (..) es ging auch darum, die sind in einem fremden Land, und warum sie die da wohl hingekommen. //(mhm)// und dann ging es natürlich darum, ne, also (.) in ihrer Heimat war vielleicht Krieg; und ähm (..) oder es war eine Naturkatastrophe da; //(mhm)// also sie haben ganz viel aus dem aktuellen (.) Bezug (.) darum sollte es ja auch //(mhm)// gehen //(mhm)// ne, also ähm (.) eingebracht. und dann haben wir äh (...) (lautes Einatmen) haben wir weiter überlegt, °was (.) was uns (..) ähm° aufrichtet* (87–94)
> *[...] und dann habe ich erst überhaupt ähm ja; Mose ins Spiel gebracht* (97f.)

Der Satzabbruch mit einer Korrektur des Subjekts (*„haben wir (..) habe ich"*, 87) markiert performativ eine Art soziales ‚Dazwischen' von FRAU ZAUNKÖNIG, welches sich durch die gesamte Passage zieht: Und zwar zwischen einer Zugehörigkeit zum Klassenkollektiv auf der einen Seite, in dem sie aus der Klassenperspektive spricht (*wann sind wir mutig*, 76; *haben wir darüber nachgedacht*, 78. u. v. m) und der Leitungsverantwortung des Unterrichtsgeschehens auf der anderen Seite (*„hatte ich [...] in die Mitte gelegt", 79; „habe ich von [...] erzählt"*, 87). Inhaltlich erfolgt in diesem Teil nun die Wiederaufnahme des vorher zurückgestellten biblischen Stundenbezugs (*„Hebräern in Ägypten erzählt"*, 87). Dieser wird jedoch immer wieder ein Stück weit dekonstruiert bzw. in seiner Gültigkeit und Reichweite eingeschränkt (*„und die Kinder haben überlegt"*, 88, *„natürlich gibt es eine Er-*

---

[15] Solch positiven Bewertungen über die Äußerungen von Schüler*innen finden sich in mehreren Interviews, die gleichzeitig eine Erzählung rahmen.

klärung in der Bibel, ABER", 88f.). Auch hier setzt sich die Strategie der Perspektivenübernahme fort, indem sich kognitiv mit den biblischen Figuren bzw. mit der Geschichte auseinandergesetzt wird („*warum sie da wohl hingekommen sind*", 90, „*war vielleicht Krieg [...] oder es war eine Naturkatastrophe*", 91, „*weiter überlegt, [...] was uns (..) ähm° aufrichtet*", 94). Die von FRAU ZAUNKÖNIG geforderte Bezugnahme auf aktuelle Geschehnisse (*Naturkatastrophen, Krieg*) wird von den Kindern eingelöst („*darum sollte es ja auch //(mhm)// gehen*", 92f.). Insofern zeigt sich auch in dieser Elaboration das Aufbrechen bzw. Dekonstruieren eines absoluten Geltungsanspruchs der biblischen Geschichte („*die Hebräer in Ägypten*") zugunsten einer Perspektivenübernahme bzw. kognitiven Einbeziehung der Schüler*innen, die sich somit mit dem Geschehen identifizieren können und eingebunden werden. Im Unterrichtsumgang mit biblischen Geschichten zeigt sich somit eine *Orientierung an der Herstellung von Verbindung und Kontinuität.*

Die Herstellung von *Verbindung* im Sinne von *Kontinuität* zeigt sich auch in einem völlig anderen (Unterrichts-)Kontext, und zwar bei der Beschreibung ihres Unterrichtsrituals zu Beginn einer jeden Stunde. Hier nennt sie das Anzünden einer *Kerze* als wesentliches Element:

> *die Bedeutung der Kerze soll den Kinder auch immer klar sein (..) ich erzähle den Kindern dann ganz oft ähm oder; (.) wir sagen es so, ähm (..) dass das noch das von Weihnachten ein Licht übrig geblieben ist; das Licht von Jesus das bringen wir immer wieder und es ist immer noch ein Stück Weihnachten weil Weihnachten macht uns ja so ein gutes Gefühl* (448–452)

In dieser kurzen beschreibenden Sequenz übernimmt die Kerze und dessen Licht die symbolische Funktion („*Bedeutung*") des Unterrichtsbeginns. Dabei wird die *Bedeutung* des Lichts inhaltlich an *Weihnachten* geknüpft und für die Schüler*innen als Norm gesetzt („*Bedeutung [...] soll den Kindern klar sein*"). Die Verbindung hat dabei eine zeitliche Dimension („*immer noch*") und insofern dokumentiert sich daran die *Orientierung* von FRAU ZAUNKÖNIG, die jeweilige Unterrichtsstunde gleich zu Beginn in eine zeitliche Nachfolge zu Weihnachten zu stellen. Somit wird zeitliche Kontinuität zwischen Weihnachten und dem Zeitpunkt der Unterrichtsstunde mittels des guten Gefühls hergestellt, das die Schülerinnen an *Weihnachten* empfinden und welches mit der Kerze als Symbol der Geburt Jesus Christi zu Beginn jeder Stunde ausgelöst wird.

Zwischenfazit:
Eine Orientierung Frau Zaunkönigs an der *Herstellung von Verbindungen und Kontinuität* im Unterrichtsgeschehen ließ sich an mehreren Passagen und Sequenzen, in unterschiedlichen Kontexten und auf unterschiedlichen Ebenen des Orientierungsrahmens i.w.S. (Habitus/konjunktives Wissen und Orientierungsschema/kommunikatives Wissen) rekonstruieren. Darin dokumentiert sich ein Bild des Brückenbauens und des Ansetzens direkt bei den (Gefühlen der) Schüler*innen.
Im konstruierten Spannungsverhältnis zwischen *biblischen* Unterrichtsinhalten und *religionsfernen* Schüler*innen orientiert sie ihre Handlungspraxis neu, indem sie die Unterrichtsinhalte verändert. Auf der Ebene der Orientierungsschemata erfolgt dies durch eine verschobene Priorisierung, indem allgemeinethische, lebensweltorientierte Themen vorrangig gegenüber der Bibel behandelt werden, und dem Einsatz von fachdidaktisch anerkannten Methoden. Dabei verweist sie explizit auf Methoden wie das *Theologisieren*, was sich im Zusammenhang mit der zuvor diskutierten Norm einer hohen Qualifizierung von Religionslehrkräften und der Orientierung an institutioneller Bildung und Professionalität als Qualitätsmerkmal interpretieren lässt.
Auf der Ebene des Orientierungsrahmens i. e. S., dem Habitus von Frau Zaunkönig, dokumentiert sich hingegen ein Festhalten an der biblischen Geschichte als Stundenrahmung. Die jeweilige biblische Geschichte wird in ihrer Konsistenz und Gültigkeit partiell jedoch unterbrochen, um eine Verbindung zur Gefühlswelt der Schüler*innen anhand einer kollektiv vollzogenen Perspektivübernahme herzustellen.
Ihr Unterrichtshandeln basiert auf einer *Orientierung an den Schüler*innen* und deren Ausgangslage bzw. (emotionalen) Konstitution.

In den Passagen, in denen Frau Zaunkönig das konkrete Unterrichtsgeschehen thematisiert, zeigt sich nicht nur das Spannungsverhältnis aus (biblischem) Unterrichtsgegenstand und (*religionsfernen*) Schüler*innen, sondern auch eines aus Gleichheit und Veränderung: Während sie einerseits einen Wandel in ihrer eigenen Unterrichtspraxis von bestimmten (christlichen) Themen über die Jahre hinweg konstatiert bzw. diese an die Schüler*innen anpasst, schreibt sie andererseits Ritualen im Unterricht sowie einem über die Jahre gewachsenen Erfahrungsreichtum hohe Relevanz zu. In einer Passage aus dem Mittelteil des Interviews berichtet Frau Zaunkönig von einer Stunde zu Zachäus. Dem war die Erzählaufforderung der Interviewerin vorausgegangen, möglichst detailliert von einer *fruchtbaren Stunde* zu *erzählen* (426–428).

431 J: (4) also (.) ich nehme jetzt einfach mal Zachäus
432 I: ja;
433 J: also es ist jetzt wirklich ich könnte jetzt zu jeder Einheit, könnte ich Ihnen
434 I: ja, (lacht)

J: jetzt eine Stunde oder was haben wo es super alles ( ) ist nicht immer so dass ich das Gefühl habe es war eine super Stunde ( ) um Gottes willen auf gar keinen Fall; //(mhm)// und es ist tatsächlich auch so manchmal klappt es auch nicht so mit der Vorbereitung; da (.) gucke ich äh wie ich es schon mal gemacht habe; //(mhm)// oder ne, also also ich sage mal mit 25 Jahren Berufserfahrung äh (.) ist es nicht so dass ich immer wieder das Rad neu erfinde, aber, (.) es ist selten dass ich etwas gleich mache; //(mhm)// und Dinge die gut funktioniert haben; da kann es dann schon mal sein ne, dass ich das dann wiederhole; gute Methoden zum Beispiel; //(mhm)// also die Methoden zum Beispiel mit ähm in Sprechblasen was schreiben lassen dass die Kinder das (.) ihre eigenen Gedanken da reflektieren das (.) gelingt immer gut; (.) (man hört Wasser)

In Reaktion auf eine *Erzähl*aufforderung durch die Interviewerin beginnt der Turn von Frau Zaunkönig zunächst argumentativ-beschreibend („*einfach mal*“, 431, „*tatsächlich*“, 437, „*ich sage mal*“, 438): Nach einem vergleichsweise langen Aufschub (einer Pause von vier Sekunden) erfolgt mit *Zachäus* eine thematische Auswahl und Fokussierung der Darstellung. Diese Sprechhandlung wird mit den Worten *ich nehme* auf sprachlich-expliziter Ebene unterstrichen. Die Art und Weise dieser Auswahl, *einfach mal*, verleiht dieser einen beliebigen Charakter; es handelt sich also um keine kriteriengeleitete Wahl aus ihrer Praxiserfahrung. Die in einer Hintergrundkonstruktion formulierte Möglichkeit, aus *jeder Einheit* potenziell eine solche Stunde wählen zu können (433; 435), verstärkt den zufälligen und somit auch exemplarischen Charakter der thematischen Selektion von *Zachäus* als Belegbeispiel. Im Kontext des vorangegangenen Interviewverlaufs kann *Zachäus* als die biblische Geschichte (Lk 19,1–19) und insofern als ein Stunden- bzw. Einheitsthema rekonstruiert werden. Die von der Interviewerin geäußerten Reaktionen mit zwei *ja's* lassen sich als bestärkendes Hörersignal[16] einstufen.

Allerdings räumt Frau Zaunkönig auch gleich zu Beginn ein, dass sie ihre Unterrichtsstunden keineswegs durchweg (emotional) positiv evaluiert („*nicht immer [...] das Gefühl habe es war eine super Stunde*“, 435f.), was durch den Ausdruck *um Gottes Willen* und *auf keinen Fall* noch in der Negation verstärkt wird. Dies erläutert sie mit einer gelegentlich missglückten Unterrichtsvorbereitung („*klappt es auch nicht so*“, 437). Hier verweist sie jedoch entlastend auf ihre langjährige Berufspraxis von 25 Jahren („*Berufserfahrung*“, 439), weil sie deshalb auf vergangene Vorgehensweisen zurückgreifen kann („*gucke, wie ich es schon Mal gemacht habe*“, 438). Damit begreift sich Frau Zaunkönig als sehr erfahren, was sie jedoch gleich hinsichtlich zweier Extrempositionen eingrenzt: zum einen hinsichtlich der *Seltenheit*, etwas *gleich* zu machen, und zum anderen hinsichtlich der Innovationsfähigkeit, das *Rad immer neu* zu *erfinden*. In dieser Metapher steckt die Vorstellung davon, bereits Bestehendes nicht (unnötigerweise) noch mal, aber im Endeffekt identisch zu entwickeln und somit möglicherweise Ressourcen zu

[16] Zugunsten der Leserlichkeit wurde an dieser Stelle bewusst auf das ‚Gendern' des Wortes verzichtet; selbstverständlich ist damit auch das Hörerinnensignal gemeint.

verschwenden. Diese Entscheidung gleicht einer Art Kosten-Nutzen-Kalkulation im Sinne der Alltagspraktikabilität. Somit markiert sie ihren Erfahrungsreichtum auch für die heutige Praxis als relevant. Dabei konstruiert sie zwei Extrempole: einerseits die Wiederholung von Unterrichtsformaten und -methoden und andererseits deren vollständige Neuerung. Darin dokumentiert sich eine funktionale Orientierung in ihrer Unterrichtspraxis: Konkret erläutert sie dies dann am Beispiel von positiv evaluierten *Methoden* (441) wie der *Sprechblase (442)*. Das ausschlaggebende Kriterium für einen wiederholten Einsatz im Unterricht ist das *Funktionieren* (440). Dieser sprachliche Ausdruck wird üblicherweise im Kontext eines erfolgsversprechenden Kuchenrezeptes gebraucht: es *gelingt immer gut (435)*. Die Passage verläuft daraufhin wie folgt:

444 *ähm (..) °Zachäus;° (..) mh (...) die (.) wir haben die Geschichte mal nachgespielt, (..)*
445 *wo (.) es einen festen Ablauf gab, //(mhm)// und auch ich glaube ein festes ähm (.) eine feste*
446 *Wortwahl; (..) sodass wir das beliebig wiederholen konnten; alle Kinder konnten mit*
447 *einbezogen werden; (...) vielleicht schiebe ich mal vorweg; also (.) eine Stunde beginnt bei mir*
448 *immer im Stuhlkreis, (.) immer mit 'ner Kerze, die Bedeutung der Kerze soll den Kinder auch*
449 *immer klar sein*
(Hintergrundkonstruktion zur Verbindung der *Kerze* mit *Weihnachten* (vgl. S.100f.))
453 *°so dann kommt auch ein ritualisiertes Lied°,*
454 *dazu das ich (..) im Ritual quasi wechsele*
(Hintergrundkonstruktion zu schönen Anfangsliedern)
457 *und ähm (..) dann (.) gibt es (.) oft einen Teil Erzählungen; die Mitte*
458 *ist immer gestaltet; die ist (..) immer (.) ich versuche es immer farblich so zu gestalten dass es*
459 *schon aufs Thema hinweist; oder so; also es kann sein dass es mal ein ganz schwarzes Tuch ist,*
460 *oder es ist ein ganz helles, oder es ist ein pinkfarbenes, oder (.) ähm (.) fürs Theologisieren hab*
461 *ich ein(en) Regenbogen und dann wissen sie schon, wenn dann der Regenbogen kommt dann*
462 *wissen sie schon ah heute ist es so eine wir machen uns Gedanken über was Stunde //(mhm)//*

Mit dem Stichwort *Zachäus* rekurriert Frau Zaunkönig auf den (thematischen) Ausgangspunkt ihrer Ausführung („*ich nehme jetzt einfach mal Zachäus*", 431). In Verbindung mit einem nachdenklichen *mh* und den rahmenden Pausen ist dies – nach den allgemeintheoretischen Äußerungen – als eine wiederholte Einleitung in die nun folgende Stundenbeschreibung zu lesen. *Zachäus* wird daraufhin als „*Geschichte*" (444) identifiziert, wobei die unterrichtliche Behandlung als ein *Nachspielen*, d. h. ein imitierendes Darstellen klassifiziert wird. Dabei werden ein *fester Ablauf* sowie eine *feste Wortwahl* als Mittel hervorgehoben, um dies so oft wie gewünscht durchzuspielen („*beliebig wiederholen konnten*", 446). Analog zur Idee eines stets gelingenden Kuchenrezeptes wird auch hier anhand eines Gerüstes (*fester Ablauf* & *feste Wortwahl*) eine Wiederholbarkeit her- und damit das wiederholende Funktionieren der Unterrichtsmethode sichergestellt bzw. garantiert. Doch der Nachsatz, dass *alle Kinder miteinbezogen* werden konnten, betont nicht nur das Gelingen des Unterrichtskonzepts bzw. die Wiederholbarkeit, sondern auch die Sättigung, d. h. alle Kinder waren mindestens einmal involviert. Dies unterstreicht zum einen die funktionale, zum anderen aber auch die sozial-inklusive schüler*innenfokussierte Orientierung von FRAU ZAUNKÖNIG.

Nach wenigen Sätzen wird diese beschreibende Erzählung jedoch durch den Einschub einer Hintergrundbeschreibung (446–462) unterbrochen, der durch den Satzteil „*vielleicht schiebe ich mal vorweg*“ (447) eingeleitet wird. Dadurch, dass diese Hintergrundkonstruktion zum Stundenbeginn anschaulich geschildert wird und die Darstellung metaphorisch dicht ist, verweist sie auf besondere Relevanz. Durch das vierfach genutzte Adverb „*immer*“ (448, 449, 4456, 458) wird der Stundenbeginn nicht nur auf expliziter Ebene als *ritualisiert* beschrieben („*ritualisiertes Lied*“, 453), sondern auch auf impliziter Ebene. Er zeichnet sich durch eine spezielle Sitzformation im Klassenraum („*Stuhlkreis*“, 448), durch einen spezifischen, mit *Bedeutung* aufgeladenen Gegenstand („*Kerze*“, 448; vgl. dazu auch S. 100f.) sowie durch den Einsatz von Musik aus („*Lied*“; 453). Die Tatsache, dass FRAU ZAUNKÖNIG auch das *ritualisierte Lied im Ritual wechselt (453f.)*, dokumentiert erneut das Spannungsverhältnis zwischen Wiederholung und Veränderung, was auch den gesamten Stundenbeginn an sich charakterisiert.

Nach einer argumentativen Hintergrundkonstruktion (2. Ebene) zur Vielfalt von Unterrichtsliedern (452–456) werden die Darstellungen zu dieser ritualisierten Form des Stundenbeginns durch weitere Komponenten ergänzt: und zwar durch eine *Erzählung* (die jedoch nur *oft*, implizit also nicht *immer* einen Platz im Stundenbeginn hat) sowie durch eine *gestaltete Mitte* (457f.). Im Kontext des zuvor erwähnten Stuhlkreises kann die *Mitte* hier als diejenige des *StuhlKREISes* interpretiert werden, womit sie die Räumlichkeit für die Unterrichtssituation betont. Während zur *Erzählung* selbst keine Explikation erfolgt, möglicherweise wegen der breiteren Ausführungen zu ihrer *Erzähl*praxis (biblischer) Geschichten zuvor, wird die *gestaltete Mitte* noch weiter konkretisiert: Die Art der (*Farb-*)Gestaltung wird argumentativ mit dem Anliegen verknüpft („*ich versuche*“, 458), einen Verweis auf das Stundenthema zu geben. Damit weist sie auch diesen Gegenständen im Ritual in der *Mitte* Bedeutung zu, die jedoch nicht an sich, sondern erst hinsichtlich der Wahrnehmung der Schüler*innen relevant wird. Als konkretes Beispiel wählt FRAU ZAUNKÖNIG das *Theologisieren* aus: Hier wird *immer* der *Regenbogen* als Hinweis eingesetzt, denn *dann wissen die Kinder schon.* Damit wird diesem letzten rituellen Bestandteil der Zweck einer thematischen Einführung zugeschrieben, was eine Entlastungsfunktion sprachlich-kommunikativer Einführungen darstellt.

In dieser vergleichsweise ausführlichen Hintergrundkonstruktion dokumentiert sich die außergewöhnlich hohe Relevanz eines ritualisierten Stundenbeginns für die tägliche Unterrichtspraxis: Zur Unterrichtsstunde (hier: zu *Zachäus*) gehört grundsätzlich auch das dazugehörige Ritual zum Stundenbeginn, denn dieses stellt keine isolierte Komponente dar, sondern bereitet die Schüler*innen – bei aller Gleichförmigkeit – auf die zentralen Unterrichtsinhalte themenspezifisch vor. Erst im Anschluss an diese Erläuterungen zum Stundenbeginn nimmt FRAU ZAUNKÖNIG ihre Erzählung zur *Zachäus*-Stunde wieder auf:

°so° und ähm (..) bei Zachäus °ich kann jetzt gar nicht mehr das Lied sagen was wir da immer gesungen haben;° (...) ich sag jetzt mal halte zu mir guter Gott oder sowas ne, was eben da so gut zu passt zu Zachäus; (..) und ich (.) habe dann die Geschichte erzählt, und dann haben wir die Rollen verteilt und haben die (.) den Kreis nur ein kleines bisschen verändert, haben aus äh der Decke einen Weg gemacht, °dieser Weg war dann der (.) auf dem dann Jesus ähm in die Stadt gekommen ist; ein Stuhl war dann der Maulbeerbaum //(mhm)// (.) und die Kinder fanden es ganz spannend auch eben Zachäus ( ); das Schöne ist ja immer zuerst traut sich keiner, und hinterher wollen sie alle dann noch mal, und deshalb ist di/ bleibt (.) trotzdem diese Geschichte äh dann ja irgendwann langweilig wird, aber dadurch dass sie dann auch mal der Hauptakteur sind, ähm oder Jesus sein dürfen, //(mhm)// und die Bewegung von Jesus war auch vorgegeben was er/ die mussten ja nicht viel sprechen, aber er musste die Bewegung kommt runter äh machen und ähm (.) ich habe die Geschichte erzählt, und die Kinder haben dann dazu agiert; //(mhm)// und das war (..) da haben die Kinder ganz viel Spaß gehabt (463–475)

Homolog zu den bisherigen Rekonstruktionen zeigt sich auch in diesem dritten (und erfolgreichen) Anlauf, von der Unterrichtsstunde über „*Zachäus*" (463) zu erzählen, dass dem ritualisierten Stundenbeginn („*Lied*", 463) im alltäglichen Kontext eine hohe Relevanz beigemessen wird. Denn obwohl das konkrete „*Lied*" selbst nicht von Frau Zaunkönig erinnert wird, integriert sie es dennoch wiederholt als (zentrales) Element in die Darstellung der Stunde. Die Verknüpfung des Lieds zur Unterrichtsstunde sieht sie im Inhaltlichen („*da so gut zu passt zu Zachäus*", 464f.), wodurch sich in der inhaltlichen Wiederholung von Themen auch gleichzeitig der Stellenwert des Rituals zeigt.

Anschließend geht Frau Zaunkönig auf die didaktisch-methodische Bearbeitung der *Zachäus*-Geschichte ein, und zwar in Form eines physisch-räumlichen (Theater-)Nachspiels. In der Art, ‚wie' sie den unterrichtspraktischen Umgang mit der biblischen Geschichte schildert, zeigt sich zunächst auch die (bereits rekonstruierte) Struktur des Spannungsverhältnisses aus identischen Wiederholungen und individueller Adaption: Während die Sitzformation („*Kreis*", 466) etwas angepasst wird („*nur ein kleines bisschen verändert*", 466), ermöglicht eine feste Strukturierung der ‚Performance' die Wiederholung des Geschehens für mehrere Schüler*innen („*die Bewegung von Jesus war auch vorgegeben*", 472). Diese Rekonstruktion stellt damit eine Homologie zur Wiederholbarkeit und festen Strukturierung des Anfangsrituals dar.

Darüber hinaus zeigt sich in diesem Passagenausschnitt, dass ihr unterrichtspraktischer Umgang mit biblischen Geschichten von Identifikation und Perspektivübernahme (hier: Imitation) geprägt ist. Für das Setting selbst werden Utensilien des Unterrichtsalltags („*Decke*", 467, „*Stuhl*", 468) zu Gegenständen der Geschichte umgedeutet („*Weg*", 467, „*Maulbeerbaum*", 468). Zugleich geschieht dies aber auch mit den Schüler*innen, die in verschiedene Rollen schlüpfen, was sich prägnant in der Fokussierungsmetapher „*Jesus sein [zu] dürfen*" (472) dokumentiert. Aufgrund der Rollenübernahme einiger Schüler*innen von einzelnen biblischen Figuren identifizieren sie sich mit ihnen, mit der Geschichte und dem Setting. Durch die Lehrkraft und das Unterrichtssetting werden sie (implizit) dazu aufgefordert, was in Analogie zu bereits präsentierten Rekonstruktionen der Identifikation und Perspektivübernahme der Schüler*innen steht, d. h. den von ihr typisch initiierten Umgang mit biblischen Geschichten wie der *Zachäus*-Geschichte (vgl. Kap. 5.1, S. 113–117) sowie der *Mose*-Geschichte (vgl. Kap. 5.1, S. 108–112).

> Zwischenfazit:
> Obwohl die Narration über eine Unterrichtsstunde zu *Zachäus* durch mehrere Hintergrundkonstruktionen unterbrochen ist, stellt sie trotzdem einen erzählerischen Rahmen dar, in dem sich mehrere Aspekte alltagspraktischen Unterrichtens von FRAU ZAUNKÖNIG verdeutlichen: Konstitutiv für ihr Handeln ist der Spagat zwischen Wiederholbarkeit von Unterrichtsinhalten und der Adaption an die (Bedürfnisse der) Schüler*innen: Hierbei gilt es, zwischen Alltagspraktikabilität bzw. Machbarkeit und der Schüler*innenorientierung bzw. der entsprechender Anpassung an die Lerngruppe neu und situativ abzuwägen. Der ritualisierte Unterrichtsbeginn stellt dabei für den Alltagsunterricht ein zentrales Strukturelement dar, welches Wiederholung und inhaltliche Anpassung an das Thema vereint.
> In der Haupterzählung der Passage wird FRAU ZAUNKÖNIGS Orientierung im Umgang mit biblischen Geschichten im Unterricht erkennbar, der durch die Herstellung einer Verbindung und Nähe zwischen Geschichte und den Schüler*innen gekennzeichnet ist: denn Letztere stellen die biblische Geschichte nach und *sind* für kurze Zeit *Jesus*. Doch nicht nur die Schüler*innen, sondern auch Gegenstände der Unterrichtsalltags werden Teil der Geschichte und verwandeln sich in Requisiten.
> So werden die Schüler*innen zum einen in die Geschichte involviert, weil sie diese erst durch ihre Rollen zum Leben erwecken, und zum anderen werden diese Geschichten dabei ‚vermenschlicht', weil sie reinszeniert und nicht nacherzählt werden.

Kirche ist in den Ausführungen von FRAU ZAUNKÖNIG mehrfach eine narrative Bezugsgröße, wenn sie über Religionsunterricht im Allgemeinen oder aber auch über die Unterrichtspraxis im Spezifischen spricht. Insofern wird diese hier gesondert betrachtet. Die nun folgende Passage ist noch in FRAU ZAUNKÖNIGS Reaktion auf den Haupterzählimpuls zu verorten und folgt auf die Ausführungen zum Umgang mit *Wundergeschichten* (51).

> *und (.) die Zusammenarbeit mit der Kirche, (.) weil das ist ja auch immer so ein Punkt, ne, //(mhm)// hängt natürlich sehr äh (.) vom vom Lehrer ab, ich bin jetzt neu an der Schule, ich habe da jetzt noch nicht solche gro- ho großen Kontakte, da ist °ne Kollegin die ähm äh na° der will ich das nicht wegnehmen, so, //(mhm)// ne, aber ich merke, dass es ganz wichtig ist, ähm da mit Kirche mehr zusammenzuarbeiten damit die Kinder da so'n Bezug auch eher kriegen; (..) an meiner alten Schule bietet jetzt die Kirche (.) im Nachmittagsbereich*

was an; //(mhm)// ähm (.) das finde ich ne gute Idee; (..) //(mhm)// das ist ja freiwillig dann im Ganztagsbereich (.) ne, sowas hatten wir ja früher gar nicht; ne, aber die Kinder haben so wenig Berührungspunkte eben auch damit; //(mhm)// und so kann (.) ähm (..) kann kann da auch äh (.) ja; nachmittäglich so ein bisschen was passieren (56–65)

Die *„Zusammenarbeit mit der Kirche"* (56) erwähnt FRAU ZAUNKÖNIG – eigeninitiativ – als neue Proposition im Anschluss an ihre Darstellungen zum Umgang mit biblischen Geschichten; die schlagwortartige Nennung in Verbindung mit dem additiven *„und"* (56) deutet an, dass es sich um die Aufzählung eines weiteren Elements ihrer Alltagspraxis handelt. FRAU ZAUNKÖNIG ordnet diesen Aspekt in den Organisationszusammenhang der Schule ein (*„neu an der Schule"*, 58, *„noch nicht solche [...] großen Kontakte"*, 58f., *„Kollegin"*, 59)[17], wobei sie einer Kollegin auf diesem Gebiet die primäre Handlungsmacht zuweist, weil sie über mehr und langjährig gewachsene Beziehungen im Umfeld der Kirche verfügt. Implizit konstruiert sie sich selbst also als geringfügig handlungsmächtig. Dies erklärt sie mit dem Verweis auf ihren Status (*„neu an der Schule"*) und der Auseinandersetzung mit der Norm, sich (noch) nicht einmischen zu wollen (*„der will ich das nicht wegnehmen"*, 59) und damit keine Konkurrenzsituation zu erschaffen. Zugleich werden dadurch Divergenzen im jeweiligen Relevanzsystem im Vergleich zu den Kolleg*innen erkennbar: Hier scheint wenig Konsens über die Einbindung der Kirche in den Religionsunterricht zu bestehen, denn es *„hängt natürlich sehr [...] vom Lehrer ab"* (57f.), wobei das Handeln der Kollegin implizit als unzureichend markiert wird.

Die positiv gerahmte Norm einer (gesteigerten) *Zusammenarbeit mit der Kirche* stellt den thematischen Ausgangspunkt der Passage dar: Demgegenüber zeigt sich als negativer Horizont spärliche Kontaktmöglichkeiten der Schüler*innen (*„die Kinder haben so wenig Berührungspunkte [...] damit"*, 64); hinter dem Adverb *„damit"* könnte sich im Gesamtkontext des Interviews ein Komplex aus *Kirche,* aber auch *Religion* verbergen, homolog zur Formulierung *religionsferner* (38) Schüler*innen sowie Eltern, die *„auch damit ganz wenig Berührung haben"* (39f., vgl. oben S. 72f.). Damit konstruiert FRAU ZAUNKÖNIG Nähe als durchgängig positiven (Gegen-)Horizont – sowohl zwischen Lehrkraft und *Kirche* als Kooperationspartner (*„ZUSAMMENarbeit"*, 56) als auch zwischen Schüler*innen und einem inhaltlichen Komplex aus Kirche und Religion.

Zur alltagspraktischen Realisierung einer potenziellen Kooperation führt FRAU ZAUNKÖNIG ein ‚Best-Practice-Beispiel' ihrer *„alten Schule"* (61) an: die Integration kirchenverantworteter *Angebote* in den Schulalltag. Diese Möglichkeit verknüpft sie implizit mit der Funktion, Nähe institutionell herzustellen und diesbezügliche Prozesse anzustoßen (*„und so kann [...] nachmittäglich so ein bisschen was passieren"*, 65).

[17] Vgl. dazu den nachfolgenden Abschnitt zu den schulischen Organisationsstrukturen, S. 110–115.

Durch die Passage zieht sich die implizite Zuschreibung einer normativen Relevanz von *kirchlicher* Nähe für die Schüler*innen und auch für die Eltern – im Sinne eines zu erreichenden Zustands. Dies wird zwar an dieser Stelle explizit (noch) nicht ausgedrückt, die Rahmungen einer mangelnden Nähe als Ausgangspunkt für Gestaltungsmöglichkeiten aufseiten FRAU ZAUNKÖNIGS und der Kirche legen diese Interpretation allerdings nahe.

Dies lässt sich an einer weiteren Textstelle belegen, in welcher FRAU ZAUNKÖNIG nach Zukunftswünschen gefragt wird: Während sie auf der einen Seite Prozesse religiöser Sozialisation durch die Großeltern als Leerstelle benennt („*es sind keine Op/ keine Omas mehr da die davon erzählen*“, 496f.), sieht sie in der „*Taufe*“ (501) einen Anlass, um (religiöse) Verbindungen auch anhand einer Kooperation mit einem Pastor bzw. einer Pastorin anzubahnen.

> *(..) und (.) das (.) die Taufe als Sakrament ist auch so so etwas wo ich dann denke das durch einen Pastor, zu v- vermitteln zu lassen, (...) kommt den Kindern noch näher; wenn es der ist der auch wirklich tauft; als wenn wir nur über die Taufe reden; //(mhm)// also das, oder auch den Taufstein äh anzusehen mit Pastor zusammen und ihn dann dazu erzählen lassen ich glaube das würde ich in Zukunft (   ) also da (.) an der Schule da ist die kleine Kirche (.) ist nicht weit entfernt, dass ich dann mit der (.) Pastorin das gemeinsam mache; //(mhm)// und was ich ja auf gar keinen Fall will ist missionieren (501–507)*

Auch in dieser Sequenz wird der positive Horizont einer Kooperation zwischen Kirche und Schule konstruiert, mit dem gemeinsamen Ziel, die Distanz zu überwinden. Die Person des/der Pastor*in wird dahingehend als ein Bindeglied zwischen Schüler*innen und (christlich-religiösem) Gegenstand positioniert, sodass diese Person durch ihre tatsächliche Ausführung des Unterrichtsgegenstands diesen näherbringt und damit identifiziert werden kann („*der ist der auch wirklich tauft*“, 503). Damit kann eine Brücke zwischen fremdem Gegenstand und getauften bzw. potenziell zu taufenden Kindern geschlagen werden: Die denkbare Alternative, in der Klasse *nur* mit ihr als Lehrkraft darüber zu *reden*, bietet in dieser Logik keine zufriedenstellende Lösung, da die Personifizierung des Aktes durch den Pastor entfällt, insofern stellt dies einen defizitären Zugang dar („*nur*“, 503).

Solche Konstruktionen von Nähe und Verbindung zeigen sich auch in der Formulierung, dass dies „*den Kindern noch näher*“ (502f.) kommt. *Nähe* bildet damit weiterhin einen Idealzustand, den es zu erreichen gilt, ohne die Kinder allerdings bekehren zu wollen. Markant daran ist die Doppeldeutigkeit der Wortwahl: Während mit Nähe bzw. Distanz im Gesamtkontext vornehmlich das Verhältnis der Schüler*innen zum Unterrichtsgegenstand gemeint ist, bezieht sich dies nun auf die didaktische Vorgehensweise im Unterricht, die durch den/die Pastor*in aufgrund der Anschaulichkeit noch angereichert werden kann. Denn die Lehrkraft verfügt über keine praktische Erfahrung mit dem Unterrichtsgegenstand (Taufe). Eine implizite Spannung entsteht mit Blick auf die geographisch-physische Nähe zur Kirche, die hingegen bereits vorhanden ist, denn sie ist „*nicht weit entfernt*“ (506). Zugleich verbirgt sich hinter dieser geographischen

Nähe auch das Enaktierungspotenzial für die Zukunft: Mit dem Verweis auf *die Pastorin* werden die vorher abstrakt bearbeiteten Möglichkeiten von Kooperationen nun konkreter

Dabei schränkt sie diese Form der Kooperation jedoch sofort ein: Sie wolle *nicht missionieren*, womit sie das Zuvorgesagte in den Bereich des normativ-korrekten Handelns einordnet. Damit entzieht sie dem Vorwurf der *Mission* jegliche Grundlage, womit sich in dieser Erklärungsbedürftigkeit ihres Tuns aber gleichzeitig eine gewisse Unsicherheit bzw. ein Rechtfertigungszwang offenbart, weil sie ihre eigene Tätigkeit als nicht selbstverständlich markiert.

Zwischenfazit:
Das Spannungsverhältnis aus Nähe und Distanz, das insgesamt typisch für den Fall Frau Zaunkönig ist, findet sich auch in ihren Ausführungen zur Zusammenarbeit mit der *Kirche.* Auf der einen Seite wird dies auf institutioneller Ebene verhandelt: Hier dokumentiert sich der positive Horizont einer (noch nicht erfüllten) *Zusammenarbeit* mit der *nahe* gelegenen *Kirche.* Auf der anderen Seite nimmt Frau Zaunkönig dies auch auf individueller Ebene wahr, denn der Istzustand sind *kirchen- und religionsferne* Schüler*innen und Eltern, dem es durch Kooperation mit den Pastor*innen entgegenzuwirken gilt. Dabei wird der *Kirche* und dem/der Pastor*in implizit die Rolle zugeschrieben, als eine Art Brückenbauer zu fungieren und die erlebte Distanz möglichweise in *Nähe* umzuwandeln. Es dokumentiert sich auch hier die Orientierung Frau Zaunkönigs an der Herstellung von Verbindung bzw. genauer: von Nähe. Kirchennähe bleibt dabei eine positiv gerahmte Norm, die jedoch (noch) in Konflikt mit der Norm steht, nicht in das Wirkungsfeld von Kolleg*innen einzudringen und nicht in den Verruf zu kommen, die Schüler*innen bekehren zu wollen. Damit dokumentiert sich handlungspraktisch (vorerst) eine Anpassung an die schulinternen Strukturen durch Frau Zaunkönig.

Schulinterne Strukturen spielen bei Frau Zaunkönig auch in anderen erzählten Situationen eine große Rolle, wobei ihnen hier ein konkreter Einfluss auf ihre Unterrichtspraxis zugeschrieben wird. Welche Auswirkungen schulorganisatorische Entscheidungen auf die konkrete (gekürzte) Unterrichtsgestaltung haben, elaboriert sie in einer Passage, in der sie eine Unterrichtsstunde mit *Fragen* füllt:

120 *und äh (.) ganz interessant*
121 *fand ich die letzte Stunde jetzt im vierten Schuljahr das ist aber eine Klasse die habe ich erst im*
122 *vierten Schuljahr übernommen;*
[Hintergrundkonstruktion zu ihren eigenen, fehlenden Kenntnissen über den Wissensstand der SuS]
129 *jetzt in dieser vierten Klasse in der ich jetzt (.) ähm die (.) den*
128 *Abschluss hatte, (...) da (.) die hatten ganz viele Fragen. und dann habe ich dann aber immer*

(..) äh die das Problem gehabt ein zeitliches Problem; meine Schulleitung hat leider (.) den Religionsunterricht gekürzt gehabt; //(mhm)// (..) auch eigentlich naja, es- das kann ich auch erzählen gleich warum warum das so war, //(mhm)// aber (.) ähm (.) deshalb kam ich mit meinen Unterrichtsstunden gar nicht hin; (.) und hatte dann immer das Gefühl oah jetzt schaffst du gar nicht äh was du eigentlich (.) vermitteln wolltest //(mhm)// und äh habe dann ( ) das Fragen (.) oft gar nicht (.) ähm ja; habe ich das verschoben; so; letzte Stunde jedenfalls die war ganz besonders; ähm ich sage was für was für Fragen habt ihr denn; °ach alle wollten irgendetwas wissen° und dann habe ich mich entscheiden müssen ein Kind fragte dann (.) warum ist denn dieser Jesus eigentlich jetzt so berühmt; (..) und dann haben wir, tatsächlich, ähm (...) äh ja; kompetenzorientiert sozusagen (.) noch mal (.) reflektiert was (.) wir denn alles über ihn gelernt //(mhm)// haben; was wir jetzt wissen über ihn; und warum der überhaupt (.) wichtig ist für uns im Religionsunterricht //(mh)/ und warum //(mhm)// wir da äh ja; wenn ich komme, warum dann das so oft Thema ist;//(@mhm@)// was der uns denn eigentlich (.) sagen will; (.) ja; dachte ich schade dass sie jetzt gehen; jetzt sind sie genau an dem Punkt (.) wo man gut noch weiterarbeiten kann; //(mhm)//

Im thematischen Gesamtzusammenhang der Unterrichtsbearbeitung biblischer Geschichten leitet Frau Zaunkönig über in diese Erzählung einer *Stunde* (121) im vierten Jahrgang. Den ‚Ausgangspunkt' der Erzählung bildet die Bewertung dessen als „*interessant*" (120), wobei Frau Zaunkönig diese am Ende eines Geschehensablaufs einordnet („*letzte Stunde*", 119, „*Abschluss*", 130). Daran knüpft sich eine bewertende Konklusion an („*schade dass sie jetzt gehen*", 144), somit lässt sich dieses Beispiel als die letzte (Religions-)Stunde an der Schule vor dem Weggang an die weiterführende Schule interpretieren.

Die Klasse bzw. die Schüler*innen (Plural: „*hatten*", 128) werden durch deren „*viele Fragen*" (130) charakterisiert, was jedoch anstatt als positives Zeichen für Neugierde hier von Frau Zaunkönig als problematisch bewertet wird, weil diese ein *zeitliches Problem* (131) hat: Damit ist sie in ihrer (Doppel-)Rolle als Lehrerin aufgrund der beiden Anspruchsgruppen hin- und hergerissen: zwischen der berechtigten Bedürfnisbefriedigung von Wissen seitens der Schüler*innen und der Einhaltung der formal-institutionell begrenzten zeitlichen Vorgaben.

Letzteres erfährt eine besondere Zuspitzung in der (zusätzlichen) aktiven Begrenzung durch die Akteurin der „*Schulleitung*" (131). Eine Erläuterung dieses Umstands lagert Frau Zaunkönig aus (132f.), womit sie es damit als relevant markiert, jedoch nicht unmittelbar für das zu erzählende Geschehen. Den Fokus legt sie stattdessen auf die unmittelbaren Folgen dieser zeitlichen Limitierung: Der Zeitmangel macht sich konkret im Unterricht bemerkbar, weil dieser einen (fast überwältigenden) Handlungsdruck verursacht, sodass angestrebte Inhalte kaum zeitlich realisiert werden können. Dadurch kann sie ihren eigenen didaktischen Ansprüchen („*vermitteln wolltest*", 135) nicht genügen. Als handlungspraktischen Ausweg aus diesem Dilemma wählt Frau Zaunkönig die Strategie der (zeitlichen) Verlagerung dieser *Fragen* („*verschoben*", 136).

Mit dem erneuten Aufgreifen des Erzählfadens („*letzte Stunde jedenfalls*", 136) werden die bisherigen Ausführungen zum Zeitmangel jedoch lediglich als Hintergrundgeschichte konstruiert, im Vordergrund steht die *Stunde* selbst. Die

Hintergrundkonstruktion hat hier die Funktion, den besonderen Charakter ebendieser *Frage-Stunde* zu belegen („*ähm ich sage was für was für Fragen habt ihr denn; °ach alle wollten irgendetwas wissen°*", 137f.) – denn nun bekommen die Fragen einen Raum. Dabei ist die Darstellung des Unterrichtsgeschehens durch eine kollektive Auseinandersetzung mit der Relevanz der „*Jesus*"-Figur gekennzeichnet, die aus verschiedenen Perspektiven, meist in Frageform, beleuchtet wird und sich aus einer spezifischen Schüler*in-Frage ergibt. Dabei rahmt Frau Zaunkönig die Stunde dahingehend positiv, als dass die Schüler*innen mit dieser Stunde die relevanten Kompetenzen erworben haben, um solche fragengeleiteten Gespräche (überhaupt) erst führen zu können. Zeitlich fällt diese Qualifikationsstufe allerdings mit dem Ausscheiden der Schüler*innen aus der Schule zusammen, was der Stunde den besonderen Charakter verliehen haben könnte und womit diese Fähigkeiten nicht weiter vertieft werden können. Somit dokumentiert sich in dieser Passage zweierlei: Erstens zeigen sich deutliche Ansatzpunkte bei dem geäußerten Interesse bzw. den Fragen der Schüler*innen, auf die sie aber als Lehrkraft zweitens aufgrund der (zwingenden) institutionellen Struktur im Sinne eines beschränkenden Rahmens nur selten eingehen kann.

Ausgehend von der hier bereits erwähnten Unterrichtskürzung seitens der Schule gehört zum Orientierungsrahmen von Frau Zaunkönig auch der Umgang mit dem Stellenwert von Religion(-sunterricht) im schulinternen und gesellschaftlichen Kontext. Dazu gibt folgende erzählende Passage Aufschluss:

162 *I: und S/sie sagten vorhin (.) Ihr Religionsunterricht das habe ich mir mit aufgeschrieben ist*
163 *gekürzt worden,*
164 *J: ja. //(lacht)// ähm (.) ich sage mal; (..) °ich habe ja jetzt nicht gesagt welche Schule ich bin;°*
165 *meine meine Schulleiterin ist ähm (.) auch noch sehr (.) neu, //(mhm)// und das war*
166 *Unbedarftheit glaube ich, ich vermute sie wusste nicht, (.) dass das ein (.) ahm (.) äh*
167 *°ordentliches Lehrfach ist, und //(mhm)// zweistündig unterrichtet werden //(mhm)// soll,° (.)*
168 *sie sagte dann nämlich nur (.)naja bei Musik oder so kürzen wir ja auch, dann kürzen wir jetzt*
169 *mal Religion. und dann habe ich gesagt okee, und sie hatte gerade den Stundenplan fertig*
170 *//(mhm)// ne, da (.) alles umzuwerfen (.) hätte ich jetzt auch (.) °weil ich ja auch neu an der*
171 *Schule war ne,° kannst ja auch nicht //(lacht)// dann ja auch nicht gleich sagen aber (...) °ja (   )*
172 *im nächsten Schuljahr (.) wäre das schon wichtig dass wir dann wieder zweistündig haben*

Die Interviewerin greift auf das bereits Gesagte von Frau Zaunkönig zurück („*Sie sagten vorhin*", 162), da diese im Interview die Kürzung des Religionsunterrichts zuvor angesprochen hat. Diese Äußerung (ohne explizite Frage oder Erzählaufforderung) nimmt sie als Impuls auf und Frau Zaunkönig bejaht dies, indem sie mit einem Lachen beginnt. In Kombination mit dem metakommunikativen Hinweis, ihre Schule sei ja (noch) nicht namentlich genannt, markiert das Lachen bereits auf performativer Ebene die von der Interviewerin vorgebrachte Thematik als heikel: Sie betont die Anonymität als Vorlaufelement dafür, nun interne Informationen preiszugeben.

Inhaltlich fährt sie mit einem Verweis auf die Schulleiterin fort. Mit dem Possessivpronomen *„meine“* (in doppelter Nennung, 165) hebt sie das persönlich direkte (Arbeits-)Verhältnis zwischen den beiden hervor. Noch bevor die Thematik der Unterrichtskürzung an sich überhaupt aufkommt, gibt FRAU ZAUNKÖNIG zunächst Kontextinformationen zur Schulleiterin – ihre Berufserfahrung speziell an der Schule wird als gering bewertet (*„auch noch sehr (.) neu“*, 165), sodass ihre Entscheidung der Unterrichtskürzung als *unbedarft* eingeordnet wird. Denn dieses unbestimmte Pronomen *es* lässt sich als Bezugswort zur erwähnten Reduzierung der Religionsstunden interpretieren. Damit ordnet sie die Handlung noch vor einer konkreten Erläuterung als naiv bzw. unüberlegt ein und grenzt sie insofern von einer wohlüberlegten, aktiv herbeigeführten Aktion ab. Die aufeinanderfolgenden, relativierenden Floskeln *„glaube ich, ich vermute“* deuten dabei an, dass sie hier eine persönliche Einschätzung abgibt, aber kein Faktenwissen o. ä. präsentiert. Die bereits genannte *Unbedarftheit* wird im weiteren Verlauf (eigentheoretisch) im Sinne von *Unwissenheit* konkretisiert (*„ich vermute sie wusste nicht“*, 166), womit sie ihr Handeln plausibilisiert, was gleichzeitig eine Abschwächungsfunktion erfüllen könnte.

FRAU ZAUNKÖNIG knüpft die Unwissenheit der Schulleiterin an die Auszeichnung des Religionsunterrichts als *„ordentliches Lehrfach“* (167). Mit dem Adjektiv *ordentlich* wird dieser Unterricht nun als den Vorstellungen, Vorgaben bzw. einer Ordnung entsprechend bewertet. Damit ist er kein außer*ordentlicher* Unterricht, was ihn implizit also von einer Art Sonderunterricht abgrenzt, der entweder den Vorgaben nicht entspricht oder nicht zu entsprechen hat. Der Begriff des *LEHRfachs* hingegen zielt nun von seinem Dokumentsinn her auf den bildenden, vermittelnden Charakter dieses Unterrichts, womit er implizit auch von einem zweckentfremdeten, sinnbefreiten Geschehen abgehoben wird. In dieser expliziten Zuschreibung dokumentiert sich implizit möglicherweise ein Rechtfertigungsgedanke des Religionsunterrichts anderen Unterrichtsfächern gegenüber. Mit Blick auf die Fachkultur lässt sich ihre Formulierung des *ordentlichen Lehrfachs* auch als Verweis auf die grundgesetzliche Verankerung (Artikel 7,3 GG) des Religionsunterrichts interpretieren, welche diesen im Fächerkanon damit gleichwertig zu den anderen Fächern behandelt. Zudem spezifiziert sie ihre Angaben mit der (gesetzlichen) Norm, dass Religionsunterricht zweistündig zu unterrichten ist.[18] Die gesetzliche Norm ist (nicht nur) hier ihr Bezugsrahmen.

FRAU ZAUNKÖNIG wechselt von der Erzählzeit (*„ich vermute“*, 166) in die erzählte Zeit (*„sie sagte dann“*, 168) und rekurriert in wörtlicher Rede auf die Begründung der Schulleitung: eine Gleichsetzung bzw. Parallelisierung mit der Kürzung im Unterrichtsfach *Musik*. FRAU ZAUNKÖNIG reagiert zustimmend (*„und dann habe ich gesagt okee“*, 169) vor dem Hintergrund praktischer Begründungen (*„hatte gerade den Stundenplan fertig“*, *„da (.) alles umzuwerfen“*, 169f.). Anschließend erweitert sie ihre Gründe um eine weitere Perspektive: ihr eigenes *Neusein*

---

[18] Vgl. Niedersächsisches Kultusministerium 2011.

an der Schule. Dies verknüpft sie mit einer (angedeuteten) Norm: „*kannst ja auch nicht //(lacht)// dann ja auch nicht gleich sagen aber (...)*" (171). Die nur unvollständig elaborierte Norm, sich als Neuling nicht gleich in die Belange der Schule einzumischen bzw. bestehende Dinge *umzuwerfen*, konfligiert allerdings mit der Norm bzw. Orientierung an einer ordentlichen, gesetzestreuen Einhaltung der Vorgaben für den Religionsunterricht. Hier zeigt sich (angedeutet) erst einmal ein habituelles Einordnen bzw. Unterordnen in die Gegebenheiten.

Die in die Zukunft gerichtete Bewertung, dass die zweistündige Erteilung von Religion jedoch im nächsten Schuljahr *wichtig* sei, kann nicht eindeutig der Erzählzeit (im Sinne einer Konklusion in der Interviewsituation) oder aber der erzählten Zeit (als abschließende Konklusion in der Situation mit der Schulleiterin) zugeordnet werden. Nichtsdestotrotz bildet es aber in beiden Fällen eine inhaltliche Schlussfolgerung ihrerseits, die die Spannung zwischen Habitus (einem zeitlich begrenzten Zugeständnis bzw. eine Akzeptanz bestehender Strukturen) und Norm (formal *ordentlichen* Religionsunterricht erteilen zu wollen/sollen) unterstreicht.

Zudem zeigen sich an dieser Sequenz auch Konstruktionen des (personalen) Verhältnisses zwischen FRAU ZAUNKÖNIG und der Schulleiterin – so werden beide als *Neue* bestimmt, was für die Schulleitung zunächst mit Unwissenheit einhergeht (während FRAU ZAUNKÖNIG die ‚Wissende' ist); für sie selbst bedeutet dies in der Konsequenz jedoch Unterordnung bzw. einen eingeschränkten Handlungsspielraum. Die Norm, als Neue eine abwartende Haltung einzunehmen, zeigt sich auch im Kontext bei der „*Zusammenarbeit mit der Kirche*" (s. o., S. 107): Bestehenden Strukturen an der Schule (Norm) wird habituell (Orientierungsrahmen i. e. S.) erst einmal mehr Relevanz beigemessen; jedoch wird die eigene Norm ‚ordentlicher Unterricht'/‚enger Kontakt mit der Kirche') hinsichtlich einer expliziten Evaluation (Orientierungsschemata) hochgestuft.

Auch im Fortgang des Interviews behandelt FRAU ZAUNKÖNIG den Stellenwert des Religionsunterrichts an ihrer Schule als Handlungsproblem, das nicht nur aufgrund der Schulleitung als relevante Akteurin besteht, sondern auch wegen des Kollegiums:

172 *es*
173 *ist° (..) ich habe ein bisschen Angst, um den Religionsunterricht schon auch, //(mhm)// weil ich viele*
174 *ähm merke, auch von den Kollegen ähm sind da auch religionsfern, dass man dann sagt*
175 *ach dann machen wir doch eine Stunde Sozialtraining und eine Stunde Religion in Religion*
176 *machst du ja sowieso so was; //(mhm)// ne, und da muss ich immer gute Argumente finden, und*
177 *weil wir so eine kleine Schule sind, ist das nicht so einfach; da //(°mhm°)// ähm ja, ähm auch*
178 *(..) das Verständnis dafür zu bekommen;//(mhm)// jetzt ist es ja so es ist ja (.) noch so (.)*
179 *vorgeschrieben; sodass ich das Argument ja immer in die Waagschale legen kann; (.) aber ich*
180 *bin gespannt, (.) was so in den nächsten fünf bis zehn Jahren passieren wird, (..) °äh ja; (.) wie*
181 *(.) da (.) die ähm° Landeskirche und die Schulbehörden (..) ob es so beibehalten wird; //(mhm)//*

Frau Zaunkönig bricht den ersten Satz nach wenigen Worten ab und fängt nach einer kleinen Pause neu an. Während dieser abgebrochene erste Satzanfang offensichtlich auf die Darstellung oder Einschätzung einer Gesamtsituation abzielt („*es ist*", 172f.), gibt sie in der Reformulierung lediglich ihr persönliches Empfinden dabei wieder („*ich*", 173), „*ein bisschen Angst*" (173), und zwar nicht ‚vor' etwas, sondern *um* den Religionsunterricht zu haben. Diese eher starke emotionale Äußerung der *Angst um etwas* kann dabei als Sorge gedeutet werden, dass das Fach offensichtlich keine Immunität (mehr) an der Schule genießt und von anderen Fächern in seiner Existenz als bedroht wahrgenommen wird. In eigentheoretischer Begründung („*weil ich ähm merke*", 173f.) begründet Frau Zaunkönig ihre *Angst* mit der Eigenschaft eines Großteils ihres Kollegiums, dem sie Religions*ferne* (s. o.) zuschreibt. Im Partikel „*auch*" (174) schließt sie die Schulleitung möglicherweise in diese Befürchtung mit ein.

Diese Eigenschaft der Religions*ferne* elaboriert sie anhand dem in wörtlicher Rede verbalisierten Vorschlag seitens dieser Partei der ‚Religionsunterrichtsgegner*innen' („*dass man dann sagt*", 174), jeweils eine Stunde *Sozialtraining* und *Religion* zu machen (bzw. machen zu wollen). Vor dem Hintergrund der als relevant markierten, formalen Norm des zweistündig erteilten Religionsunterrichts stellt dieser Vorschlag durch Kolleg*innen eine Nichtachtung ebendieser Norm auf praktischer Ebene dar, wenn der Religionsunterricht zugunsten einer (konfessionsneutralen) Alternative („*Sozialtraining*", 175) gekürzt wird.

Die darauffolgenden Worte „*in Religion machst du ja sowieso so was*" (175f.) sind immer noch als (abstrahierte) wörtliche Rede aus den Reihen des Kollegiums zu interpretieren – insofern reinszeniert Frau Zaunkönig hier eine Kommunikationssituation zwischen (einem der) Kolleg*innen bzw. der Schulleitung und ihr, wobei sie mit „*du*" angesprochen wird: Sie wird in ihrer Rolle als Fachvertreterin adressiert („*in Religion machst DU ja*", 175f.); zugleich wird ihr Unterricht mit (Aspekten von) Sozialtraining gleichgesetzt. Die Formulierung „*so was*" (176) impliziert zudem eine distanzierte, eher pejorative Bedeutung, weil diese Komponente als beliebig dargestellt wird. Außerdem markiert das verallgemeinernde Subjekt „*man*" (174) die wörtliche Rede als abstrahierte Äußerung: Das Subjekt muss damit nicht spezifiziert werden, so bleibt eine Schuldzuweisung aus, da der Agens fehlt. Somit ist dies weniger die Wiedergabe einer konkreten Situation, sondern vielmehr liegt hier der Schwerpunkt auf einer allgemeinen Abwehrhaltung, die ihr bzw. ihrem Fach entgegengebracht wird, sodass die Eigenheit des Religionsunterrichts (gegenüber einem *Sozialtraining)* nicht mehr anerkannt wird.

Nach einem eingeworfenen Hörersignal durch die Interviewerin („*mhm*", 176) elaboriert Frau Zaunkönig diese Situation („*und da*", 176) mit dem dadurch spürbaren Handlungsdruck, „*immer gute Argumente*" als Rechtfertigung für die Daseinsberechtigung des Religionsunterrichts finden zu müssen. Damit rahmt sie diese Situation zum einen als rekurrent und zum anderen als eine Art (verbale) Verteidigungssituation: Mit *Argumenten* muss sie für den Erhalt des Religionsunterrichts kämpfen, um die formal richtige Erteilung sichern – implizit ergibt sich daraus ein unsicherer und fragiler Status des Religionsunterrichts an ihrer Schule, sodass dieser von ihr geradezu prekär und in seiner Position nicht selbstverständlich wahrgenommen wird. Hier kommt ihr die Rolle einer Anwältin zu, die ebendiesen Unterricht und seine Position im Fächerkanon zu verteidigen sucht. Die Herausforderung, „*Verständnis*" (178) für das Fach zu entwickeln, wird auf kommunikativer Ebene mit der Schulgröße („*kleine*", 177) begründet, aber nicht weiter expliziert. Inwiefern die Größe der Schule an dieser Stelle als hinderlicher Faktor wahrgenommen wird, bleibt eine Leerstelle (möglich: geringere Chance auf Verbündete/Gleichgesinnte, da möglicherweise einzige Lehrkraft im Fach Religion). Zugleich bildet das *Verständnis* von anderen einen positiven, jedoch wenig enaktierbaren (Gegen-)Horizont – der Bezug („*dafür*", 178) ist nicht eindeutig: Es könnte das *Verständnis* für Inhalte und den Sinn des Religionsunterrichts an sich gemeint sein (dass *Religionsunterricht* demnach nicht mit *Sozialtraining* – fälschlicherweise – gleichgesetzt wird), oder aber das *Verständnis* für die formalen Vorgaben, sodass Religionsunterricht auch wie ein ordentliches Lehrfach unterrichtet wird. Darin würde sich dann der positive Gegenhorizont dokumentieren, dass die gesetzliche Norm auch im konkreten Schulkontext, an ihrer Schule, von den anderen geteilt und angewendet wird.

Im Folgenden relativiert sie die gesetzliche Norm („*jetzt [...] ja (.) noch so (.) vorgeschrieben*", 1768f.) jedoch hinsichtlich ihrer zeitlichen Gültigkeit, womit sie die prekäre Verankerung des Faches im Stundenplan unterstreicht. Der derzeitige Zustand ermöglicht es ihr, diese formale Norm noch als „*Argument in die Waagschale*" (179) werfen zu können. In dieser Fokussierungsmetapher dokumentiert sich homolog die verbale Verteidigungssituation der Lehrkraft („*Argument*", 179), mit der sie sich für ihr Fach einsetzt. Zugleich unterstreicht das Symbol der Waagschale (Justitia) die Dimension von Gerechtigkeit und somit auch ihre Rolle als ‚Anwältin'.

Mit gewisser Unsicherheit blickt sie in die nahe Zukunft des Fachs („*in den nächsten fünf bis zehn Jahren*", 180), wobei sie den Ausgang dieser Entwicklung und die Gestaltungsmacht konkret dem Handlungs- bzw. Entscheidungsfeld der Institutionen der „*Landeskirche*" (181) sowie der „*Schulbehörde*" (181) zuschreibt. Für den Ausgang dieser schwierigen Situation sieht sie zwei Möglichkeiten: Kontinuität („*ob es so <u>bei</u>behalten wird*", 181) bzw. (implizit) einen Wandel, der im Kontext als eine Änderung der Gesetzeslage zu interpretieren ist.

Die wahrgenommene Divergenz zwischen eigenen und fremden Normvorstellungen zum Religionsunterricht und ein damit einhergehender Verteidigungsmodus seitens der Lehrkraft zeigt sich bei FRAU ZAUNKÖNIG auch im weiteren Verlauf der Passage, die nun als Beleg der Homologie angeführt wird:

> *ich merke (.) oder ich habe gehört von anderen Schulen dass äh oft auch Elternkritik da ganz groß ist; //(mhm)// der Sinn (.) des Religionsunterricht wird gar nicht mehr so ver<u>standen</u>; und da (.) ja sind wir als Religionslehrer natürlich (.) richtig auch gefragt dass (..) ja da kommt's auch drauf <u>an</u> dass man vernünftigen Religionsunterricht macht ne,*

//(mhm)// und wenn ich dann mitkriege dass ähm (..) Kollegen ohne Vocatio unterrichten (.) und selbst <u>*wenn*</u> *sie die haben (.) nja kaum zu Fortbildungen gehen oder so (.) ja dann ist mir natürlich auch ein bisschen bange; //(°mhm°)// wenn eine äh Klasse mir im dritten Schuljahr sagt von Jesus wissen wir nichts, (.) ne, dann weiß ich ja da kann ja vorher nicht so ganz viel (.) ähm gewesen sein was //(mhm)// die Kinder geprägt hat; und (.) naja* (182–190)

Neben der Schulleitung und dem Kollegium führt sie nun auch die *Eltern* als eine weitere relevante Personengruppe an, zu denen Divergenzen in der Wahrnehmung und dem Stellenwert des Religionsunterrichts zu bestehen scheinen. Denn neben ihrer ausgeprägten *Kritik* am Fach zeige die Elternschaft häufig auch ein generelles *Unverständnis* gegenüber dem „*Sinn des Religionsunterrichts*" (183). Doch wird der Erfahrungsraum dabei auf *andere Schulen* ausgeweitet: Im direkten Kontakt scheint dies weniger der Fall zu sein, denn die Formulierung „*ich merke (.) oder ich habe gehört*" (182) kann als Korrektur gelesen. Dabei prägen die Erlebnisse an anderen Schulen ihre eigene Wahrnehmung maßgeblich, weil sie diese bei ihren Schilderungen über die persönlichen Erfahrungen mit einbezieht.

In FRAU ZAUNKÖNIGS Darstellungen verdeutlicht sich zunächst, dass sie selbst die *Sinn*haftigkeit des Religionsunterrichts *versteht*; in dieser Logik hat sie einen Wissensvorsprung gegenüber den *Eltern* (wie auch der *Schulleitung*, die es nicht *wusste*). Zugleich scheint der Religionsunterricht in seiner (möglicherweise früher vorhandenen) Selbstverständlichkeit und Daseinsberechtigung angegriffen zu sein. Damit muss sie sich als Vertreterin und zugleich Anwältin dieses Faches gegenüber den Kritiker*innen bzw. Entscheidungsträger*innen behaupten, was sie im Folgenden auch expliziert. Als Gegengewicht zur Kritik und der Skepsis verlässt FRAU ZAUNKÖNIG die subjektive Perspektive und spricht für das (imaginäre) Kollektiv der Religionslehrkräfte: Ihnen schreibt sie die Verantwortung und zugleich Wirkmächtigkeit darüber zu, Verständnis für den Religionsunterricht zu generieren und diesem wieder Legitimation (bei anderen) zu verleihen („*sind wir als Religionslehrer natürlich (.) richtig auch gefragt*", 184)). Mit dem Ausdruck eines *vernünftigen* Religionsunterrichts ist zum einen die Lesart eines ordentlichen, richtig erteilten Unterrichts enthalten, zum anderen auch der Verweis auf die *Vernunft*. Analog zum Verständnis der Sinnhaftigkeit impliziert dies einen kognitiven Prozess, mit dem auf die Einsicht in die Dinge abgezielt wird. Der Sinn von Religionsunterricht ließe sich bei *vernünftiger* Erteilung universell nachvollziehen.

Zudem kommt hier die bereits rekonstruierte Orientierung an institutionell-strukturierter Qualifizierung bzw. den eigenen Qualifizierungsgrad und denjenigen ihrer Kolleg*innen zum Vorschein, was je für ein hohes Niveau von Unterricht verantwortlich zu sein scheint. Doch auch die verbale Verbündung mit den Kolleg*innen („*wir als Religionslehrer*") scheint in der Praxis nicht zu tragen, denn sie steht auch hier anderen Kolleg*innen allein gegenüber, die den gesetzten Ansprüchen bzw. Normen nicht zu genügen scheinen: Zum einen auf formaler Ebene durch nicht vorhandene Unterrichtserlaubnis („*Kollegen ohne*

Vocatio", 186) und durch ausbleibende Weiterqualifizierung („*die [...] kaum zu Fortbildungen gehen*", 187), sowie zum anderen auf der inhaltlichen Ebene im Sinne der fehlenden Nachhaltigkeit ihres Unterrichts. Dazu führt FRAU ZAUNKÖNIG das nicht vorhandene Wissen einer dritten Klasse über *Jesus* an, das sie – implizit – auf den mangelhaften Unterricht in den vorherigen Jahren zurückführt, wobei Ausführungen zur betreffenden Lehrkraft selbst in der Satzkonstruktion im Passiv eine Leerstelle bleiben („*da kann ja vorher nicht so ganz viel (.) ähm gewesen sein was //(mhm)// die Kinder geprägt hat;*", 189f.). Symbolisch könnte es sowohl für die geringen Lerngelegenheiten als auch für das geringe erlangte Wissen der Schüler*innen stehen. Damit scheint sie auch ‚in den eigenen Reihen' nicht (unbedingt) auf geteilte Relevanzsysteme zu stoßen bzw. auf einen Konsens über (guten) Religionsunterricht zu kommen, weswegen sie sich auch hier als isolierte Einzelkämpferin ohne erkennbare Verbündete präsentiert.

> Zwischenfazit:
> FRAU ZAUNKÖNIG setzt der handlungspraktischen Umsetzung ihrer Schüler*innenorientierung den institutionellen Rahmen bzw. die schulischen Strukturen als Hinderungsfaktoren entgegen, die sich in Zeitbegrenzung sowie in den großen Handlungsspielräumen der Schulleitung äußern. Diese versetzen FRAU ZAUNKÖNIG in doppelten Handlungsdruck, entweder ihren eigenen didaktischen Ansprüchen nicht gerecht werden zu können oder die ungewollte Position einer Verteidigerin des Religionsunterrichts einnehmen zu müssen. Jenseits des Unterrichtsgeschehens begegnen ihr vor allem Unverständnis gegenüber dem Unterrichtsfach Religion an ihrer Schule und Dissens über Normvorstellungen durch andere. Als relevante Akteur*innen markiert sie in diesem Handlungsfeld die Vorgesetzte (Schulleitung) und Kolleg*innen. Dabei steht auch sie selbst durchaus in einem Normenkonflikt: zwischen der Norm einer gesetzestreuen Erteilung des Religionsunterrichts im schulischen Kontext und der pragmatischen Norm, die an der Schule vorgefundenen Strukturen als Neue nicht gleich durchbrechen zu wollen. Insgesamt schreibt sie dem Religionsunterricht eine unsichere Zukunft und eine prekäre Stellung im Fächerkanon zu: Sie konstruiert sich in diesem Handlungsfeld als eine Art Vorkämpferin und positioniert sich in einer Verteidigungssituation. Dabei zeigt sie sich als alleinige Anwältin des Religionsunterrichts im Schulkontext. Ihr Handeln orientiert sich an der Erfüllung der eigenen und fremden/institutionellen Norm, ohne dabei ‚anzuecken'.

Verdichteter Überblick: Orientierungsrahmen Frau Zaunkönig

Der Orientierungsrahmen von FRAU ZAUNKÖNIG kann als ‚die Brückenbauerin' beschrieben werden und ist durch Vermittlungen in der Spannung zwischen Schüler*innen und Unterrichtsgegenstand gekennzeichnet. Charakteristisch ist dabei eine ‚suchende' Umgangsweise. Dem Fall liegt überdies eine Orientierung an der zunehmenden eigenen (methodisch-didaktischen) Qualifizierung als Lehrkraft zugrunde. Dies nutzt sie auch als Strategie, mit der Spannung aus Schüler*innenschaft und Gegenstand alltagspraktisch und professionell umzugehen. Dabei zeichnet sich ihr Orientierungsrahmen durch folgende konkrete Aspekte aus:

1) Wahrnehmung der Schüler*innen: In der spannungsreichen Ausgangslage aus konstatierter Distanz der Schüler*innen zur evangelischen Religion und dem Unterrichtsgegenstand im Religionsunterricht zeigen sich tendenziell kaum Differenzierungen mit Blick auf die Schüler*innen, sondern Praktiken der (sprachlichen) Homogenisierung dieser.
2) Unterrichtspraxis: Es kann eine deutliche Anpassungspraxis zur Herstellung von Nähe und Verbindung (Kontinuität) auf unterschiedlichen Ebenen zwischen Schüler*innen und dem Unterrichtsgegenstand (‚Religion' bzw. religiös-biblische Texte) rekonstruiert werden. Der Modus dessen ist die Zurücknahme der christlichen Unterrichtsprägung sowie zugleich die Perspektivübernahme und Identifikation auf Seiten der Schüler*innen.
3) Bedingungsgefüge Schule: Sie als Lehrkraft ist die ‚Neue' und nimmt dementsprechende Beschränkungen ihres eigenen Handlungsbereichs ‚Religionsunterricht' wahr: Ihre Erfahrungen sind strukturiert durch wahrgenommene Divergenzen zu den Relevanzsystemen von anderen angesichts des Religionsunterrichts: sowohl das Relevanzsystem der Schulleiterin als auch das der Eltern sowie der (Religions-)Kolleg*innen. Denn letztere unterrichten nicht entsprechend ihrer gesetzten Normen. Hier scheint es keine Verbündeten zu geben. Handlungspraktisch ordnet sie sich den schulischen Strukturen eher unter und sieht sich durch die Norm, sich als „*Neue*" (noch) nicht einzumischen, beeinträchtigt.
4) Bild der Lehrkraft: Es findet sich eine deutliche Orientierung an einer formal-institutionellen Qualifizierung bzw. Qualifiziertheit ihrer selbst und anderer als Religionslehrkraft (z. B. über Fortbildungsbesuche), in Verbindung mit der Orientierung an einem formal-qualitativen Unterricht.
5) Religiöse Selbstverortung: Der positive Horizont von kirchlich-religiöser Nähe der Menschen wird ausführlich bearbeitet und als Norm bzw. implizit als normative Bestimmung des Unterrichts gerahmt.
6) Wahrnehmung des Religionsunterrichts: Der Unterricht wird als fragil bzw. nicht selbstverständlich und instabil wahrgenommen. Er steht unter hohem Legitimationsdruck zwischen gesetzlicher Absicherung und verlorengegangenen gesellschaftlichen Voraussetzungen. Es scheint eine deutliche Orientierung ihrerseits an Sicherheit auf, die sich auch in ihren Wahrnehmungen von Unsicherheit zeigt (früher und heute). Dabei bringen Qualifizierung und Professionalisierung Sicherheit und sind damit positive Horizonte.
7) Rollen: Innerhalb des Religionsunterrichts ist sie Vermittlerin, nach außen hin Verteidigerin des Religionsunterrichts.

8) Der Orientierungsrahmen kann zusammenfassend als Typ *Brückenbauerin* betitelt werden.

5.2 Fallrekonstruktion Frau Dompfaff: ‚Die Repräsentantin des Christentums'

> *„ist es mir schon eben auch wichtig den Schülern 'nen Zugang zur christlichen Religion zu vermitteln; (.) und dazu gehört eben auch äh (.) also gehören ja auch so performative Anteile"* (214–216)

Interviewinformation und Ausblick

Die Grundschullehrerin Frau Dompfaff lehrt seit ca. 30 Jahren das Fach Religion. Zum Interviewzeitpunkt unterrichtet sie als Fachlehrerin ausschließlich das Unterrichtsfach Religion in nahezu allen Jahrgangsstufen ihrer Schule, die sich in einer kleineren niedersächsischen Stadt befindet.

Mit einer Länge von knapp 63 min. gehört das Interview zu den längeren und verfügt bei durchschnittlicher Selbstläufigkeit über einen relativ hohen Anteil argumentativ-evaluierender Passagen. Zwar wurde das Gespräch bereits im Rahmen der Pilotstudie erhoben, jedoch dann aufgrund seiner hohen Signifikanz ins Sample aufgenommen. Aufgrund des dezidiert christlich-konfessionell geprägten Orientierungsrahmens im Umgang mit Fragen zum Religionsunterricht, der sich im Rekonstruktions- und Interpretationszyklus ergab und sich im Sample maximal kontrastiv zeigt, wird dieser hier ausführlich präsentiert.

Darstellung der Rekonstruktionsergebnisse

Wie die vorangegangene Fallrekonstruktion zu Frau Zaunkönig, ist auch diese nach Aspekten des Orientierungsrahmens im weiteren Sinne (i.w.S.) gegliedert. Dabei fließen im Verlauf der Rekonstruktionsdarstellung auch Erkenntnisse aus dem Kapitel ‚Brückenschlag' mit ein. Der Interviewanfang gestaltet sich wie folgt:

I: und meine erste Frage ist (.) seit wann arbeiten S/sie als Religionslehrkraft; und (.) was hat
Sie dazu bewogen grade das Fach zu wählen,
B: uiuiui
I: └@(.)@
B: äh ich hab das schon befürchtet dass S/sie fragen seit wann, wenn sie das wirklich genau
wissen wollen dann müsste ich äh dann müsst ich noch mal nachgucken, äh::m also ich hab
mein fünfundzwanzigjähriges Dienstjubiläum eigentlich e also schon bald hinter mir gelassen
(.) äh::m !sagen wir mal! wollen S/sie das inklusive Referendariat wissen oder (.) also inklusive
Referendariat wäre es dreißig Jahre (.) gehen wir mal von achtundzwanzig aus (.)

achtundzwanzig neunundzwanzig dreißig (seit dem)
I: └ oke
B: also //hmm// schon Ewigkeiten. @(.)@
I: @(.)@

Die erste Einstiegsfrage nach dem Beginn und der Motivation ihrer Religionslehrtätigkeit wird von Frau Dompfaff zuerst einmal metakommunikativ bearbeitet: In der triplizierten Interjektion „*uiuiui*“ (3) drückt sich Erstaunen und Überraschung angesichts der Frage aus, sodass sie vor der Beantwortung der Frage erst mit einem Überwältigtsein reagiert. Die Interviewerin zeigt daraufhin mit einem kommunikativ-verbindenden Lachen Verständnis. Danach erklärt Frau Dompfaff, worin für sie die Schwierigkeit in der Beantwortung der Frage liegt: Sie *befürchtete* (5) die Frage nach dem Beginn ihrer Tätigkeit (*seit wann*), womit sie auch belegt, dass sie sich gedanklich bereits im Vorfeld mit der Interviewsituation auseinandergesetzt hat. Zugleich wird die Frage somit als unangenehm markiert; sie kann dies ohne ‚Faktencheck‘ nicht präzise beantworten („*nachgucken*“, 6). Damit scheint Genauigkeit in diesem Zusammenhang für sie auch nicht relevant zu sein, denn lediglich der (unwahrscheinliche) Wunsch auf Seiten der Interviewerin würde einen solchen Faktencheck erforderlich machen („*wenn Sie das wirklich genau wissen wollen*“, 5f).

Es folgt daraufhin eine Art Suchbewegung zur Festlegung auf eine konkrete Anzahl an Berufsjahren. Dabei begrenzt sie dies nach unten durch den Verweis auf das bereits vergangene *25-jährige Dienstjubiläum*, sodass von mehr als 25 Jahren auszugehen ist. Nach oben hin bleibt die konkret-zeitliche Einordnung jedoch uneindeutig („*sagen wir mal*“, 8; „*gehen wir mal von achtundzwanzig aus (.) achtundzwanzig neunundzwanzig dreißig*“, 9f.). Schlussendlich schließt sie die Überlegungen mit der Bewertung „*schon Ewigkeiten*“ (12) zusammenfassend ab. Vor dem Hintergrund dieser langen Dauer ihrer Tätigkeit – und einer damit ausgesprochen großen Unterrichtserfahrung – scheinen exakte Jahresangaben als unwichtig zu verblassen.

In direkter Folge auf die erste Passage geht Frau Dompfaff eigeninitiativ auf den zweiten Teil der Frage ein:

B: ja, äh und warum ich Religionslehrerin geworden bin das ist natürlich liegt dann auch schon sehr lange zurück; und verändert sich ja auch mit der Zeit (.) äh::m (4) (stöhnt) warum bin ich Religionslehrerin äh geworden, also (.) das (.) ich würde sagen das war das Fach meiner Wahl mein Lieblingsfach äh das ich auf jeden Fall äh::m (.) äh studieren wollte und mir im Studium auch sehr viel bedeutet hat also ich äh das war nach wie vor mein Lieblingsfach und ich war sehr froh dass ich dann das nachher noch mal ausbauen konnte als Fachseminarleiterin (.)

Es fällt auf, dass Frau Dompfaff gleich zweimal sinngemäß den Frageimpuls nach den Beweggründen für die Berufswahl wiederholt („*warum bin ich*“, 14, 15). Zum einen gliedert sie damit ihre Antworten und schränkt die Qualität ihrer Äußerung gleich aufgrund der zeitlichen Distanz und möglichen Variabilität der Intentionen ein („*liegt dann auch schon sehr lange zurück und verändert sich ja auch mit der Zeit*", 14f.). Durch diese gedankliche Auseinandersetzung mit der Ausgangsfrage schiebt sie die inhaltliche Aussage auf. Mit der Bearbeitung der Frage in Form von Verweisen auf die zeitliche Distanz („*liegt schon sehr lange zurück*", 14f.) sowie der *Veränderlichkeit* in der Gültigkeit der Aussagen (15) gibt sie einen Interpretationsrahmen für ihrer konkret-expliziten Antworten vor. Bereits am Anfang des Interviews deutet sich hier vorsichtig das Bild von Veränderung und Wandel an, das im Interview mit Frau Dompfaff immer wieder aufkommt. Die von ihr als relevant markierte große Berufserfahrung („*Ewigkeiten*", 12) bildet dabei die Grundlage für die Wahrnehmungen von solchen unablässigen Veränderungen. Insgesamt belegen diese ersten Worte eine gewisse Mühe, die sie mit einer Ad-hoc-Erklärung hat, welche zudem paraverbal durch eine ausgeprägte Pause sowie ein Aufstöhnen begleitet wird.

Die Fachwahl begründet Frau Dompfaff mit ihrem persönlichen, emotionalen Interesse am Fach während ihrer Zeit als Schülerin („*Lieblingsfach*", 17), welches bis zur Aufnahme des Studiums anhält („*studieren wollte*", 17) und noch immer auch als Lehrerin besteht („*nach wie vor mein Lieblingsfach*", 18). Damit demonstriert sie ein konstantes Interesse am ‚Fach Religion' in ihrer Biografie und schreibt diesem Umstand ihre persönliche Bindung dazu. Dieser Werdegang wird noch um die Rolle der *Fachseminarleiterin* (19) ergänzt, was eine Vertiefung des ‚klassischen' Weges andeutet, denn damit wird das Bisherige *ausgebaut* (19). Offen bleibt jedoch, was sie damit konkret meint („*DAS nachher noch mal ausbauen konnte*"[19]; 19): Denkbar ist beispielsweise das *Ausbauen* der eigenen Idee von Religionsunterricht oder ihrer professionellen Rolle als Religionslehrkraft bzw. das *Ausbauen* durch Weitergabe ihres Fachinteresses an Referendar*innen (homolog zum *Lieblingsfach*). Insgesamt zeichnet sich in diesen ersten Schilderungen bereits ein dezidiert fachbezogenes Begründungsmuster ab (Religion als ‚Unterrichtsfach').[20]

(.) also mir ist glaube ich daran gelegen mit Menschen darüber zu reden was äh Religion und
Glaube bedeuten kann und dass es fruchtbar wird für das eigene Leben. dass es also 'ne
Bedeutsamkeit gewinnt und das glaube ich war schon immer so, also dass ich glaube, dass ähm
Religion und ne große Bedeutung hat im Leben und dem einfach nachzuspüren mit andern und
(.) und also ich scheue mich so'n bisschen zu sagen, das zu vermitteln, weil ich glaube, @(.)@
dass äh äh es schwierig ist, Religion zu lehren, sondern es geht wirklich darum, sich miteinander
(auch) einen Weg zu machen (.) so würde ich das beschreiben und das macht mir nach wie vor
auch sehr viel Freude mich mit Kindern auf den Weg zu machen und äh ja sie so in ihren

---

19 Hervorhebung durch K. W.

20 Maximal kontrastierend zeigt sich dazu Frau Buntspecht mit ihrer vordergründig pragmatischen Fachwahl für ‚Religion': Ausschlaggebend sind die von ihr präferierte Schulform der Grundschule und die Rahmenbedingungen. Das Fach selbst bleibt inhaltlich austauschbar, lediglich den Aspekten eines Nebenfachs an sich wird Relevanz beigemessen.

Gedanken zu begleiten und ein wenig vielleicht auch zu leiten auf neue Pfade und neue
Gedanken mit hineinzunehmen und äh (.) ja. okay. @(.)@

Mit den Worten „*also mir ist glaube ich daran gelegen*" (20) erfolgt ein sprachlicher Wechsel von der erzählten Zeit in die Erzählzeit, mit dem sie auch zu den nun vornehmlich theoretisierenden, abstrakten Äußerungen überleitet. Dennoch sind auch diese Worte auf der Ebene der Orientierungsschemata für den Fall Frau Dompfaff aufschlussreich, weil sich darin ihr religiös-christlich geprägter Orientierungsrahmens offenbart. Frau Dompfaff formuliert nun den positiven Horizont („*mir ist daran gelegen*", 20), Gespräche mit *Menschen* (20) über *Religion und Glauben* (21) zu führen. Im Kontext der Ausführungen zur Religionslehrerin- und Fachseminarleiterin-Tätigkeit könnten mit dieser Personengruppe (*Menschen*) sowohl Schüler*innen als auch Referendar*innen gemeint sein. *Reden* verweist implizit auf eine prozesshaften Charakter, was sich auch in den Formulierungen *was Glaube bedeuten kann* (20f.), des *Fruchtbar-Werdens* (21) sowie des *Bedeutsamkeit-Gewinnens* (22) dokumentiert. Es geht damit also weniger um einen Austausch des individuellen ‚Status quo' des Glaubens bzw. der eigenen Religion und Religiosität. Das *Reden* wird viel eher als Teil eines Prozesses im Rahmen des Unterrichts konstruiert, in dem Glaube und Religion sich bei *Menschen* überhaupt erst entfalten kann (bzw. wachsen und gedeihen kann, *fruchtbar* wird).[21] Dabei entsteht eine implizite Spannung zwischen diesem *Gewinnen* von *Bedeutsamkeit* als positiven Horizont bzw. Zielvorstellung und einer zugeschriebenen, seit jeher vorhandenen Signifikanz von Religion im Alltag („*Religion eine große Bedeutung hat im Leben*", 23). Auch das Verb des *Nachspürens* (23) beinhaltet die Vorstellung einer verborgenen, aber bereits vorhandenen *Bedeutsamkeit*, vielleicht sogar Religiosität.[22] Gleichzeitig mutet das Verb auch physisch-sinnlich an und erlaubt Assoziationen mit Meditationen und Aufmerksamkeitslenkungen. Zwar grenzt Frau Dompfaff sich auf expliziter Ebene vom *Vermittlungs*-Begriff ab („*scheue mich so'n bisschen zu sagen, das zu vermitteln*", 24), allerdings markiert sie ihn damit dennoch als in diesem Kontext relevant.

[21] Damit stellt dies einen minimalen Kontrast zur „*Herstellung von Nähe zum biblischen Unterrichtsgegenstand und zur Religion*" bei Frau Zaunkönig dar, die ihr Handeln daran orientiert, den Komplex ‚Religion' und Schüler*innen in ein (engeres) Verhältnis zu bringen. Bei Frau Dompfaff ist dieser Prozess jedoch individuell konstituiert und zielt auf einen Prozess ‚im' jeweiligen Menschen ab. Interessanterweise gestaltet sich dies bei anderen Lehrkräften (u. a. bei Frau Fink und bei Frau Stieglitz) anders, weil diese eher von einem Austausch unter den Schüler*innen über den eigenen, individuellen Glauben ausgehen, sodass in diesem Rahmen die Bildung von Werten, eine Perspektiv-Übernahme erfolgt sowie dadurch Toleranz gefördert wird (Ethik).

[22] Diese Spannung zeigt sich immer wieder bei Frau Dompfaff und wird auf S. 41 noch einmal angesprochen.

Exkurs:[23] Dies zeigt sich interessanterweise auch an anderen Passagen im weiteren Verlauf des Interviews; u. a. m Zusammenhang mit einer von ihr wahrgenommenen, zunehmenden Distanz der Schüler*innen zur Religion: *„also dadurch dass wir e Religion sozusagen vermitteln, werden manche Kinder die von zu Hause aus also nichts mitbringen [...] die kommen dadurch ins Nachdenken"* (79–82).
Auch hier relativiert sie die Formulierung der *Vermittlung* als Begriff für ihr Lehrerhandeln mit der Partikel *sozusagen*. Dennoch scheint FRAU DOMPFAFF dem zugrundeliegenden Konzept der Vermittlung Relevanz beizumessen. Hier wird dies im Kontext einer implizit bleibenden Zielvorstellung genutzt, gedankliche Prozesse anzuregen (*„kommen [...] ins Nachdenken"*, 82). Sie bezieht sich dabei explizit auf solche *Kinder*, bei denen sie eine fehlende religiöse Prägung aus dem (eltern-)häuslich-privaten Bereich konstatiert (*„nichts mitbringen"*, 80). Damit verweist sie möglicherweise auf das deklarative Wissen, was für den Unterricht nutzbar zu machen wäre und welches FRAU DOMPFAFF auch mit der mangelnden Bibelkenntnis der Schüler*innen verknüpft (vgl. Kap. 4.2, S. 89f.). Das Pronomen *nichts* verweist sprachlich auf das Minimalpaar *Nichts* versus *Etwas,* also einer Ressource, auf die im Unterricht zurückgegriffen werden kann. Zugleich bleibt aber an dieser Stelle offen, inwiefern dieses *Nichts* nun einen negativen Horizont darstellt, oder ob sich hierin – implizit – doch ein positiver Horizont verbirgt, vor dessen Hintergrund der Religionsunterricht erst seine Wirksamkeit entfalten kann. Denn FRAU DOMPFAFFS Orientierung an der Wirksamkeit des Religionsunterrichts zeigt sich homolog auch hier.
Auch an weiteren Interviewpassagen wird deutlich, dass sie (sprachlich) kaum auf das Konzept der *Vermittlung* verzichten kann, auch wenn dies weniger als Dozieren, sondern vielmehr als Eröffnen von neuen Themengebieten betrachtet wird (214–216): *„ist es mir schon eben auch wichtig den Schülern 'nen Zugang zur christlichen Religion zu vermitteln; (.) und dazu gehört eben auch äh (.) also gehören ja auch so performative Anteile"*. Nun steht weniger die *Vermittlung* der Religion an sich, sondern vielmehr die Vermittlung eines Weges hinein (in die Religion bzw. Religionsgemeinschaft) im Fokus, also – abgeschwächt – die Eröffnung neuer Möglichkeiten.
Mit der Wortwahl des *Zugangs* deutet sich dabei die Vorstellung einer tendenziell eher schwer erreichbaren Sphäre bzw. eines Raumes an, zu welchem sie die Kinder hineinleitet, was ebenfalls ein ‚In-Bewegung-Setzen' bedeutet. Um diesen erschwerten *„Zugang zur christlichen Religion"* zu erleichtern, wählt sie für den Unterricht *performative Anteile*. Damit bindet sie nun konkrete unterrichtspraktische Elemente in ihre Darstellung ein. Im Verlauf der Sequenz wird jedoch deutlich, dass dem praktischen Einsatz

23 Eingerückte Absätze markieren einen Exkurs aus dem Transkriptausschnitt mit dem Ziel, fallinterne minimale (oder maximale) Kontrastierungen vorzustellen.

dieser *performativen Anteile* die unterrichtspraktische Anwesenheit muslimischer Schüler*innen entgegensteht: „*dann wäre es eben schade, wenn ich äh weil die muslimischen äh Kinder sich eben nicht darauf einlassen können, äh wenn das dann ganz wegbrechen würde aus dem Religionsunterricht*" (218–220). Damit wird der unterrichtspraktische Einsatz dessen konkret an die Bereitschaft zur Beteiligung auf Seiten der Schüler*innen geknüpft, die damit als relevante Aktuer*innen markiert werden. *Performanzen* bleiben auch im weiteren Verlauf des Interviews ein wichtiger Baustein.

Charakteristisch für diese Sequenz ist der stark argumentierende Modus, in dem FRAU DOMPFAFF spricht („*schon eben auch wichtig*", 214, „*dazu gehört eben auch*", 215). Darin deutet sich eine erklärend-verteidigende Position an, da sie ihre Relevanzsetzung erst möglicherweise begründen muss. Sie geht damit von keiner Selbstverständlichkeit aus, weshalb sie diese entsprechend (argumentativ) hervorhebt.

Die zweifach erwähnte Metapher des *Sich-auf-den-Weg-Machens* (26, 27) unterstützt ebenfalls die prozesshaft-dynamische Vorstellung des Unterrichtens, die den positiven Horizont ihres Unterrichtsbildes darstellt. Dies verstärkt sich durch weitere metaphorische Ausdrücke, die ein bestimmtes Bild hervorrufen: „*in ihren Gedanken zu begleiten*" (27f.) und „*zu leiten auf neue Pfade*" (28) – beide enthalten jeweils das Verb *leiten*, was auch Aufschluss über ihre Vorstellung des Sozialgefüges gibt, wie sie ihre eigene Rolle gegenüber den *Kindern* sieht.[24] Die Begriffe *Pfad* und *Weg* implizieren eine Zielgerichtetheit, denn sie führen beide über eine feste Spur an einen bestimmten Punkt, der noch außer Reichweite ist. Dabei muten die Bezeichnungen poetisch, vielleicht sogar biblisch an.[25] *Die christliche Religion* kann als das Ziel dieses Weges interpretiert werden; in der Formulierung mit einem bestimmten Artikel („*zur [zu der] christlichen Religion*") wird diese als feststehende Größe konstruiert.

Im Einklang mit der Ergänzung, neue *Gedanken* mit *hineinzunehmen*, unterstützen diese Metaphern noch einmal die bereits diskutierte dynamisch-bewegende Vorstellung von einem (Unterrichts-)Prozess zwischen ihr und den Schüler*innen (sowie möglicherweise den Referendar*innen). Zudem lässt das *Hineinnehmen neuer Gedanken* (28f.) – vergleichbar mit der Formulierung des *Zugangs* – die Assoziation einer räumlich-sphärischen Trennung von ‚drinnen und drau-

24 FRAU ZAUNKÖNIG hingegen konstruiert das Sozialgefüge und die eigene Rolle nicht in dieser nahezu pastoralen, dezidiert christlichen Perspektive auf die Schüler*innen. Vielmehr beschreibt sie ihre Überlegungen eher methodisch, manchmal auch didaktisch und argumentiert hier auch mit ihrem Erkenntniszuwachs in ihrem methodischen Repertoire („*heutzutage erzähle ich nicht mehr (.) und lese aus dem Buch, sondern erzähle die Geschichten dann auch mit (.) Unterstützung von Figuren*", 15–17, s. S. 93), wobei sie sich bei der Wahl der geeigneten Unterrichtsmethode eher am konkreten Unterrichtsgegenstand orientiert.

25 Diese Formulierungen lassen die Assoziation mit dem Psalm 23 „*Der Herr ist mein Hirte [...] er führet mich auf rechter Straße*" (Ps 23,1f.) zu.

ßen' zu, was im weiteren Gesprächsverlauf noch hinsichtlich des konkreten Unterrichtsraumes relevant werden wird (S. 141–144).

Damit ist implizit die Vorstellung verknüpft, dass den Schüler*innen die *Wege*, die *Gedanken* und auch die (Räume der) *christliche(n) Religion* fremd sind, da sie diese noch nicht gegangen sind. Frau Dompfaff konstruiert hier jedoch keinen negativen Horizont, sondern hebt dabei das besondere Potenzial hervor, den dieser Neuartigkeitscharakter der Thematik mit sich bringt (homolog zu den Rekonstruktionen im vorangegangenen Kapitel ‚Brückenschlag') – eine (besonders) ‚christliche' Ausrichtung kann somit handlungspraktisch seine Wirksamkeit entfalten.[26]

Zwischenfazit:
Insgesamt dokumentiert sich in ihren Äußerungen eine konkret fachbezogene Begründung ihrer eigenen Tätigkeit als Religionslehrerin (und Fachseminarleiterin). Im Kontext eines sozialen Miteinanders im Religionsunterricht konstruiert sie sich selbst als eine *(Beg-)Leiterin* der Schüler*innen mit dem positiven Horizont, dass Religion bei ihnen sinnstiftend verwurzelt werden kann, sodass der Glaube wachsen kann. Den Religionsunterricht versteht sie als Reise, auf die sie die Schüler*innen mitnehmen möchte. Diese dynamisch-bewegenden Vorstellungen vom Religionsunterricht sind von der christlichen Religion als Norm geprägt. Dabei ist auch eine Zielorientierung erkennbar, denn der Religionsunterricht erfüllt keinen Selbstzweck, sondern mit ihm ist vielmehr das Ziel verbunden, eine Bewusstwerdung bei den Schüler*innen zu bewirken. Mangels religiösen Vorwissens seitens der Schüler*innen erhält der Unterricht einen Neuartigkeitscharakter, was allerdings von der Lehrkraft positiv beurteilt wird, weil es den Schüler*innen (neue) Erfahrungen ermöglicht.
Frau Dompfaff scheint hier im inneren Konflikt zu stehen, welche Rolle sie dabei einnimmt, was sich an ihrer Abneigung gegenüber der Verwendung des *Vermittlungs*begriffs offenbart: Zwar expliziert sie die (fachdidaktische) Norm, diesen (alltagssprachlich) nicht nutzen zu wollen, doch gleichzeitig zieht sich dieser an verschiedenen Stellen durchs Interview und prägt damit ihren Sprachgebrauch.

[26] Dies stellt einen deutlichen Kontrast zu Frau Zaunkönig dar, denn obwohl Frau Zaunkönig ebenfalls keine religiöse Sozialisation der Schüler*innen wahrnimmt (*religionsferne* Schüler*innen, 38), führt dies bei ihr dazu, dass sie die christliche Unterrichtsprägung eher abschwächt anstatt verstärkt: So schaltet sie beispielsweise im Umgang mit biblischen Geschichten allgemeinethische *Themen (44)* für die Schüler*innen vor, sodass der Schwerpunkt im Unterricht auf den Fragen und Gefühlen der Schüler*innen (*Theologisieren*) liegt.

Die rekonstruierten Orientierungsschemata werden im Folgenden anhand einer weiteren Passage geprüft. Dadurch konkretisiert sich zum einen, wie die didaktischen Überlegungen umgesetzt werden; zum anderen enthält diese weitere Textstelle erzählende Elemente zum Orientierungsrahmen im engeren Sinne (i. e. S.), sodass sich darin die handlungsleitenden Orientierungen dokumentieren.

266 *äh:m (4) ja, und dann würde ich sagen=n also je nach*
267 *Lerngruppe; versuch ich so'n gewisses Probehandeln zu ermöglichen. also dass man ebendiese*
368 *gestaltete Mitte hat, und dass man mal ein Gebet schreibt ein Gebet vorliest; dass man äh:m*
269 *was weiß ich mit Glasstein als Anfangsritual ein ähm ge- ein Dankgebet formuliert; oder ein*
270 *Sorgengebet mit einem Stein dass man den hinlegen kann. ähm (.) aber das hängt eben immer*
271 *äh von der Durchführbarkeit auch von der Lerngruppe ab welche welchen Zugang sie haben.*
272 *also ich versuche sie dahin mitzunehmen. ich hatte neulichst 'ne nette Situation in einer Klasse*

Auch das *Ermöglichen* von *Probehandeln* (267) bildet einen positiven Horizont für Frau Dompfaff („*versuch ich*", 267), das sich als die (unterrichts-)praktische Verwirklichung dieses bildlichen *Sich-auf-den-Weg-Machens* im späteren Verlauf herausstellt. Im Begriff des *PROBEhandelns* kommt zum Ausdruck, dass jemandem ein Vorgeschmack auf etwas Größeres in kleinerem Rahmen in Form eines Ausblicks gegeben wird [‚Weinprobe']. Danach könnten *Handlungen* aus*probiert* werden. Eine andere Lesart ist das Einüben von Praxen [‚Chorprobe'], sodass bestimmtes *Handeln* schon einmal (ein-)geübt/ge*probt* wird. Der tatsächliche Einsatz dieses *Probehandelns* bzw. das Maß dessen knüpft Frau Dompfaff an die *Lerngruppe* und die Zusammensetzung („*je nach Lerngruppe*", 266f., und später „*äh von der Durchführbarkeit auch von der Lerngruppe ab*", 271). Damit markiert sie die Beschaffenheit der *Lerngruppe* als für ihre didaktische Vorbereitung und die konkrete Ausführung des Unterrichts relevant. Tendenziell wird dies eher als Einschränkung erlebt, denn das *Probehandeln* bildet den positiven Horizont und damit die Zielvorstellung, worauf sich die Konstellation innerhalb einer Lerngruppe kontraproduktiv auswirken könnte. Es wird lediglich ein relativ vages Kriterium genannt, an dem die Lehrkraft die Realisierbarkeit ihrer Methoden innerhalb einer *Lerngruppe* evaluiert: der Zugang.

Als konkrete Erläuterung dessen („*also dass man*", 267) erfolgt eine Aufzählung verschiedener Unterrichtselemente. Dabei könnte die Nutzung des bestimmten Artikels beim ersten Element, *diese gestaltete Mitte* (267f.), auf geteiltes Wissen zwischen Frau Dompfaff und der Interviewerin hindeuten, sodass dies nicht näher ausgeführt werden muss. Es handelt sich dann um einen Verweis auf ein religionspädagogisch ‚bekanntes' Element einer Ausrichtung im Klassenraum.[27] Als Ausgangspraxis steht das *Gebet* im Zentrum ihrer Handlungen, mit

[27] Diese *Mitte* wurde im Interview vorher noch nicht genannt, was einen Verweis auf bereits Gesagtes ausschließt. Auch Frau Zaunkönig nennt das Motiv der *gestalteten Mitte* (457f., S.

dem sie verschiedene Formen des Ausdrucks (*Schreiben & Vorlesen*, 268) und unterschiedliche Inhalte verknüpft (*Dankgebet & Sorgengebet*, 269, 270), aber gleichzeitig auch damit wiederkehrende Handlungen verbindet („*mit Glasstein als Anfangsritual*“, 269 & „*mit einem Stein dass man den hinlegen kann*“, 270). Damit fokussiert sie einen dezidiert christlichen Unterrichtsgegenstand: das *Gebet*.

Für die *Durchführung* solcher Unterrichtselemente (271) markiert sie die *Lerngruppe* als einen relevanten Faktor, den sie dann noch um den *Zugang* der Schüler*innen (271) ergänzt. Dieser *Zugang* scheint hier in einer Spannung zu stehen, weil es einerseits eine Art Zielformulierung für das Unterrichtsgeschehen darstellt (*'nen Zugang zu vermitteln*, 215), aber andererseits als Voraussetzung für gewisse Unterrichtselemente betrachtet wird (*welchen Zugang sie haben*, 271). Homolog zeigt sich diese Diskrepanz in der Formulierung des *Versuchs, sie dahin mitzunehmen* (272), mit der die Sequenz abgeschlossen wird. Denn in dem Verb *versuchen* kommt bereits zum Ausdruck, dass sie ihr Vorhaben vielleicht nicht umsetzen kann, nämlich die Kinder *mitzunehmen*. Ihre allgemeinen Schilderungen zur Vorgehensweise gehen dann über in eine rudimentäre Erzählung einer beispielhaften Unterrichtssituation, in der das Gebet thematisiert wurde:

272 *also ich versuche sie dahin mitzunehmen. ich hatte neulichst 'ne nette Situation in einer Klasse []*
273 *da ging's um's Danken nach den Sommerferien, äh und das hat mir noch mal ganz klargemacht,*
274 *dass man auch nicht einfach so (.) das voraussetzen kann dass äh (.) hm Kinder 'nen Zugang zum*
275 *Gebet kriegen, und dann also ich hatte wir hatten erst über das äh über die schönen Erlebnisse in*
276 *den Sommerferien gesprochen, und dann war die Aufgabe eben sie sollten ein Dankgebet*
277 *schreiben. und es waren mehrere Kinder dabei, die einmal das Problem hatten mit der*
278 *Dankbarkeit, dass sie nichts finden konnten wofür @sie dankbar sind@, und dann gab es bei*
279 *einem Jungen also so richtig 'nen Problem! das eben als Gebet! zu formulieren was denn das*
280 *bedeutet sozusagen. weil er eben also das ist gar nicht formulierbar; also da- diesen Weg ist*
281 *dieses Kind noch gar nicht gegangen; dass man eben zu Gott sprechen kann; und diesen Weg*
282 *zu eröffnen*

Zu Beginn dieser Passage wechselt Frau Dompfaff von der Erzählzeit („*ich versuche*“, 272) zurück in die erzählte Zeit („*ich hatte neulichst*“, 272). Einleitend ordnet sie die Erlebnisse zunächst zeitlich ein („*neulichst*“, 272), die sie dann auch situativ in den schulischen Kontext mit Schüler*innen verortet („*in einer Klasse*“, 272). Auch inhaltlich spezifiziert sie die von ihr erzählte *Situation* („*da ging's um's*“, 273). Vor dem Hintergrund der kontextuellen Bezüge auf eine *Klasse* (272) sowie auf *Sommerferien* (273) lässt sich dies als Beschreibung einer Unterrichtsstunde lesen, die das *Danken nach den Sommerferien* (273) zum Inhalt hatte.

104) ein zentrales Element in ihrem Unterricht, welches sie jedoch vornehmlich im Kontext der Ritualisierung und Konstanz des Unterrichtsbeginns thematisiert und nicht – wie Frau Dompfaff hier – als Mittel für performatives Lernen.

In einer argumentierenden Hintergrundkonstruktion präsentiert sie zu diesem Erzählanfang eine explizite Selbstreflexion, indem sie ihre Gedanken vergegenwärtigt („*hat mir […] klar gemacht*“, 273): Darin schränkt FRAU DOMPFAFF die Selbstverständlichkeit eines *Zugangs* der Schüler*innen *zum Gebet* (273f.) explizit ein. Sie betont damit, dass es ihr als Lehrkraft auch durchaus missglücken kann, diesen *Zugang* herzustellen („*nicht einfach […] vorausssetzen kann dass […] Kinder 'nen Zugang zum Gebet kriegen*“, 274f.). Homolog zu den bisherigen Rekonstruktionen beinhaltet dies eine dynamische Vorstellung vom Unterricht als Prozess, als Lehrkraft einen veränderten Zielzustand bei den Schüler*innen – nun ‚mit Zugang‘ – zu erreichen. Doch genau dieser Prozess des Zugangerwerbens wird in seiner, vielleicht zuvor einmal angenommen Selbstläufigkeit und Verfügbarkeit von FRAU DOMPFAFF verneint. Dadurch wird der spannungsreiche Charakter dieser Metapher des *Zugangs* noch einmal deutlich. Zugleich verknüpft sie diese angefangene Erzählung mit den vorangegangenen theoretischen Ausführungen („*Zugang*“).

Im Anschluss an die Hintergrundkonstruktion setzt FRAU DOMPFAFF die Erzählung mit einem Verweis auf das vorgeschaltete alltagsnahe Unterrichtsgesprächsthema der „*schönen Erlebnisse in den Sommerferien*“ (275f.) fort. Bei der Korrektur und Reformulierung des Satzsubjekts inkludiert sie nun die Schüler*innen („*ich hatte wir hatten*“, 275), womit sie ihre steuernde Funktion als Lehrkraft und möglicherweise Gesprächsleitung ablegt und in ein gleichberechtigtes Gesprächsbündnis eintritt, was jedoch im daraufhin einseitig erteilten Arbeitsauftrag wieder eingeschränkt wird („*sie sollten ein Dankgebet schreiben*“, 276f.). Zugleich wird der Arbeitsauftrag des *Schreibens eines Dankgebets* über die Partikel „*eben*“ (276) an die zuvor präsentierten, theoretischen Darstellungen rückgebunden („*ein Dankgebet formuliert*“, 269). Damit markiert FRAU DOMPFAFF diese rudimentäre Erzählung einer Unterrichtssituation als illustratives Belegbeispiel ihrer bisherigen reflexiven Überlegungen zum Thema.

Für die Schüler*innen beurteilt FRAU DOMPFAFF die Bearbeitung des Arbeitsauftrags als doppelt *problem*behaftet: Zum einen schreibt sie einem nicht weiter spezifizierten Schüler*innenkollektiv in der Klasse („*mehrere Kinder*“, 277) *Probleme* bei der allgemeinen Empfindung von *Dankbarkeit* zu, worin sich implizit die christlich (geprägte) Norm des *Dankbarseins* dokumentiert. Zum anderen hebt sie einen Schüler hervor („*einem Jungen*“, 279), bei dem sich dieses *Problem* zugespitzt zeigt („*so richtig 'nen Problem*“, 279), da diesem die Versprachlichung in Form eines Gebets Schwierigkeiten bereitet, d. h. diese *Dankbarkeit* in ein *Gebet* (279) zu übertragen. Mit dem Nachsatz *was denn das bedeutet* (279f.) wird aber auch klar, dass nicht der reine Sprech- oder Schreibakt die Herausforderung darstellt, sondern der dahinterstehende Sinn bzw. Verweis auf etwas Größeres und möglicherweise auch die Gattung des Gebets an sich, dessen Gesetzmäßigkeiten er nicht kennt.

FRAU DOMPFAFF konkludiert ihre Ausführungen mit der Unmöglichkeit (für den *Jungen*), dieses Gebet zu *formulieren* (280). Sie unterstreicht dies im Rückgriff auf die bereits eingeführte Metapher: Er scheint *diesen Weg noch gar nicht gegangen* (280f.) zu sein, was sie mit der Erfahrung gleichsetzt, *zu Gott zu sprechen* (821). Die Schwierigkeit, ein *Gebet* nicht als solches *formulieren* zu können, wird also mit einem Defizit verbunden, bislang keine entsprechenden Erfahrungen gesammelt zu haben: nämlich *diesen* speziellen *Weg (der Gottesbeziehung) gegangen* zu sein. Damit werden den Vorerfahrungen der Schüler*innen außerhalb des Unterrichts auch Bedeutsamkeit für den Unterrichtsprozess zugeschrieben, was sich an die umgekehrte Formulierung anschließt: *Kinder, die nichts mitbringen* (80). Dabei führt sie nicht weiter aus, ob dieser *Weg* vorher einmal gegangen sein muss, um ihn beim *Formulieren* eines *Gebets* im Unterricht erneut gehen zu können, oder aber ob man dadurch beispielsweise hinterher einen *Zugang* erhält.

Die Möglichkeit des *Sprechens zu Gott* (281) verknüpft FRAU DOMPFAFF demnach mit der Vorstellung eines spezifischen, feststehenden *Weges* (*„diesen Weg“*, 280) (homolog zu *‚der‘ christlichen Religion*, 215). Mit der abschließenden Infinitiv-Formulierung, *„diesen Weg zu eröffnen“* (281f.) redefiniert sie allerdings das *Problem* des Schülers (der nicht gegangene *Weg*) zu ihrem Handlungs- bzw. Unterrichtsziel: FRAU DOMPFAFF deutet dies als positiven Horizont um, den es zu erreichen gilt. Damit wird das *Problem* geglättet und das Defizit in einen neuen Unterrichtsgegenstand umgewandelt.

Zwischenfazit:
FRAU DOMPFAFF widmet sich Fragen des konkreten Unterrichtsgeschehens, indem sie positive Horizonte und Unterrichtsbilder entwirft,[28] die sie auch anhand einer konkreten Unterrichtssituation veranschaulicht. Ein positiver Horizont stellt das Ermöglichen von *Probehandeln* dar, was anschließend am Unterrichtsgegenstand des *Gebets* bzw. des *Redens zu Gott* elaboriert wird. In der bereits genutzten Metapher des *Den-Weg-Gehens* offenbart sich dann eine Spannung, denn homolog zur Metapher des *Zugangs* wird auch die des *Weges* zum einen als Voraussetzung für gelingende Unterrichtsprozesse wie dem Formulieren eines *Gebets* (Norm) interpretiert. Zum anderen stellt FRAU DOMPFAFF genau hier ein Defizit fest, sodass sie diese notwendige Unterrichtsvoraussetzung als neu entstandenen positiven Horizont für die Unterrichtspraxis deklariert. Dadurch ergibt sich ein Dreischritt für ihre Unterrichtspraxis, die von den Vorerfahrungen der Schüler*innen abhängt:

Zuhause: *Zugang* haben? → Unterricht: *Zugang* erhalten? →
Unterrichtsziel: Zugang vermitteln
Zuhause: *Weg* gegangen → Unterricht: *Weg* erneut gehen können? →
Unterrichtsziel: Weg eröffnen

[28] Sie strukturiert ihre Darstellungen zur Unterrichtspraxis bezeichnenderweise nahezu ausschließlich mit Konstruktionen positiver Horizonte und seltener mit negativen Horizonten. Darin dokumentiert sich eine Orientierung von FRAU DOMPFAFF an den Chancen und Wirkungsmöglichkeiten des Religionsunterrichts.

Die *christliche Religion* sowie der *Weg* der Schüler*innen dorthin werden dabei als feststehende Größen konstruiert, wobei der Religionsunterricht selbst als dynamisch präsentiert wird, der auf Veränderungen abzielt. Die christliche Religion wird dabei als implizite Bestimmung der Schüler*innen konstruiert; und als ein zunächst unbekannter, verschlossener Raum, zu welchem es gilt, den *Zugang* zu *eröffnen* bzw. die Schüler*innen *dahin mitzunehmen*. In dieser Vorstellung manifestiert sich die Aufteilung in ein Draußen vs. Drinnen bzw. Hier vs. Dort.
In praktischer Hinsicht rahmt FRAU DOMPFAFF das *Gebet* als keinen rein sprachlichen, sondern als christlichen Akt, der ein Teil der religiösen Praxis darstellt. Im Gebetsritual wird christliche Religion gelebt, sodass das Formulieren eines Gebets Einblicke in ein Leben mit der christlichen Religion gewährt. Ihre eigene Rolle sieht sie dabei als Vermittlerin, die von dieser Religion kommt und diese kennt.
Darin dokumentiert sich eine Orientierung FRAU DOMPFAFFS am individuellen Erproben christlicher Praxen, die für die Kinder bedeutsam sein bzw. werden können. Breiter gefasst kann diese Orientierung auch als eine Eröffnung der christlichen Religion für die Schüler*innen formuliert werden.[29]

Die rekonstruierte Orientierung an der Eröffnung der christlichen Religion für die Schüler*innen zeigt sich auch in einer anderen eher beschreibend-erzählenden Passage. Daran lässt sich exemplarisch das Unterrichtsbild von FRAU DOMPFAFF charakterisieren, denn FRAU DOMPFAFF reagiert darin auf eine *Erzähl*aufforderung zu einer als *fruchtbar wahrgenommenen Situation*. Anhand der beschreibenden und erzählenden Anteile, die die Passage im Vordergrund (in erzählter Zeit) strukturieren, lassen sich Aspekte des Orientierungsrahmens i. e. S. erkennen und damit solches des handlungsleitenden Wissens der Lehrkraft.

(4) @ja@ ((lacht)), ähm als ich noch Klassenlehrerin war; und Religion als Klassenlehrerin unterrichtet habe, äh=habe ich m in meiner Klasse äh so'n kirchenpädagogisches Projekt gemacht; //mhm// und bin mit den Kindern viel in der Kirche gewesen. ähm und habe ähm also auch=so (.) mm=n als- naja so performative Anteile sozusagen genutzt; ähm und ich hab zum Abschied äh äh hab ich dann so'n kleines Heft von den Kindern gekriegt, wo sie so zusammengestellt haben was äh ihnen das bedeutet hat; dass sie mit mir zusammen waren; dass ich ihre Klassenlehrerin war, und da haben ganz viele Kinder darauf Bezug genommen; das hat ihnen etwas !bedeutet!.(.) äh wir hatten damals das Glück dass die Kirche sehr schnell erreichbar ba- ba- war für uns, //mhm// also n' Fußweg von fünf Minuten, und wir eben auch äh Schulgottesdienste und so weiter durchgeführt haben, und dass ich aber selber mit ihnen in die Kirche gegangen bin; dass wir da selber etwas gemacht haben, (.) ähm und ein Kind hat das so

[29] Während FRAU DOMPFAFF hier vom Gegenstand der christlichen Religion ausgeht und diese den Kindern als Weg eröffnen möchte, steht bei FRAU ZAUNKÖNIG die Orientierung an der Vermittlung und der Herstellung von Nähe / Verbindung zwischen dem Lehrgegenstand (Bibel) und den Schüler*innen im Mittelpunkt ihrer Praxis.

371 *in Worten ausgedrückt ähm, dass es äh gesagt hat ich danke dir dass du mir die Kirche so lieb*
372 *gemacht hast.*

Indem sie auf die eine zurückliegende (Berufs-)Phase verweist, in der sie „*noch Klassenlehrerin*" (360) war, rahmt sie ihre Erzählung zunächst zeitlich-situativ („*als*", 360). Sie verweist damit zum einen auf ein besonderes Zeitfenster ihrer Berufsbiografie, womit sie implizit auch andeutet, dass diese Phase nun beendet ist. Zum anderen liefert FRAU DOMPFAFF Zusatzinformationen zu ihrer Tätigkeit („*und*", 360), denn sie hat *Religion unterrichtet* (360f.), und zwar „*als Klassenlehrerin*". Durch die Verknüpfung ihrer Tätigkeit (*Religion unterrichten, 360f.*) mit der besonderen Rolle („*Klassenlehrerin*") markiert sie das besondere Verhältnis von sich als Lehrkraft zur Schülerschaft dieses Religionsunterrichts, denn sie steht nicht nur in ihrer Funktion als Religionslehrerin, sondern auch *als Klassenlehrerin* vor ihnen im Unterricht. Diese doppelte Zugehörigkeit wird auch durch das Possessivpronomen betont: *in meiner Klasse* (361); es ist nicht irgendeine, sondern ‚ihre' Klasse.

Mit der Benennung eines „*kirchenpädagogischen Projekts*" (361) spezifiziert sie die zu erzählende Situation, die einerseits durch ein eindeutig christliches Thema geprägt ist (*kirchenpädagogisch* – im Unterschied zu Themen wie ‚Vertrauen' bzw. ‚Freundschaft'). Andererseits steht der Religionsunterricht aufgrund des *Projekt*-Charakters außerhalb des regulär stattfindenden Unterrichts. Die konkrete Ausgestaltung des *Projekts* wird dabei anhand zahlreicher Aufenthalte *in der Kirche* (362) beschrieben, was eine räumliche Verlagerung des (Unterrichts-)Geschehens vom Klassenraum in den sakralen Raum der *Kirche* bedeutet. Die dies ergänzende Formulierung der *Nutzung performativer Anteile* (363) bleibt auf der theoretischen Ebene (363) und wird nicht inhaltlich-praktisch gefüllt.[30] Der besondere Raum wird dabei von ihr als zentrale *Projekt*erfahrung hervorgehoben.

Sie leitet ihre Schilderungen über die *Projekt*erfahrung anhand eines *kleinen Hefts* (364) über zur Rezeption dieser aus Sicht der Schüler*innen: Der Anlass ist ein noch unspezifisch genannter *Abschied* (364): Grund für das *Abschiedsheft* ist das sich auflösende Verhältnis zwischen Klasse und *Klassenlehrerin* (366). In diesem Heft haben die Schüler*innen das *Projekt* positiv evaluiert, denn *viele Kinder haben darauf* [auf das Projekt] *Bezug genommen* (366). Der Nachsatz „*das hat ihnen etwas !bedeutet!*" (366f.) ist jedoch eine Interpretation von FRAU DOMPFAFF und insofern eine Theoretisierung, denn sie zitiert hier keine Schüler*in wörtlich. Der Wortgebrauch *Bedeutung* (von Religion) zieht sich vielmehr durch das Interview.

30 Mit der Formulierung der *performativen Anteile* wiederholt sie den Wortlaut in Z. 216, dort beschreibt FRAU DOMPFAFF bereits den Religionsunterricht als geeigneten Ort für solche *performativen Anteile* wie z. B. das *Sprechen eines Gebets* sowie das *Singen christlicher Lieder*. Mit dem Religionsunterricht wird ein *Kennenlernen* dieser Rituale ermöglicht, da diese bei den Schüler*innen *zu Hause* nicht mehr praktiziert werden.

Im Zusammenhang mit diesen Schüler*innenrückmeldungen erwähnt sie die *fußläufige* Nähe der Kirche („*schnell erreichbar*“, 367f., „*Fußweg von fünf Minuten*“, 368) und die dort regelmäßig abgehaltenen *Schulgottesdienste* (369) als Normalitätsmarker, wobei FRAU DOMPFAFF vor diesem Hintergrund die Besonderheit der *Kirchenbesuche* mit ihr als Lehrkraft hervorhebt. Das *Selbermachen* (369f.) wird aus Perspektive der Schüler*innen besonders akzentuiert und bildet einen positiven Horizont, was möglicherweise im Gegensatz zu einem Gottesdienst steht, der von anderen Personen gestaltet wird und dem die Schüler*innen lediglich beiwohnen.

Zur Veranschaulichung zitiert FRAU DOMPFAFF dann einen konkreten Schüler*innenbeitrag aus diesem *Heft* („*hat das so in Worten ausgedrückt*“, 370f.): Dort bedankt sich ein *Kind* (370) bei der Lehrerin für das *Liebmachen* der *Kirche* (371f.). Insofern zeigt sich auch am ausgewählten Zitat, dass ein Um- und Neudenken aufseiten der Schüler*innen durchaus einen positiven Horizont des Unterrichts darstellt (hier: ein Qualitätsmarker für *fruchtbare Unterrichtssituationen*), und zwar im Sinne einer veränderten Beziehung zur christlichen Religion, zu Ritualen und Institutionen (hier: eine zunehmende emotionale Nähe zum sakralen Raum der *Kirche*[31]). Durch das *kirchenpädagogische Projekt* setzte beim besagtem *Kind* eine gewisse Entwicklung zu einer Zuwendung ein, was implizit wiederum den bereits rekonstruierten positiven Horizont eines wirksamen, auf Veränderungen abzielenden Unterrichts belegt. Gleichzeitig dokumentiert dies die Orientierung der Lehrkraft an der Eröffnung des christlichen Glaubens für die Schüler*innen, hier konkret: den Raum der Kirche.

Inwiefern FRAU DOMPFAFF hier ein Vertrautmachen mit der christlichen Religion bewirkt, verdeutlicht sich vor allem durch das Schildern des familiären Hintergrunds dieses *Kindes*, denn sie verweist hier auf *bewusst atheistische Eltern* und eine *bewusste* elterliche Entscheidung gegen eine *Taufe* bei gleichzeitiger *Offenheit* dem Kind gegenüber: *sein Leben in die Hand zu nehmen* (372–375). Damit markiert sie diese Art des Wandels im Kind als besonders extrem: nämlich von einem *bewusst atheistischen* Elternhaus hin zur *lieb*gewonnenen *Kirche*.

Im Gesamtkontext des Interviewimpulses zu einer als *fruchtbar wahrgenommenen Unterrichtssituation* ergänzt FRAU DOMPFAFF eine weitere Situation:

> *ansonsten hat man immer natürlich diese kleinen Erlebnisse, ähm wo Kinder also wenn ich schriftlich zum Beispiel Gebete formulieren lasse; da hatte ich neulich so'n emotionales Kind, das dann geschrieben hat, (.) und Gott ich hab dich ganz doll lieb. (.) da denk ich auch (.) wow. (.) also und das hab ich definitiv nicht im Religionsunterricht !ver-mittelt!, also so viel also so viel Emotionalität bring ich nun wirklich @nicht in den Religionsunterricht ein@, und das hat dieses Kind aber irgendwie aus=sich selbst und durch diese Verknüpfung, durch das was von außen eben kommt, durch diese Möglichkeit mal was ausdrücken*

[31] Hierunter könnte auch die Institution „*Kirche*“ als Ganze interpretiert werden, jedoch scheint „*Kirche*“ als ein Ort des Aufenthalts (räumlich-physisch und sakral) im Kontext am ehesten zu passen.

zu können, äh äh drückt es das dann plötzlich aus; also das sind wirklich Stern-stunden find=ich. (381–388)

Aus einer verallgemeinernden Beschreibung („*hat man immer natürlich*", 381) entwickelt sich eine konkrete Erzählung zu einer weiteren, ebenfalls positiv gerahmten Unterrichtssituation („*wow*", 384, „*Sternstunden*", 388). In Reaktion auf eine Arbeitsanweisung durch sie als Lehrkraft („*Gebete formulieren LASSE*", 382), wird eine konkrete Reaktion eines *Kindes* (383) wortwörtlich hervorgehoben. Der Besonderheitscharakter dieser Reaktion scheint zum einen in der *emotionalen*, also individuell-persönlichen Beteiligung des *Kindes* zu liegen. Zum anderen wird hier die Divergenz zu den durch sie als Lehrkraft in den Unterrichtsraum eingebrachten Rahmung als besonders hervorgehoben („*das hab ich definitiv nicht im Religionsunterricht !vermittelt!*", 384). Die Besonderheit dessen hängt damit an dem vom *Kind* selbst proponierten neuartigen Gehalt, hier: dem *emotionalen* Anteil in seiner Reaktion; nicht beispielsweise – wie ebenfalls denkbar – in der korrekten Ausführung des Arbeitsauftrags oder in einem vertieften Verständnis o. ä. Zugleich scheint hier keine aktiv kognitive Bearbeitung, sondern eine Art unvermittelter Prozess im *Kind* selbst stattzufinden, der nicht auf einer Steuerung basiert. Dies scheint das Besondere auszumachen. FRAU DOMPFAFF rahmt beide Situationen zusammenfassend als *Sternstunden*, und bewertet sie damit vor dem Hintergrund der Einzigartigkeit sowie der über die jeweilige Situation hinausreichende Wirkung.

Zwischenfazit:
In diesen Erzählungen von positiv gerahmten Unterrichtssituationen (*kirchenpädagogisches Projekt* und die Schüler*innen-Rezeption der Formulierung von Gebeten) zeigen sich folgende Homologien zu bereits rekonstruierten Aspekten des Orientierungsrahmens von FRAU DOMPFAFF: Die erste Situation und damit auch ihre Erfahrung ist maßgeblich durch das Räumliche strukturiert. Dabei geht sie weniger auf die tatsächlichen Inhalte des Projekts ein als vielmehr auf die Tatsache, *viel ‚in' der Kirche*[32] gewesen zu sein und damit den religiösen Raum persönlich erfahren zu haben: Die räumliche *Nähe* dieser *Kirche* wird mehrfach in ihrer Erzählung hervorgehoben.
Zudem kehrt auch ein zweiter Aspekt in ihren Schilderungen wieder: Das Unterrichtsbild wird auch hier als Bewegung interpretiert, die bei den Schüler*innen etwas bewirkt (sprich: eine Orientierung an der Wirksamkeit des Religionsunterrichts). Insbesondere wird dabei betont, dass eine Beziehung zwischen den Schüler*innen zur christlichen Religion hergestellt wird (Orientierung an der Eröffnung dieser), wofür symbolisch der sakrale Raum der *Kirche* steht. Dieser positive Horizont eines bewegenden Unterrichts steht auch in der Darstellung der zweiten Unterrichtssituation im Zentrum; das Be-

[32] Hervorhebung durch K. W.

sondere hängt hier jedoch an der neuartigen Proposition durch das *Kind* selbst, das damit etwas individuell Persönliches, nicht Gefordertes in das Geschehen einbringt.
Hinzukommt der Aspekt ‚Beziehungen im Religionsunterricht', denn explizit wird das *Projekt* als eines zwischen Klassenlehrerin und Klasse gerahmt (und nicht zwischen Religionslehrerin und Religionsgruppe), sodass hier die erweiterte Rolle der Klassenlehrerin auch als relevant für die Ausgestaltung des Religionsunterrichts eingestuft wird.

Auch im Rückgriff auf das Kapitel ‚Brückenschlag' zeigt sich, dass die Unterrichtserfahrungen von Frau Dompfaff mit dem Fach Religion primär vom *Wandel* (49) der Schüler*innenschaft und somit auch vom *Wandel* ihres Unterrichtens geprägt sind (vgl. Kap. 4.2, S. 88–90).[33] Da es den Kindern an Bibelkenntnissen fehlt, kann sie Frau Dompfaff im Unterricht damit inhaltlich *überraschen*; gleichzeitig konstruiert sie auch die Chance des Religionsunterrichts, die ausbleibende *religiöse Sozialisation* im Elternhaus zu kompensieren („*ich denke dass der eine oder andere sich dann doch en/ entscheidet sich dann doch noch konfirmieren zu lassen*", 82f.). Insofern nimmt sie den Religionsunterricht auch als wirksam(er) im Vergleich zu früher wahr. Dabei stellt sie jedoch eine Diskrepanz zwischen dem von ihr zugeschriebenen Stellenwert und Bekanntheitsgrad von biblischen Inhalten („*selbst so beKANNTE [biblische] Geschichten wie [...]*"[34], 52) und den geringen *Kenntnissen* der Schüler*innen fest („*weil sie keiner [mehr] KENNT*", 54).

Eine homologe Diskrepanz zwischen zugeschriebener, gesellschaftlicher Norm der Bekanntheit biblischer Geschichten und vorgefundener, heutigen ‚Realität' findet sich auch in Frau Dompfaffs Schilderungen zur Konfessionalität der Schüler*innen. Nach einer kurzen metakommunikativen Vergewisserung („*was war noch mal Ihre Ausgangsfrage jetzt eben?*", 64f.) und der Einordnung durch die Interviewerin („*ganz allgemein gefasst welche Erfahrungen Sie mit dem Religionsunterricht*", 66) beschreibt sie diesen Wandel ausführlich:

69 *also das ist die eine Seite dass äh Kinder eben weniger*
70 *religiös sozialisiert sind, ähm und dann hab=ich natürlich auch 'ne deutlichere Mischung, äh*
71 *also noch mal eben äh zurück zur religise-jösen Sozialisation. ähm also wir haben viele*
72 *ungetaufte Kinder, //mhm// äh bei uns ist es so wir haben überwiegend evangelisch::e äh also*
73 *das ist äh in Norddeutschland ja sowieso also häufig so gegeben außer in @bestimmten@*
74 *Regionen ähm (.) und also wenn äh und die haben wirklich überhaupt keinen Bezug zu ihrer*
75 *Religion also ganz wenig. es gibt es dann eben nur so in in diesem Rahmen dass sie was weiß*
76 *ich mal an='ner Taufe teilgenommen haben im Ver- äh -wandtenkreis oder dass Konfirmation*

33 Vor diesem Hintergrund des von ihr konstatierten *Wandels* wird auch noch mal ihr Begriff der *Ewigkeiten* ihrer Tätigkeit als Religionslehrerin interessant, denn die von ihr als lang wahrgenommene Unterrichtspraxis macht die Wahrnehmung eines Wandels (und eben keiner spontanen Kehrtwende u. a.) erst möglich.

34 Hervorhebung durch K. W.

dann eben 'ne Rolle spielt; und Taufe findet häufig dann auch erst in diesem Rahmen statt wo Kinder selber überlegen ich möcht vielleicht jetzt doch äh o äh konfirmieren lassen

Konkret wird hier nun ein Feld zwischen einerseits einem Rückgang an *religiöser Sozialisation* (‚Weniger') und andererseits einer zunehmenden Vielfalt („*'ne deutlichere Mischung*", 70) aufgespannt. Zwischen diesen beiden Eckpunkten verortet FRAU DOMPFAFF einen Wandel, den sie dann noch elaboriert. Hinsichtlich der religiösen Sozialisation werden die *Kinder* (69, 72) ihrer Schule („*wir haben*", 71) anhand von zwei unabhängigen Differenzkategorien charakterisiert: Taufe („*viele Ungetaufte*", 71f.) und Konfession („*überwiegend evangelisch*", 72). Beide Differenzkategorien scheinen je die gesamte Schüler*innenschaft zu unterteilen, wobei der überwiegende Teil der ungetauften Schüler*innen damit auch evangelisch ist. FRAU DOMPFAFF konstatiert hier den fehlenden *Bezug* (74) (nicht nur) der *ungetauften Kinder* zu ihrer Religion (74f.). Damit schreibt sie auch den Nichtgetauften eine Zugehörigkeit zur christlichen Religion zu („*ihre*", 74), was im formalen Widerspruch zu ihrer fehlenden offiziell-rituellen Eingliederung in die christliche Gesellschaft steht. Zudem scheint in ihrer Realität gar kein *Bezug* zur Religion vorhanden zu sein. Damit misst die Lehrerin ‚Religionszugehörigkeit' hier weniger an formalen Kriterien, sondern vielmehr im Sinne einer lokalen Zugehörigkeit zu einer historisch evangelisch-christlich geprägten Gesellschaft („*Norddeutschland*", 73, „*Regionen*", 74). Dieser gesellschaftliche Aspekt der Religion in den Äußerungen von FRAU DOMPFAFF dokumentiert sich auch ihren Darstellungen zu den minimalen Berührungspunkten der Schüler*innen mit Religion, wie beispielsweise dem Feiern eines christlichen Familienfestes (*Taufe im Verwandtenkreis*, 76).

Auch an weiteren Interviewsequenzen lassen sich homologe Wahrnehmungen der Schüler*innen erkennen: Auf die Interviewfrage nach der Klassenzusammensetzung im Religionsunterricht (nach Abzug der abgemeldeten Schüler*innen) elaboriert FRAU DOMPFAFF dies ebenfalls mit dem Merkmal der Konfessionalität der Schüler*innen:

> *ähm also wenn es jetzt der konfessionell-kooperative u äh Unterricht ist würde ich sagen ein Drittel katholische Kinder, (.) äh und das restliche zwei Drittel teilt sich auf in evangelische äh Getaufte und eben Nichtgetaufte aber mit evangelischem Hintergrund °würd ich sagen°. //mhm// und das variiert von Klasse zu Klasse manchmal hat man ganz viele Ungetaufte, (3) also ich würde fast sagen an unserer Schule ist es meistens der überwiegende Teil* (169–173)

Nach einer näheren Bestimmung der Unterrichtsform als *konfessionell-kooperativ*[35] unterteilt FRAU DOMPFAFF die Schüler*innen erneut anhand ihrer etablierten Differenzmerkmale der Konfession (*katholisch* und *evangelisch*) und der Taufe (*ge-*

[35] Bei kurzen Transkriptausschnitten, die ohne Zeilennummernauflistung abgedruckt sind, wird anschließend bei der Zitation im Fließtext auf den konkreten Zeilenverweis verzichtet.

taufte und *nicht-getaufte*); nun in quantifizierendem Modus anhand von *Dritteln.* Daran wird nun deutlich, wie sich diese beiden Differenzkategorien in den Konstruktionen von FRAU DOMPFAFF zueinander verhalten, denn die Unterscheidung *getauft* und *nicht-getauft* wird nur innerhalb der Kategorie *evangelisch* wirksam. Auch den *Nicht-Getauften* wird ein *evangelischer Hintergrund* zugeschrieben, wobei FRAU DOMPFAFF ihre Quantifizierung als veränderlich und abhängig vom Schulkontext darstellt („*variiert von Klasse zu Klasse*").

Nach einer kurzen Verständnisnachfrage konkretisiert FRAU DOMPFAFF noch mal ihre quantitativen Angaben:

> *ich musste noch mal eben ergänzen. und zwar de- von den evangelischen Schülern der ungetaufte Teil ist der ü-überwiegende Teil; also von diesen was ich jetzt als zwei Drittel sozusagen geschätzt habe; und von den katholischen Kindern, die sind natürlich immer alle @getauft@* (181–184)

Mit dieser Ergänzung wird noch einmal ihre zuvor getroffenen Differenzierungen explizit: Die Unterscheidung *getauft* und *nicht-getauft* ist deshalb nicht für das Merkmal *Katholischsein* relevant, weil FRAU DOMPFAFF hier feststellt, dass diese Eigenschaft (‚Getauftsein') auf alle katholischen Kinder ausnahmslos zutrifft („*die sind natürlich immer alle @getauft@*"). Sie rahmt dies als (religionspädagogisches) Allgemeinwissen mit den Worten *natürlich immer,* was durch das gemeinsame Lachen noch bekräftigt wird und möglicherweise der Interviewsituation (zwischen zwei Religionspädagoginnen) geschuldet ist. Mit dieser Ergänzung wird ein sortierend-kategorisierender Modus in Hinblick auf die Schüler*innen deutlich.

> Zwischenfazit:
> Insgesamt beschreibt FRAU DOMPFAFF hier die Ausgangslage ihrer Schüler*innen äußerst detailliert und teilweise theoretisierend. Ihre normativ gesetzten Zuschreibungen, die sie gesellschaftlich verortet und auf Religion bzw. Konfession bezieht, finden in ihren Alltagswahrnehmungen jedoch nicht immer Anschluss. Bestimmte gesellschaftliche Sozialisationsprozesse sind in der Wahrnehmung von FRAU DOMPFAFF nicht (mehr) vorhanden. Dadurch entstehen (teilweise auch implizit) Diskrepanzen und Spannungen. Die konfessionsbezogenen Differenzierungen *evangelisch-katholisch* bzw. *getauft-nicht getauft* werden auf der Ebene der Orientierungsschemata als relevant markiert, wobei die (denkbare) Möglichkeit von Schüler*innen, die nicht getauft und aber auch keinen konfessionellen *Hintergrund* haben, eine Leerstelle bleibt.

Die Proposition einer *deutlicheren Mischung* (70) der Schüler*innen, die FRAU DOMPFAFF als zweiten Aspekt des wahrgenommenen Wandels in der Schülerschaft anführt, elaboriert sie in der folgenden Passage. Dabei fokussiert sie nun die Unterrichtsorganisation, die auf diese spezifische Schüler*innenschaft (*Muslime*) unvorbereitet ist:

> *ähm die andere Sache die sich auch verändert hat ist dass wir natürlich äh viele äh Schüler aus anderen Nationen und hauptsächlich die muslimischen Schüler die jetzt mit in den Klassen sind; //mhm// und da eh ist eh eben das eh Problem wie man damit verfährt; (.) weil es ja kein alternatives Konzept in der Grundschule gibt, wo diese Kinder zu diesem Zeitpunkt wo Religionsunterricht stattfindet konfessioneller Religionsunterricht ja auch eh eh wo wir (.) die hingeben sozusagen (.)* (84–89)

Zur *anderen Sache* des Wandels zählt sie die gestiegene Präsenz von Schüler*innen „*aus anderen Nationen*" im Klassenraum, sodass hier das Differenzkriterium ‚nationale Herkunft' zum Kriterium der formalen Konfessionalität hinzukommt. Die *Haupt*gruppe dieser neuen Klassifizierung stellen die Schüler*innen mit *muslimischen* Hintergrund dar – damit verknüpft FRAU DOMPFAFF hier Nationalität und Religionszugehörigkeit.[36] Die Präposition „*aus*" betont dabei den räumlich-geografischen Aspekt von Nationalität (auch: „*HERkunft*"), was im weiteren Verlauf noch durch die Formulierung „*jetzt mit IN der Klasse sind*"[37] verstärkt wird.

> Exkurs: Eine Homologie zur Verknüpfung von Nationalität und Konfessionalität findet sich auch an einer weiteren Textstelle zur schulischen Unterrichtsorganisation: Dort erklärt FRAU DOMPFAFF das Einrichten des katholischen Religionsunterrichts mit dem spezifischen Migrationshintergrund der Schüler*innen aus einem katholischen Ursprungsland, sodass sie an ihrer Schule „*einen °ich sag mal° relativ hohen Anteil von katholischen Schülern [haben] weil wir [Menschen aus katholisch geprägtem Land x] und [Menschen aus katholisch geprägtem Land y] in zweiter und dritter Genration da haben*" (119–121).
>
> Die ‚Religions- und Konfessionszugehörigkeit' spielt aber auch noch eine weitere Rolle in der Unterrichtsorganisation: Denn katholische und evangelische Schüler*innen werden für den Religionsunterricht nicht mehr getrennt, weil aufgrund dieser Mischung mehr Ruhe einkehrt: „*und ähm (.) die katholischen Kinder sind die sozial schwierigeren, und wenn wir sie die aus den vierten Klassen rausziehen und ihr [der katholischen Lehrkraft] die alle geben, dann hat sie 'n Riesenproblem auf disziplinarischer Ebene*" (131–133). Demnach verbindet sie auch das Sozialverhalten mit Konfessionalität; damit weist nun offenbar eine Schüler*innengruppe der Schule in allen drei Differenzkriterien (Nationalität, ‚Sozialverhalten' und ‚Konfession') das gleiche Merkmal auf: Sie kommen aus einem der beiden genannten Länder, sind *katholisch* und *sozial auffällig*. Dadurch verliert ‚Konfessionalität' als Einzel-

---

36 Diese Korrelation zwischen Nation und Religion findet sich auch bei FRAU BUNTSPECHT: Im Kontext ihrer Erfahrungen mit dem Unterrichten von Religion spricht sie von der „*Problematik dass wir (.) Kinder aus (.) verschiedenen Religionen haben, also wir haben (.) an der Schule fast dreiz/ dreißig verschiedene Nationalitäten, ähm wir haben viele Kinder die dem Islam (.) zugeordnet sind [...]*" (44–47), vgl. dazu Kap. 4.3, S. 93f.

37 Hervorhebung durch K. W.

kriterium an inhaltlicher Bedeutung, weil FRAU DOMPFAFF es stets in Kombination mit den anderen – inhaltlich handlungsleitenden (*sozial schwieriger*) – Merkmalen nutzt.

Die wachsende Anzahl an muslimischen Schüler*innen (s. o.) stellt den organisatorischen Umgang vor große Probleme; zudem nimmt FRAU DOMPFAFF hier keine institutionellen Entlastungsmöglichkeiten wahr. Dabei lassen sich mehrere Ebenen differenzieren: Zuerst einmal rahmt sie das Problem als ein allgemein-abstraktes, welches aber das gesamte schulische Handeln betrifft („*wie man damit* verfährt"). Dies begründet sie mit der allgemein- schulpolitischen Situation, da sie für diese Schülerschaft ein *alternatives Konzept in der Grundschule* vermisst. Diese ungeklärte Ausgangslage resultiert wiederum in einem Handlungsproblem für sie (und ihre Kolleg*innen) als Lehrkräftekollektiv, d. h. es entstehen Unsicherheiten auch auf persönlicher Ebene im Umgang mit dieser Schüler*innenschaft („*wo WIR die hingeben*"). Die gestiegene Anzahl an muslimischen Schüler*innen in den Klassen wird also zunächst nicht auf der unterrichtsinhaltlichen Ebene, sondern vornehmlich auf der schulisch-institutionellen Ebene bearbeitet: Als problematisch wird die Situation deshalb wahrgenommen, weil adäquate Schulstrukturen fehlen, was sich dann wiederum auch im individuellen, alltäglichen Handeln der Beteiligten niederschlägt. Wie sie dies in der konkreten Unterrichtssituation löst, schildert sie hier:

> *und das ist eben häufig so dass äh (.) also es gibt Eltern die wollen dann also strenge Muslime die wollen ja überhaupt keinen Kontakt zur christlichen Religion, die können wir dann nicht mal eben hinten im Religionsunterricht sitzen lassen, //mhm// äh; die müssen also irgendwie anders betreut werden, u:nd äh die (m) die so'n bisschen offener und toleranter sind; die lassen wir dann ja meistens hinten eh also oder an ihrem Platz sitzen und sich selber ruhig beschäftigen und die hat man dann natürlich da drin.* (89–95)

Vor allem ergeben sich daraus für die Lehrkraft nun organisatorische Fragen, die zum einen die (räumliche) Verwahrung der muslimischen Schüler*innen betrifft („*hinten eh also oder an ihrem Platz*", „*mit drin*", homolog zu „*wo wir die hingeben*", 89). Denn diese Schüler*innen nehmen dann nicht am Religionsunterricht teil, sind aber dennoch aufgrund fehlender Alternativen räumlich anwesend. In diesem Zusammenhang unterteilt die Lehrkraft aber auch die muslimische Elternschaft *in strenggläubig* vs. *offener und toleranter*, wobei sich eine besondere Problematik bei *Streng*gläubigkeit ergibt: Denn die räumliche Platzierung der Schüler*innen im hinteren Teil des Klassenzimmers stellt ein Reaktionshandeln auf die Eigenschaften der Eltern dar. Dabei entsteht eine metaphorische Einheit aus Eltern und Schüler*innen: „*Eltern die wollen [...] die wollen keinen Kontakt [...] die können wir nicht mal eben hinten [...] sitzen lassen*"; damit antizipiert und erkennt sie die elterlichen Wünsche, die die räumliche Anwesenheit ihrer Kinder am christlichen Religionsunterricht ablehnen. Dadurch werden die räumlich-organisatorischen Verhältnisse zum Problem für die Lehrkraft, weil sie dem Anliegen der Eltern möglicherweise nicht nachkommen kann, keine Berührungspunkte zwischen den Kindern und der *christlichen Religion* zuzulassen („*überhaupt keinen Kontakt*").

Entsprechend dieser Unterscheidung innerhalb der muslimischen Elternschaft wählt die Lehrkraft aus zwei Varianten der Unterbringung ihrer Schüler*innen: *im Klassenraum hinten / an ihrem Platz* oder eben *nicht hinten im Klassenraum*, d. h. in einem anderen Zimmer. Damit ist ihr Lehrerhandeln primär durch räumliche-sphärische Aspekte strukturiert, was sich auch im formulierten Anliegen der streng religiösen Eltern dokumentiert, die keine Berührungspunkte (ihrer Kinder) zur *christlichen Religion* wünschen. Das Räumliche wirkt sich nicht nur auf den konkreten Aufenthaltsort dieser Schüler*innen, sondern auch auf ihre individuelle *Beschäftigung* aus: Anstatt einer gemeinsamen Tätigkeit der Religionsklasse werden diese Kinder von der Klasse sphärisch getrennt und *beschäftigen sich selber ruhig*. Aus dieser Situation ergeben sich weitreichende Konsequenzen, die Frau Dompfaff im darauffolgenden Passagenteil elaboriert:

die hat man dann natürlich da drin. und das::=finde=ich::=sehr:=schwierig; muss ich sagen. also je nachdem, was für Kinder das sind, bringen sie entweder Unruhe ein rein weil sie s nicht selber beschäftigen können, dann find ich führt das Kind selber nen totales Problem, weil es ja eigentlich von dieser Religion von zu Hause aus nicht so viel mitkrieg- also es darf nicht mitmachen, es hört und sieht aber alles, und sie gucken dann auch wirklich sehr neugierig und sind schon interessiert, und versuchen sich das dann selber auch so'n bisschen (.) mh was:: läuft da und sich so'n bisschen zu verbieten sozusagen, ich finde da s äh das ist für die Kinder ne sehr schwierige Situation, wie sie selbst (.) damit umgehen sollen. (3) Joa. (.)

Frau Dompfaff evaluiert die Situation für die nicht teilnehmenden, aber anwesenden muslimischen Schüler*innen („*mit drin*", 95) als *sehr schwierig* (95). Dies erklärt sie („*also*", 96) anhand der Gegenüberstellung zweier Facetten, die die Implikationen der Situation darstellen („*entweder [...] dann*", 96f.). Zum einen hat dies Auswirkungen auf den Unterricht selbst: Denn das *Reinbringen* von *Unruhe* (96) scheint genau dann einzutreffen, wenn die *Beschäftigung* der abgemeldeten Schüler*innen *mit sich selbst* nicht stattfindet bzw. nicht gelingt (96f.). Dies hängt mit der Eigenart der betroffenen Schüler*innen zusammen („*je nachdem was für Kinder das sind*", 96). Wenn die räumlich-sphärische Trennung zwischen den abgemeldeten Schüler*innen und dem Unterrichtsgeschehen misslingt und diese ‚von draußen' *Unruhe reinbringen*, wird die Situation für beide Parteien schwierig. Hier scheint implizit also der positive Horizont eines ruhigen, möglicherweise störungsfreien Religionsunterrichts auf.

Als zweite Facette konstatiert Frau Dompfaff allerdings auch ein *Problem* (97) für die Schüler*innen selbst. Dabei zeichnet sich ein Spannungsverhältnis zwischen der angedachten Norm bzw. Vorschrift durch die Eltern („*es darf nicht mitmachen*", 98f.) und der nichtsdestotrotz stattfindenden physisch-ästhetischen Wahrnehmung der Inhalte durch *Hören* und *Sehen* der Schüller*innen ab. Auch hier prägt das sphärisch-Trennende die Erfahrung von Frau Dompfaff; denn während die Schüler*innen *hören* und *sehen*, kann die seitens der Eltern gewünschte Trennung demnach nicht vollständig stattfinden: Dies wirkt sich Frau Dompfaff zufolge negativ auf die *Kinder selbst* aus, weil sie ihre Erfahrungen mit niemandem teilen können. Die buchstäblich auch räumliche Hin- und Hergerissenheit der Lehrkraft zwischen diesen beiden Sphären schildert sie auch hier:

102 *also einmal*
103 *haben wir eben die Kinder die Unruhe verbreiten dann, wo ich sehen muss dass ich sie irgendwie*
104 *beschäftige wo ich zwischendurch dann hingehen muss; wo ich meinen Religionsunterricht*
105 *unterbrech:e, wo äh dann auch Stimmung zerstört wird °dadurch° und dann die anderen die eben*
106 *ruhig und lieb und nett sind und äh aber mit sich selber auch klar@kommen müssen dann@*
107 *und mit dem was sie da alles von dieser fremden Religion hören; was die Eltern vielleicht nicht*
108 *°so° so gut finden (.) //mhm// müssen sich selber sortieren aber niemand spricht mit ihnen*
109 *darüber; (.) also sie haben ja keinen Raum dafür; also sie bräuchten ja im Grunde genommen*
110 *'nen Raum, um ihre Erfahrungen da von dem was sie hören, auch mal einsortieren zu können; (.)*
111 *und das °finde ich ist sehr schwierig°; und das hat sich wirklich verändert. da äh also da m muss*
112 *man eben sehen (.) wie Religionsunterricht (..) ja da müsste dringend was geschehen.*

Homolog zur vorigen Sequenz kontrastiert Frau Dompfaff hier nochmals beide angerissenen Facetten der Situation, dass die abgemeldeten, aber anwesenden muslimischen Schüler*innen trotzdem teilweise zuhören („*also einmal [...] und dann*", 102–105). Auch hier dominiert der räumlich-sphärische Faktor dieser Unterrichtserfahrung. Mit Blick auf die erste Facette, die Unruhe verbreitenden Schüler*innen, dokumentiert sich in dem *Hingehen* (104) zu diesen Schüler*innen, also einer physischen Bewegung zu einem anderen Ort, etwas sehr (klassen-)Räumliches. Damit wird die Unverbundenheit und Trennung des Klassengeschehens zu dem davon (auch örtlich) getrennten, aber nicht abgeschiedenen Einzelgeschehen des Schülers/der Schülerin sichtbar. Diese Bewegung wird von Frau Dompfaff mit einer *Störung* (105) assoziiert, denn es kommt zu *Unterbrechungen* (105) und einer *zerstörten Stimmung* (105). Damit zeichnet sich im Gesamtverlauf des Interviews immer deutlicher ein Unterrichtsbild von Frau Dompfaff ab, das nun implizit um den positiven Horizont der *Stimmung* (105), also um das atmosphärische Geschehen, ergänzt wird (homolog zum Vertrauen).

Demgegenüber stehen aber auch diejenigen (muslimischen) Schüler*innen, die *ruhig und lieb und nett* (106) sind. Diese Zuschreibungen in Form der Differenzkategorie ‚Disziplin' lassen sich als Gegenentwurf zur *Unruhe*stiftung deuten, wobei auch diese Darstellung räumlich-sphärisch strukturiert ist: Denn das Problem wird nun bei den Schüler*innen verortet und nicht an der spezifischen Unterrichtssituation („*mit sich selber auch klar@kommen müssen*", 106). Diese teilweise räumlich-sphärische Trennung der (abgemeldeten) Schüler*innen vom Unterrichtsgeschehen kann jedoch nicht durchgängig eingehalten werden, denn die Kinder nehmen die Unterrichtssituation wenn auch nicht bewusst, so doch unbewusst mit ihren Sinnen wahr („*hören*", 110). Frau Dompfaff ergänzt diese Facette nun um das Bild eines fehlenden *Raums*, in welchem die Schüler*innen ihre Erfahrungen verarbeiten können („*einsortieren*", 110). Der *Raum* kann dabei entweder wortwörtlich als Raum zum Reden und *Einsortieren* verstanden werden (im Sinne eines Gruppenraums etc.), oder aber im übertragenden Sinne als Situation bzw. Gelegenheit (z. B. Gesprächsanlass), was im Unterrichtsgeschehen selbst nicht gegeben ist. Denn dort ist der *Raum* mit dem evangelischen Religionsunterricht gefüllt und die abgemeldeten Schüler*innen deutlich auf die Beschäftigung mit sich selbst und auf den eigenen Platz beschränkt.

Hinsichtlich des Raumes entsteht dadurch eine paradoxe Situation, denn während die *unruhe*stiftenden Schüler*innen den ihnen zugeschriebenen Raum überschreiten und damit die Unterrichtssphäre stören, liegt das Problem bei den übrigen *ruhigen* Schüler*innen in genau dieser Einhaltung ihres beschränkten Raums. Sie bleiben mit ihren Gedanken bei sich („*mit sich selbst*", 106), sodass ihnen letztendlich der geteilte *Raum* mit anderen fehlt.

Während Frau Dompfaff bei der *Unruhe*stiftung das Geschehen ‚in' ihrem Religionsunterricht fokussiert, übernimmt sie im zweiten Falle die Perspektive der muslimischen Schüler*innen, indem sie aus dieser ‚auf' den Unterricht blickt: und damit auf *diese fremde* (christliche) *Religion* (107). Damit vollzieht sich auch ein Wechsel zwischen den unterschiedlichen Sphären, die sich im Unterricht eröffnet haben. Sie springt zwischen ihren beiden Rollen als Religionslehrerin und Grundschulpädagogin hin und her, weil sie in der Funktion der Letzteren auch diejenigen Schüler*innen im Blick behalten muss, die gar nicht am Religionsunterricht teilnehmen, was für sie zu einem Rollenkonflikt führt.

Zum Abschluss der Passage unterstreicht Frau Dompfaff die *Veränderung* (111) der Situation im Gegensatz zu früher. Damit scheint sie die Passage in Kombination mit dem Beginn („*für mich hat sich das [...] grundlegend gewandelt*", 49) insgesamt als inhaltliche Einheit zu rahmen. Gleichzeitig äußert sie in ihrer Konklusion einen in die Zukunft gerichteten Appell: „*ja da müsste dringend was geschehen*" (112). Die angesprochenen Aktionen, die die derzeitige Situation verändern sollen, bleiben hingegen unkonkret („*was*", 112). Darin dokumentiert sich eine gewisse Unzufriedenheit mit den wahrgenommenen Zuständen, wobei mit dem Adjektiv „*dringend*" (112) die zeitliche Brisanz unterstrichen wird.

> Zwischenfazit:
> Die wachsende religiöse Vielfalt in der Klasse durch den Anstieg an muslimischen Schüler*innen wird von Frau Dompfaff als schulorganisatorisches Problem elaboriert, das sich jedoch auch unmittelbar auf den eigenen Unterricht auswirkt. Da institutionelle Entlastungsmöglichkeiten fehlen, werden die vom Unterricht *abgemeldeten*, aber trotzdem anwesenden Schüler*innen zum Störfaktor im alltäglichen Unterrichtsablauf. Die Problematik verdeutlicht sich besonders an der räumlich-sphärischen Dimension von Unterricht, was durch ein ‚Drinnen und Draußen' präsentiert wird: Der Klassen*Raum* teilt sich zwischen dem Raum und der Sphäre des Religionsunterrichtgeschehens selbst sowie dem *Platz* und der Sphäre der sich selbst beschäftigenden (abge-

meldeten) Schüler*innen auf. Diese keineswegs strikte Trennung kann für beide ‚Seiten‘ problematisch sein: sowohl für die Unterrichtsstimmung der teilnehmenden Schüler*innen als auch für die abgemeldeten Schüler*innen, die zwar anwesend sind, aber nicht teilnehmen dürfen. Für Frau Dompfaff entsteht dadurch ein Rollenkonflikt zwischen ihrer Rolle als Religionslehrerin, die den Unterricht zu gestalten hat, und derjenigen als (Grundschul-)Pädagogin, die die individuelle (Lern-)Situation aller anwesenden Schüler*innen im Blick hat.
Über die ganze Passage hinweg zeichnet sie implizit ein Bild vom Religionsunterricht als ein räumlich-sphärisches Geschehen, das die basale Interaktion zwischen den einzelnen Personen übersteigt. Dies manifestiert sich auch anhand des impliziten positiven Gegenhorizontes, den sie als einen atmosphärisch-stimmungsreichen Unterricht ‚im Fluss‘ (ohne *Unterbrechungen*) beschreibt, der von den geschilderten Störungen durch nicht teilnehmende Schüler*innen verschont bleibt.
Die Wahrnehmung muslimischer Schüler*innen ist durch eine Verknüpfung von konfessionell-religiösen Merkmalen mit solchen der Nationalität, der Disziplin und der Gesellschaft gekennzeichnet, was sich homolog dazu auch in der Wahrnehmung katholischer Schüler*innen zeigt. Ein interreligiöser Dialog oder eine andere Form von inhaltlicher Auseinandersetzung kann auf Unterrichtsebene nicht stattfinden, was alltagspraktisch aufgrund der äußeren Gegebenheiten (Abmeldungen/Wille der Eltern) nicht enaktierbar ist.

Die konfessionelle Ausrichtung ihres Religionsunterrichts und die dies ausbuchstabierenden positiven Horizonte (*Zugang zur christlichen Religion eröffnen*, *Probehandeln* u. v. m, s. o.) werden nicht nur durch die räumliche Präsenz muslimischer (abgemeldeter) Schüler*innen ‚gestört‘, sondern stehen auch mit anderen Aspekten in ihrem ‚Erfahrungsraum Religionsunterricht‘ in Konflikt: so z. B. mit Aspekten der Unterrichtsorganisation.[38]

Mit der Interviewaufforderung, von der *Organisation des Religionsunterrichts* an der Schule zu *erzählen* (113f.), markiert die Interviewerin diese schulische Unterrichtsorganisation zuerst einmal als für die Schule spezifisch bzw. besonders und grenzt sie damit von einer allgemein (bekannten) Organisation ab – an anderen Schulen könnte es dementsprechend ganz anders sein. Diesen inhaltlichen Impuls bearbeitet Frau Dompfaff folgendermaßen:

115 *B: ja. äh vom Kon- vom @offiziellen@ Konzept her, haben wir in Klasse eins zwei*
116 *konfessionell-kooperativen Religionsunterricht, //mhm// und in Klasse drei vier, äh:m hab:n*
117 *wi:r äh konfessionellen Religionsunterricht also katholi:schen (.) getrennt katholisch und*

[38] Dies stellt zwar einen Interessensschwerpunkt der Forscherin dar und ist deshalb auch prominent im Interviewleitfaden verankert, allerdings spricht dies Frau Dompfaff selbst auch im Interviewverlauf in anderen Kontexten wiederholt an, sodass dies auch von ihr selbst als relevant markiert wird.

evangelisch, //mhm// das haben wir über viele Jahre so praktiziert, äh auch richtig mit dieser kirchlichen Genehmigung @(.)@ //mhm// äh:m (.) wir haben an unserer Schule äh einen °ich sag mal° relativ hohen Anteil von katholischen Schülern weil wir [Menschen aus Land x und y] *in zweiter und dritter Genration dahaben. das ist äh schon auch n bisschen ungewöhnlich, äh::m deshalb haben wir immer eine katholische Religionslehrerin gehabt, (.) die ist uns jetzt letztes Jahr abhandengekommen, @ja@ und wir haben dann äh eine neue gefunden die aber äh m vorwiegend in der Realschule unterrichtet hat; und die nur mit zwei Stunden kommt; und mit diesen zwei Stunden kann sie das natürlich nicht bestücken, //mhm// äh:m und das andere ist äh dass uns die evangelischen Religionslehrer auch abhandengekommen sind, und ich im=Moment die einzige ausgebildete Lehr-kraft bin und wir da jetzt im Moment so'n Zwischenkonzept fahren also wir haben jetzt äh:m den äh konfessionell-kooperativen Religionsunterricht äh auf*

Mit einem Lachen leitet sie in ihre Schilderungen zum „*@offiziellen Konzept@*" *(115)* ein, was bedeutet, dass möglicherweise auch ein ‚inoffizielles Konzept' existiert. Mit der zeitlichen Einordnung dieser Vorgehensweise (*Praktizierens über viele Jahre*, 118) steht diesem *offiziellen Konzept* möglicherweise eine ‚inoffizielle Praxis' gegenüber, wobei das Lachen zu Beginn auch eine gewisse Brisanz des Gesagten anzudeuten scheint. Mit dem *wir* (115, 117) verweist Frau Dompfaff auf ein unspezifisches Kollektiv, das sie weniger personell als eher strukturell im Sinne von ‚wir als Schule' rahmt, denn im Folgenden zählt sie entsprechend den verschiedenen Schuljahrgangsstufen („*in Klasse eins zwei [...] und in Klasse drei vier [...]*", 115f.) zwei gegensätzliche Unterrichtsformen auf: „*konfessionell-kooperativer Religionsunterricht*" und „*konfessionelle[r] Religionsunterricht also [...] getrennt*" (116f.). Das Unterscheidungsmerkmal für diese beiden Arten liegt in der *Trennung* bzw. Nicht-*Trennung* nach Konfession („*katholi:schen (.) getrennt katholisch und evangelisch*", 117f.). Dieses „*offizielle Konzept*" wird mit dem Verweis auf das *konzept*getreue („*so*", 118) *Praktizieren über viele Jahre* (118) gerahmt, mit dem sie die bereits eingeführte Unterscheidung zwischen *Konzept* - *Praktizieren* abschließt. Dabei legt diese Formulierung implizit nahe, dass dies nun nicht mehr der Fall ist. Mit dem Nachsatz des *richtigen* Praktizierens *mit dieser kirchlichen Genehmigung* (118f.) ergänzt sie den *offiziellen* Charakter auch um den Aspekt der formalen Zulassung durch die Institution der *Kirche*.

In der sich anschließenden (theoretisierenden) Beschreibung betont sie den *relativ hohen Anteil von katholischen Schüler*innen* (120) als schulische Besonderheit („*schon auch n bisschen ungewöhnlich*", 121). Auf der Ebene der Orientierungsschemata erklärt sie diesen Umstand familiär-national, d. h. gesellschaftlich („*weil wir [Menschen aus Land x und y] in zweiter und dritter Generation dahaben*", 120f.; vgl. dazu S. 146). Organisationspraktisch wirkt sich dies auch konkret auf die schulische Situation aus, da die Schule dadurch *immer eine katholische Religionslehrerin gehabt [hat]* (122). Homolog zum *konzept*getreuen *Praktizieren* gehört jedoch nun auch das dauerhafte („*immer*", 122) Vorhandensein einer katholischen Lehrkraft der Vergangenheit an, denn sie ist ihnen („*uns*", 122) *abhandengekommen*. Hier dokumentiert sich die Vorstellung, die Lehrkraft habe (zu) der Schule („*uns*") gehört, und ist dieser nun *verloren* gegangen. Damit bleiben die

Gründe für das persönliche Ausscheiden dieser Person aus der Schule bzw. dem Lehrerkollegium eine deutliche Leerstelle. Die Erzählung kreist um die Folgen ihres Weggangs für die schulische Situation, was als Verlust gedeutet wird.

Die organisationspragmatische Darstellung setzt sich auch in ihrer Erzählung über die Nachfolge fort: „*eine neue [katholische Religionslehrerin]*“ wurde *gefunden*, ist jedoch durch andere Verpflichtungen (an der *Realschule*) nicht in der Lage, *das* zu *bestücken* (125). Aber auch auf der evangelischen Seite sind Defizite zu verzeichnen: Durch das *Abhandenkommen* (126) aller anderen Lehrkräfte ist FRAU DOMPFAFF nun als „*einzige ausgebildete Lehrkraft*“ (127) an der Schule vertreten: Formal und möglicherweise auch inhaltlich wird ihr damit eine exponierte Lage zuteil.

Mit diesen Schilderungen der schulischen Ressourcenverteilung an Lehrkräften im Fach Religion liegt der Blick auf der Versorgung: Aufgrund der schulischen Strukturen und der Konfessionalität der Schüler*innen kann der Bedarf – bei *ungewöhnlich vielen katholischen Schüler**innen – nicht gedeckt werden, da die personellen Ressourcen nicht ausreichen, weil sie kurzzeitig verloren gegangen sind. Daraus resultiert nun die aktuelle Situation: dem *Fahren eines Zwischenkonzepts* (127f.) an der Schule, womit sich der Kreis ihrer Ausführungen schließt, denn dieses *Zwischenkonzept* stellt – nicht nur sprachlich – einen Gegenentwurf zum *offiziellen Konzept* (115) dar. Es wird als Folge mangelnder Ressourcen konstruiert.

Insgesamt spricht FRAU DOMPFAFF dabei durchgehend im Kollektiv (*wir*), womit sie die Situation als eine schulische Angelegenheit kontextualisiert, die nicht nur sie als *einzige ausgebildete Religionslehrkraft* betrifft. Zugleich benennt sie aber auch keine weiteren konkreten Akteur*innen. Anhand der Rahmung der Situation dokumentiert sich die pragmatische Orientierung von FRAU DOMPFAFF, die hier vor allem die schulorganisatorische Umsetzung des Religionsunterrichts im Blick hat: Es gilt, den Bedarf (bei teilweise fehlenden Ressourcen) als Kollektiv zu decken.[39] Die Konfessionalität der Schüler*innen ist ausschlaggebendes Kriterium bei der schulorganisatorischen Entscheidungsfindung, wie sie hier ausführt:

128 *fahren also wir haben jetzt ähm den äh konfessionell kooperativen Religionsunterricht äh auf*
129 *Klasse vier ausgeweitet, weil die ähm; also die katholische Religionslehrerin ähm kommt eben*
130 *zwei Stunden und wir haben drei vierte Klassen. (.) denn ist ja die Frage wie teilt man das auf,*
131 *das ist 'n organisatorisches Problem dann. und ähm (.) die katholischen Kinder sind die sozial*
132 *schwierigeren, und wenn wir sie die aus den vierten Klassen rausziehen und ihr die alle geben,*
133 *dann hat sie n Riesenproblem auf disziplinarischer Ebene; und deshalb haben wir jetzt das erste*
134 *Mal entschieden dass wir sie zusammenlassen, und sie zwei Klassen unterrichtet und ich eine*

---

39 Hier zeichnet sich ein maximaler Kontrast zu den Konstruktionen FRAU ZAUNKÖNIGS ab, denn diese konstruiert ihre Rolle an ihrer Schule als Einzelkämpfer, die sich und ihr Unterrichtsfach stetig gegenüber Kolleg*innen, der Schulleitung und Eltern behaupten und ihren eigenen Unterricht verteidigen muss.

135 von diesen vierten, (.) und äh das ist dann eben läuft unter dem Konzept konfessionell-
136 kooperativ und ist also sozusagen der Situation geschuldet. (.) das: ist im=Moment nicht anders
137 möglich. die anderen Religionsstunden tauchen und das ist jetzt eben das Kritische @wo ich

Das *Zwischenkonzept* beschreibt FRAU DOMPFAFF in einer Hintergrundkonstruktion als ein *Ausweiten des konfessionell-kooperativen Religionsunterrichts* (128f.), was sie mit der Diskrepanz zwischen Nachfrage bzw. Bedarf („*drei vierte Klassen*“, 130) und Ressourcen begründet („*die katholische Lehrkraft kommt eben zwei Stunden*“, 129f.). Der schulorganisatorische Umgang damit wird als *Aufteilen* betitelt, was FRAU DOMPFAFF als ein *organisatorisches Problem* bewertet (131): Dabei wird den *katholischen* Schüler*innen auf der Ebene der Normen zugeschrieben, *sozial schwieriger* zu sein (implizit: ‚als die anderen / die evangelischen‘).

Mit dieser Verknüpfung setzt FRAU DOMPFAFF das Sozialverhalten in Verbindung mit dem Merkmal der Konfession, womit sie das Spannungsverhältnis um den Religionsunterricht um einen weiteren Konfliktpunkt erweitert: Die von ihr implizit als positiv konnotierte Norm der *Disziplin* (133), die (nicht nur) für den Religionsunterricht gilt (vgl. dazu auch den Exkurs auf S. 140). Diese Norm steht der (offiziellen) Norm einer konfessionellen Trennung und insofern monokonfessionellen Ausrichtung des Unterrichts (als ‚evangelisch‘ oder ‚katholisch‘) in der Jahrgangsstufe vier gegenüber. Es entsteht ein Normenkonflikt. Doch die Norm der *Disziplin* wird handlungsleitend: Dabei wird die *Entscheidung* (134) für ein *Zusammenlassen* (134) der jeweiligen vierten Klassen (im Gegensatz zu einer Aufteilung nach Konfessionen) erneut als kollektiver Entschluss („*wir*“, 134) gerahmt; FRAU DOMPFAFF ist insofern ein Teil der Entscheidungsträger. Im Kontext dieser Norm-Spannung bleibt allerdings der positive Horizont für ihren eigenen Unterricht (vorerst) eine Leerstelle, denn eigentlich hätte sie in ihrem (evangelischen) Unterricht kein *disziplinarisches Problem*, weil die Schüler*schaft unproblematisch ist. Die Entscheidung wird also tendenziell zum Gemeinwohl der Schule gefällt. Hiermit geht sie eine Art Bündnis mit der katholischen Lehrkraft ein, wobei dem Handeln eine pragmatische Orientierung zugrunde liegt. Nach dieser Passage greift sie diese Gedanken zur Stundenaufteilung anhand der vorhandenen Lehrerkapazitäten noch einmal auf.

137 möglich. die anderen Religionsstunden tauchen und das ist jetzt eben das Kritische @wo ich
138 nicht möchte, dass (man) auf mich Rückschlüsse zieht@ aber ich denke in anderen Schulen ist
139 das auf jeden Fall auch so, (.) äh:m Religionsunterricht ist dann im Stundenplan ausgewiesen,
140 und den Klassenlehrern sozusagen äh übergeben, äh und viele der Klassenlehrer wollen
141 definitiv keinen Religionsunterricht machen; (.) ähm (.) wir haben zwei, die dazu bereit sind,
142 davon macht eine das, und die andere sieht sich von (.) ähm den sozialen und leistungsmäßigen
143 Herausforderungen äh also da hat die sich in Klasse eins und zwei bisher nicht in der Lage das
144 dann auch wirklich durchzuführen; weil sie diese Stunden braucht um Mathe und Deutsch den
145 °Kindern zu vermitteln°, äh die andere hat regelmäßig eine Stunde in der Woche
146 Religionsunterricht gemacht, (.) äh:m (.) die (.) normalerweise müss- muss Religionsunterricht
147 ja zweistündig angeboten werden, das ist an unsrer Schule definitiv auch nicht=so, es ist (3)
148 offiziell so, äh inoffiziell ist die Maxime dass es eine Stunde Religionsunterricht und die andere

Stunde ist Soziales Lernen; nach °'nem bestimmten Konzept°. //mhm// und darauf lassen sich natürlich die Klassenlehrer dann besser ein, und dann kann man die (Reli)gionsstunde eben auch besser unterbringen.

Mit der Überleitung zu *den anderen Religionsstunden* (137) verweist sie auf die ‚inoffizielle Praxis', nachdem nun bereits einige Hintergrundinformationen zu den vierten Klassen gegeben wurden. Ihren Erzählbeginn unterbricht sie jedoch nochmals durch einen metakommunikativen Kommentar in Erzählzeit: Ihre folgenden Ausführungen rahmt sie als etwas Heikles, denn sie bewertet es selbst als *das Kritische* (137). In Verbindung mit dem ausdrücklich geäußerten Wunsch, anonym zu bleiben („*wo ich nicht möchte, dass (man) auf mich Rückschlüsse zieht*", 137f.), erhält das noch zu Beschreibende zugleich einen politischen Charakter, denn es scheint sich nachteilig, geradezu problematisch auf sie auszuwirken, wenn die Informationen mit ihrer Person in Verbindung gebracht werden könnten.[40] Gleichzeitig schwächt sie diese Problematisierung ihrer Schilderung wieder ab, indem Frau Dompfaff die noch nicht näher ausgeführte Situation relativiert bzw. mit anderen Schulen gleichsetzt. Damit verliert ihre Erzählung letztendlich an Brisanz, weil sie dies normalisiert.

Die anfangs proponierten *anderen Religionsstunden* werden nun verallgemeinernd als *Religionsunterricht* (139) gefasst, aber durch die Partikel „*dann*" (139) mit diesen konkreten Stunden in Verbindung gesetzt. In Kombination des *Religionsunterrichts* als „*im Stundenplan ausgewiesen*" und zugleich „*den Klassenlehrern [...] übergeben*" (139f.) deutet sie bereits an, dass die Formalität keinerlei Auswirkungen auf die konkrete Praxis haben muss (*ausgewiesen,* was keine Aussagen über das tatsächliche Geschehen zulässt). Gleichzeitig betont sie die Abgabe des Verantwortungsbereichs ‚Religionsunterricht' in die Hände der Klassenlehrkräfte. Bei wem/was die Verantwortung vorher lag, bleibt offen. Denkbar ist die Schule selbst, die Organisator*innen des Stundenplans oder aber auch die Fachkonferenz der Religionslehrer*innen. In diesem auf Formalität verweisenden Verb *ausweisen* scheint eine Homologie zum – ebenfalls auf Formalität verweisenden – Begriff des *offiziellen Konzepts* auf; auch hier deutet sich eine dahinterliegende, davon unterschiedene Praxis an.

Mit den detaillierten Beschreibungen zu eben diesem Kollektiv der *Klassenlehrer*innen* geht sie in einer Art Reduktionslogik auf die ablehnende Haltung dieser ein, die mehrheitlich keinen Religionsunterricht durchführen möchten („*wollen definitiv keinen Religionsunterricht machen*", 140f.). Lediglich zwei Lehrkräfte signalisieren grundsätzliche Bereitschaft, von denen jedoch nur eine Lehrkraft die ihnen übertragene Verantwortung des Religionsunterrichts tatsächlich ausführt („*davon macht eine* das", 142).

[40] Dabei gewinnt auch die Einleitung in die Interviewsituation an Bedeutung, denn dort wurde jeweils allen Interviewten ausdrücklich Anonymität zugesichert, womit die Interviewte sich hier noch mal rückversichert. Damit stuft sie das Gesagte als besonders brisante Information ein.

Homolog zur bereits eingeführten Unterscheidung zwischen ‚offiziellem Konzept vs. inoffizielle Praxis' bestätigt sich auch hier in den Ausführungen von FRAU DOMPFAFF, dass der ‚tatsächlich erteilte Religionsunterricht' vom ‚im Stundenplan ausgewiesenen Religionsunterricht' abweicht. Mit Blick auf die Lehrkraft, die Bereitschaft signalisiert hat, den Unterricht jedoch nicht erteilt, präsentiert FRAU DOMPFAFF ein schulpraktisches Begründungsmuster, denn die zeitlichen Ressourcen werden alltagspraktisch anders verteilt („*Deutsch und Mathe*", 144). FRAU DOMPFAFF zufolge bedeutet die übertragene Verantwortung des Religionsunterrichts auf die Klassenlehrkräfte also keineswegs eine Auflage, an die sich diese zwingend halten müssen. Vielmehr müssen die Lehrkräfte selbst in ihrer Alltagspraxis entscheiden, ob dies für sie realisierbar ist. Eine Fachimmunität scheint dabei nicht vorzuliegen, denn Religionsunterricht kann durch die Kernfächer ohne Konsequenzen ersetzt werden.

Auch für die Lehrkraft, die den Unterricht tatsächlich erteilt, entsteht ein Zwiespalt zwischen den Vorgaben und der Verantwortung als Klassenlehrkraft, denn sie verfügt nur über eine bestimmte Anzahl an Wochenstunden für die Vermittlung der Kernfächer. Auch hier wird zwischen dem *offiziellen Zustand* des Religionsunterrichts mit zwei Wochenstunden („*es ist (3) offiziell so*", 147f.) und der *inoffiziellen Maxime* (148) unterschieden, den Religionsunterricht dann einstündig in Kombination mit einer *konzept*-gebundenen Stunde „*Soziales Lernen*" (149) durchzuführen. Mit dem Begriff *Maxime* deutet sich eine (schulintern) bekannte und praktizierte, aber zugleich nicht formal vorgegebene und kommunizierte Leitlinie an.

Mit FRAU DOMPFAFFS Rahmung dieses schulischen Vorgehens als eine Art Entgegenkommen für die Klassenlehrkräfte („*darauf lassen sich natürlich die Klassenlehrer dann besser ein*"; 149f.) in Kombination mit einer Vereinfachung der *Unterbringung der Religionsstunde* (150f.) hebt sie die organisatorischen Aspekte hervor, was ihre pragmatische Orientierung belegt.

Zwischenfazit:
In FRAU DOMPFAFFS Beschreibung der Unterrichtsorganisation zeigt sich eine deutliche Dichotomie zwischen der Kommunikation nach außen, im Sinne eines *offiziellen* Labels, sowie einer schulisch-internen Vorgehensweise und Handhabung. Letzteres erklärt sie aufgrund von pragmatischen Überlegungen. Dabei spielen unterschiedliche Faktoren eine Rolle wie die Ausgangslage der Schüler*innen (viele *katholisch*), allgemeine Kriterien von Unterrichtsnormen (*Disziplin*) sowie die zur Verfügung stehenden personellen Ressourcen (ausgebildete und bereitwillige Lehrkräfte). All dies bildet eine Gemengelage, vor dessen Hintergrund die jeweiligen Lehrkräfte einen pragmatisch gangbaren Weg wählen. Dabei erscheint der Religionsunterricht bzw. die Religionsstunden als Manövriermasse, die es im Stundenplan möglichst reibungslos *zu bestücken* und *unterzubringen* gilt. Personelle Kapazitäten (Lehrkräfte) können dabei schnell *abhanden*kommen oder auch wieder*gefunden*

werden. Das Fach genießt im Kanon keine Immunität, sodass der Religionsunterricht keineswegs selbstverständlich im Stundenplan verankert und vielmehr der Entscheidungsbefugnis der Lehrkraft obliegt. Dabei orientiert sich die schulinterne Praxis an der Pragmatik.
Auf dieser schulorganisatorischen Ebene konstruiert FRAU DOMPFAFF ihre eigene Rolle als Kollegin und Verbündete, die die ‚Zustände' zwar in der Interviewsituation als *kritisch* bewertet, sich jedoch in diese gängige Praxis einfügt.[41]
Nur hinsichtlich ihres eigenen Religionsunterrichts und der dortigen, organisational fundierten Problematik der muslimischen Schüler*innen zeigt sich eine Klage über untragbare Zustände – *„da müsste dringend etwas geschehen"*. Die anderen von ihr eröffneten Aspekte der Unterrichtsorganisation werden vor dem Hintergrund von Pragmatik bzw. Praktikabilität präsentiert – es ist *der Situation geschuldet.*[42]

FRAU DOMPFAFFS Zielvorstellung nach einer konfessionellen Ausrichtung ihres Religionsunterrichts steht nicht nur in Konflikt mit der räumlichen Präsenz muslimischer Schüler*innen, sondern wird auch alltäglich angesichts der (religiös-konfessionellen) Vielfalt in der Klasse selbst angefragt. In diesem Zusammenhang werden nochmals organisatorische Aspekte relevant. Auf die Frage der Interviewerin nach der Einschätzung der *religiösen Vielfalt* der Schüler*innen als *Chance oder eher als Belastung* (187) elaboriert FRAU DOMPFAFF dies zunächst vor dem Hintergrund der Frage nach der organisatorischen Aufteilung der Schüler*innen – insofern liegt diese Frage in ihrem eigenen Relevanzbereich:

188 *B: äh also ich finde es grundsätzlich schöner im Klassenverband Religion zu unterrichten. das*
189 *würd=ich auf jeden Fall sagen, weil die Klassen, äh die äh also wenn wir sie anders*
190 *zusammensetzen; also wenn wir die Katholischen in eine Gruppe packen und die Evangelischen*
191 *in zwei Gruppen; dann äh ist ja mindestens also für mich auch als evangelische Lehrerin eine*
192 *Gruppe die sich aus zwei Klassen zusammensetzt; und das find=ich total ungünstig weil man*
193 *dann also ganz schwer nur (n) Vertrauensverhältnisse von sich selbst zu den Schülern aber*
194 *auch die Schüler unter- von den Schülern untereinander herstellen kann. das ist äh (.) eh also*
195 *und das ist wirklich ne große Herausforderung und wenn das einmal in der Woche und bis die*
196 *dann alle eingetrudelt sind da bleibt maximal ne halbe Stunde Religionszeit übrig, in der die*
197 *Kinder eben auch zueinander Vertrauen fassen müssen und im nächsten Halbjahr oder*

41 Eine ähnliche Verhaltensweise legt auch FRAU ZAUNKÖNIG an den Tag, allerdings reiht sich FRAU ZAUNKÖNIG nicht ‚ein', sondern sie ordnet sich ‚unter'. Der Unterschied liegt darin, dass sie sich nicht als Teil der Strukturen und Element eines Kollektivs sieht, sondern als extern; insofern beansprucht sie für sich eigene Strukturen.

42 Darin zeigt sich ein maximaler Kontrast zur Umgangsweise von FRAU ZAUNKÖNIG mit den organisatorischen Strukturen an der Schule: Bei Unterrichtskürzungen, Unterrichtsausfall und Kolleg*innen, die das Fachinteresse nicht teilen, positioniert sie sich im Kampfmodus, die für die Professionalität und Qualität des Religionsunterrichts alleine einsteht. FRAU DOMPFAFF hingegen zeigt eine pragmatische Orientierung, wobei sie Entscheidungen im Einklang mit der Schule und dem Lehrerkollegium fällt.

spätestens im nächsten Jahr ist dann wieder Gruppensetzung -zusammensetzung ne total andere und das bringt irgendwie nur Unruhe und nur Chaos °mit sich°. //mhm// und von daher äh:m (4) würde (2) (stöhnt) ob das 'ne Chance ist, °ja° ((lacht)) @das sagt man immer so schön@ (.) ähm (4) also wie gesagt; ich unterrichte es sehr gerne im Klassenverband weil ich dann, also weil die Kinder dann untereinander äh miteinander ja sowieso die ganze Zeit miteinander agieren und man dann diese Dinge auch aufnehmen kann und sie bereit sind auch offener zu sprechen; //mhm// deshalb würde ich es grundsätzlich (2) als Chance sehen. (2) äh die

Mit dem (etwas unglücklich formulierten, weil Argumentationen fördernden) Impuls fordert die Interviewerin die Lehrkraft auf, sich zwischen den Polen „*Chance*" und „*Belastung*" im Hinblick auf die *religiöse Vielfalt der Schüler*innen* (187) zu positionieren; also zwischen der Vorstellung dessen als positiv konnotierte, nutzbar zu machende Möglichkeit (*Chance*) gegenüber der Vorstellung als negativ konnotierte Erschwernis (*Belastung*). Dieser konkreten Aufforderung weicht FRAU DOMPFAFF aus. Stattdessen führt sie einen anderen Aspekt als relevant ein: das Unterrichten *im Klassenverband* (188) gegenüber einer Aufteilung des Jahrgangs entlang des Differenzkriteriums „*Konfession*" der Schüler*innen („*die Katholischen [...] und die Evangelischen*", 190). Diese Positionierung wird jedoch durch das Adjektiv „*grundsätzlich*" (188) ein Stück weit relativiert, was auf einen gewissen Vorbehalt, bzw. das Einschließen einiger Ausnahmen hindeutet. Zugleich wird die eigene Präferenz für das Unterrichten im Klassenverband argumentativ bestärkt („*auf jeden Fall*", 189), wodurch eine gewisse Spannung zu erkennen ist.

Die Argumentation für den Klassenverbandsunterricht („*weil*", 189) erfolgt über eine Abgrenzung von der *anderen Zusammensetzung der Klassen* (189f.) nach Konfessionszugehörigkeit. Die diese *andere Zusammensetzung* herstellende Tätigkeit auf organisierender Ebene wird als ein *in Gruppen packen* (190f.) der Schüler*innen beschrieben. In dieser Formulierung dokumentiert sich die Vorstellung eines pragmatisch-handelnden Zusammenfügens; in der Logik könnten es also auch Dinge sein (in einen Koffer packen etc.). Die Folge dessen, eine *zusammengesetzte* Lerngruppe aus zwei bis drei Klassen, rahmt FRAU DOMPFAFF als negativen Horizont („*total ungünstig*", 192), da dadurch das Enaktieren des positiven Horizonts der *Herstellung von Vertrauensverhältnissen* (193f.) erschwert wird. Zusätzlich nachteilig wirken sich auch weitere alltagspraktische Faktoren wie die knapp bemessene Unterrichtszeit („*einmal in der Woche*", 195), schulinterne Rotationen („*im nächsten Halbjahr oder spätestens im nächsten Jahr ist [...] [Z]usammensetzung ne total andere*", 197f.) sowie der Raumwechsel aus („*bis die [...] eingetrudelt sind*", 195f.). Implizit verbirgt sich hier die Wahrnehmung, dass Vertrauen nicht ohne Weiteres gegeben ist, sondern sich erst durch gemeinsame Unterrichtszeit entwickelt, was allerdings als notwendige Basis für einen offenen Austausch zwischen den Schüler*innen betrachtet wird.

Statt *Vertrauen* zwischen allen am Unterricht beteiligten Parteien (Schüler*innen und Lehrkraft) wird dann eher *Unruhe* und *Chaos* (199) befürchtet, wenn sich eine Gruppe neu zusammensetzt. Somit orientiert sich FRAU DOMPFAFF im Hinblick auf das Unterrichtsgeschehen an sozialer Nähe und Vertrautheit, was einen offenen Austausch ermöglicht. Dies scheint in erster Linie in geordneten, ruhigen Verhältnissen und mit genügend Zeit im Unterricht entstehen zu können.

Der konkludierende Satzanfang „*und von daher äh:m (4) würde (2)*" (199f.) wird von Frau Dompfaff abgebrochen, wobei sie einen Bezug zum Ausgangsimpuls herstellt, indem sie sich in Form einer Frage auf den Ausgangsimpuls der *Chance* bezieht. Mit der Evaluation „*das sagt man immer so schön*" (200) greift Frau Dompfaff eine gesellschaftlich-normative Relevanz auf, womit sie gleichzeitig andeutet, dass sie dies nicht wirklich in ihren eigenen Relevanzbereich verorten bzw. überführen kann. Denn sie distanziert sich mit dem Sprechen im Namen von anderen implizit davon („*man*"). Insofern deutet sich hier eine Diskrepanz zwischen der gesellschaftlich anerkannten Norm, ‚Vielfalt als Chance' zu begreifen, und ihrer eigenen Wahrnehmung der Unterrichtsrealität an. Zugleich greift sie aber den Begriff der Belastung auch nicht auf, sodass dies eine weitere Leerstelle bleibt.

Stattdessen rekurriert sie erneut auf ihre präferierte klassengebundene Zusammensetzung der Schüler*innen („*also wie gesagt; ich unterrichte es sehr gerne im Klassenverband*", 201). In der konkreter werdenden Ausbuchstabierung dieses positiven Horizonts wird der Religionsunterricht als eine Möglichkeit konstruiert, eine Anknüpfung an das alltägliche soziale *Miteinander* (202) der Schüler*innen zu bilden („*sowieso die ganze Zeit miteinander agieren*", 202f.). Dieser soziale Aspekt scheint für den Unterricht grundlegend wünschenswert zu sein, aber auch die spezifische Bereitschaft der Schüler*innen zu erhöhen, *offenerer zu sprechen* (203f.). Im Kontext der Passage scheint sowohl diese *Bereitschaft* zur *Offenheit* als auch das angeführte *Vertrauen* auf ein besonderes Klassenklima hinzudeuten, welches an eine intensive Bekanntschaft untereinander (nicht nur flüchtig in einigen Religionsstunden) geknüpft ist und für ihren Religionsunterricht wichtig ist.

Dass sie dies als *grundsätzliche Chance* evaluiert, spielt damit auf die Zusammensetzung der Klasse als solche an, aber nicht auf die *Chance religiöser Vielfalt,* was die Ausgangsfrage war. Zugleich zeigt sich an der Wortwahl der *Grundsätzlichkeit* einer *Chance,* dass ihre Bewertung nicht allgemeingültig ist, sondern vom Einzelfall (dem Klassenverband) abhängt. Auf die Proposition ‚religiöse Vielfalt' ist Frau Dompfaff inhaltlich nicht eingegangen. Inwiefern der Klassenverband nur *grundsätzlich als Chance* beurteilt wird, erläutert sie mit *konzeptionellen Schwierigkeiten* (204f.) der Unterrichtsgestaltung bei einer heterogenen Schülerschaft:

204 *sprechen; //mhm// deshalb würde ich es grundsätzlich (2) als Chance sehen. (2) äh die*
205 *Schwierigkeiten sehe ich da, wo es äh eben un- um die Konzeption (des) Religionsunterrichts*
206 *geht, und wie ich Religion unterrichte. (2) und ähm:: (.) also wenn ich zum Beispiel eben m-*
207 *muslimische Kinder mit dabei habe, also ich würde es total toll finden wenn die dabei (.) wären,*
208 *ähm (.) dann fallen=n (2) ja bestimmte Sachen aber raus glaube ich aus dem äh*
209 *Religionsunterricht so wie er heute als kon=fessioneller Religionsunterricht gedacht ist; wo*

210 *man versucht diese Verortung der Schüler äh hinzubekommen; //mhm// und das fällt dann raus;*
211 *und äh also das würd ich eben schade finden, wenn äh Religionsunterricht nur zu so 'ner*
212 *Religionskunde verkommen würde; also wenn wie s- äh (.) ähm (2) ja; also das was ich*
213 *anknüpfend an das was ich vorher gesagt habe warum ich Religionslehrerin äh werde, geworden*
214 *bin, warum mir das wichtig war dieses Fach zu unterrichten; ist es mir schon eben auch wichtig*

Die *schwierige* (205) Seite des Klassenverbandsunterrichts verortet FRAU DOMPFAFF – weiterhin theoretisierend – auf einen speziellen Bereich des Religionsunterrichts („*da*“, 205). Dies ist für sie die Schnittstelle, an der abstrakte unterrichtstheoretische Überlegungen („*Konzeption*“, 205) in die individuelle Praxis überführt werden müssen („*wie ich Religion unterrichte*“, 206). Es ergibt sich die Frage nach dem ‚Wie‘ des Unterrichts, was im Kontrast zu den bislang genannten allgemeineren Unterrichtsnormen der *Disziplin* und des *Vertrauens* steht, welche eher das Soziale betreffen.

Metakommunikativ leitet FRAU DOMPFAFF nun zu einem *Beispiel* (206) über, an dem sie diese Problematik veranschaulicht: und zwar die teilnehmende (!) Anwesenheit *muslimischer Kinder* (206) im Religionsunterricht. Sprachlich markiert sie dies als einen Rückgriff auf bereits Gesagtes („*eben*“, 206). Vor dem Hintergrund einer problematisierenden Darstellung („*die Schwierigkeit*“, 205) erzeugt die daraufhin eingeschobene positive Beurteilung dessen als *total toll* (207) nun eine Spannung. Aufgelöst wird diese im weiteren Verlauf, wenn FRAU DOMPFAFF in einer *aber*-Konstruktion dann die Folgen dieser Situation im Konjunktiv konstatiert: das *Rausfallen bestimmter Sachen* (208). Das *Dabeisein* muslimischer Schüler*innen im Religionsunterricht hat direkte Konsequenzen für die Unterrichtsgestaltung, sodass dies der derzeitigen Vorstellung von einem konfessionellen Unterricht im Wege zu stehen scheint („*wie er heute als kon=fessioneller Religionsunterricht gedacht ist*“, 209). Diese Idee wird kurz als *Verortung der Schüler*innen* beschrieben und verbleibt allgemein auf theoretischer Ebene („*man*“, 210). Im positiven Horizont der *Verortung* taucht erneut das Unterrichtsbild einer dezidierten Zielorientierung mit räumlichem Aspekt auf („*VerORTung*“[43], 210).

Daran knüpft sie eine negative Bewertung an, in der sie einen Verfall prognostiziert: dem (möglichen) *Verkommen* des Religionsunterrichts zu einer *Religionskunde.* FRAU DOMPFAFF sieht in der Entwicklung demnach eine drastische, geradezu dramatische Verschlechterung des Zustands, der im neuen Status der *Religionskunde* kulminiert. Diese Art des Unterrichts scheint weit von der *heutigen* Idee des Religionsunterrichts entfernt zu sein, weshalb dies den bisherigen positiven Horizonten von FRAU DOMPFAFF zuwiderläuft.

---

[43] Hervorhebung durch K. W.

Zwischenfazit:
Insofern befindet sich FRAU DOMPFAFF in einem Dilemma, wenn sie zu einer Positionierung zwischen einer positiven und einer negativen Bewertung religiöser Vielfalt aufgefordert wird: In ihrer Umdeutung der Frage bearbeitet sie die für sie hier relevantere Frage nach einem gemeinsamen (resp. konfessionell gemischten) Unterrichten oder einem (konfessionell) getrennten Unterrichten, wobei sie keine dieser Optionen durchweg positiv bewerten kann. Denn während im Gesamtzusammenhang des Interviews der positive Horizont eines monokonfessionell ausgerichteten Unterrichts überwiegen, der auf religiöse *Verortung* abzielt, stehen demgegenüber die anderen positiven Horizonte wie *Disziplin* oder auch *Vertrauen* in einem gemischten Klassenverbandsunterricht. Diese Ambivalenz lässt sich von FRAU DOMPFAFF in keine Richtung zufriedenstellend auflösen. Demnach kann sie sich auch mit der gesellschaftlich wahrgenommenen Norm, (religiöse) Vielfalt als *Chance* zu bewerten, nicht vorbehaltlos identifizieren.
Als potenziellen Endpunkt einer fatalen Entwicklung bewertet FRAU DOMPFAFF eine reine *Religionskunde*, die jedoch als *Verfall* und Gegenentwurf zu ihren positiven Horizonten steht.

Verdichtender Überblick: Orientierungsrahmen Frau Dompfaff

Der Orientierungsrahmen von FRAU DOMPFAFF kann als ‚die Religionslehrerin' betitelt werden und weist eine deutliche traditionell-konfessionelle Prägung auf. Er ist zentral am Gegenstand der evangelischen Religion ausgerichtet. Eine wesentliche Orientierung ist die an der Wirksamkeit des Religionsunterrichts bzw. an der Eröffnung der christlichen Religion für die Schüler*innen, die zum Teil mit einer schulpragmatischen Orientierung in Konflikt gerät.

1) Wahrnehmung der Schüler*innen: Die konstatierte, ausbleibende religiöse Sozialisation der Schüler*innen bildet das Potenzial des Religionsunterrichts, wirksam zu sein. Das Merkmal ‚Religionszugehörigkeit' ist durch die Spannung zwischen zugeschriebener Norm bzw. Relevanz und vorgefundener Realität gekennzeichnet; die Norm der (religiösen) Vielfalt unter den Schüler*innen als Chance wird ambivalent bearbeitet.
2) Unterrichtspraxis: Eine deutliche christlich-konfessionelle Unterrichtsorientierung konnte rekonstruiert werden, die von einer dynamisch-bewegenden Unterrichtsvorstellung geprägt ist. Der Gegenstand ‚Religion' wird als das ganz Neue und Andere und als Zielbestimmung für die Schüler*innen gerahmt. Es konfligieren die positiven Horizonte einer konfessionellen Ausrichtung des Unterrichts (RU in konfessionell-getrennten Lerngruppen) mit denen des *Vertrauens* und der *Disziplin* (RU im Klassenverband) – hier scheinen Divergenzen bzw. unauflösliche Spannungen zu bestehen; die räumlich-sphärische Dimension des Religionsunterrichts ist äußerst relevant, weil störungsanfällig ‚von außen'.

3) Bedingungsgefüge Schule: Es erfolgt eine persönliche Einordnung in schulische Strukturen, wenngleich es Divergenzen ihres Relevanzsystems zu dem der Schulleitung gibt. Doch hier zeigt sich eine implizite Selbstverortung im Planungskollektiv der Schule, auf der Suche nach gemeinschaftlichen Lösungen.
4) Selbstverortung: Sie verortet sich als die erfahrene (Stell-)Vertreterin bzw. Repräsentantin der Religion und kann den Kindern einen *Zugang* zur Religion verschaffen bzw. ihnen den *Weg* aufzeigen.
5) Rolle: Neben der Vertreterin der (evangelisch-)christlichen Religion (als konfessionelle Religionslehrerin), die die Fachlichkeit in den Unterricht trägt und die das Unterrichtsgeschehen aktiv steuert, konstruiert sie sich in der Rolle der pragmatischen Teamplayerin in der Schule.
6) Der Orientierungsrahmen kann zusammenfassend als Typ *konfessionelle Religionslehrerin* betitelt werden, die die Fachlichkeit in den Unterricht trägt.

5.3 Fallrekonstruktion Frau Buntspecht: ‚Die Grundschulpädagogin'

> *„also wir machen dann ein großes Ganzes draus, [...] das ist so ein bisschen wie eine Torte; am Anfang ist sie irgendwie zusammen, dann machen wir einzelne Stücke, der ein oder andere geht vielleicht auch weg, und ähm (.) am Ende haben wir dann hoffentlich alle einen hungrigen Magen"* (375–378)

Interviewinformation und Ausblick

Frau Buntspecht stellt den dritten Kernfall des Samples dar. Sie arbeitet an einer städtischen Grundschule, wobei ihre Erfahrungen an ihrem vorigen Arbeitsplatz, einer ländlich gelegenen Grundschule, in einigen Passagen als fallinterner Vergleichshorizont dienen. Zum Interviewzeitpunkt ist sie 38 Jahre alt und hat neben evangelischer Religion auch Deutsch und Sachunterricht studiert. Die Kontaktaufnahme erfolgte über eine E-Mail der Forscherin, welche gezielt an Schulleitungen mit Projektinformationen versandt wurde sowie der Bitte, diese an interessierte Religionslehrkräfte im Kollegium weiterzuleiten. Frau Buntspecht erwiderte die Anfrage daraufhin eigeninitiativ. Das Interview fand in einem Büroraum statt und ist mit einer Länge von über 90 min. das längste und zugleich selbstläufigste. Besonders ihre Bearbeitung des Haupterzählimpulses ist sehr umfangreich. Dennoch finden sich im Interview verhältnismäßig wenige Erzählungen und mehr verallgemeinernde Beschreibungen sowie Argumentationen.

Im Kapitel ‚Brückenschlag' zeigte sich, dass der Fall Frau Buntspecht mit Blick auf die Unterrichtspraxis für eine Anpassung des Gegenstands an die Schüler*innen anhand einer Öffnung und Vervielfältigung der Unterrichtsinhalte und Deutungsangebote steht. Dies bildet einen maximalen Kontrast zur Zurücknahme der christlichen Unterrichtsprägung (Frau Zaunkönig) und der Akzentuierung einer christlichen Unterrichtsprägung (Frau Dompfaff). Zugleich repräsentiert der Fall auch das Konfliktfeld einer Religionslehrkraft, die zwischen Vorgaben bzw. institutionellen Zwängen und einer Öffnung für die Schüler*innenschaft steht und die gesellschaftliche Norm der Toleranz intensiv bearbeitet.

Darstellung der Rekonstruktionen

In dieser dritten und letzten Falldarstellung werden verstärkt Bezüge zu den ersten beiden Falldarstellungen hergestellt (Frau Zaunkönig und Frau Dompfaff), wodurch Tendenzen in den Strukturen aufgezeigt werden, die dem Sample zugrunde liegen.

Analog zu den ersten beiden Falldarstellungen beginnt auch diese Analyse mit der Reaktion der Befragten auf die Einstiegsfrage. In der eher argumentativen Struktur ihrer Ausführungen zeigen sich vornehmlich Aspekte des Orientierungsschemas. Dem nachfolgenden Interviewausschnitt ging die Interviewfrage nach dem Beginn („*seit wann*“, 3) und der Motivation („*was [...] bewogen*“, 4) für die Religionslehrerinnentätigkeit voraus.

K: ähm (.) ich habe angefangen (.) °jetzt muss ich mal überlegen [Jahr] (   )° [Jahr] im Referendariat, ich habe das auch studiert, //(mhm)// ähm und habe durchgängig Religion unterrichtet bis auf die fast zwei Jahre (.) Elternzeit; @(.)@ ähm und habe unterrichtet äh an drei verschiedenen Schulen; ja; //(mhm)// genau; das heißt na knapp zehn acht (.) Jahre; und (.)

Frau Buntspecht zählt chronologisch gemäß der Reihenfolge des Frageimpulses ihre beruflichen Stationen anhand konkreter Jahreszahlen auf, wobei sie mit der Aufnahme ihrer Berufstätigkeit durch das *Referendariat* beginnt („*angefangen*“, 5). Mit einem Rückverweis auf das *Studium* in Religion („*habe das auch studiert*“, 6) ergänzt sie einen weiteren Aspekt ihrer (knappen) Berufsbiografie. Sie benennt einerseits ihre Qualifikation („*studiert*“, 6), womit sie sich implizit von fachfremden Religionslehrkräften abgrenzt; andererseits betont sie die Konstanz der sich anschließenden Unterrichtstätigkeit („*durchgängig*“, 6). Diese zieht sich über private Unterbrechungen („*Elternzeit*“, 7) und über mehrere Schulwechsel („*an drei verschiedenen Schulen*“, 7f) hinweg. Mit letzterem Aspekt eröffnet Frau Buntspecht bereits gleich zu Beginn einen in ihrem Erfahrungsraum liegenden Vergleichshorizont, der im weiteren Verlauf des Interviews immer wieder herangezogen wird, insbesondere auch in Bezug auf die Wahrnehmung der unterschiedlichen Schüler*innenschaft an den jeweiligen Schulen.

Anschließend ergänzt („*und*“, 8) sie ihre Antwort, indem sie auf den zweiten Teil der Frage nach den Beweggründen der Fachwahl eingeht. Hier nimmt sie eine explizite Positionierung zum Fach anhand von Abgrenzungen vor und und kommt immer wieder auf ihre Hauptmotivation zurück („*soziale Aspekte*“):

> *studiert habe ich es damals (.) hm ich hatte das ursprünglich als drittes Fach dann genommen, äh hatte ursprünglich auch überlegt ob ich andere Fächer noch nehme Musik beispielsweise //(mhm)// da wäre es aber dann tatsächlich von den @Aufnahmekriterien@ her nicht so geeignet gewesen, @(.)@ unterrichte ich jetzt <u>trotz</u>dem @(.)@, (.) ähm und habe (.) also ganz ehrlich gesagt fand ich Religionsunterricht speziell in der <u>Grund</u>schule immer sehr schön, weil es jetzt nicht äh (.) in die Tiefe geht; es es hat für mich glaube ich eher soziale Aspekte; (.) weil ich noch ein Fach haben wollte wo ich einfach (.) mit den Kindern anders arbeiten kann als speziell in Deutsch oder Mathe oder auch Sachunterricht; also (.) man hat dort einen anderen Zugang zu den Kindern ne, //(mhm)// das war tatsächlich sehr (.) auf das Soziale bezogen, und ich wusste auch schon im Studium, dass ich speziell nur an die Grundschule gehen werde; @(.)@ ja; also Haupt-und Realschule ähm (.) kamen da eigentlich gar nicht infrage; ja; //(mhm)// das war (.) das war jetzt nicht der Grund dass ich irgendwie ähm in der Kirche tätig* gewesen wäre oder so etwas also *das hat man ja auch manchmal, das nicht. @(.)@*

Frau Buntsprecht konkretisiert nun, in welcher Kombination sie Religion („*es*“, 9) studiert hat, wobei sie „*als drittes Fach*“ (9) durchaus auch Alternativen benennt: *Musik*. Aufgrund von pragmatisch-funktionalen Gründen entschied sie sich dann jedoch gegen diese Alternative („*von den @Aufnahmekriterien@ her nicht so geeignet*“, 11f.) – eine konkret positive, fachlich-inhaltliche Begründung ‚für‘ *Religion* bleibt hier zunächst einmal eine Leerstelle, worin sich hier eine gewisse ‚Austauschbarkeit des Faches‘[44] andeutet. Inwiefern andere Faktoren die Fächerwahl beeinflussten, zeigt sich an der Verknüpfung des *Religionsunterrichts* mit der spezifischen Schulform *Grundschule* („*fand ich [...] immer sehr schön*“, 13). Dennoch ist auch diese formal positive Bestimmung durch Abgrenzungen charakterisiert, denn hier stützt Frau Buntspecht sich auf den fehlenden *Tiefgang* (14) im *Grundschul-Religionsunterricht*, sodass dort die *soziale* Dimension dominiert („*eher soziale Aspekte*“, 14, und später „*tatsächlich sehr (.) auf das Soziale bezogen*“, 17). Kontrastiv und implizit schreibt sie diesen *Tiefgang* lediglich dem Religionsunterricht an den weiterführenden Schulen zu, wobei auch diese Einschränkung erst einmal inhaltlich unkonkret bleibt.

Erst am Ende der Passage scheinen Hinweise für ihre eigene Verortung auf, denn hier ergänzt sie ihre Argumentation, indem sie eine (denkbare) *Kirchentätigkeit* (20) als Grund für ihre Fachwahl ausschließt. Mit dieser Form der Selbstverortung, die nahezu symbolischen Charakter hat, positioniert sie sich im Kontext der Passage jenseits von christlich-religiöser Praxis bzw. religiös-institutioneller Nähe. Zugleich etabliert Frau Buntspecht damit das *Soziale* als ihren positiven Horizont, der einem kirchlich-religiösen Standpunkt als negativen Horizont deutlich gegenübersteht. Damit bildet das *Soziale* einen unverbundenen

[44] Diese ‚Austauschbarkeit des Fachs‘ bezieht sich auf sprachliche Konstruktionen, mit denen die Fachspezifik – hier des Religionsunterrichts – dekonstruiert wird. Dadurch lässt sich dieses durch andere Fächer bzw. andere Unterrichtsformen ‚ersetzen‘.

Gegenpol zum Christlich-Religiösen. Nach dieser Logik ist mit dem zuvor thematisierten Begriff der *Tiefe* möglicherweise eine fachliche, christlich-theologische Tiefe gemeint.

Damit scheint auf der Ebene der Orientierungsschemata ein impliziter positiver Horizont im Sinne eines seichten bzw. harmlosen Religionsunterrichts auf, dessen christliche Prägung eher ‚oberflächlicher' Natur ist: Statt christlich-theologischer Themen werden dort *eher* Themen des Miteinanders behandelt. Über eine zugeschriebene *Andersartigkeit* (15, 16) des Religionsunterrichts gegenüber den Fächern *Mathematik, Deutsch* und *Sachunterricht* (15f.) dokumentiert sich außerdem, dass der positive Horizont des *Sozialen* nicht (nur) als Unterrichtsgegenstand an sich konstruiert wird. Viel eher ist auch das *soziale* Unterrichtsgeschehen selbst, zwischen Lehrkraft und Schüler*innen, ein *anderes* („*anders arbeiten*", 15 und „*einen anderen Zugang zu den Kindern*", 16f.). Auch hierin dokumentiert sich – homolog zu den bereits herausgearbeiteten Strukturen – die ‚Austauschbarkeit des Faches' Religion. Denn nach der Logik dieses Begründungsmusters könnten die Kriterien der Andersartigkeit gegenüber den sog. ‚Hauptfächern' der Grundschule mit der Betonung auf dem Sozialen ebenso ein Kunst- bzw. Musikunterricht erfüllen. Insgesamt ordnet Frau Buntspecht diese Fachwahl der Schulformwahl unter („*wusste [...] dass ich speziell nur an die Grundschule gehen werde*", 18). Darin zeigt sich zugleich auch ihr Selbstverständnis, wonach sie sich vorrangig auch vielmehr als Grundschulpädagogin anstelle einer Religionslehrerin versteht.[45]

Das in dieser Passage rekonstruierte Gegenüber aus *Sozialem* und Christlich-Religiösem (mit der positiven Rahmung von Ersterem) verdeutlicht sich auch im Kontext der von Frau Buntspecht später erwähnten, besonderen Darstellungsform des *Erzählens* im Religionsunterricht. Hier werden ihre Darstellungen nun didaktisch konkreter: Auf die Nachfrage nach dem *Prägnanten des Religionsunterrichts*[46] verweist sie zunächst darauf, dass *die Kinder sich mehr öffnen* (25). Passend zur Formulierung eines *anderen Zugangs zu den Kindern* (16f., s. o.) entwirft sie damit ein Bild der Kinder im Sinne verschlossener Gefäße, denen im Religionsunterricht Raum gegeben wird, sich mehr zu öffnen und vom Innersten preiszugeben. Dass diese Art der *Öffnung* im Unterricht gelingt, führt Frau Buntspecht auf dessen spezifische Dynamik zurück, „*dass man tatsächlich auch ein bisschen ins Erzählen gerät*" (25f.). Dabei impliziert das Verb *geraten*, dass dies nicht unbedingt intendiert ist und ungesteuert geschieht. Diese Form der absichtslosen Dynamik

45 Dies stellt einen maximalen Kontrast zum ‚fachbezogenen' Begründungsmuster von Frau Dompfaff dar, die dies als ihr „*Lieblingsfach*" (17) bezeichnet, um „*darüber zu reden, was äh Religion und Glaube bedeuten kann und dass es fruchtbar wird für das eigene Leben*" 20f., vgl. Kap. 5.2, S. 132f.

46 Die normative Setzung durch diese Interviewfrage wurde in der ausführlichen formulierenden und reflektierenden Interpretation mitreflektiert. Aus Gründen der Übersichtlichkeit ist hier nicht jede Passage in voller Länge abgedruckt.

offenbart sich auch in der Beschreibung von FRAU BUNTSPECHT, die ihre Umgangsweise als *Zulassen* (26) charakterisiert, indem sie die ,Zügel' der Steuerung für den Moment abgibt.[47] Als Erzählanlass benennt sie für das *Erzählen* dann *„nicht nur das Religiöse [...], sondern tatsächlich auch (.) ich sage mal soziale Probleme, die wir da wirklich viel haben"* (27f.). Damit kontrastiert sie erneut zwei Pole – eine Form des *Sozialen* (hier: *„soziale Probleme"*) und eine des *Religiösen*. Zwar erfolgt nun keine eindeutige Abwägung, jedoch wendet sie sich eher der thematischen Bestimmung des *Sozialen*, also dem Miteinander zwischen den Schüler*innen zu, womit das Christlich-Religiöse in den Hintergrund tritt. Diese Gegenüberstellung ist also sowohl für ihr Unterrichtsbild als auch für ihre Motivation zentral: Von einem ,klassisch' zu nennenden, christliches geprägten Unterrichtsbild, wie beispielsweise bei FRAU DOMPFAFF, grenzt sich FRAU BUNTSPRECHT auf der Ebene der Orientierungsschemata explizit und implizit ab.

An diese Gegenüberstellung des *Sozialen* vs. des *Religiösen* schließt sie erneut argumentativ die ,Austauschbarkeit des Fachs' an, die immer noch als Antwort im Gesamtkontext der Interviewfrage nach dem *Prägnanten von Religionsunterricht* (23) gegeben wird:

> *und äh man Kinder da* [mit dem Geschichtenerzählen im Religionsunterricht; Anm. K. W.] *(.) mitreißen kann; und das (.) lag mir immer schon ganz gut, einfach auch frei erzählen, ähm und man merkt einfach dass sie ganz anders reagieren zuhören; dass man öfter im Kreis arbeiten kann; //(mhm)// ja; der Unterrichtsaufbau doch anders ist ähm man hat nicht (.) die gesteckten Ziele die man definitiv erreichen muss; und das ist (.) speziell im Bezug auf Deutsch Mathe (.) ganz anders; @(.)@ ja; das war so dieses (.) hm das war eigentlich so der Hauptgrund zu sagen ja; ich möchte einfach noch eins von diesen Nebenfächern, speziell* (30–37)

Hier knüpft FRAU BUNTSPECHT an das *Erzählen* als sprachlich-didaktische Unterrichtsform an, wobei sie die Proposition des *Erzählens* (26) im weiteren Verlauf der Sequenz als ein *Erzählen* von *Geschichten* inhaltlich spezifiziert und elaboriert. Dies könnte zwar als das Erzählen ,biblischer' Geschichten interpretiert werden, jedoch scheint der möglicherweise biblische Bezug hier irrelevant zu sein.

Im weiteren Passagenverlauf bearbeitet FRAU BUNTSPECHT eben diesen positiven Horizont des *Geschichten-Erzählens* zum einen mit Blick auf ihre eigenen Fähigkeiten in ihrer unterrichtenden Rolle; hier ordnet sie dies dem eigenen Kompetenz bzw. sogar Begabungsbereich zu (*„lag mir immer schon ganz gut"*, 31).

---

[47] Ausblick: Auf die Vorstellung, sich entwickelnde Unterrichtsgespräche (o. ä.) *zuzulassen*, kommt FRAU BUNTSPECHT noch mal zurück, und zwar im Zusammenhang des Spannungsverhältnisses aus Vorgaben (Zwang) und Freiheiten im Religionsunterricht. Einen maximalen Kontrast zu dieser partiellen Abgabe der (Unterrichts-)Steuerung stellt die explizite *(Beg-)Leitung* und *Führung* der Schüler*innen bei FRAU DOMPFAFF dar. Während FRAU BUNTSPECHT sich hier (partiell) in ihrer Lehrerinnenrolle zurücknimmt und den Schüler*innen die Gesprächsführung im Religionsunterricht überlässt, sieht FRAU DOMPFAFF eine besondere Wirksamkeit ihrer selbst und ihres Unterrichts, sodass ihr Unterrichtshandeln einen höheren Grad der Steuerung aufweist.

Zum anderen bewertet sie diese Ausrichtung des Unterrichts auch als positiv für die Schüler*innen, da Erzählungen zum ‚Aufhänger' werden können, um die Kinder *mitzureißen*. Damit scheint das *Erzählen von Geschichten* als didaktischer Unterrichtsgegenstand für beide Akteur*innengruppen vorteilhaft zu sein, wobei eine fachspezifische Rahmung dessen ausbleibt, denn Geschichtenerzählen ist auch Bestandteil beispielsweise des Deutschunterrichts.

Zudem werden weitere Aspekte zum *Prägnanten* des Religionsunterrichts genannt, wobei auch diese Begründungen mit Abgrenzung (ausschließlich) gegenüber den Hauptfächern erfolgen. Die inhaltliche Fachspezifik von Religion bleibt weiterhin eine Leerstelle, denn die angeführten Aspekte betreffen vordergründig die institutionalisierte Unterrichtsform selbst: und zwar den Gesprächscharakter des Unterrichts („*reagieren zuhören*", 32), die räumlich-didaktische Arbeitsform („*im Kreis arbeiten*", 33) und die inhaltliche Struktur von Unterricht („*Unterrichtsaufbau*", *33, und* „*gesteckte[] Ziele*", 34). Religionsunterricht wird auch hier als Gegenentwurf zu den Hauptfächern konstruiert, bei denen die Lehrkraft die *gesteckten Ziele* hinsichtlich eines schuleigenen Lehrplans einhalten muss, während sie im Fach Religion mehr Freiheiten in der Form des Arbeitens hat.

Zwischenfazit:
Frau Buntspecht begründet ihre Fachwahl vornehmlich über Abgrenzung bzw. mit dem Ausschluss anderer Fächer. So wird Religionsunterricht (an der Grundschule) als *Gegenentwurf* sowohl zu dem als *Hauptfächer* geltenden Mathematik-, Deutsch- und Sachunterricht als auch zum (religiös-anspruchsvollen) Religionsunterricht an der weiterführenden Schule konstruiert. Die positiven Bestimmungen zum Religionsunterricht betreffen zum einen die institutionalisierte Unterrichtsstruktur und das freiere Arbeiten im Kontrast zum lehrplangebundenen Unterrichten der Kernfächer und zum anderen auch das *Soziale* des Religionsunterrichts. Letzteres fungiert bei Frau Buntspecht wiederum als Gegenhorizont zum Religiösen. Angaben bezüglich des Fachlichen von Religionsunterricht, beispielsweise bezüglich Positionalität oder auch Konfessionalität bleiben dabei aus.
Obwohl alle drei Kernfälle den Religionsunterricht über Abgrenzungen zu den sog. Hauptfächern bestimmen, so gibt es doch deutliche Konturierungen beim Fallvergleich: Maximal kontrastieren Frau Buntspecht mit Frau Dompfaff, denn während Frau Buntspechts grundsätzlich im Sinne einer ‚Austauschbarkeit des Fachs' argumentiert, zeigt sich bei Frau Dompfaff ein dezidiert ‚fachbezogenes' Begründungsmuster. Zudem verortet Frau Dompfaff den Religionsunterricht explizit religiös und dynamisch, wobei sie mit ihrem Unterrichtshandeln die Vorstellung verknüpft, Schüler*innen *auf dem Weg* zu begleiten. Implizit verortet sie sich selbst als religionsnah, denn sie scheint den Weg zu kennen, sodass sie die Kinder *auf neue Pfade leiten* kann. Dahingehend besteht ein Unterschied zu Frau Buntspecht, die ihren Religions-

unterricht vornehmlich über Abgrenzungen zu den Hauptfächern anhand von Aspekten der institutionellen Unterrichtsstruktur charakterisiert. Zudem dokumentiert sich in ihrer Selbstverortung als ‚nicht kirchennah' eine Abgrenzung von einer dezidiert kirchlich-christlichen Perspektive. Die Lücke füllt für sie das *Soziale*, auf das sie den Schwerpunkt mit ihrem Religionsunterricht legt. In der Verhältnisbestimmung des Sozialen zum Religiösen zeigt sich ein weiterer Kontrast zwischen FRAU BUNTSPECHT und FRAU DOMPFAFF: Während diese bei FRAU BUNTSPECHT als Gegenentwürfe konstruiert werden, sind sie im Fall FRAU DOMPFAFF untrennbar miteinander verbunden. Bei ihr gehören soziale Prozesse wie das *gemeinsame Sich-auf-den-Weg-Machen* zum integralen Bestandteil der religiösen Ausrichtung ihres Unterrichts.

Nach der Einleitung in diesen Fall anhand der allgemeinen Orientierungsschemata von FRAU BUNTSPECHT hinsichtlich ihres Religionsunterrichts, werden nun ihre Konstruktionen zu den organisatorischen Strukturen betrachtet. Diese befinden sich auf der Mesoebene und insofern außerhalb des tatsächlichen Unterrichtsgeschehens, dennoch strukturieren sie ihre Erfahrungen mit dem Religionsunterricht maßgeblich, noch bevor sie sich der tatsächlichen Unterrichtspraxis (im Interview und im Alltag) widmen kann.

Zur Kontextualisierung dessen gilt es, einen Blick auf das vorangegangene Kapitel ‚Brückenschlag' zu werfen (Kap. 4): FRAU BUNTSPECHT bearbeitet bei der Frage nach den *Erfahrungen mit Unterrichten von Religion* im *Alltag* (41–43) zuerst einmal die religiöse und nationale Vielfalt der dortigen Schüler*innen (44–47). Bevor sie diese Mannigfaltigkeit anhand der Implikationen für das tatsächliche Unterrichtsgeschehen elaboriert (s. ebenfalls Kap. 4)[48], widmet sie sich zunächst den Implikationen für die außerunterrichtliche Organisation:

ähm wir haben viele Kinder die dem Islam (.) zugeordnet sind, die (.) äh auch die Möglichkeit haben sich abzumelden vom Religionsunterricht, und das auch wirklich äh <u>machen</u>; (.) also sprich äh ich sage mal von (.) ich sage jetzt mal ich hätte 25 Kinder, ähm kann es vorkommen dass sich äh bis zu zehn Kinder abmelden; was dazu führt dass organisatorisch einfach große Probleme entstehen, also sprich wir haben nicht immer (.) eine Betreuungskraft für die Kinder, das bedeutet dass ich die erst einmal unterbringen muss, (.) ähm verteilen auf andere Schulklassen, draußen im Flur sitzen unter Aufsicht die Tür eventuell noch aufhaben, dabei (.) ähm beziehungsweise auch bei ganz schwierigen Schülern die wir nicht einfach alleine irgendwo lassen können dass sie mit im Raum bleiben; das geht nicht anders; ähm wir haben das Glück dass wir (.) seit zwei Jahren ähm schon Kinder sammeln aus verschiedenen Klassen, dass dort (.) eine Betreuung stattfindet, durch pädagogische Mitarbeiter //(mhm)// oder auch Lehrkräfte, //(räuspern)// wenn das überhaupt möglich ist vo/ Stundenkontingent her, (.) ähm das ist so die erste Schwierigkeit; das Schöne daran […]

48 Hier konnte eine Orientierung an Vervielfältigung der (Deutungs-)Angebote rekonstruiert werden.

Den Ausgangspunkt ihrer Schilderungen bildet die vielfältige Schüler*innenschaft, sodass der auf das tatsächliche *Unterrichten* von Religion gerichtete Haupterzählimpuls eher hinsichtlich der Organisation im außerunterrichtlichen Bereich bearbeitet wird.

Nach allgemeinen Beschreibungen und Kategorisierungen der Schüler*innenschaft an der Schule (Religionszugehörigkeit / Nationalität, s. Kap. 4) benennt sie die *Möglichkeit der Abmeldung* (48) als organisatorische Einflussvariable auf den ‚Religionsunterricht': Doch hier scheint diese Option nicht an sich problematisch, sondern vielmehr das tatsächliche Wahrnehmen dieser Option seitens der muslimischen Schüler*innen („*das auch wirklich [ ] machen*", 48f.), sodass Frau Buntspecht die Situation als schwierig einstuft. Mit der konkretisierenden Formulierung „*kann es vorkommen dass sich äh bis zu zehn Kinder abmelden*" (50) zeichnet sie eine Art Worst-Case-Szenario nach, also eine Situation im Bereich des Faktischen, jedoch Extremen, denn organisatorisch stellt dies die Schulorganisation vor große Herausforderungen hinsichtlich der Betreuung (hier allerdings als ausschließlich negativ zu werten, denn die Folge sind „*große Probleme*", 51). Aufgrund der quantifizierten Angaben (10 von 25 abgemeldeten Schüler*innen) zeigt sich bei der Lehrkraft im Umgang mit den abgemeldeten Schüler*innen vor allem ein sortierender, ordnender Modus an, was homolog zur Formulierung „*Kinder die dem Islam (.) ZUGEORDNET sind*"[49] (47) steht.

Problematisch erweist sich dabei nicht die Abmeldung der Schüler*innen vom Unterricht an sich, sondern die Gewährleistung einer Betreuung ebendieser nicht teilnehmenden Schüler*innen außerhalb des Unterrichtsrahmens, was den negativen Horizont konstituiert. Aufgrund ihrer grundsätzlichen Betreuungsfunktion ist sie als einzelne Lehrkraft gefordert („*dass ich die [...] unterbringen muss*", 52), wenn institutionalisierte Entlastungsstrukturen in Form einer *Betreuungskraft* (52) ausbleiben.[50] Da auf der Mesoebene der Schule häufig Verlässlichkeit fehlt („*nicht immer*", 51), mündet dies in einen ungelösten Interessenkonflikt zwischen individueller und schulisch-institutioneller Ebene, wobei sich dies sprachlich bei ihr im Wechsel zwischen dem individuellen „*ich*" (49, 52) zum kollektiven „*wir*" (51) niederschlägt. Ihr Verantwortungsbereich des Religionsunterrichts erweitert sich mit dieser institutionellen Norm um die restlichen Schüler*innen, die abgemeldet sind, sodass sie letztendlich für die Betreuung aller Schüler*innen verantwortlich ist, sie fachlich aber nicht alle unterrichten darf („*unterbringen muss*", 52). Danach zählt sie ihre Handlungsoptionen als Lehrkraft im Infinitiv auf („*verteilen auf andere Schulklassen, draußen im Flur sitzen* [...]", 53). Durch die objektivierende Aufzählung wird das Gegenüber in die Entscheidungsfindung einbezogen, denn die Darstellung zeigt eine hohe metaphorische

49 Hervorhebung durch K. W.

50 Die Redewendung „*also sprich*" (u. a. 51) zieht sich durch das gesamte Interview, womit dies als Relevanzmarkierung für die nachfolgenden Erklärungen zu lesen ist.

Dichte. Diese Fokussierungsmetapher unterstreicht den ordnenden und sortierenden Schwerpunkt in der außerunterrichtlichen Organisation.

Implizit belegt dies, dass sie in ihrem Lehrerhandeln einer Logik von räumlicher Verwahrung folgt: Schüler*innen werden unterschiedlichen Plätzen zugeordnet, womit primär das Ziel der *Unterbringung* und eben nicht der inhaltlichen Beschäftigung oder Förderung verfolgt wird. Welche Art von Betreuung von der Lehrkraft gewählt wird, hängt – zumindest in einigen Fällen – vom individuellen Charakter der betroffenen Schüler*innen ab („*bei ganz schwierigen Schülern*", 54). Dabei kann auf keine kollektive Lösung zurückgegriffen werden. Abgeschlossen wird die Sequenz mit einer Konklusion („*das geht nicht anders*", 55), was gleichzeitig eine Rechtfertigung ihrer Vorgehensweise darstellt. Da ihr bzw. vielleicht auch ‚ihnen' keine andere Wahl gelassen wird, stuft sie die Vorgehensweise implizit als suboptimal ein, denn sie ist in in ihren Optionen eingeschränkt. Diese Beschreibungen zur organisatorischen Struktur besitzen Alltäglichkeitscharakter, denn hier schildert FRAU BUNTSPECHT eigene Kompensationsstrategien im Umgang mit fehlenden Entlastungsstrukturen aus dem Verantwortungsbereich der Schule, sodass dies zu Handlungsroutinen führt.

Die rekonstruierten Aspekte sind dem Orientierungsrahmen i. e. S. und insofern der Handlungspraxis zuzuordnen, denn die Sequenz enthält zwar argumentierende Elemente („*geht nicht anders*", 54), aber aufgrund der alltagspraktischen Schilderungen sowie der metaphorischen Dichte lassen die Äußerungen die Interpretation zu, dass sich hier eine große Nähe zur tatsächlichen Erfahrung dokumentiert.

Im Kontext dieser ungünstigen Rahmenbedingungen schätzt sie jedoch die (gemeinsame) Vorgehensweise des *Sammelns* (56) von Schüler*innen als hilfreich ein, d. h. die Intervention auf schulischer Ebene („*wir*", 56). Allerdings wird diese weniger als generelle Selbstverständlichkeit eingestuft als vielmehr eine günstige Fügung in ihrem Fall („*Glück*", 56), worin sich letztlich auch trotz kollektiv-aktiver Praxis („*wir [...] sammeln*", 56) implizit eine gewisse (Handlungs-)Ohnmacht gegenüber den vorliegenden Strukturen widerspiegelt.

Eine immerwährende Gültigkeit dieser Strategie wird jedoch durch die Begrenztheit der organisationsstrukturellen Ressourcen eingeschränkt („*wenn das überhaupt möglich ist vom Stundenkontingent her*", 58f.). Neben der Unterrichtsorganisation („*Stundenkontingent*", 58f.) verweist FRAU BUNTSPRECHT auf die nächsthöhere Makroebene (über der Schule), auf der den einzelnen Schulen die jeweiligen *Stunden* zur Verfügung gestellt werden. Obwohl die Maßnahme der *sammelnden Betreuung* von „*zwei Jahren*" (56) lange anhält, prägt dies ihr Erleben der Situation nur geringfügig, denn die *Verteilung* und *Unterbringung* der Schüler*innen steht im Vordergrund, was das *Problematische* darstellt.

Im Anschluss führt sie noch die Konsequenzen dieser hohen Abmeldezahl sowie der Vielfalt der Schüler*innen auf den konkreten Unterricht aus. FRAU BUNTSPECHT sieht darin nicht nur einen Mehraufwand auf der schulisch-institutionellen Ebene (zusätzliche Organisation und ein rekonstruierter ‚sortierender'

Modus), sondern auch für die Unterrichtsebene selbst: Als Störfaktor erweisen sich die Abmeldungen dann, wenn dadurch gerade kein interreligiös-vergleichender Dialog zwischen den Schüler*innen stattfinden kann. Als Beispiel führt sie die „*Abraham und Sara*"-Geschichte an, anhand derer sich religiöse Gemeinsamkeiten feststellen lassen könnten („*Abraham und Sara kenne ich auch*", 69): „*dass wir schon eine Vielfalt haben, leider nicht immer, ähm wenn die Kinder alle raus sind, das heißt dann kommen wir nicht dazu das so schön zu verbinden*" (70–72).[51]

Mit dem *Raus-Sein* (71) könnte die Abmeldung *aller* (muslimischen) Schüler*innen vom Religionsunterricht gemeint sein, denn FRAU BUNTSPECHT bemängelt die damit verlorengehende Option des *Verbindens*. Denn so könnten die Schüler*innen mit einer anderen Religion nicht mehr als Repräsentant*innen bzw. Expert*innen für ‚ihre' Religion fungieren, sodass ohne sie kein *Verbinden* mehr stattfinden kann.

Dass mit der Unterrichtsabmeldung auch ‚Chancen verloren gehen', findet sich homolog dazu auch noch später im Interview. Dem folgenden Textausschnitt ging eine Stelle voran, in welcher FRAU BUNTSPECHT die Vielfalt der Schüler*innen mit zunehmenden *thematischen Möglichkeiten* verknüpft:[52]

aber, (.) die Möglichkeiten schwinden im Moment, weil wir feststellen (.) jetzt auch dass (.) immer mehr Abmeldungen erfolgen; vom Religionsunterricht. also es wird immer mehr, es wird (.) denke ich auch irgendwann kritisch werden, weil wir einfach nicht mehr wissen wie sollen wir die Kinder jetzt noch betreuen, man kann (.) nicht einfach jedes Mal fünf sechs Kinder auf andere Klassen verteilen, (.) zumal es dann auch (.) äh parallel noch ist, mit anderen Klassen die gleichzeitig vielleicht noch acht neun Kinder verteilen müssen, und das sehen wir wirklich jetzt als (.) große Schwierigkeit; hm ja; es sind schon einige Kollegen die auch dann wirklich fordern und sagen ähm (.) dann müssen wir jetzt halt Werte und Normen unterrichten; aber (.) es geht natürlich @auch nicht so einfach das zu verändern@ das sind dann häufig Kollegen die das dann fachfremd (.) auch unterrichten

Ausgehend von dem positiven Horizont, sich die Vielfalt der Schüler*innen auch fruchtbar für den Unterricht zu machen, indem die *thematischen Möglichkeiten* ausgeschöpft werden, bilden diesbezüglich Abmeldungen einen negativen Horizont im Sinne einer Einschränkung, was schulorganisatorisch – wie bereits erwähnt – prekäre Situationen nach sich zieht („*Möglichkeiten schwinden*", 188).

Jedoch wird dieser Aspekt der *Abmeldung* im weiteren Verlauf der Passage nicht weiter elaboriert; eine höhere Relevanz wird den sich daran anschließenden organisatorischen Heraus- bzw. Anforderungen an sie selbst zugeschrieben. FRAU BUNTSPECHT wechselt dann in einen ‚sortierenden' Modus über, um mit den neuen Klassenverhältnissen zurechtzukommen („*fünf sechs Kinder auf andere Klassen verteilen*", 192). Zugleich dokumentiert sich die (als kollektiv gerahmte) Wahrnehmung einer zunehmenden Aktualität der Situation, die ein nicht mehr

---

[51] Zu ausführlicheren Interpretationen vgl. Kap. 4.3, S. 93ff.

[52] Vgl. dazu die weitere Falldarstellung, Kap. 5.2, S. 188f.

händelbares Maß zu erreichen scheint („*kritisch*", „*nicht mehr wissen, wie*", 190f., „*jetzt [...] große Schwierigkeit*", 194). Den vorgeschlagenen Ausweichmöglichkeiten aus dem Kollegium, die entweder die Notwendigkeit des Fachs an sich anzweifeln oder durch ein anderes inhaltlich ersetzen wollen („*Werte und Normen*", 195f.), begegnet FRAU BUNTSPECHT mit Vorbehalten gegenüber den (möglicherweise rechtlichen) Restriktionen („*geht natürlich @auch nicht so einfach*", 196).[53]

Zwischenfazit:
FRAU BUNTSPECHTS Unterrichtserfahrungen mit Religion sind maßgeblich durch eine alltägliche Organisationspraxis strukturiert, die dem tatsächlichen Unterrichtsgeschehen chronologisch vorgeschaltet ist. Ihre Funktion als Religionslehrerin wird – aus Ermangelung an institutionell-organisierter Betreuung – um die Funktion der Betreuungsorganisation der Restklasse (abgemeldete Schüler*innen) erweitert, da ihre Klasse sich nun aus zwei Gruppen zusammensetzt. Ihr handelt stellt eine individuelle Kompensationsstrategie mangelnder schulische Entlastungsstrukturen dar. Zwar nimmt sie dies als *problematisch* wahr, doch benennt sie auf der schulischen Ebene keine personellen anderen Verantwortlichkeiten. Vielmehr identifiziert und konstruiert sie sich als Teil des organisierenden Schulkollektivs, das gemeinsam Umgangsweisen mit strukturellen Problemen zu finden sucht. Vor dem Hintergrund, dass sie erst vor kurzer Zeit an die Schule gewechselt ist, lässt sich dies als erfolgreiche Anpassungsleistung an die vorgefundenen Strukturen lesen, was im maximalen Kontrast mit beispielsweise FRAU ZAUNKÖNIG steht, die eine Grenze zwischen sich und der Schulleitung zieht, der sie die alleinige Organisationsmacht und Verantwortung dafür zuspricht. FRAU ZAUNKÖNIG sieht sich dabei nicht als Teil des organisierenden Kollektivs, sondern steht außerhalb des Machtzentrums; ihre eigene Position konstruiert sie als wenig wirksame Einzelkämpferin (gegenüber der Schulleitung).
Aufgrund der abgemeldeten Schüler*innen agiert FRAU BUNTSPECHT nach einer Verwahrungslogik: Die Lehrkraft verfällt in einen ordnenden Modus, sodass sie diese abgemeldeten Schüler*innen auf die unterschiedlichen Betreuungsmöglichkeiten aufteilt. Diese institutionelle Organisationsebene ist in den Konstruktionen deutlich von der unterrichtspraktischen Ebene getrennt. Dies zeigt sich u. a. an der ambivalenten Wahrnehmung der Vielfalt der Schüler*innen, die sowohl als organisatorische Herausforderung als auch als unterrichtspraktisches Potenzial gesehen wird. Auch die institutionell verankerte Abmeldemöglichkeit wird durchaus nicht nur positiv als Religionsfreiheit beurteilt, denn während diese im konkreten Unterricht selbst einen

[53] Dies bildet einen maximalen Kontrast zu FRAU ZAUNKÖNIG, denn sie wertet die kollegialen Kommentare zum Fach Religion als Angriff auf dessen Status und Existenzberechtigung, weshalb sie dementsprechend *Argumente* zur Verteidigung *in die Waagschale legen* muss. FRAU BUNTSPECHT hingegen bearbeitet diese Anfrage auf der Ebene der Machbarkeit und Praktikabilität.

Vorteil durch kleinere Lerngruppen darstellt, bedeutet sie auf organisatorischer Ebene Mehraufwand.
Auch Frau Dompfaff bezieht sich auf Aspekte der außerunterrichtlichen Organisation für die abgemeldeten Schüler*innen. Beide Lehrkräfte sehen sich mit einem Rollenkonflikt konfrontiert, denn sie müssen sowohl allgemeinpädagogisch die abgemeldeten Schüler*innen betreuen, als auch religionspädagogischen Unterricht erteilen. Doch während Frau Buntspecht dies (‚lediglich') als organisatorischen Mehraufwand einstuft, erlebt Frau Dompfaff dies als (inhaltlichen) Störfaktor, der sich auf die Qualität (*Stimmung*) des Unterrichts selbst auswirkt.

Frau Buntspecht äußert sich in der fortgeführten Elaboration des Haupterzählimpulses aber auch zur konkreten Unterrichtsebene selbst (Mikroebene) sowie zu Prozessen der Unterrichtspraxis. Sie schildert dort ihren Religionsunterrichtsalltag, der durch ein Spannungsverhältnis aus Planung und Vorgaben sowie Anpassungsbemühungen und freie Gestaltung im Unterricht gekennzeichnet ist. Zudem wird im weiteren Verlauf die These einer ‚Orientierung an Vervielfältigung und Erweiterung' (vgl. Kap. 4) geschärft. Die untenstehende Passage schließt an Aspekte ihres Unterrichtsalltags (Verschiedenheit der Schüler*innen & halbjährlich stattfindende Kirchenbesuche) an:

92 *und zum Unterricht <u>selbst</u>, (.) hm zum zu der Art und*
93 *Weise <u>wie</u> ich unterrichte, oder (.) welche Fo- in welcher Form also (.) ähm wir machen es so*
94 *dass wir (.) dass wir immer zusammen im Kreis anfangen, ähm an meiner alten Schule war es*
95 *so dass wir dort äh eine Kerze anzünden durften, das dürfen wir jetzt hier nicht aus*
96 *Brandschutzgründen, leider, (.) ähm ja; an der alten Schule war es so dass wir ähm die Kerze*
97 *angezündet haben; ruhig geworden sind zusammen ei/ einen Spruch aufgesagt haben, einfach*
98 *(.) jetzt beginnt der Religionsunterricht, der Wechsel so ein bisschen auch deutlich wurde (.) äh*
99 *und die (.) die Kinder auch erst einmal erzählen konnten; wenn jetzt irgendetwas war; (.) ähm*
100 *das heißt gar nicht so im Sinne von (.) was hast du jetzt erlebt, warst du in der Kirche oder so,*
101 *sondern ganz allgemein einfach wie fühle ich mich gerade (.) ähm möchte ich irgendetwas*
102 *mitteilen; (.) das gehört für mich <u>auch</u> dazu, einfach (.) um zu gucken wie fühlen sie sich gerade*
103 *(.) wenn alle sagen oh heute war ein ganz doofer Tag (.) dann ändere ich tatsächlich auch schon*
104 *im Kopf meine Planung; @(.)@*

Mit den ersten Worten ihrer Schilderungen markiert sie eine explizite Überleitung zu einem neuen Schwerpunkt: „*und zum Unterricht <u>selbst</u>*" (92). Damit eröffnet Frau Buntspecht ein neues thematisches Feld, indem sie ihre eigene *Unterrichts*arbeit als Lehrerin charakterisiert („*Art und Weise <u>wie</u> [...] welcher Form*", 92f.). Zugleich markiert sie damit den bisherigen Erzählrahmen zur Unterrichtsorganisation als beendet, jedoch nicht was den Unterricht *selbst* betrifft. Durch die Aneinanderreihung von Schlagworten ähnelt dies in gewisser Weise einer Überschrift, denn die Worte sind (sprachlich) nicht in den sich anschließenden Erzählfluss eingebunden.

Inhaltlich beschreibt sie zunächst den Unterrichtsbeginn als ein ritualisiertes („*immer*", 94), kollektives Geschehen („*zusammen im Kreis*", 94). Dies wird auch durch eine sprachliche Kollektivierung unterstrichen („*wir*", 94, 95), anhand derer sich ein Arbeitsbündnis zwischen ihr als Lehrkraft und den Schüler*innen abzeichnet. Sie begreift sich als Initiatorin von Unterrichtsprozessen, an denen die Schüler*innen teilnehmen.[54] Auch die Unterrichtsformation des Kreises setzt die Vorstellung eines äußerlich hierarchiefreien (und insofern kollektiven) Moments fort. Zur genaueren Beschreibung des Stundenbeginns zieht FRAU BUNTSPECHT ihre *alte Schule* (94) als Vergleichshorizont heran: Die größeren Handlungsspielräume an dieser vorherigen Schule erweiterten ihre Gestaltungsmöglichkeiten: das *Anzünden einer Kerze* (95) gehörte zum Stundenritual, das aus folgenden Elementen bestand: *Kerze anzünden, ruhig werden* und *zusammen einen Spruch aufsagen* (95–97). Dies hatte die Funktion, den Schüler*innen den Start der Stunde an sich („*einfach jetzt beginnt der Religionsunterricht*", 97f.) bzw. den *Wechsel* zu signalisieren („*deutlich wurde*", 98), womit diese ihre Wahrnehmung bzw. Aufmerksamkeit auf die Stunde richten können.

Neben diesen Funktionen des Anfangsrituals zur Strukturierung erlaubt es FRAU BUNTSPECHT, für die Schüler*innen dadurch eine Gesprächsmöglichkeit zu bieten, um sich über ihre Anliegen zu äußern („*erzählen konnten; wenn jetzt irgendetwas war*", 99). Mit der Konkretisierung, was FRAU BUNTSPECHT unter Anliegen versteht, wird erneut deutlich, dass sie sich hier wie zum Anfang der Falldarstellung von kirchenbezogenen, d. h. christlich-religiösen Themen abgrenzt („*gar nicht so im Sinne von [...] warst du in der Kirche oder so*", 100). Vielmehr hat hier die Gefühlswelt der einzelnen Schüler*innen Priorität („*wie fühle ich mich gerade*", 101).[55] Auch sprachlich wird dieser Gegensatz mit linguistischen Mitteln kontrastiert: Während der negative Horizont, die Frage nach einem potenziellen *Kirchen*besuch, mit einer konfrontativen Frage mit „*du*" formuliert ist, wird für den positiven Horizont der subjektiven Gefühlswelt die *Ich*-Perspektive gewählt. Zudem stehen die Beschreibungen zum ritualisierten Stundenbeginn an der „*alten Schule*" (94) in den Vergangenheitsformen des Perfekts sowie des Präteritums. Infolgedessen bleibt das Anfangsritual an der neuen Schule – ohne *Kerze* – eine Leerstelle, die auch im weiteren Verlauf nicht aufgelöst wird. Lediglich in ihrer Schlussfolgerung finden sich Anzeichen für den Umgang mit dem Unterrichtseinstieg an der derzeitigen Schule, denn dort entscheidet sie sich, die *eigene Un-*

---

[54] Dies ist etwas, das sich durch das ganze Interview zieht. Bündnisse bestehen nicht nur aus ihr und den Schüler*innen, sondern v. a. auch allgemeiner aus ihr und dem Kollegium bzw. ihr und der gesamten Schule.

[55] Dies stimmt mit der Anfangssequenz überein, in der FRAU BUNTSPECHT ihre eigene Motivation für das Unterrichtsfach Religion dahingehend beschreibt, dass sie sich explizit – also auf der Ebene der Orientierungsschemata – sehr bestimmt von kirchlichen Verbindungen abgrenzt, d. h. sie ist und war „nicht in der Kirche tätig".

terrichtsplanung bei allgemeiner Unzufriedenheit an der Stimmung in der Klasse anzupassen („*wenn alle sagen oh heute war ein ganz doofer Tag*“, 103).[56]

Zudem deutet sich hier ein weiteres Charakteristikum für den Fall Frau Buntspecht an: Durch ihre Orientierung des Unterrichts an den Schüler*innen weicht sie partiell die eigenen Unterrichtsvorgaben (und später auch die externen) auf. Mit den Worten der *Planänderung im Kopf* (103f.) kontrastiert sie implizit einen vorher (möglicherweise schriftlich) festgehaltenen Plan mit spontanen, gedanklichen Modifikationen, indem sie ihren Unterricht an die situative Befindlichkeit der Schüler*innen anpasst. Damit konzeptualisiert sie ein *planendes* bzw. plan*änderndes Ich* (103), dass sie der Lerngruppe der „*Kinder*“ gegenüberstellt (99, und „*sie*“ 102). Damit wird die Ebene des Kollektivs aufgelöst, sodass eine Spannung zwischen Plan und den eigenen Vorgaben sowie der vorgefundenen Verfassung der Schüler*innen besteht, auf die sie individuell eingeht. Damit rahmt sie das Anfangsritual als eine didaktische Möglichkeit für ebendiese Anpassungsleistungen des eigenen Plans. Nach der Thematisierung des Stundenbeginns bezieht sie sich auf die eingesetzten Arbeitstechniken sowie die Aktivitäten der Lehrerin und der Schüler*innen:

104 *ähm dann ist es so dass wir (.) viel in Gruppen*
105 *arbeiten, also ähm auch unterschiedlich gemischt, das heißt es sind nicht immer feste Gruppen,*
106 *das sind mal zwei drei Kinder es sind mal auch sechs Kinder die zusammenarbeiten, ähm (..)*
107 *ganz häufig ist es so dass wir wenn wir jetzt eine biblische Erzählung haben dass ich sie einfach*
108 *frei erzähle, (.) manchmal am Stück, manchmal in Etappen, (.) ähm manchmal auch vorlese,*
109 *oder manchmal auch eine CD einfach äh anmache, und vorlesen lasse, also da wirklich*
110 *abwechsle, ähm manchmal ist es auch so dass Kinder das erzählen wenn sie die Ge/ Erzählung (.)*
111 *kennen ähm dann (.) °ähm° es wechselt; also manchmal ist es so dass ich dann wirklich sage*
112 *hm ihr habt jetzt die freie Wahl, zu dieser Erzählung etwas zu gestalten, dann können sie selbst*
113 *etwas (.) bauen, wir haben immer so ein bisschen Material da, sprich leere Toilettenpapierrollen*
114 *oder so etwas, ähm manchmal schreiben die Kinder das noch mal auf, das kommt immer auf*
115 *den Jahrgang drauf an; äh manchmal malen sie auch ein Bild, fragen von sich aus dürfen wir*
116 *das auch zu dritt machen; (räuspert sich)*

Der Chronologie einer Unterrichtsstunde entsprechend wendet sich Frau Buntspecht vom ritualisierten Unterrichtsbeginn nun den einzelnen Arbeitsphase(n) und -techniken des Unterrichts zu. Dabei nimmt sie wieder das kollektive *Wir* (104) auf, weil nun erneut ein Arbeitsbündnis zwischen ihr und den Schüler*innen besteht. Sie beschreibt Möglichkeiten der Sozialform in Arbeitsprozessen, wobei die *Gruppen*arbeit in vielfältigen Varianten zentral angeführt wird

56 Auch Frau Zaunkönig widmet sich intensiv dem Ritual zu Stundenbeginn. Doch während sie dieses in einen christlich-thematischen Zusammenhang stellt (Kerze als das *Licht von Jesus*), bleibt das Ritual bei Frau Buntspecht eher auf der Ebene allgemeinpädagogischer Aspekte (*Kerze, Spruch aufsagen*), zudem hebt sie jegliche Bezugnahme zur Kirche explizit auf („*gar nicht so im Sinne von […] warst du in der Kirche oder so*“).

(*„in Gruppen“*, *„unterschiedlich gemischt“*, *„nicht immer feste Gruppen“* sowie die unterschiedliche Gruppenstärke, 104–106). Ergänzend zu Fragen der Sozialform benennt Frau Buntspecht (exemplarisch) einen häufigen unterrichtspraktischen Gegenstand: die didaktische Aufarbeitung von *biblischen Erzählungen* (107). Mit ihrer Aufzählung eröffnet sie das Repertoire an unterschiedlichen Möglichkeiten in ihrem Lehrerhandeln, was sich sowohl auf die Präsentation der Geschichte selbst (*frei erzählen / am Stück* oder *in Etappen / vorlesen / eine CD anmachen / erzählen durch Kinder,* 108–110) als auch auf anschließende (künstlerische) *Gestaltungen* und Bearbeitungen durch die Schüler*innen bezieht (*bauen /Material* wie *Toilettenpapierrollen / noch mal aufschreiben / malen,* 113–115). Darin dokumentiert sich eine strukturähnliche Orientierung an der Vervielfältigung, die sich anhand der Rekonstruktionen im vorangegangenen Kapitel ‚Brückenschlag‘ bereits ablesen ließ (Kap. 4): Das Lehrerhandeln ist geprägt von einer Vervielfältigung (hier:) der Bearbeitungsangebote, wobei hier sowohl das (Entwicklungs-)Alter der Schüler*innen (*„Jahrgang“*, 115), aber auch ihr eigenes Interesse berücksichtigt wird (*„fragen von sich aus dürfen wir“*, 115).

In ihren Beschreibungen zur Unterrichtspraxis zeigt sich zudem eine praktisch-methodische Rahmung der *biblischen Geschichten*, die sie mit handwerklichem Tun sowie anderen Arbeitstechniken der Darbietung (Vorlesen etc.) verknüpft. Obwohl die Bibelgeschichten zentraler Unterrichtsgegenstand zu sein scheinen, bleibt eine inhaltlich-didaktische Auseinandersetzung mit ihnen aus: Über ihren ‚religiösen‘ Wert wird nicht reflektiert.

> Exkurs: Darin zeigt sich eine Parallele zu Frau Buntspechts Bearbeitung biblischer Unterrichtsgegenstände im vorangegangenen Kapitel ‚Brückenschlag‘: Dort konnte bereits ein Umgang mit dem biblischen Unterrichtsgegenstand des *„Vaterunsers“* über die vervielfältigten Rezeptionsmöglichkeiten durch die Schüler*innen rekonstruiert werden.[57] Ähnlich zeigt sich dies auch in einer anderen Sequenz, in der Frau Buntspecht davon spricht, den Schüler*innen im Religionsunterricht nichts *überstülpen* (517) zu wollen, insbesondere denjenigen nicht, die sich den Religionsunterricht nur *anhören* (519) wollen:

485 *für sie* [die Schüler*innen]
486 ist es dann eine Geschichte, ähm (.) ne, ich könnte jetzt die *Geschichte von Tim und Ida*
487 *erzählen oder ich kann die Geschichte von Abraham und Sara //(mhm)// erzählen also äh das*
488 das ist ihnen dann nach und nach erst bewusst dass es dann auch *biblische*
489 *Geschichtenerzählungen sind natürliche sage ich das, und habe auch die Bibel dabei, aber (.)*

---

57 Besonders ausführlich erzählt hingegen Frau Zaunkönig von der inhaltlichen Auseinandersetzung im Unterricht mit den biblischen Geschichten: Sie ist in ihrem Lehrerhandeln an der Herstellung von Verbindung und Nähe zwischen Schüler*innen und der Geschichte orientiert, was u. a. über die Identifikation (*hineinversetzen*) und über die Rollenübernahme (*Jesus sein*) zu erreichen versucht wird, vgl. S. 105f.

490 *also gerade so in der ersten und zweiten Klasse sind sie da noch ganz unbedarft und ähm haben*
491 *da die größeren Zusammenhänge noch nicht*

> Auch hier steht nun eine gewisse Didaktik im Umgang mit (biblischen) *Geschichten* (486, 487) im Zentrum, die besonders durch die Rezeption durch die Schüler*innen geprägt ist: Denn besonders in den jüngeren Klassenstufen betont sie den beliebigen Charakter dieser Erzählungen, die noch nicht in den biblischen Kontext gestellt werden können („*eine Geschichte*“, 486). Zur Illustration parallelisiert sie den Titel einer biblischen Geschichte („*Abraham und Sara*“, 487) mit einem alltagsweltlichen Kinderbuchtitel („*Tim und Ida*“, 486). Mit der sprachlichen Parallelisierung veranschaulicht sie sie die fehlende religiöse Lesart der biblischen Geschichten für die Kinder, die dies eher weltlich aufgrund des mangelnden Vorwissens interpretieren. Zwar spricht sie aus der Perspektive und Rezeptionshaltung der Schüler*innen („*für sie*“, 485f., „*das ist ihnen dann [...] erst bewusst*“, 488), aber dennoch zeigt sich ein Wechsel zu ihrer eigenen Perspektive, da sie als Lehrkraft demnach zwei mögliche Geschichten erzählt: Ähnlich zur ‚Austauschbarkeit des Fachs‘ auf persönlich-motivationaler Ebene zeigt sich hier eine ‚Austauschbarkeit biblischer Geschichten‘ auf unterrichtspraktisch-didaktischer Ebene.

Zurück zur Ausgangspassage fällt sie sprachliche Entsprechung zwischen dem *freien Erzählen* (107f.) der Geschichten seitens der Lehrkraft sowie der *freien Wahl* (112) in der Gestaltung aufseiten der Schüler*innen auf. Damit scheint die Vorstellung von ‚Freiheit‘ eine an dieser Stelle relevante Norm für den Religionsunterricht zu sein. Dies dokumentiert sich auch in dem darauffolgenden Passagenteil:

116 *dann gibt es aber auch gerade in Klasse drei und vier,*
117 *und das hat damit zu tun dass wir dort Arbeiten schreiben müssen, (.) so ein bisschen den*
118 *Wechsel, das bedeutet dass wir mehr Lesetexte auch haben weil sie einfach (.) sich zu Hause das*
119 *halt auch mal angucken müssen, ähm Eltern auch es fordern, dass sie etwas in der Hand*
120 *haben, sprich eine Mappe, oder ein Heft, ähm um mit den Kindern einfach zu lernen; dass man es*
121 *so ein bisschen (.) manchmal die Motivation, muss man //(mhm)// ganz deutlich sagen, also*
122 *ich würde mir wünschen dass das wegfällt, (.) ähm und (.) ja; sie da (.) natürlich dann irgendwie*
123 *auch äh Texte bekommen wo sie Fragen zu haben; oder so; aber auch da versuche ich immer*
124 *Stunden mit drin zu haben in denen sie wirklich (.) frei etwas machen können; also wo es*
125 *vielleicht eine Aufgabe vorweg gibt, ähm (.) aber sie in der Gestaltung dann wirklich den*
126 *Freiraum haben dass sie da nicht (.) ähm wenn man nur Texte bekommt (.)und das ist häufig*
127 *bei frech/ fachfremden Lehrern so, da werde ich oft angesprochen*

Frau Buntspecht differenziert ihr Lehrerhandeln hinsichtlich der Jahrgangsstufen: Bei den höheren Stufen „*drei und vier*“ (116) konstatiert sie einen Zuwachs an (äußeren) Zwängen; und zwar zum einen durch das „*Arbeiten schreiben müssen*“ (117), also durch die institutionelle Unterrichtsstruktur und insofern äußere Vorgabe, sowie zum anderen durch von Eltern gestellte *Forderungen, etwas* dafür *in der Hand zu haben* (119f.). Letzteres – so lässt sich interpretieren – könnten v. a. auf eine gemeinsame schriftliche Vorbereitung zu Hause abzielen, um für die Tests an der Schule vorab zu üben. Diese an sie gestellten Ansprüche erwachsen aus institutionellen Vorgaben, wobei sie als Kollektiv betroffen ist. Denkbar ist sowohl das Kollektiv des Religionskollegiums, das jeweils mit den Schüler*innen *Arbeiten schreiben muss*, oder aber das jeweilige Lerngruppenbündnis, das sie mit den Schüler*innen eingeht.

Während Frau Buntspecht auf der einen Seite diesen institutionellen Zwang aufgrund der *Arbeiten* positiv hinsichtlich der Arbeitsdisziplin der Schüler*innen elaboriert („*Motivation*“, 121), schätzt sie auf der anderen Seite hingegen das *freie Machen* (124) bzw. den „*Freiraum*“ (126) auch als essenziell für die Lernentwicklung ein. In diesem Spannungsverhältnis zwischen institutionellem Zwang und der Freiheit zur Kreativität positioniert sich Frau Buntspecht als Vermittlerin. An einer metaphorisch dichten Stelle erklärt sie auch, wie sie diesen Spagat zwischen Einhalten von Lernzielen und der Eigeninitiative der Schüler*innen als Lehrkraft meistert, wobei hier die persönliche Erfahrung eine zentrale Rolle spielt:

130 *ich bin dadurch,*
131 *dass ich es jetzt ein paar Jahre unterrichte schon freier geworden, am Anfang war ich auch*
132 *festgelegter, jetzt bin ich einfach freier geworden; also (..) wenn die Kinder gerade anfangen*
133 *darüber zu diskutieren wo wohnt denn Gott überhaupt, ähm (.) und das gerade gar nicht Thema*
134 *ist dann lasse ich das trotzdem zu; dann ist das halt eine Stunde darüber; abge/ fern ab von dem*
135 *Thema was wir eigentlich haben; das habe ich (.) ganz am Anfang so nicht zugelassen; @(.)@*
136 *//(mhm)// weil man einfach seinen Plan hat, und so versucht man auch vorzugehen, und jetzt*
137 *ist es so dass man (.) die Kinder von sich aus ganz viel auch ins Gespräch einfach kommen;*

Entlang einer Zeitachse benennt Frau Buntspecht den Zuwachs an Unterrichtserfahrungen („*ein paar Jahre unterrichte*“, 131) als ausschlaggebenden Faktor für ihren souveräneren Umgang mit Schüler*innen: Dem *Festgelegtsein* zu Tätigkeitsbeginn („*am Anfang*“, 135) stellt sie ein späteres *Frei(er)-Sein* gegenüber, sodass sie sich nun auch von externen Vorgaben leichter lösen kann. Dazu schildert sie exemplarisch eine (abstrahierte) Unterrichtssituation: So *lässt* sie als Lehrkraft ein Gesprächsthema, das durch die Schüler*innen aufkommt („*wo wohnt denn Gott überhaupt*“, 133), trotz *thematischer* Diskrepanz zum vorgesehenen Lehrplan *zu* („*gerade gar nicht Thema ist*“, 133f.). Mit dem Verb *zulassen* ist die Vorstellung verknüpft, der Eigendynamik des Gesprächs Raum zu geben und dort nicht steuernd einzugreifen. Die externen Vorgaben zum *eigentlichen Thema* (134f.) der Stunde stellt sie zugunsten eines Gesprächsfadens zurück, den die Schüler*innen frei entwickeln. Mit der sich selbst zugeschriebenen Professionalisierung geht demnach ein Prozess des situativen Loslösens von fremden oder eigenen Leitlinien („*seinen Plan*“, 136) einher, sodass sie sich von deren strengen Befolgung befreien kann („*so [...] vorzugehen*“, 136). Die Folge ist ein Anstieg in der Eigendynamik durch die Schüler*innen („*ganz viel auch ins Gespräch einfach kommen*“, 137). In dieser Logik lässt sich der (impliziten) Schüler*innenorientierung mit einer zunehmenden Professionalisierung gerecht werden, weil die Lehrkraft dann eigene Spielräume im Lehrerhandeln besser ausloten kann.

Zur Beschreibung ihrer zwiespältigen Lage zwischen Vorgaben (auch Planung) und (freier) Unterrichtsdynamik bezieht sie sich in zahlreichen Interviewpassagen auf den Ausdruck: Prozesse *zuzulassen*. So spricht sie beispielweise vom *Zulassen* kindlichen Erzählens im Kreis (26, s. o.). Zudem findet er sich im Zusammenhang der Unterrichtsöffnung für Schüler*innen-Dialoge, die Frau Buntspecht mit der religiösen Vielfalt der Schüler*innen begründet:

> *zu schauen (.) was macht denn ihr, was haben wir gemeinsam, was ist Unterschied was ist der Unterschied; warum habt ihr ein Zuckerfest, zum Beispiel, ach ihr feiert Weihnachten, aber ihr habt das doch gar nicht bei euch, ähm also solche Fragen kommen schon; das heißt (.) die lasse ich dann auch einfach zu, da lasse ich mich (.) ähm (.) versuche es im Lehrplan zu verankern, manchmal ist es nicht möglich, aber es ist halt in dieser Gruppe (.) muss man das einfach dann auch trotzdem machen* (72–77)

Homolog zur Interviewpassage im Kapitel ‚Brückenschlag‘ (vgl. Kap. 4.3, S. 95f.) zeigt sich auch hier eine vergleichbar metaphorisch-dichte Darstellung eines Schüler*innendialogs über Gemeinsamkeiten und Unterschiede in den jeweiligen religiösen Traditionen („*Zuckerfest*“, 73, „*Weihnachten*“, 74). Obwohl diesbezügliche Freiheiten seitens der Lehrkraft erteilt werden (*zulassen*, 75), rekurriert sie dennoch auf die bereits vorhandene Strukturierung durch den *Lehrplan*. Hier sucht Frau Buntspecht eine (nachträgliche) Passung zwischen den Polen der freien schüler*inneninitiierten Gespräche und der strukturierenden, institutionellen (oder auch selbstgesetzten) Vorgaben als Norm vorzunehmen. Diesen externen Vorgaben spricht sie jedoch keine Dringlichkeit zu: Denn eine fehlende Rückbindung an den Lehrplan bzw. die fehlende *Verankerung* ist für sie kein Ausschlusskriterium, um Gesprächsdynamiken in der Situation selbst aufrechtzuhalten, denn die Schüler*innenorientierung überwiegt in der Situation selbst.

Diese Bearbeitung einer (möglichen) Nichtpassung von spontan auftretenden Unterrichtsthemen zu den Vorgaben (hier: dem Lehr- bzw. Unterrichtsplan) wird an einer anderen Textstelle auf die Weise bearbeitet, dass institutionell vorgegebene Unterrichtsthemen nicht mit den Bedürfnissen und Voraussetzungen der jeweiligen Schüler*innenschaft übereinstimmen. Zur Veranschaulichung zieht sie die zentrale Fokussierungsmetapher „*einer Torte*“ (376) heran:[58]

368 *aber das sind schon so also man fragt sich als Lehrkraft schon eher, ist das jetzt*
369 *wirklich ein Thema was ich jetzt machen muss, ähm oder kann ich das alternativ irgendwie*
370 *noch anders //(mhm)// aufbereiten; also (.) da denkt man schon so ein bisschen mehr drüber*

[58] Die Passage folgt auf einen Ausschnitt, der im Kapitel ‚Brückenschlag‘ zum Vaterunser analysiert wurde: Dort zeigte sich eine innere Reflexion darüber, inwiefern sie das „*Vaterunser*“ als (biblisches) Gebet an ihrer neuen Schule im Unterricht selbst (mit einer vielfältigen Schüler*innenschaft) behandeln sollte oder nicht.

nach, was manchmal schade ist, dass man (.) eigentlich nicht ganz frei das dann in dem Sinne, unterrichte, aber ich bin auch (.) so jemand (.) ich sage dann nein, ähm ich habe meine Vorgaben erstens, und ich habe auch das was ich an der Uni gelernt habe, was ich im Re/ Referendariat gelernt habe; durch Kollegen; und ich für mich habe jetzt gesagt ich mache genau so weiter wie vorher, nur dass ich das Andere (.) mit hineinbinde; also wir machen dann ein großes Ganzes draus, //(mhm)// (.) das ist so ein bisschen wie eine Torte; am Anfang ist sie irgendwie zusammen, dann machen wir einzelne Stücke, der ein oder andere geht vielleicht auch weg, und ähm (.) am Ende haben wir dann hoffentlich alle einen hungrigen Magen, //(@(.)@)// äh also ein ein Magen der gut gefüllt ist, und der sich wohlfühlt; //(mhm)// also so ne, darum gehts eigentlich; dass kein Kind sich irgendwie unwohl fühlen muss, so nach dem Motto oh ich höre das jetzt, ich darf das gar nicht hören,

Nachdem sie das christlich-biblische Thema „*Vaterunser*" als unpassend markiert (359, vgl. auch Kap. 4.3, S. 96f.) und die Schüler*innenschaft mit unterschiedlichen Ansprüchen identifiziert, hinterfragt sie reflexiv den zwingenden Charakter thematischer Vorgaben („*man fragt sich als Lehrkraft*", 368; und „*ein Thema was ich jetzt machen muss*", 369). Dabei sucht sie zunehmend nach *alternativen* Vorgehensweisen („*anders [...] aufbereiten*", 370, „*denkt [...] ein bisschen mehr drüber nach*", 370f.), insbesondere im Vergleich zu ihrer alten, eher christlich geprägten „*Dorfschule*" (222, 726). Die Limitationen bewertet sie als „*schade*" (371), sodass das *freie Unterrichten* (371f.) zu kurz kommt, was diesmal nicht auf die externen Richtlinien, sondern auf die Anforderungen seitens der Schüler*innen zurückgeführt wird. Die „*Vorgaben*" (372) und erlernten Fähigkeiten aus Studium („*Uni*", 373) und „*Referendariat*" (373) bilden dabei eine Art Absicherung ihres Handelns (hier: der Thematisierung des Vaterunsers).

Aus dieser Reflexion zieht sie die Schlussfolgerung, dass sie ihr herkömmliches Vorgehen fortsetzt, dies jedoch um das *Andere* ergänzt („*dass ich das Andere (.) mit hineinbinde*", 375), um das *große Ganze* zu erreichen. In dieser metaphorischen Darstellung ihrer Unterrichtsziele unterscheidet FRAU BUNTSPECHT zwischen dem *Anderen* und einem implizierten ‚Einen'. Im Interviewzusammenhang könnten hier unterschiedliche Religionen, v. a. das Christentum und der Islam gemeint sein („*Abraham und Sara kenne ich auch*", 69, „*Zuckerfest*", 73, „*Weihnachten*" 74 u. v. m). Mit dem Verbgebrauch *hineinbinden* assoziiert man das verwandte Verb ‚einbinden' und damit die Vorstellung, Menschen von außen in ein (soziales oder thematisch-inhaltliches) Geflecht zu integrieren; das Präfix ‚hinein' unterstreicht das Bild eines Innen und Außen, sodass am Ende das *Andere* nicht mehr außerhalb steht. Auch an dieser Stelle findet sich wieder ein Oszillieren zwischen einer kollektiven und individuellen Sphäre innerhalb des Unterrichts: Während FRAU BUNTSPECHT den (technisch anmutenden) Akt des *Hineinbindens* noch ihrem eigenen individuellen Verantwortungsbereich zuschreibt, rahmt sie hingegen die abstrakte Gestaltung eines *großen Ganzen* wieder als kollektiven (Unterrichts-)Prozess („*wir machen*", 375). Der Unterricht wird über *Hineinbinden des Anderen* also für Schüler*innen geöffnet, die zu dem ‚Einen' nicht dazu gehören.

Diesen Unterricht beschreibt sie anschließend mit einer dichten und zugleich recht ausführlichen Fokussierungsmetapher[59] („*das ist so ein bisschen wie*", 376), wobei sie diesen chronologisch strukturiert darstellt („*am Anfang [...], dann*", 376f., „*am Ende*", 378). Die Metapher einer „*Torte*" (376) weckt zunächst Assoziationen mit Feierlichkeit und Genuss, möglicherweise auch Begierde (‚Objekt der Begierde'). Im (chronologischen) Ausgangspunkt befindet sich die *Torte* in einer Einheit, die jedoch als brüchig gedeutet wird („*irgendwie zusammen*", 376f.). Diese Einheit steht homolog für das *große Ganze*, wobei sich dies entweder auf die Klassengemeinschaft der Schüler*innen beziehen könnte oder aber auf die ‚Welt der Religionen'. Für letztere Lesart spricht, dass sie *das Andere* (und nicht ‚die anderen') miteinbinden möchte.

Anschließend bleibt sie in der *Torten*-Metaphorik, denn die folgende Unterteilung in *einzelne Stücke* (377) passt ins Bild des Aufteilens und zum Gegenstand. Die *Torte* ‚lädt' aufgrund ihrer kreisrunden Form quasi dazu ein, diese aufzuteilen (sechsmal diagonal durch die Mitte, um 12 gleichgroße Stücke zu erhalten). Mit diesem als natürlich präsentierten Teilungsvorgang könnte im übertragenen Sinne die Aufteilung in unterschiedliche religiöse Traditionen gemeint sein, was der entsprechenden Unterteilung der Schüler*innen entspricht. Dabei handelt es sich um einen aktiven Prozess, denn alle sind daran beteiligt („*machen wir*", 377).

Daraufhin bricht Frau Buntspecht mit der metaphorischen Sprachebene und spricht konkret das mögliche Weggehen *des einen oder anderen* (Schülers) an (377), womit sie ins alltagspraktische Geschehen wechselt und hier (wahrscheinlich) die Unterrichtsabmeldungen fokussiert. Ihre Zielvorstellung für den Religionsunterricht („*am Ende*", 378) verpackt sie wieder in ein Bild, wobei dies ambivalent ist: ein *hungriger Magen* (378) und ein *gut gefüllter,* sich *wohlfühlender Magen* (379). Damit bindet sie diese Metapher zurück an das Bild der *Torte*, sodass sich ein stimmiges Gesamtbild ergibt, denn sie bleibt im Wortfeld der Ernährung. Den Zustand, den sie sich letztendlich für ihre Schüler*innen erhofft, besteht demnach aus Wissens*hunger* und Neugierde und als eine angenehm-*wohl*ige Grundlage für den weiteren Wissenserwerb. Abschließend resümiert Frau Buntspecht dies mit einer Art der finalen, abstrakten Zielbestimmung des Unterrichts („*darum geht's eigentlich*", 379f.): Vor der Negativfolie des *Unwohlseins* scheint ein allgemeines *Wohlfühlen* auf, das sie mit ihrem Unterricht anstrebt. Gefährdet sieht sie diese Wohlfühlatmosphäre durch Schüler*innen („*Kind*", 380), die Verbotenes hören („*ich höre das jetzt, ich darf das gar nicht hören*", 380f.). So tragen elterliche Verbote in dieser Logik dazu bei, dass sich ein allgemeines Unwohlsein im Unterricht einstellt.

Auf thematische Vorgaben und Festlegungen geht Frau Buntspecht auch auf schulorganisatorischer Ebene ein und nicht nur als individueller Gegenentwurf

[59] Die Darstellungen sind hierzu ausführlich gehalten, weil solche Fokussierungsmetaphern besonders relevant für den Orientierungsrahmen i. e. S. sind (vgl. Kap. 3.2.2, S. 63).

zur *freien* Gestaltung und Schüler*innenorientierung. Denn die damit verbundene Planbarkeit bewertet sie durchaus als Unterstützung und Gewinn:[60]

> *die Themen (.) die haben wir in der Schule selbst festgelegt, (.) also sprich schon feste Themen, dass man einfach ähm (.) weiß was wurde gemacht, (.) wir sind eine große Schule mit vielen Klassen; sprich (.) äh (.) °wie viel Klassen° 16 Klassen haben wir jetzt, ähm wir haben (.) viele Lehrer, viele Lehrer auch in Teilzeit, das bedeutet (.) wenn es ganz unglücklich läuft dass eine Klasse (.) in diesen vier Jahren (.) eventuell auch fünf verschiedene Religionslehrer hat; ähm ja; sodass wir halt wirklich ganz fest gliedern müssen das muss gemacht werden in Klasse eins in zwei in drei in vier, wenn man mal ein Thema nicht schafft dann ist das einfach so, das passiert auch durch krankheitsbedingten Ausfall, ähm (.) aber es ist schon so dass wir jetzt wirklich ganz festgelegt haben in der Klasse vier wird Martin Luther (.) als Thema sein, und nicht in Klasse drei; dass man dann wirklich sich gegenseitig da (.) nichts wegnimmt und man einfach weiß ich bereite das jetzt nicht @(.)@ ähm ja; unnötig vor* (140–150)

Frau Buntspecht setzt ihre Schilderungen zu ihren allgemeinen Unterrichtserfahrungen fort und geht dabei auf die notwendigen schulinternen Themen*festlegungen* ein, die sich als sinnvoller schuleigener Lehrplan aufgrund der Personalwechsel und der hohen Anzahl an Klassen erweisen. Durch den Perspektivwechsel werden die *Festlegungen* in Bezug auf den Lehrplan weniger als eine von außen herangetragene Strukturierung wahrgenommen als vielmehr eine wertvolle ‚Hilfestellung' aufgrund der besonders konstituierten *Schule* („*mit vielen Klassen*", 142) bzw. der Zusammensetzung des Kollegiums („*viele Lehrer auch in Teilzeit*", 143). Dabei wird diesen Formen der selbstgestalteten Vorgaben („*das muss gemacht werden in Klasse eins [...]*"), 145f.) kollektiv das Ziel zugeschrieben, Dopplung im Religionsunterricht zu vermeiden („*weiß, was wurde gemacht*", 141, „*sich gegenseitig da (.) nichts wegnimmt*", 149f.). Schlussendlich rahmt Frau Buntspecht diese Praxis an ihrer Schule als Arbeitserleichterung, weil dadurch die Lehrkraft keine unnötigen Vorarbeiten leisten muss und ihr Unterricht planbar wird.[61]

> Zwischenfazit:
> Die Ausführungen von Frau Buntspecht über ihre Religionsunterrichtspraxis sind durch zwei zentrale Bilder gekennzeichnet: Zum einen orientiert sie ihr Handeln an der Vervielfältigung von Unterrichtsinhalten sowie verschiedenen Rezeptions- und Gestaltungsmöglichkeiten für die Schüler*innen. Zum anderen sieht sie sich vor die Herausforderung gestellt, das Verhältnis zwischen freier Gestaltung und Vorgaben (zwischen Freiheit und Zwang) perma-

---

[60] Diese Passage ist Teil der umfassenden Reaktion auf den Haupterzählimpuls.

[61] Mit dieser Art der Rahmung zielt sie explizit auf Fragen der Arbeitsökonomie – alternativ hätte dieses Vorgehen auch als Sicherstellung für die Gleichbehandlung der Schüler*innen eingestuft werden können, sodass alle gewisse Themen behandeln und keines solcher Kernthemen wegfällt.

nent neu für ihren Unterricht zu bestimmen. Zwar scheint die Norm des freien Agierens einen vornehmlich positiven Horizont zu bilden, aber dennoch werden auch schulinterne Vorgaben aufgrund der reibungslosen Abläufe partiell-situativ positiv gerahmt; es zeigt sich also keine absolute Ablehnung äußerer Strukturierungen und Zwang.
Durch die Hinzunahme von Unterrichtselementen, die nicht von schulischer Seite vorgegeben sind („*Gebete*" → Öffnung des Unterrichts), orientiert sich Frau Buntspecht maßgeblich an den Schüler*innen. In Bezug jedoch auf ein mögliches Weglassen von Inhalten greift sie auf Vorgaben als Absicherung zurück.
Für die unterrichtliche Auseinandersetzung mit biblischen Geschichten wählt Frau Buntspecht primär (künstlerische) Gestaltungsformen mit Materialien, weniger aber die inhaltliche Aufarbeitung des biblischen-christlichen Werts ‚für' die Schüler*innen. Im Kontrast dazu gibt Frau Zaunkönig den Schüler*innen zwar ebenfalls die Möglichkeit, diese biblischen Geschichten auch anhand von Gestaltungformen zu bearbeiten, allerdings steht hier die *Identifikation* der Schüler*innen mit den biblischen Figuren im Mittelpunkt. Dazu schaltet Frau Zaunkönig auch Gespräche dazwischen bzw. lässt die Geschichten nachspielen,[62] woran sich ihre Orientierung an der Anschlussfähigkeit (von biblischen Geschichten) ablesen lässt. Bei Frau Dompfaff spielt hingegen die Bearbeitung biblischer Geschichten generell eine geringe Rolle in ihrem Unterricht, denn sie rahmt die Geschichten zwar als (eigentliches) Allgemeinwissen.[63] Die Aufgabe des Religionsunterrichts liegt jedoch für sie darin, die Schüler*innen damit zu *überraschen*, wobei sie keine konkreten Aspekte zur unterrichtspraktischen Gestaltung anspricht.

Die Verhältnisbestimmung von Freiheit und Zwang, die zuvor angesichts der (selbstgesetzten und externen) thematischen Vorgaben und des eigenen Gestaltungfreiraums elaboriert wurde, bearbeitet Frau Buntspecht jedoch auch auf inhaltlicher Ebene mit Blick auf die individuelle (negative) Religionsfreiheit von Schüler*innen:[64]

163 *K: hm (Schnalzen und lautes Ausatmen) also (.) ich habe jetzt äh aktuell in dieser Schule habe*
164 *ich angefangen mit einer ersten Klasse und jetzt bin ich in der zweiten Klasse, und habe ähm*

---

62 Zu Gesprächen: „*wir haben (.) drüber nachgedacht, wie (.) sich die Hebräer in Ägypten gefühlt haben*" (78); zum Nachspielen „*und ich (.) habe dann die Geschichte erzählt, und dann haben wir die Rollen verteilt*" (465f.), „*dass sie dann auch mal der Hauptakteur sind, ähm oder Jesus sein dürfen*" (471f.).

63 Dies gilt beispielsweise für „*bekannte Geschichten wie äh der verlorene Sohn oder der Barmherzige Samariter*" (52f.).

64 Der Passage war eine immanente Nachfrage der Interviewerin vorausgegangen, die Frau Buntspechts Proposition der *verschiedenen Religionen im Unterricht* zuvor wiederaufnahm und um ein *Erzählen* einer *speziellen Situation* dazu bittet (160–162).

noch (.) eine (.) also hatte in der in der vierten Klasse hatte vorher zwei vierte Klassen und ähm (.) da wird es natürlich immer wieder Thema, je mehr die Kinder sich auch ähm ähm mit mit der Kirche; mit Gott; mit dem Glauben befassen, ähm dass viele Kinder einfach sagen ich glaube da an gar nichts, (.) äh und ich auch sage es ist in Ordnung, es ist deine (.) Sache, und das musst du auch nicht übernehmen von Eltern, von Lehrern, sondern du darfst das für dich entscheiden, und es darf halt auch immer wechseln; (.) und da ist schon so die Diskussion entstanden, ähm ja; ihr habt den Gott, und wir haben den Gott, und (.) kann das eigentlich der gleiche sein, oder sind das unterschiedliche, Allah, Gott, (.) dann war noch ein Kind (.) das äh kam aus einer(.) °ich weiß gar nicht mehr (.) woher°, also Afrika definitiv, haben afrikanische Kinder die dann sagen aber wir haben ganz viele Götter; ähm (.) also wir haben, Gott ne, der ist für das Wetter zuständig und einen Gott der ist für die Liebe zuständig; ähm (.) und da war es ganz interessant weil sie wirklich (.) diskutiert haben, aber keiner den anderen in dem Sinne beleidigt hat.

Ihre Tätigkeitbereiche umreißt sie kurz („*aktuell in dieser Schule*“, 163) anhand der verschiedenen Klassen(-stufen), die sie *hat*. Unklar ist hierbei, ob sich ihre Tätigkeit in den *vierten Klassen* „*vorher*“ (165) auf ihre ehemalige Schule bezieht oder lediglich auf das vorige Schuljahr. Bei der *vierten Klassen*stufe nimmt sie eine erhöhte Sensibilität für solche Fragen nach der eigenen Spiritualität wahr („*immer wieder Thema*“, 166). Dies setzt Frau Buntspecht mit einem gestiegenen Bewusstwerden der Schüler*innen für religiöse Fragestellungen in Verbindung, was ihre Schüler*innenorientierung untermalt.[65] Als Indizien für diese gewachsene Sensibilisierung für religiöse Fragen wertet sie das *Befassen* mit „*Kirche*“, „*Gott*“ und „*Glauben*“ (167).

Während die Vielfalt der Schüler*innen bislang vornehmlich anhand des Unterschieds zwischen Christentum und Islam bearbeitet wurde, markiert Frau Buntspecht nun eine weitere Schüler*innengruppe als relevante Repräsentant*innen, die sich über das Differenzmerkmal des *Nichtglaubens* gruppieren lässt („*viele Kinder einfach sagen ich glaube da an gar nichts*“, 167f.). Diesen Schüler*innenäußerungen begegnet sie, indem sie diese Bekenntnisse zum Nichtglauben in den Bereich des Erlaubten einordnet („*es ist in Ordnung*“, 168). Damit befreit sie Schüler*innen von einem – anscheinend implizit im Raum stehenden – Zwang zur *Übernahme* dessen von *anderen* („*das musst du auch nicht*“, 169). Zugleich wird ihnen ein eigener, individueller *Entscheidungs*freiraum zugestanden („*darfst das für dich entscheiden*“, 169f.), der auch dynamische Formen zulässt („*es [...] wechseln*“, 170). Aufgrund dieser speziellen Ausprägung von religiöser Vielfalt ist sie aufgefordert, das Spannungsverhältnis aus Freiheit und Zwang aufzurufen und ihre eigene Einordnung zu verbalisieren. Dabei gibt sie zwar musterhaft den typischen (Unterrichts-)Dialog zwischen einer Schüler*in und sich

[65] Diese Ausrichtung auf die Wünsche der Schüler*innenschaft findet sich in der Möglichkeit wieder, dass die Schüler*innen selbst Unterrichtsthemen initiieren dürfen. Kontrastiv dazu greifen die anderen Interviewten die Auseinandersetzung mit den Weltreligionen in der vierten Klassenstufe als Bestandteil des Kerncurriculums auf, d. h. dass dieses Thema im Lehrplan verankert ist.

wieder („*ich auch sage [...], es ist DEINE (.) Sache*“[66], 168), wobei der hohe Abstraktionsgrad („*viele Kinder einfach sagen [...] und ich auch sage*“, 167f., im Präsens) jedoch dafür spricht, dass es sich weniger um eine konkrete Reinszenierung anstatt vielmehr um die Präsentation abstrahierter Praxis in Erzählzeit handelt (Orientierungsschemata).

Im Anschluss daran erfolgt ein Wechsel in die erzählte Zeit und in die Darstellung einer das zuvor Gesagte untermalende Unterrichtssituation („*und DA ist schon so die Diskussion entstanden*“[67]; 170): Auch hier wird noch mal die Figur eines Unterrichtsgesprächs des interreligiösen Vergleichens in wörtlicher Rede präsentiert. Dies entspinnt sich nun an der Frage des jeweiligen *Gottes* („*ihr habt den Gott, und wir haben den Gott*“, 171) bzw. der Suche nach Überschneidungen und Differenzen („*kann das eigentlich der gleiche [...] sein*“, 171f.; „*sind das unterschiedliche*“, 172).

Die (religiöse) Vielfalt unter den Schüler*innen wird nun nicht nur hinsichtlich der monotheistischen Gottheiten „*Allah*“ und „*Gott*“ (Islam und Christentum) illustriert, sondern um die *afrikanischen* Schüler*innen (bzw. zuerst: Schülerin) erweitert, die als Repräsentant*innen für eine polytheistische Religion stehen („*ganz viele Götter*“, 174). Dabei wird von einer einzelnen *Schülerin* afrikanischer Herkunft (173) anschließend auf *afrikanische Kinder* verallgemeinert (174); auch das ihnen zugeschriebene Gottesbild wird dabei über die sprachliche Selbstpräsentation in wörtlicher kollektiver Rede konstruiert („*wir haben*“, 174). Die aufkommende *Diskussion* bewertet FRAU BUNTSPECHT nicht nur als interessant, sondern auch als wertschätzend-konstruktiv („*keiner den anderen [...] beleidigt*“, 176f.). Die *aber*-Konstruktion deutet dabei auf die Möglichkeit, dass dies auch anders hätte verlaufen können.

Darin offenbart sich ein deutlicher Bruch zwischen der Ebene der Orientierungsschemata und derjenigen des Orientierungsrahmens i. e. S.: Während die Gruppe der Schüler*innen mit ihrem *Nichtglauben* auf der Ebene der Orientierungsschemata für religiöse Vielfalt stehen, wird ihnen auf der Ebene des Orientierungsrahmens i. e. S. im Hinblick auf interreligiöse Dialoge bzw. vergleichende Unterrichtsgespräche keinerlei Relevanz zugeschrieben. Dialogische Figuren finden sich hier lediglich bei der Bestimmung einer positiven Religiosität, was sich durch alle Darstellungen dieser Schüler*innen-Dialoge bei FRAU BUNTSPECHT zieht.

Aus diesem (intensiv behandelten) Spannungsverhältnis von Freiheit und Zwang speisen sich auch (schulische) Regelungen zum Sozialverhalten, wenn Schüler*innen mit religiöser Vielfalt konfrontiert werden; ein toleranter Umgang damit wird im schulischen Kontext eingeübt. Damit werden die Grenzen

---

66 Hervorhebung durch K. W.

67 Hervorhebung durch K. W.

des Unterrichtsraums geöffnet und – homolog zum Interviewbeginn[68] – in die Sphäre der Schule eingebunden.

177 *dem Sinne beleidigt hat. (.) das hängt aber auch ein bisschen damit zusammen dass wir (.) von*
178 *den Schulregeln her auch festgelegt haben dass jeder (.) sich frei entfalten darf; und das auch*
179 *ganz (.) doll vehement eingefordert wird, (.) das bedeutet auch im Religionsunterricht dass sie*
180 *wirklich ähm wissen, es wird nicht beleidigt, und jeder wird so angenommen wie er ist; egal*
181 *welche Hautfarbe, egal welche Haarfarbe, egal welcher Glauben; (.) und äh das hat sich;*
182 *wirklich festgesetzt im Laufe der Jahre also (.) ja; und (.) wir haben einige Kinder die (.) in die*
183 *Moschee gehen, äh am Wochenende, (.)freiwillig und nicht freiwillig, ähm (.) da ist es auch*
184 *so dass die Kinder wirklich dann einfach darüber ins Gespräch kommen so warum gehst du*
185 *denn dann noch mal dahin, was ist das, eine Kirche, hm wir gehen nur in die Kirche an*
186 *Weihnachten, wir gehen da gar nicht in die Kirche, (.) also das ist so das (.) ähm wenn wenn die*
187 *Kinder alle zusammen sind, da wirklich dann viele (.)viel mehr Möglichkeiten noch entstehen;*
188 *thematisch; (.) aber, (.) die Möglichkeiten schwinden im*

Diesen implizit positiven Horizont eines respektvollen Miteinanders im Umgang mit religiöser Vielfalt („*keiner den anderen in dem Sinne beleidigt hat*", 177) verknüpft FRAU BUNTSPECHT argumentativ – teilweise jedenfalls – mit den schulisch-institutionellen Rahmenbedingungen von „*Schulregeln*" (178); diese werden hier nicht als extern wahrgenommen, sondern sie konstruiert sich selbst dabei als Teil eines schulischen Kollektivs, das für das Verfassen und Einhalten dieser Regelungen verantwortlich ist („*dass wir (.) von den Schulregeln her auch festgelegt haben*", 177f.). Darin dokumentiert sich eine Identifikation ihrer selbst mit ebendiesen Strukturen.[69]

Inhaltlich schreibt FRAU BUNTSPRECHT solchen Schulregeln zum sozialen Geschehen an der Schule bzw. im Unterricht die *Freiheit* zur individuellen *Entfaltung* zu. Im Wortpaar *festgelegt* (178) und *frei entfalten* (178) dokumentiert sich erneut das Spannungsverhältnis aus Regulierungen (Zwang) und Freiheit, das für den Fall FRAU BUNTSPECHT typisch ist. Diese Pole stehen sich nun jedoch nicht auf einem Spektrum gegenüber, sondern befinden sich hier auf verschiedenen Ebenen, die ineinandergreifen (außen: Zwang, *Regeln*; innen: Freiheit, *Entfaltung*). Ihre praktische Gültigkeit erlangen die Regeln in der Praxis durch ein *vehementes Einfordern* dessen sowie durch das *Wissen* der Schüler*innen über einen gewissen Verhaltenskodex („*wissen, es wird nicht beleidigt*", 180), was sich durch (prakti-

68 Zur Erinnerung: FRAU BUNTSPECHTS Elaboration des Haupterzählimpulses nach den *derzeitigen Erfahrungen mit dem Unterrichten von Religion* (40–43) beginnt mit einer Beschreibung der *Problematik an der Schule*, Schüler*innen verschiedener *Religionen* und *Nationen* zu *haben* (44–47), vgl. Kap. 4.3, S. 93f.

69 Obwohl sie – ebenso wie FRAU ZAUNKÖNIG – erst kurz vor dem Interview an die Schule gewechselt ist, findet sich FRAU ZAUNKÖNIG kaum bis gar nicht in den vorgefundenen schulischen Strukturen wieder, wohingegen sich FRAU BUNTSPECHT mit den Strukturen und mit dem Organisationskollektiv identifiziert.

sche) *Festsetzung im Laufe der Jahre* (182) verstärkt. Im Kern steht die positiv besetzte Norm des *Annehmens eines jeden* an der Schule.

Die Vielfalt der Schüler*innen wird weiterhin unterstrichen und umfasst dabei sowohl körperliche Merkmale wie die *Haut-* und *Haarfarbe* (181) als auch religiöse Verhaltensweisen (*„Glauben“*, 181, *„in die Moschee gehen“*, 182f.), die teilweise noch mal hinsichtlich der Eigenmotivation differenziert werden (*„freiwillig“*, *„nicht freiwillig“*, 183), was die Orientierung an Vervielfältigung zusätzlich untermalt. Nach der Beschreibung einer weiteren interreligiös-dialogischen Unterrichtsfigur (183–187)[70] schränkt sie das Auftreten solch *thematischer Möglichkeiten* dahingehend ein, dass die Schüler*innen vereint sein müssen (*„wenn die Kinder alle zusammen sind“*, 186f.). Dies wird als ein rückläufiger Prozess bewertet.

Zwischenfazit:
Mit der Gruppe von Schüler*innen im Unterricht, die *an nichts glauben,* erweitert Frau Buntspecht ihre Schilderungen zur religiösen Vielfalt an der Schule, wobei dieser Aspekt auf der Ebene der Orientierungsschemata als relevant markiert wird. Dabei ordnet sie dies in ein Spannungsgefüge aus Zwang und Freiheit ein, denn ein antizipierter Zwang zur *Übernahme* von Glaubensgewissheiten anderer seitens der Schüler*innen wird von Frau Buntspecht explizit negiert. Zugleich wird ein deutlicher Bruch zwischen diesen Konstruktionen religiöser Vielfalt auf der expliziten Ebene der Orientierungsschemata und solchen Konstruktionen religiöser Vielfalt auf der impliziten Ebene der tatsächlichen Unterrichtspraxis, also des Orientierungsrahmens i. e. S. deutlich: Denn während sie zu Beginn die Vielfalt explizit (unter anderem) über solche Schüler*innen markiert, die *nichts glauben* (negatives Gottesbild), geschieht dies in der sich anschließenden Unterrichtssituation (Orientierungsrahmen i. e. S.) implizit hauptsächlich über positiv bestimmte Gottesbilder (*Allah, Gott, viele Götter*). Dies lässt den Schluss zu, dass sich Vielfalt auf theoretischer Ebene (auch) über den Marker des Nichtglaubens konstituiert, dass dieser Aspekt von religiöser Heterogenität aber auf der unterrichtspraktischen Ebene für einen interreligiösen Dialog keinerlei Relevanz hat, weshalb sie auch von der Lehrkraft bzw. den Schüler*innen auch nicht fruchtbar (gemacht) werden kann.
Für die Konstruktionen religiöser Vielfalt in Verbindung mit der Norm der (negativen) Religionsfreiheit öffnet Frau Buntspecht den Raum des Unterrichts hin zu schulisch-institutionellen Sphären: Die dortigen institutionellen Normen (Regeln) schränken die allumfassende Freiheit des Einzelnen in gewisser Weise ein; mit dem Ziel der Gewährung von Freiheit zur individuellen *Entfaltung* des anderen. Damit verhandelt Frau Buntspecht auch hier das Verhältnis von Freiheit und Zwang – nun auf eine andere, integrale Weise.

[70] Aus Gründen der Übersichtlichkeit wird die Interpretation an dieser Stelle nicht noch ein weiteres Mal dargestellt, da dies an anderen homologen Figuren bereits ausreichend vorgenommen wurde.

Verdichtender Überblick: Orientierungsrahmen Frau Buntspecht

Der Orientierungsrahmen dieses dritten und letzten Falls kann mit dem Titel ‚die Grundschulpädagogin' umschrieben werden. Hier ist eine deutliche Schüler*innenorientierung zu erkennen, die sich in dem Loslösen von einer religiösen Unterrichtsrahmung bei gleichzeitiger Öffnung des Religionsunterrichts für alle Schüler*innen zeigt; dies geht zentral mit Vervielfältigungen der Deutungsangebote der Unterrichtsinhalte einher. So kann die Umgangsweise als ‚offendiversifizierend' bezeichnet werden. Der Orientierungsrahmen ist konkret durch folgende Aspekte charakterisiert:

1) Wahrnehmung der Schüler*innen: Deutliche religiöse Differenzen konstituieren das Unterrichtsgeschehen (mit). Vielfalt wird v. a. über Differenzen der religiös-kulturellen Tradition markiert; diese Differenzen sind hier die Basis für den Dialog und sowohl auf Organisations- als auch auf Unterrichtsebene sozial wirksam. Der *nichts*-Glaube wird zwar explizit als Merkmal von Vielfalt benannt, stellt auf der impliziten handlungspraktischen Ebene jedoch kein relevantes Merkmal dar.
2) Unterrichtspraxis: Deutlich wird eine starke Anpassung an die Schüler*innen, je nach Schule und Situation, ebenso wie eine Orientierung an Vervielfältigung (der Unterrichtsinhalte sowie der Rezeptions- bzw. Gestaltungsmöglichkeiten). Die zentrale Figur des Unterrichts bildet ein Dialog zwischen den Schüler*innen über die von ihnen in den Unterricht getragenen, religiös-kulturellen Unterschiede, der jedoch durch sie als Lehrkraft ohne erkennbare Positionalität gerahmt wird. Zudem zeigen die Beschreibungen, dass der Umgang mit biblischen Geschichten basal auf der Ebene der methodischen Gestaltungsformen erfolgt.
3) Bedingungsgefüge Schule: Der Kontext Schule wird relevant, wenn es um die kollektive Unterrichtsorganisation im Umgang mit der vielfältigen Schüler*innenschaft geht; hier positioniert sie sich ausschließlich im Kollektiv der Schule. Dadurch wird eine Einordnung in und Identifikation mit schulinternen Strukturen sichtbar.
4) Wahrnehmung des Religionsunterrichts: Ein kaum zu bewältigender Organisationsaufwand durch Abmeldungen ist dem tatsächlichen Unterrichten alltragpraktisch immer vorgeschaltet und schränkt den Unterricht selbst ein.
5) Religiöse Selbstverortung: Diese ist geprägt durch eine stetige Abgrenzung von religiös-institutionellen Strukturen und religiösen Rahmungen der Inhalte.
6) Rolle: Das Verständnis ihrer Rolle als Lehrerin orientiert sich am Grad der Steuerung zwischen einem *Zulassen* von Unterrichtsprozessen und der aktiven *Lenkung* und Planung, den es immer wieder neu auszuloten gilt.
7) Fachwahl: Hinsichtlich ihrer Fachwahl Religion konnte deutlich die ‚Austauschbarkeit des Fachs' rekonstruiert werden, welche auf einem nichtfachbezogenen Begründungsmuster fußt.

8) Der Orientierungsrahmen kann zusammenfassend als Typ *Grundschulpädagogin* betitelt werden.

5.4 Kurze Fallporträts der weiteren Fälle

5.4.1 *Frau Fink*

Eine junge Lehrkraft im Sample ist FRAU FINK mit 33 Jahren zum Zeitpunkt des Interviews. Sie unterrichtet an einer ländlich gelegenen Grundschule, ist Klassenlehrerin und erteilt Religionsunterricht nicht nur in ihrer eigenen Klasse, sondern auch in weiteren. Das Interview fand an der Schule statt und ist mit rund 35 Minuten aufgrund einer anschließenden Verpflichtung recht knapp ausgefallen.

Insgesamt zeichnet sich das Gespräch durch einen hohen Grad an Relativierungen aus: Immer wieder werden Aussagen durch die Einbeziehung der ‚anderen Seite' abgeschwächt, sodass keine wirkliche Positionierung erkennbar wird, sondern sich eher darin eine gewisse Unsicherheit äußert. FRAU FINKS Orientierungsrahmen für den Religionsunterricht ist durch eine wertschätzende Haltung den Kindern gegenüber gekennzeichnet, wobei sie sich hier vor allem an Werten der Gemeinschaft und eines harmonischen Miteinanders orientiert. Dies schlägt sich beispielsweise im positiven (Gegen-)Horizont eines Klassenverbandsunterrichts sowie in der ausführlichen Bearbeitung sozialer Normen angesichts religiöser Vielfalt nieder, wie z. B. Toleranz. FRAU FINK nimmt die Schüler*innen vor allem als different wahr, wobei sie die Verschiedenartigkeit und Individualität der Schüler*innen auf unterschiedlichen Ebenen sowohl als relevantes als auch als konstitutives Merkmal für eine Gruppe markiert.

5.4.2 *Frau Stieglitz*

Mit FRAU STIEGLITZ ist eine Grundschullehrerin im Sample, die neben ihrer schulischen Tätigkeit auch in der Lehrer*innenausbildung für das Unterrichtsfach Religion tätig ist. Zum Zeitpunkt des Interviews ist sie 53 Jahre alt. An ihrer städtisch liegenden Grundschule unterrichtet sie neben Religion auch ein naturwissenschaftliches und ein sprachliches Fach und ist Klassenlehrerin. Das Interview zeichnet sich insgesamt durch Anschaulichkeit aus, denn sie berichtet eigeninitiativ und ausführlich über schulische Religionsunterrichtsprojekte und illustriert dies an Materialien aus der Unterrichtsmaterialiensammlung.

Der Orientierungsrahmen von FRAU STIEGLITZ ist durch die Auseinandersetzung mit der Norm der vorschriftsmäßigen Erteilung des Religionsunterrichts gekennzeichnet, wobei sie verstärkt in einem organisierend-planenden und sortierenden Modus spricht. Ihr Unterrichtshandeln richtet sich vor allem am Faktor ,Spaß an der (gemeinsamen) Sache' mit den Schüler*innen aus, insbesondere bei Projekten, die eine große Außenwirkung erzielen. Anhand dieser Projekte und Aktionen spannt sich einen Rahmen zwischen den Schüler*innen, der Lehrkraft und dem (oftmals) biblischen Gegenstand. Zugleich schreibt sie ihrem Religionsunterricht, ihrem Unterrichten sowie ihrer Rolle an der Schule einen exponierten, außergewöhnlichen Charakter zu, welcher über die unmittelbaren Unterrichtsgrenzen hinausstrahlt. Auch FRAU STIEGLITZ ist an den Schüler*innen und der individuellen Zuwendung und Aufmerksamkeit ihnen gegenüber orientiert; dementsprechend setzt sie sich mit der Anpassung an die tägliche Ausgangssituation der Schüler*innen auseinander. Parallel zu ihrem Religionsunterricht gibt es noch einen islamischen Religionsunterricht sowie eine Fördergruppe für diejenigen Schüler*innen, die nicht am Religionsunterricht teilnehmen.

5.4.3 *Frau Kleiber*

Das knapp 42-minütige Interview mit FRAU KLEIBER fand im Lehrerzimmer ihrer ländlich gelegenen Schule statt, das gelegentlich durch hereinkommende Kolleg*innen unterbrochen wurde. FRAU KLEIBER unterrichtet Religion als Klassenlehrerin, gelegentlich jedoch auch in anderen Klassen. Sie ist zum Interviewzeitpunkt 36 Jahre alt. Während der Small-Talk-Phase bot sie mir das ,Du' an, was zum einen eine Art kollegiale Ebene eröffnete, zum anderen aber durch ein habitualisiertes Siezen aufseiten der Interviewerin während des Gesprächs teilweise Verwirrung stiftete.

Die persönlichen Erfahrungen von FRAU KLEIBER sind maßgeblich durch wachsende Spannungen angesichts des Faches strukturiert, die ihr in ihrer Praxis unauflöslich erscheinen und sich vor allem in intensiven, erklärenden Auseinandersetzungen mit den Eltern sowie in (individuellen) Anpassungen auf Organisationsebene niederschlagen. Im Orientierungsrahmen von FRAU KLEIBER findet sich wie bei anderen Lehrkräften eine Schüler*innenorientierung sowie eine Orientierung am gemeinsam erteilten Religionsunterricht im Klassenverband. Erstere führt bei ihr zu einem Anpassungsmodus in den Strukturen an die Schüler*innen sowie der Suche nach individuellen Lösungen für Einzelne (beispielsweise bei Ablehnung des Unterrichts durch die Eltern). Dabei lässt sie Pragmatismus walten, der nicht zuletzt auch in ein mechanisch-technisches Unterrichtsbild FRAU KLEIBERS mündet. Zwar ist das Unterrichtsbild durch mechanischen Pragmatismus geprägt, aber dennoch wird das Spannungsverhältnis aus Toleranz und Ablehnung unter den Schüler*innen intensiv bearbeitet.

5.4.4 *Frau Sperling*

FRAU SPERLING ist zum Zeitpunkt des Interviews 49 Jahre alt und unterrichtet Religion an einer Vorortsschule. Auch sie hat bis kurz vor dem Interview an einer anderen Schule gearbeitet, welche noch einen zentralen Vergleichshorizont darstellt. Das Interview enthält mit seinen 41 Min. Dauer zwar einige Erzählungen, umfasst aber auch knappe Frage-Antwort-Passagen. Ihre Erfahrungen sind durch den positiven Horizont eines vertrauten Unterrichtsverhältnisses zwischen ihr und den Schüler*innen geprägt, gleichzeitig erlebt sie derzeit einen Legitimationsdruck ihrer Unterrichtstätigkeit, sodass sie eine gewisse Vorsichtshaltung im Umgang mit religiösen Themen angesichts von Elternkritik eingenommen hat. Mit Blick auf die Schüler*innen scheint das Differenzkriterium der Konfessionszugehörigkeit für ihren Erfahrungsraum relevant zu sein, was zudem von ihr mit anderen Differenzkriterien wie Disziplin und Erfahrungsreichtum verknüpft wird.

5.4.5 *Frau Goldammer*

Die 44-jährige Religionslehrerin FRAU GOLDAMMER unterrichtet an einer städtischen Grundschule mit einem Großteil muslimischer Schüler*innen. Zudem hat sie die Fachleitung ‚Religion' inne. Das Interview hebt sich in mehrfacher Hinsicht von den anderen Interviews ab: Mit insgesamt knapp 24 Minuten ist es nicht nur das kürzeste Interview im gesamten Sample, sondern besitzt auch kaum längere selbstläufig-erzählende Passagen. Des Weiteren wurde der Haupterzählimpuls aufgrund der Interviewdynamik gar nicht gestellt. Zudem wurde das Interview dadurch beendet, dass FRAU GOLDAMMER ihrerseits die ‚Rolle' der Fragenden übernahm und nach dem Anliegen meiner Arbeit fragte, was möglicherweise auf eine Unsicherheit verweist.

Nichtsdestotrotz zeigt es eine hohe inhaltliche Signifikanz auf, weshalb es dennoch ins Sample aufgenommen wurde. Denn in FRAU GOLDAMMERS Erfahrungen spiegelt sich eine ausgeprägte Diskrepanz zwischen der normativen Vorstellung des Religionsunterrichts und ihrer tatsächlichen Unterrichtspraxis wider. Dabei zeigen sich in besonders drastischem Ausmaße Anpassungsleistungen ihrerseits an die Schüler*innenschaft, sodass die Konstitution des Faches modifiziert wird („*nicht die klassische Religionslehrerin bin*", 27f.), was handlungspraktisch in der Auslotung der Möglichkeiten für eine Aussetzung des Faches gipfelt. Zugleich stuft sie Religion bzw. Religionsunterricht jedoch an sich als positiv bzw. gewinnbringend ein, weil es emotional stärkend wirkt. Innerhalb dieser Aushandlungsprozesse agiert FRAU GOLDAMMER vornehmlich schüler*innenorientiert.

5.4.6 *Frau Kohlmeise*

Auch das Interview mit FRAU KOHLMEISE ist mit 29 Minuten sehr kurz ausgefallen und fand in einem Raum ihrer ländlich gelegenen Grundschule statt. An einigen Stellen ist es zu Verständnisschwierigkeiten zwischen ihr und der Interviewerin gekommen, sodass Nachfragen gestellt werden mussten. Dementsprechend ist es wenig selbstläufig und durch einen hohen Anteil an argumentativ-erklärenden Kurz-Passagen gekennzeichnet. FRAU KOHLMEISE nimmt im Sample eine gesonderte Rolle ein, da sie weder Mitglied einer Kirche ist noch die Vocatio[71] besitzt. Doch da auch dies zur ‚Realität' des Religionsunterrichts an niedersächsischen Schulen zu gehören scheint und es bei mehreren Interviewpartner*innen der Fall war, wurde sich dazu entschlossen, diesen Fall trotzdem stellvertretend ins Sample aufzunehmen. Ihr Orientierungsrahmen ist durch ein positives Unterrichtsbild geprägt, das v. a. von allgemeindidaktischen Kriterien, weniger von konkreten, fachlich-spezifischen Kriterien gespeist wird. Dabei orientiert sie sich an den Schüler*innen, was u. a. in gravierenden Anpassungen des christlich-biblischen Unterrichtsgegenstands an den jeweiligen Entwicklungsstand der Schüler*innen zum Vorschein kommt.

[71] Kirchliche Lehrerlaubnis, vgl. Kap. 2.1, S. 31, Fußnote 16.

6 Empirische Rekonstruktionen III: Strukturen des konjunktiven Erfahrungsraums der Religionslehrkräfte

Worin konstituiert sich der konjunktive Erfahrungsraum von Religionslehrer*innen an niedersächsischen Grundschulen? Was verbindet die Fälle, was trennt sie? In den ersten beiden Kapiteln der empirischen Rekonstruktionen wurden bereits verschiedene Perspektiven auf das Material präsentiert, die auf die (individuellen) Erfahrungen von Lehrkräften verweisen: Mit dem Brückenschlag (Kap. 4) wurde ins fallvergleichende Vorgehen eingeführt, sodass aufgezeigt werden konnte, inwiefern sich die drei Kernfälle des Samples unterscheiden. Die Eigenlogik dieser Kernfälle (FRAU ZAUNKÖNIG, FRAU DOMPFAFF und FRAU BUNTSPECHT) wurde in einem weiteren Kapitel (Kap. 5) ausführlich analysiert, um die einzelfallbasierten Zusammenhänge und den jeweiligen individuellen Orientierungsrahmen aufzudecken, innerhalb dessen die Lehrkräfte ihren Unterrichtsalltag im Fach Religion gestalten.

In diesem Kapitel wendet sich der Blick von der einzelfallbasierten Betrachtung wieder ab und richtet sich auf die weitere Abstraktion. Zunächst wird der Rahmen expliziert, welcher den konjunktiven Erfahrungsraum der Lehrkräfte ausmacht. Dieser spannt sich zwischen der ersten Basisrahmung der ‚Prekarität des Religionsunterrichts' zur zweiten der ‚Potenziale des Religionsunterrichts' auf, wie nun zu zeigen ist. Beide Basisrahmungen finden sich in den Fällen wieder. Abgeschlossen wird dieser Abstraktionsschritt mit der Präsentation der drei Spannungsfelder, die die Alltagspraxis der Lehrkräfte explizit und implizit strukturieren.

In Fortführung der Ergebnisse aus dem fünften Kapitel geht die Darstellungslogik[1] auch hier von den Rekonstruktionsergebnissen aus den Kernfällen aus, da sie das Gerüst dessen bilden. Jedoch steht dieses Kapitel nun im Zeichen der Anreicherung und Schärfung der Rekonstruktionen anhand der weiteren Fälle im Sample.

[1] Es ist nochmals darauf hinzuweisen, dass bereits der Aufbau (nicht nur) dieses Kapitels ein Ergebnis des Rekonstruktionsprozesses ist, dessen Strukturierung bereits die Struktur des konjunktiven Erfahrungsraums widerspiegelt.

6.1 ‚Problemfach': Prekarität des Religionsunterrichts als erste Basisrahmung

Die Rekonstruktionen alltäglicher Unterrichtserfahrungen der Lehrkräfte zeigen anhand der untersuchten Kernfälle, dass der konjunktive Erfahrungsraum des ev. Religionsunterrichts an niedersächsischen Grundschulen von einer gewissen Prekarität[2] (nicht nur) der Ausgangslage geprägt ist. Überdies wird deutlich, dass sich dieser konjunktive Erfahrungsraum keinesfalls auf das tatsächliche Unterrichtsgeschehen selbst beschränkt, sondern sich erheblich auch auf die schulische sowie die gesellschaftliche Sphäre erstreckt. Auf ebendiesen prekären Zustand des Fachs weisen gewisse rekonstruierte Handlungspraktiken (Modi) von Lehrkräften hin:

1. Erkämpfen der Unterrichtserteilung (schulintern)
   [Frau Zaunkönig]
2. Rechtfertigen und Legitimieren des Unterrichts
   [Frau Zaunkönig, Frau Fink und Frau Sperling]
3. Inhaltliches Erklären und Positionieren des Unterrichts (gegenüber Eltern und Kolleg*innen)
   [Frau Buntspecht, Frau Goldammer und Frau Kleiber]
4. Infragestellen des eigenen Unterrichtens
   [Frau Fink und Frau Sperling]
5. Anpassen an die Schüler*innen und an externe Ansprüche
   - Anpassen der (schulinternen) Organisationspraxis
     [Frau Buntspecht, Frau Dompfaff und Frau Stieglitz]
   - Anpassen der Unterrichtspraxis
     [Frau Zaunkönig, Frau Dompfaff, Frau Buntspecht, Frau Kohlmeise, Frau Kleiber und Frau Goldammer]

Während die ersten vier Modi (1–4) vordergründig die schulisch-gesellschaftliche Ebene betreffen und damit über die Ebene des konkreten Unterrichts hinausgehen, ist der fünfte, *anpassende* Modus auf der schulorganisatorischen und zentral auch auf der Unterrichtsebene selbst zu verorten. Während die ersten vier tendenziell dem Prekären verhaftet bleiben und die Spannungsverhältnisse

[2] Dies stellt einen analytischen Begriff auf der Ebene der Rekonstruktionsergebnisse dar, sodass er sich nicht (unbedingt) auf inhaltlicher Ebene in den Interviews wiederfinden lässt. Vermutlich würden die Lehrkräfte die Situation an sich (noch) nicht als ‚prekär' bezeichnen, sondern sich eher auf einer Vorstufe dazu verorten. Der Begriff markiert allerdings diesen unsicheren, instabilen Charakter des Religionsunterrichts, der in den Äußerungen der Lehrkräfte vielfach zum Ausdruck kommt und die Haltung dieser zusammenfasst.

rund ‚um' das Fach aufzeigen, weist der fünfte Modus über das Prekäre hinaus und stellt kompensatorische Handlungsstrategien im Unterrichtsalltag dar.

Da diese Konstruktionen einer durch Prekarität gekennzeichneten Ausgangslage des Religionsunterrichts in allen Fällen vorkommt und überdies – in Anlehnung an BOHNSACK – Gegenstand des Forschungsinteresses[3] ist, kann daher von der (ersten) Basisrahmung[4] der Erfahrungen gesprochen werden.

Die unterschiedlichen, genannten Modi werden nun anhand der Kernfälle präsentiert und durch weitere Fälle des Samples in ihrem Profil geschärft. Die Transkriptausschnitte fungieren in diesem Kapitel als Beleg für den jeweils rekonstruierten Modus.[5] Zusätzlich wird verdeutlicht, inwiefern sich Prekarität im jeweiligen Modus abzeichnet.

6.1.1 *Modus 1: Das Erkämpfen der Unterrichtserteilung*

Am Fall FRAU ZAUNKÖNIG lässt sich dieser erste Modus rekonstruieren: Wie die Falldarstellung belegt, sind ihre Erfahrungen mit dem Religionsunterricht maßgeblich durch die Strukturen geprägt, die sie an ihrer (neuen) Schule vorgefunden hat. Die dortige Organisationspraxis durch die Schulleiterin, die darin besteht, primär den Religionsunterricht zu kürzen, lehnt sie innerlich ab. Ihre Form der Opposition ist jedoch durch ihre eigene Stellung in der Schule vorerst eingeschränkt („*sie hatte gerade den Stundenplan fertig [...] da (.) alles umzuwerfen [...] °weil ich ja auch neu an der Schule war ne,° kannst ja auch nicht [...] gleich sagen*", 169–171). Dennoch nimmt sie grundlegend eine verteidigende Position als ‚Kämpferin' bzw. eine Anwältin des Religionsunterrichts ein, womit sie sich als Außenseiterin im Lehrerkollegium verortet, denn ihren Kolleg*innen sowie der Schulleiterin schreibt sie fehlendes *Verständnis* für den Religionsunterricht bzw. auch für die ordnungsgemäße Erteilung zu. Dies führt bei ihr zu einer permanenten „*Angst um den Religionsunterricht*", weil sie dessen Fortbestand in Zukunft weder gesichert sieht, noch dessen Daseinsform vorhersagen kann:

> *und da muss ich immer gute Argumente finden, und weil wir so eine kleine Schule sind, ist das nicht so einfach; da //(°mhm°)// ähm ja, ähm auch (..) das Verständnis dafür zu bekommen; //(mhm)// jetzt ist es ja so es ist ja (.) noch so (.) vorgeschrieben; so dass ich das*

---

[3] Dazu werden an den Forschungsprozess folgende Forschungsfragen gestellt: „*Wie erzählen die Lehrkräfte von ihrem Religionsunterricht? Welche konkreten Unterrichtssituationen werden beschrieben und wie werden diese gedeutet?*"

[4] Dieser Begriff wurde von Ralf Schieferdecker (2016, 122) übernommen.

[5] Damit kommt den Transkriptausschnitten nun eine andere Rolle zu als in den beiden vorangegangenen Kapiteln (Kap. 4 und 5): Während dort anhand der Transkriptausschnitte ein Aspekt des Orientierungsrahmens bzw. ein (min./max.) Kontrast erarbeitet wurde, werden sie nun hingegen – trotz vergleichsweise langer Passagen(ausschnitte) – lediglich als Beleg für einen konkreten Modus angeführt; damit werden sie nicht mehr in der Fülle ihres Rekonstruktionspotenzials genutzt.

Argument ja immer in die Waagschale legen kann; (.) aber ich bin gespannt, (.) was so in den nächsten fünf bis zehn Jahren passieren wird (176–180)

Damit dokumentiert sich eine kämpferische Verteidigungsposition, indem sie mit Worten dagegenhält. Das explizit formulierte Anliegen, „*Verständnis [...] zu bekommen*" (178), ist im Zusammenhang als eine Art Überzeugungsarbeit zu lesen. Dabei geht es weniger um das Ziel, eine generelle Zustimmung oder Interesse durch andere zu erhalten. Vielmehr fordert sie eine Einsicht, die handlungspraktische Relevanz hat, denn die Unterrichtserteilung selbst hängt davon ab.

Frau Zaunkönigs Rolle wird in der Fokussierungsmetapher, *Argument[e] in die Waagschale legen* deutlich. Damit rahmt sie sich selbst als keine Entscheidungsträgerin, aber betrachtet ihr Handeln dennoch als wirksam. Prekär ist die von ihr beschriebene Situation deshalb, weil sie die *Vorschriften* als Hauptargument zwar anführt, diese allerdings selbst möglicherweise einem Wandel unterliegen. Damit verliert sie ihre Argumentationsbasis („*jetzt [...] noch*", 178). Darin äußern sich vielfältige Unsicherheiten mit Blick auf die Zukunft des Religionsunterrichts – und ihrer eigenen Rolle, die sie als instabil erlebt.

Gleichfalls ist demnach nicht nur der Unterricht als prekär einzustufen, sondern auch die Ausgangssituation bzw. ihre Rolle: Da das Unterrichtsfach als solches sowie ihr Tätigkeitsfeld von den Akteur*innen ihres schulischen Umfeldes als keineswegs selbstverständlich betrachtet wird, nimmt sie den Unterrichtsrahmen als instabil wahr. Diese Ungewissheiten gewinnen im Kontext der formal institutionell (und im vorliegenden Fall auch gesetzlich) geregelten Vorgaben an Relevanz.

Auch Frau Dompfaff sieht sich mit einem gekürzten Religionsunterricht konfrontiert, reagiert jedoch anders auf die ähnlich prekäre Ausgangslage: Zwar bezeichnet sie die Situation bzw. das Berichten von dieser Situation als das *Kritische* (137), d. h. etwas Heikles und Negatives,[6] jedoch verbleibt sie in einer passiven Rolle in dieser Organisationspraxis; ihr Handeln wird zur Leerstelle. Statt einer Kampfeshaltung ähnelt dies eher einer stillschweigenden Hinnahme der Situation bzw. Akzeptanz, wodurch Frau Zaunkönigs Handeln umso aktiver und kämpferischer erscheint.

6.1.2 *Modus 2: Das Rechtfertigen/Legitimieren des Unterrichts*

Jenseits der prekären Ausgangslage des Religionsunterrichts, in der sich die Lehrkraft für das tatsächliche Stattfinden ihres Unterrichts an der Schule einsetzen muss, sieht sich diese in anderen Fällen auch mit Kritik durch externe und interne Instanzen konfrontiert. Aufgrund von möglichen Abmeldungen

---

6 Vgl. ausführlich die Falldarstellung, Kap. 5.2, S. 157f.

muss die Lehrkraft das Fach auch hier legitimieren bzw. dessen Daseinsberechtigung in der Stundentafel rechtfertigen. Dieser Modus ist beispielweise bei FRAU ZAUNKÖNIG zu finden, die durch Fachkritik ‚von außen' einen erhöhten Legitimationsdruck wahrnimmt:

> *ich merke (.) oder ich habe gehört von anderen Schulen dass äh oft auch Elternkritik da ganz groß ist; //(mhm)// der Sinn (.) des Religionsunterricht wird gar nicht mehr so verstanden; und da (.) ja sind wir als Religionslehrer natürlich (.) richtig auch gefragt dass (..) ja da kommt's auch drauf an dass man vernünftigen Religionsunterricht macht ne, //(mhm)// und wenn ich dann mitkriege dass ähm (..) Kollegen ohne Vocatio unterrichten (.) und selbst wenn sie die haben (.) nja kaum zu Fortbildungen gehen oder so (.) ja dann ist mir natürlich auch ein bisschen bange;* (182–188)

FRAU ZAUNKÖNIG wird dabei weniger mit konkret-inhaltlicher „*Kritik*" von Elternseite konfrontiert als vielmehr mit einer allgemeinen Fach*kritik*. Zumeist wird ihre implizite Sinnzuweisung des Religionsunterrichts, möglicherweise auch des Werts („*DER Sinn*"[7], hier also: inhaltlich verankerte Berechtigung) von den *Eltern* nicht geteilt. Dadurch sieht sie sich als Teil eines Religionslehrer*innenkollektivs in der Verantwortung, diesem Sinnverlust durch Qualität des Unterricht(en)s entgegenzutreten. Inwiefern hier eine Wiederherstellung des Sinns für die Eltern mit der Gestaltung des Religionsunterrichts bezweckt wird, kann nicht abschließend geklärt werden. Die Worte des *Sinns*, des diesbezüglichen *Verstehens* sowie des *vernünftigen* Religionsunterrichts deuten auf die Vorstellung hin, dass die *Sinn*haftigkeit des Religionsunterrichts an sich ontologisch vorhaben ist, den Eltern die Einsicht jedoch fehlt. Deshalb können sich die Religionslehrkräfte auf kein Verständnis der Eltern verlassen; sie müssen sich um die ihre Gunst bemühen und sind demnach „*gefragt*". Diese Ausgangslage gewinnt dahingehend an Prekarität, dass (ausschließlich) den Lehrkräften und der Qualität ihres Unterrichtens die Verantwortung zukommt, sinnstiftend zu sein, um den Unterricht zu rechtfertigen. Andere (potenziell relevante) Personen wie Pfarrer oder Bischöfe sind in dieser Logik als vermittelnde Instanzen außen vor. Dadurch sind die Lehrkräfte einem (überhöhten) individuellen Legitimations- und Präsentationsdruck ausgesetzt.

Auch im Falle FRAU FINK deutet sich homolog ein hoher Legitimationsdruck an, der hier an die als prekär wahrgenommene Organisationspraxis des Faches Religion (weniger vorgabengetreu) geknüpft ist. Dadurch wird dem Fach ein prekärer Status im Fächerkanon zugewiesen, sodass auch häufiger zur Diskussion steht, Religion durch andere Fächer (Ethik) zu ersetzen. Ihre „*Situation als Religionslehrerin*" (172), nach der sie von der Interviewerin gefragt wird, ist auch durch die Bagatellisierung des Fachs bestimmt:

> *äh es ist natürlich immer schon so, hier jetzt nicht so, aber an der anderen Schule beispielsweise; dass halt Religion dann immer eher das ist was gestrichen wird wenn es um Vertretung geht oder dass es halt wenn's wenn's ausfällt dann auch wirklich nicht vertreten wird*

[7] Hervorgehoben durch K. W.

> *sondern gestrichen wird was ich auch verstehen kann, weil es nicht jeder machen will, und kann, und so, aber der Stellenwert ist irgendwie äh nicht so da. es gab mal Diskussionen auch ähm ja dass man doch eigentlich nur Ethik machen sollte und so; //mhm// was natürlich auch ein wichtiger Teil ist, aber dann Religion hat auch etwas mit mit Glauben zu tun und Gottesbild; und das find- ist ein find ich ein Kulturgut, das gehört irgendwie dazu, nicht für jeden, aber ähm man sollte die Möglichkeit haben damit in Berührung zu kommen und da man das in der Kirche so nicht mehr tu- äh kommt, find ich das find ich das einen ganz wichtiger Bildungsauftrag von der Schule; also für für die die es dann haben sollen also ich würde das jetzt nie ähm; jemandem aufzwängen wollen oder für alle verpflichten; //mhm// oder so etwas dass das frei ist finde ich völlig in Ordnung; weil es besteht Religionsfreiheit, ne, aber das äh die Möglichkeit finde ich sich damit auseinanderzusetzen was glaube ich überhaupt. und wenn es nicht an Gott ist an was dann; das ist das ist find ich ganz ganz wichtig also auch zur Selbstfindung; und das das und deswegen wird das Fach schon unterschätzt.* (173–189)

Die *Situations*schilderung des Unterrichts entspricht thematisch den Interviewäußerungen von Frau Zaunkönig, die ebenso über gehäufte Ausfälle durch (Unterricht-)*Streichungen* (bzw. ausbleibende *Vertretung*) berichtet (Unterrichtskürzungen, Unterrichtsausfall). Bei Frau Fink zeigt sich jedoch ein anderer Modus der Bearbeitung, denn sie elaboriert die schulorganisatorische Praxis von Unterrichtsstreichungen nicht aus der Perspektive, organisationspraktisch einzugreifen, um damit dessen Erteilung zu sichern.

Stattdessen zeigt sich implizit eine Rechtfertigungspraxis in der konkreten Interviewsituation.[8] In Verbindung mit dem schwindenden *Stellenwert* des Religionsunterrichts deutet sich die Wahrnehmung ihrerseits an, dass andere, nicht näher bestimmte Akteur*innen diesem Unterricht weniger Bedeutung beimessen (als sie selbst bzw. als den anderen Fächern) und den Unterricht damit anders behandeln. Schlussendlich mündet dies in eine Bewertung des Faches, die sie als „*unterschätzt*" einstuft – also mit einem zu geringen Wert bemessen. Hier wird das Prekäre in ihren unkonkret und unpersönlich bleibenden Schilderungen als allgemeine Kritik bzw. Klage der Gesamtsituation deutlich. Aufgrund der Fachalternative „*Ethik*", die von Gegnern ins Feld geführt wird, gerät sie in eine Verteidigungshaltung: Ihre Argumentation bewegt sich dabei zwischen einem inhaltlichen Geltungsanspruch des Religionsunterrichts für die Allgemeinbildung („*Kulturgut*", 180, „*Bildungsauftrag von der Schule*", 183) und seiner formalen Relativierung („*nicht für jeden*",181, „*für die die es dann haben sollen*", 183f., „*nie ähm; jemandem aufzwängen wollen oder [...] verpflichten*", 184f.).

In dieser argumentativen Verteidigung dokumentiert sich nun implizit eine Rechtfertigungspraxis in der Interviewsituation: Dem selbst proponierten Hin-

[8] Dies deutet darauf hin, dass ihre verallgemeinerte, aus der (früheren) Erfahrung abgeleitete subjektive Theorie, möglicherweise auch ein rechtfertigend-legitimierender Habitus in ihrem Orientierungsrahmen i.w.S. so stark verankert zu sein scheint, dass sie diese nicht fallen lassen kann, obwohl sie auf ihre derzeitigen Erfahrungen gar nicht mehr zutrifft („*hier jetzt nicht so, aber*", 173f.).

terfragen des Faches begegnet sie mit inhaltlich legitimierenden Argumenten. Statt gegen konkrete Akteur*innen im schulischen Feld (wie FRAU ZAUNKÖNIG) vorzugehen, verteidigt sie das Fach eher allgemein gegenüber einer explizit im Raum stehenden Kritik und Alternativvorschlägen. Diese Form der Unterrichtslegitimation kann im Gesamtkontext der Passage bzw. der Interviewfrage nach der *Wahrnehmung* ihrer *Situation als Religionslehrkraft* auch als eine Form der ausgeprägten Fachvertretung interpretiert werden. Mit dieser Rechtfertigungspraxis geht auch eine Rechtfertigung ihrer selbst bzw. ihrer Rolle als Religionslehrerin einher: Ihre *Situation* ist damit auch – im übertragenen Sinne – durch die Rechtfertigung und Legitimation ihres Faches und auch ihrer selbst gekennzeichnet.

Die formal relativierenden Einschübe, mit denen die omnipräsente Verteidigung und inhaltliche Fürsprache für einen Religionsunterricht unterbrochen wird, lassen sich als (religions-)pädagogische ‚correctness' interpretieren. Sprachlich dokumentiert sich dies beispielsweise in den „*aber*"-Konstruktionen (179; 181; 186). Damit verweist sie auf die Beachtung der (formalen) negativen Religionsfreiheit, die hier im Widerspruch zur positiven Religionsfreiheit steht („*die Möglichkeit haben damit in Berührung zu kommen*", 181f.), was für FRAU FINK zu einer Art Hindernislauf wird.

Während diese Formen des Legitimationsdrucks des Faches sowie der eigenen Tätigkeit auf theoretisierender Ebene zu verorten sind, findet sich der legitimierende Modus des eigenen Unterrichts auch auf alltagspraktischer Ebene der Lehrkräfte, wie beispielsweise bei FRAU SPERLING: Auf die Interviewfrage nach Beschränkungen in der Situation als Religionslehrerin erzählt FRAU SPERLING von ihren Bemühungen, ihr eigenes Unterrichten vor Eltern zu rechtfertigen:

> *ähm da gab es eine Situation, dritte Klasse, ähm Einheit Mose. ist laut erst mal laut Curriculum vorgesehen, dann laut schuleigenem Arbeitsplan vorgesehen, abgesehen davon denke ich (schadet) es nicht wenn man weiß unser Rechtssystem basiert auf den zehn Geboten teilw/ also ich denke //mhm// es schadet nichts, wenn man das auch wirklich (.) weiß; so und dann habe ich da 'ne tolle Einheit gemacht, anschließend das Passah-Mahl gefeiert, es war richtig schön, und dann bekomme ich einen zwei Din A4 Seiten langen Brief, von einer Mutter ob ich missionieren möchte; ob denn das tatsächlich dazugehört, ähm das man so'n Thema lernt,* (158–165)
> *und dann habe ich sehr lange auch @drauf@ geantwortet, und habe gesagt, ja; sehe ich genauso, kommt im vierten Schuljahr dran, //mhm// als fremde Religion, da werden wir das alles machen, ach so und sie sagte Religionsunterricht wäre eben doch ähm der Ort wo die Kinder sich öffnen können; ich sage das sage das sehe ich genauso; ne, das ist (.) soll auch so sein, das ist der Ort, an dem die Kinder sich öffnen an dem sie mal aus sich herausgehen können (.) aber; ich habe gesagt S/sie können auch gerne in die Pläne gucken; das ist nun mal vorgesehen (.)* (169–175)

Bereits zu Beginn in der unterrichtsthematischen Kontextualisierung der „*Situation*" („*dritte Klasse, ähm Einheit Mose*", 158) finden sich erste Argumentationslinien einer Themenlegitimation: Dies geschieht zum einen formal über die Norm der organisatorischen Verankerung dessen sowohl im *Curriculum* bzw. im *schuleigenen Arbeitsplan* als auch inhaltlich über die Norm der Allgemeinbildung sowie über das Merkmal der Harmlosigkeit („*unser Rechtssystem basiert auf den zehn Geboten*“, *160f.*, „*es schadet nichts wenn man das [...] weiß*“, 161f.). Darin zeigt sich bereits eine Legitimationspraxis der Unterrichtsinhalte in der konkreten Interviewsituation.[9]

Nach dem Wechsel in die konkrete Beschreibung der Stunde offenbart sich eine (prekäre) Diskrepanz zwischen der eigenen positiven Wahrnehmung der Stunde („*ne tolle Einheit*“, „*es war richtig schön*“, 162f.) und der entgegengebrachten Kritik durch eine Mutter: Dem Vorwurf des *Missionierens* (sowie der hier nicht abgedruckten Nachfrage an die Sinnhaftigkeit der Stunde) begegnet FRAU SPERLING sowohl mit der Herstellung von Konjunktivität zu den hervorgebrachten Kritikpunkten („*sehe ich genauso [...] soll auch so sein*“, *170–173*) als auch mit dem Angebot, Einsicht in die *Pläne* zu geben, womit sie Transparenz schafft. Gleichzeitig rahmt FRAU SPERLING die Stunde damit als normkonform und rechtfertigt sie. Diese Form der Legitimation (nicht nur) anhand von schulisch-institutionellen Vorgaben säumt die Passage, sodass diese einen zentralen Bestandteil des Relevanzsystems von FRAU SPERLINGS darstellt. Dies lässt die Interpretation zu, dass der Rechtfertigungsdruck von (performativen) Inhalten im Religionsunterricht (hier: das *Feiern* des *Passah-Festes*) möglicherweise derart habitualisiert zu sein scheint, dass diese argumentativen Vorgänge auch außerschulisch – hier: in der Interviewsituation selbst – zum Tragen kommen. Darin deutet sich die Prekarität des Religionsunterrichts dahingehend an, dass die Lehrkräfte die unterrichtsbezogene Behandlung solcher Inhalte nicht (mehr) als selbstverständlich erleben. Dementsprechend werden diese in der Praxis erklärungs- und rechtfertigungsbedürftig, was in Konflikt zu den inhaltlichen Vorgaben bezüglich des Religionsunterrichts von schulischer-institutioneller Seite steht. Die Lehrkräfte sind dazu aufgefordert, das Curriculum der Elternschaft zu plausibilisieren und müssen Übersetzungsvorgänge leisten.

Eine Homologie dazu bildet die von FRAU STIEGLITZ erzählt Situation, in der Kritik an der Umsetzung der Unterrichtsinhalte durch eine als „*Pfingstler*[in]“ (474) bezeichnete Mutter geübt wurde. Auch hier bleibt der Lehrkraft als letztendliche Rechtfertigungspraxis nur der Verweis auf den Lehrplan:

> *wir haben Gottesvorstellungen gemacht; und die [Schüler*innen] sollten aufmalen [...] wie sie sich Gott vorstellen; und dann kam die [Mutter] natürlich sofort damit an du sollst (.) dir kein Bild von Gott machen; hab ich gesagt haben die auch nicht; °die haben sich ein° Vorstellung gemacht //mhm// und jeder macht das; (.) und [...] das hat mich eine Stunde (.) Zeit gekostet dieses Telefonat (.) und (.) da hinterher konnte ich auch nur sagen wissen Sie was das steht im KC, es steht im schuleigenen Lehrplan ich bin absolut abgesichert durch Schule; das (.) Thema (.) kommt da (.) so (.) vor, auch (.) ne, dass die Kinder das malen*

9 Im Kontext eines hohen Legitimationsdrucks von Lehrkräften könnte sich hier andeuten, dass sich diese Praxis auch auf der Ebene der Interviewpraxis zeigt. Mit Bohnsack könnte hier von performativer Performanz gesprochen werden, vgl. Bohnsack 2017, 143.

dürfen; und (.) weitere Schritte könnte sie natürlich einleiten aber da (.) liefe sie ins Leere (474–484)

Auch in dieser Situation stellen Eltern (bzw. hier: einer Mutter) dezidiert christliche Unterrichtsinhalte bzw. die Unterrichtspraxis generell infrage. Dadurch wird die Selbstverständlichkeit des Religionsfachs aufgelöst. Wie FRAU SPERLING nutzt auch FRAU STIEGLITZ inhaltlich-institutionelle Vorgaben, um ihr Unterrichtshandeln zu verteidigen, was einer Legitimationspraxis entspricht.

6.1.3 Modus 3: Inhaltliches Erklären und Positionieren des Unterrichts

Neben einem basalen Erkämpfen der Unterrichtserteilung sowie einem Legitimieren des Unterrichts und dessen Inhalte gegenüber anderen (da die Daseinsberechtigung nicht von allen geteilt wird), konnte ein dritter Modus rekonstruiert werden, der den Religionsunterricht rahmt und damit den konjunktiven Erfahrungsraum ebenfalls zu strukturieren scheint: Dies beinhaltet ein ‚*Erklären des Unterrichts, der Ziele und Inhalte*' gegenüber Eltern, was zum Teil auch mit einer Art Richtigstellung dessen einhergeht. Dieser Modus wird explizit mit dem positiven Horizont verbunden, die Schüler*innen im Unterricht zu halten sowie Kritik abzuwenden.

Dabei scheint die Strategie primär über die Akzentuierung sozialer Aspekte zu verlaufen. Besonders deutlich tritt diese Strategie bei FRAU BUNTSPECHT hervor. Mit Blick auf die Eltern der überwiegend muslimischen Schüler*innen an ihrer Schule berichtet sie von einem wachsenden Interesse dieser Eltern am Religionsunterricht, welches vermehrt erst nach dem ersten Schuljahr zum Tragen kommt. Kritische Nachfragen und auch Abmeldungen durch die Eltern sind in ihrer Logik dem zunehmenden Anteil „*biblische[r] Themen*" (444) im Unterricht des zweiten Schuljahres geschuldet:

> *ähm (.) und da ist es so dass Eltern dann schon auch noch mal auf mich zukommen und nachfragen, was wird da genau gemacht, ähm (.) manchmal aber auch wirklich kommen und sagen ich möchte mein Kind jetzt abmelden ohne weitere Gründe, wir haben eine andere Religion, ähm ich möchte nicht dass mein Kind das hier hört, ähm (.) sie müssen es auch gar nicht weiter begründen, (.) also sprich es reicht wenn sie einfach (.) sagen ich möchte mein Kind abmelden, ähm (.) ich dann auch mit Eltern wenn sie genauer nachfragen, ähm (.) es ist ja nicht meine Aufgabe sie zu überzeugen dass die Kinder da mitmachen sollen, ich ihnen schon noch mal auch erläutere dass der Austausch einfach auch wichtig ist, ähm dass ich das ganz schön finde wenn Kinder sich austauschen können, und (.) diese Stunden eigentlich dafür (   ) //(mhm)// gemacht sind, im normalen Unterricht passiert es einfach nicht so oft, ähm ja, was dann auch manchmal dazu führt dass Kinder bleiben dürfen, aber meistens ist es so dass sie (.) doch vorher schon entschieden haben das merkt man auch dass sie ihr Kind dann abmelden möchten;* (450–462)

Der von FRAU BUNTSPECHT beschriebene Elternkontakt besteht auf zweifache Art und Weise: Einerseits gibt es *Abmeldungen „ohne weitere Gründe"* und andererseits ein *Nachfragen*, was ebenfalls mit Abmeldewünschen aufseiten der Eltern zusammenhängt. Bei diesen Begegnungen scheint eine Ambivalenz zwischen expliziter Norm und impliziter Handlungspraxis von FRAU BUNTSPECHT auf: Denn auf der einen Seite betont sie die *grundlose Abmeldung* explizit als normkonform („*sie müssen es [...] nicht [...] begründen*", 454) und grenzt ihr Handeln explizit davon ab, die Eltern *überzeugen* zu wollen („*nicht meine Aufgabe*", 456). Auf der anderen Seite leistet sie jedoch in ihrer erzählten kommunikativen Praxis den Eltern gegenüber Überzeugungsarbeit. Denn sie rahmt einen Schüler*innen-*Austausch* („*wichtig*", 458) ihnen gegenüber positiv, wozu die Schüler*innen (nur) in den Stunden des Religionsunterrichts die Gelegenheit bekämen. Dies gleicht implizit einer Art ‚Werbung für den Religionsunterricht', weil dieser den Schüler*innen Vorteile bietet, wie z. B. ein kommunikativ-soziales Miteinander. Religiöse Aspekte werden implizit damit sprachlich in den Hintergrund gerückt. Zugleich wird dem Religionsunterricht ein Alleinstellungsmerkmal hinsichtlich dieser (sozialen) Angelegenheiten zugesprochen, sodass dieser sprachlich vom „*normalen Unterricht*" (459) unterschieden wird.

Indem sie ihre *Erläuterungen* mit dem (möglichen) Ergebnis des *Bleibens der Schüler*innen* verknüpft („*was manchmal dazu führt*", 460), deutet sich die eben skizzierte Ambivalenz an, denn ihre formal ‚subjektiv-neutralen' Äußerungen zum *Austausch* unter den Schüler*innen im Religionsunterricht („*ich das ganz schön finde*", 458) können zwar einen Anlass für die Teilnahme am Religionsunterricht darstellen, allerdings lässt sich daran kein explizites (!) *Überzeugungsbestreben* festmachen. Damit bildet die zweite Form der Abmeldung – ‚mit *Nachfrage*' – eine Art Grauzone: Das Gespräch (nicht aber sie persönlich) könnte als Anlass eines Umdenkens gesehen werden. Im ersten Falle hingegen, der Abmeldung „*ohne weitere Gründe*" (452f.), kann die Norm der freien Abmeldung seitens der Lehrkraft deutlicher eingehalten werden, weil es keinen Austausch gibt.

Auch für FRAU GOLDAMMER scheint die kommunikative Auseinandersetzung mit Eltern ‚über' den Religionsunterricht angesichts der Abmeldeoption relevant zu sein. Hier zeigen sich Homologien der Gesprächspraxis zwischen den beiden Fällen, wobei hier nun die zugeschriebene Intentionalität der Gespräche weitaus expliziter benannt ist als zuvor bei FRAU BUNTSPRECHT. Im Zusammenhang der unterschiedlichen Beweggründe für die Abmeldung der Schüler*innen vom schulischen, konfessionell-kooperativen Religionsunterricht bearbeitet auch sie die Themen dieser Elterngespräche und die jeweiligen Intentionen:[10]

> *und das versuchen wir ja auch den <u>an</u>deren Eltern klarzumachen dass wir hier niemand/ also dass wir nicht <u>beten</u> im Unterricht; dass wir nicht jemanden be<u>kehr</u>en möchten;*

[10] An dieser Stelle sei methodologisch zum Begriff der Intention angemerkt, dass Intentionen bzw. der „*intentionale Ausdruckssinn*" von Handlungen, so die wissenssoziologische Prämisse, an sich zwar nicht rekonstruierbar sind (vgl. Nohl 2017, 6), dass jedoch auf das explizite Zuschreiben dessen durch die Interviewten selbst (auf der Ebene der Orientierungsschemata) verwiesen werden kann.

//(mhm)// oder sonst was; also man kann ja ganz leicht mit einem Brief sagen ich möchte nicht dass mein Sohn //(genau)// am Unterricht teilnimmt; und ähm wenn wir so einen Brief kriegen, suchen wir noch mal das Gespräch, //(mhm)// versuchen zu sagen dass wir einfach auch ganz viel über Freundschaft; und Lügen; und (.) so Streit und //(mhm)// Konflikte machen (.) ähm und (.) ich habe zum Beispiel mit einer Mutter den Vorab/ Vereinbarung dass wenn wirklich diese biblischen Geschichten kommen, dass ihre Tochter nicht teilnimmt, und dass sie sonst aber immer teilnimmt; //(mhm)// und ein anderer der zwar da ist, aber heute hörte wir gehen in die Kirche, der sagte ööhh, fühle ich mich nicht wohl, das darf ich glaube ich nicht, //(mhm)// dann durfte der hier bleiben; so ne, //(und das sind)// dass man versucht da ein bisschen tolerant mit umzugehen (77–88)

Zunächst dokumentiert sich in dieser Passage ein explizit formuliertes Anliegen, bei Eltern Verständnis (*klarmachen,* 77) für Unterrichtsinhalte („*nicht beten*", 78) herzustellen, sodass die eigenen Intentionen im Unterricht transparent werden („*nicht [...] bekehren möchten*", 78). Die kollektive „*wir*"-Form verweist auf ein (schulisches) Religionslehrer*innenkollektiv, sodass dieses Anliegen möglicherweise bereits gemeinsam thematisiert wurde. Im Interview wird diese Vorgehensweise nun theoretisiert dargestellt, was eine Strategie bzw. Taktik im Umgang mit Eltern repräsentiert, über die bei diesen Religionslehrkräften Konsens zu bestehen scheint. Homolog zu Frau Buntspecht verfolgt auch Frau Goldammer mit ihrer Gesprächslogik einer (hier nun expliziten) Relativierung der religiösen Unterrichtsausrichtung („*nicht beten*", 78), wobei gleichzeitig das soziale Miteinander thematisch hervorgehoben wird („*über Freundschaft; und Lügen; [...] Streit und [...] Konflikte*", 81f.). Diese von der jeweiligen Religionslehrkraft initiierten „*Gespräche*" (81) stehen jedoch der betonten Einfachheit einer Abmeldung vom Religionsunterricht implizit entgegen („*ganz leicht mit einem Brief*", 79). Dies ruft eine Spannung zwischen der explizit hervorgehobenen Beachtung der Abmelderegeln (also der negativen Religionsfreiheit) und der Rahmung dieser Abmeldungen als negativen Horizont hervor, die die Lehrkräfte zu verhindern versuchen.

Prekär erscheint hier zunächst die Wahrnehmung der Lehrkräfte, dass ihr Unterricht inhaltlich ‚erklärungsbedürftig' wird. Darin dokumentiert sich eine von außen wahrgenommene Unklarheit bzw. Beliebigkeit und damit scheinbar (inhaltliche) Unschärfe des Faches. Überdies zeigt sich in beiden Fällen homolog, dass die Norm einer *grundlosen* und *leichten* Abmeldung explizit hervorgehoben wird, implizit-handlungspraktisch aber nicht eingehalten werden kann, da sie mit dem positiven Horizont der Teilnahme aller Schüler*innen am Religionsunterricht kollidiert.

Für Frau Kleiber gehört die kommunikative Auseinandersetzung mit den Eltern angesichts von Abmeldungen ebenfalls zu ihrem Lehrerhandeln, wobei dort inhaltlich vor allem über die Konstitution des Faches gesprochen wird, die zumeist richtiggestellt wird: hier nun bezüglich der Notengebung.

naja; und als das [eine Abmeldung] dann aber so in der Elternschaft rumging, da kamen dann zwei Anfragen also von von anderen Eltern, ob denn ihre Kinder dann auch nicht am

Religionsunterricht teilnehmen könnten; (.) mit den Eltern habe ich mich dann zusammengesetzt, und wir haben erst einmal besprochen was alles so ist, (90–93)

Aufgrund der Abmeldung eines muslimischen Schülers vom Religionsunterricht wuchs das Interesse (auch nicht muslimischer) Eltern an dieser Option, die dies nun ebenfalls in Betracht gezogen haben, sodass sie sich darüber zunächst bei ihr als Lehrkraft informierten („*da kamen dann zwei Anfragen*", 90f.). Die Formulierung des *Rumgehens* in der Elternschaft beschreibt einen dynamischen Prozess, der einem Lauffeuer gleicht. Auch FRAU KLEIBER reagiert im Umgang mit solchen *Anfragen*, indem sie versucht, sich mit den Eltern inhaltlich auszutauschen („*mit den Eltern habe ich mich dann zusammengesetzt*", 92f.). Obwohl die genauen Gesprächsinhalte nicht näher spezifiziert werden, zeigt ihre Formulierung, dass damit eine (gegenseitige) grundlegende Klärung angestrebt wird („*was alles so ist*", 93), wofür sich im weiteren Verlauf der Passage einige Indizien finden:

ja; also wie gesagt die nehmen jetzt/ bei dem einen Kind war es so dass die Eltern nachdem ähm (.) wir gesprochen haben gesagt haben nee; dann (.) dann kann er doch weiter teilnehmen; 'ne, wenn das alles so läuft und wenn das auch gar nicht/ die haben wirklich auch die Vorstellung gehabt, hier wird bewertet im Religionsunterricht und wer glaubt kriegt eine eins; sozusagen; //(mhm)// also (.) ist ja auch sehr kurz gegriffen irgendwie ne, aber gut; (.) ähm (.) und bei dem anderen Kind wie gesagt; haben wir jetzt so eine so eine Mischform; wir haben genau dargelegt was ist Thema jetzt im dritten (.) Schuljahr, und (.) haben dann immer geguckt mit den Eltern gemeinsam welche Themen soll er denn dann mitmachen und bei welchen Themen ist er dann raus (.) aber das ist (.) da sind wir ein Stück weit konzeptlos (109–117)

In der dargestellten Auflösung der Situation wird zum einen eine inhaltliche ‚Richtigstellung' über die Konstitution des Faches als Verbleibgrund angeführt, womit auch über Irrtümer hinsichtlich fachinterner Bewertungspraxen aufgeklärt wird („*die haben wirklich auch die Vorstellung gehabt, hier wird bewertet im Religionsunterricht und wer glaubt kriegt eine eins*", 111f.). Zum anderen werden die Inhalte offengelegt („*genau dargelegt*", 115), um dadurch zu einer individuellen Lösung mit einer partiellen Teilnahme zu gelangen. Diese Elterngespräche dienen in FRAU KLEIBERS Konstruktionen in erster Linie der inhaltlichen Klärung bzw. Richtigstellung – zugleich dokumentiert sich darin eine elterliche (Fehl-)Einschätzung des Religionsunterrichts („*kurz gegriffen*", 113).

In diesem Modus sind alle Lehrkräfte bestrebt, Abmeldungen vom Religionsunterricht abzuwenden. Damit liegt in allen drei Fällen der positive Horizont eines Religionsunterrichts mit allen Schüler*innen zugrunde. Als Gegenmaßnahmen auf geäußerte Abmeldewünsche seitens der Eltern greifen die Lehrkräfte auf die Praxis von Elterngesprächen zurück, in denen der Unterricht mitsamt seinen Inhalten und der Bewertungspraxis erklärt, teilweise auch korrigiert und positioniert wird. Auf expliziter Ebene wird die Norm einer *grundlosen* und *leichten Abmeldung* gewahrt.

6.1.4 Modus 4: Das Infragestellen des eigenen Unterrichtens

Angesichts von Unterrichtsabmeldungen entwickeln die Religionslehrkräfte noch einen weiteren Modus, der ihren konjunktiven Erfahrungsraum bestimmt: ein Hinterfragen der eigenen Praxis. Dass Eltern die Abmeldeoption tatsächlich wahrnehmen, wird von Lehrkräften – jedenfalls zunächst – als eine Art Kritik aufgefasst. Wie zu zeigen sein wird, weist dies deshalb ein gewisses Maß an Prekarität auf, da die Abmeldungen auch als eine Art (negative) Unterrichtsbewertung aufgefasst werden können, die die Lehrkräfte introspektiv (zunächst) auf sich selbst beziehen:[11]

> *also im Moment ist es beispielsweise so dass ich ähm (.) zu Beginn, fast meine ganze Klasse in Religion unterrichtet hatte [...] das fand ich unheimlich toll [...] und äh jetzt ist es leider so dass unheimlich viele Eltern ihre Kinder abgemeldet haben aber unter der Begründung, dass es ja eine zusätzliche Note gibt, und Mappenführung und das ist alles so anstrengend. und äh die Kinder das teilweise sogar am Anfang als Belohnung erlebt haben aus dem Unterricht zu gehen und das fand ich doch sehr schade, und da hab ich mich natürlich auch gefragt ist das uninteressant was ich mache mit euch; und äh wobei wobei da Kinder wirklich auch mitgemacht haben die abgemeldet wurden die wirklich toll auch immer mitgemacht haben wo ich auch nicht //mhm// das Gefühl hatte; du langweilst dich jetzt; ne, man fragt sich dann natürlich immer wie kann man es interessant gestalten inwieweit kann m/ ich mich meinen Unterricht verbessern dass die Kinder interessiert sind, und wie gesagt im Nachhinein kam dann auch wirklich heraus, dass es irgendwie (.) durch diese Note oder dieses zusätzliche Fach, einfach dieser so ein bisschen diese Bequemlichkeit (.) ach rausgehen ist einfacher; die Kinder müssen natürlich auch andere Aufgaben bearbeiten, das sage ich den anderen Kindern auch und seitdem ist es auch Ruhe* (52–71)

Frau Fink erlebt die zunehmende *Abmelde*praxis der Schüler*innen durch die als relevant markierten Akteur*innen der *Eltern* als kontraproduktiv für den Klassenverbandsunterricht („*meine ganze Klasse*", 53), den sie als positiven Horizont dem entgegenstellt. Explizit wird die Abmeldung mit formalen Aspekten des Mehraufwands begründet („*zusätzliche Note [...] Mappenführung und das ist alles so anstrengend*", 60). Mit der „*aber*"-Konstruktion spricht sie sich von jedweder Schuld für diese massenhaften Abmeldungen frei, weil diese Begründung der Mehrbelastung durch den Religionsunterricht nichts mit ihrer Person zu tun hat. Gleichzeitig hinterfragt sie aber ihre Unterrichtsgestaltung.

In Reaktion auf die gehäuften *Abmeldungen* beschäftigt sich Frau Fink doch mit der Frage, ob der Unterricht ‚interessant genug' ist. In einer Art ‚Tatsachencheck' rekapituliert sie Eindrücke aus vergangenen Unterrichtssituationen („*die wirklich toll auch immer mitgemacht haben*", 64) und reflektiert die Abmeldungen vor dem Hintergrund ihres persönlichen Unterrichtens („*uninteressant was ich mache mit euch*", 63, „*ich mich meinen Unterricht verbessern*", 66f.). Damit wertet sie

---

[11] Zum Kontext der Passage: Diese stellt die Reaktion Frau Finks auf den Haupterzählimpuls dar.

die Abmeldungen als direkte Rückmeldung auf ihren Unterricht bzw. der Qualität ihres Unterrichts.

Zugleich wird das Bedingungsgefüge des Religionsunterrichts als eine Art Wettbewerbssituation konstruiert, denn ihr Unterricht steht in direkter Konkurrenz zur schulspezifischen Alternative der Freizeit („*rausgehen ist einfacher*", „*Freistunde*", 69–71). Aufgrund des geringeren Arbeitsaufwands bei Fernbleiben vom Religionsunterricht sieht sie sich in der Position, die Norm eines ‚interessanten' Unterrichts in besonderem Maße erfüllen zu müssen. Denn (nur) dies scheint den Unterricht legitimieren bzw. die Konkurrenz gewinnen zu können. Als Fachvertreterin ihres Unterrichts muss sich ihr Unterricht gegenüber einer *Frei*stunde behaupten.[12]

Prekär ist diese entstandene Konkurrenzsituation auch deshalb, weil es keine ‚faire' Konkurrenzsituation darstellt, denn die Vorteile bei einer Option überwiegen: Unterricht vs. Freizeit. Doch auch hier steht nicht nur der Unterricht, sondern darüber hinaus auch sie selbst auf dem Prüfstand, was sich in der Formulierung „*inwieweit kann m/ ich mich meinen Unterricht verbessern*" (66f.) dokumentiert. Die Auflösung der Problematik („*Ruhe*", 71), also das schulinterne ‚Wegorganisieren' des Freizeit-Anreizes („*die Kinder müssen natürlich auch andere Aufgaben bearbeiten*", 69f.) wirkt sich entlastend auf ihr Handeln aus („*es kam heraus*", 67f.).

Ähnliche Strukturen finden sich auch im Falle Frau Sperlings, denn homolog zu Frau Fink bearbeitet auch sie die Möglichkeit der Abmeldung der Schüler*innen – genauer: das individuelle Wahrnehmen dieser Möglichkeit durch Eltern – vor dem Hintergrund ihres eigenen Unterrichtens. Dabei sucht sie nach den individuellen Beweggründen für die Abmeldung, insbesondere wenn Geschwisterkinder zuvor noch den Religionsunterricht besucht hatten.

> *ja, habe ich jetzt auch eins [ein abgemeldetes Kind], auch in der ersten Klasse, was mich sehr gewundert hat, weil ich den Jungen in der vierten Klasse hatte, den Bruder in der //mhm// vierten Klasse, und dann dachte ich oh; habe ich irgendwas falsch //@// @gemacht@, und dann meinte die Mutter dann aber mit der ich gesprochen hab es würde ihr schon zu ähm zu sehr in die Tiefe gehen in der vierten Klasse. also wir haben äh äh Gott gibt es Gott; Für und Wider und so ne, und und sowas das ginge ihr zu weit; das wollte sie nicht; und die hat ihr Kind dann abgemeldet;* (90–95)

Nach Motiven für die Abmeldung eines Schülers ‚sucht' auch Frau Sperling zunächst introspektiv („*dachte ich*", 92) bei sich selbst, indem sie von einem möglichen Fehlverhalten ihrerseits ausgeht („*habe ich irgendwas falsch [...] gemacht*", 92). Homolog zu Frau Fink findet auch sie jedoch eine Entlastung in den rahmenden Strukturen, da diese nicht (notwendigerweise) in ihrem eigenen Handlungs-

12 Anders als bei Frau Zaunkönig dokumentiert sich bei dieser Darstellung von Frau Fink jedoch keine Orientierung an der ordentlichen Erteilung des Religionsunterrichts, sondern eine Orientierung an einem konfessionsübergreifenden Unterricht im Klassenverband und einem harmonischen Miteinander.

bereich liegen („*es würde ihr [...] zu sehr in die Tiefe gehen*“, 93). Des Weiteren unterstützt der Verweis auf das Unterrichten des *Bruders*, dass ihr Unterrichtsstil keinen Anlass für die Abmeldung gegeben haben könnte. Aufgrund der Verknüpfung als (eben nicht nur in einer Klasse tätigen) Lehrkraft hebt sie eine hervorragende Reputation hervor, die über die Klassengrenzen hinaus bekannt ist.

Dieser rekonstruierte Modus belegt, dass diese Lehrkräfte eine Unterrichtsabmeldung zunächst in direkten Bezug zu ihrer unterrichtenden Tätigkeit setzen, wenn bereits gemeinsamer Unterricht stattgefunden hat. Damit setzen sie eine Abmeldung mit einer Kritik an ihrer Person bzw. Funktion als Lehrkraft gleich. Demnach dokumentieren sich die Wahrnehmungen einer (prekären) Prüfstandssituation durch die Option der Abmeldung seitens der Eltern, die dadurch indirekt ihre Kritik äußern können. Die Eltern erhalten durch ihre Bewertungsmacht in Form von Abmeldungen zentrale Relevanz. Überspitzt formuliert entspricht dies einer ‚Supply and Demand‘-Situation: Was den Eltern nicht gefällt, das können sie dieser Logik zufolge abwählen – die Lehrkräfte sind nun in der Situation, darauf zu reagieren oder eben nicht.

6.1.5 Modus 5: Das Anpassen an die Schüler*innen und an externe Ansprüche

Als fünfter Modus lässt sich die ‚Anpassung‘ im konjunktiven Erfahrungsraum der Lehrer*innen identifizieren, der sich in allen Fällen wiederfindet. Dabei unterscheiden die Lehrkräfte explizit und implizit zwischen der Ebene der schulisch-institutionellen Unterrichtsorganisation und der konkreten Unterrichtsebene. Diese repräsentieren unterschiedliche ‚Sphären‘ mit unterschiedlichen Handlungslogiken. Während dieser Modus einerseits durch einen hohen Handlungsdruck auf Seiten der Lehrkräfte prekäre Strukturen hinsichtlich der spannungsreichen Ausgangslage aufweist, zeigen sich jedoch auch alltägliche produktive Strategien, diese vorgefundenen Spannungen aufzulösen. Damit weist dieser Modus über das Prekäre hinaus und deutet bereits auf die zweite Basisrahmung (Kap. 6.2, ‚Sternstunden‘ – Potenziale des Religionsunterrichts).

Anpassen der (schulinternen) Organisationspraxis

Zunächst zeigen sich Anpassungen der Lehrkräfte mit Blick auf den organisatorischen Unterrichtsrahmen: Demnach richten die Lehrkräfte die Organisationsstrukturen insbesondere auf die ‚Beschaffenheit‘ der Schüler*innenschaft an der konkreten Schule aus, wie im Falle Frau Buntspechts als auch Frau Dompfaffs und Frau Stieglitsz. Zwischen diesen beiden Größen (Schüler*innenschaft und institutionelle Organisationsstrukturen) existieren alltagspraktisch Spannungen bzw. Nicht-Passungen. Dabei ist eine unterrichtsrahmende Organisationspraxis in (fast) allen Fällen dem tatsächlichen Unterrichtsgeschehen sowohl erzähl- als auch alltagschronologisch vorangestellt, was hier einen bedeutenden (zeitlichen) Raum beansprucht. Demnach sind die Lehrkräfte darauf angewiesen, die Organisationsstrukturen angesichts der jeweils konkreten Zusammensetzung der Schüler*innenschaft anzupassen. Aufgrund dieser individuellen und kollektiven Kompensationsbemühungen entsteht für die Lehrkräfte auch hier eine Prekarität in ihrem Handeln, denn implizit scheinen die (ursprünglichen) Organisationsstrukturen zunächst nicht (mehr) auf die Schüler*innen zu passen. Wie sich dies in der Alltagspraxis auswirkt, wird im Folgenden konkretisiert.

Im Falle FRAU BUNTSPECHTS bildet eine äußerst vielfältige Schüler*innenschaft an ihrer Schule die Ausgangslage dafür, dass sie sich tagtäglich auch mit herausfordernden, außerunterrichtlichen Organisationstätigkeiten konfrontiert sieht.[13] Prekär erscheint hier im Lehrerhandeln der Spagat zwischen einer heterogenen Zusammensetzung von Schüler*innen einerseits („*ähm wir haben bei uns an der Schule die Problematik, [...] dass wir (.) Kinder aus (.) verschiedenen Religionen haben*", 44–46) und der institutionell gesicherten Religionsfreiheit der Schüler*innen („*die (.) äh auch die Möglichkeit haben sich abzumelden*", 48) andererseits. Beide Aspekte konfligieren miteinander, womit sich eine *Problematik* für die Religionslehrkraft ergibt.

Nicht vorhandene institutionelle Entlastungen („*wir haben nicht immer (.) eine Betreuungskraft für die Kinder*", 51f.) führen für sie zu Handlungsherausforderungen („*das bedeutet dass ich die erst einmal unterbringen muss*", 52). Denn sie muss ihr Alltagshandeln dementsprechend ausrichten, um eine Betreuung abgemeldeter Schüler*innen immer wieder neu bzw. anders zu organisieren („*ähm verteilen auf andere Schulklassen, draußen im Flur sitzen unter Aufsicht [...]*", 52f.). Damit erweitert sich ihre Rolle als unterrichtende Religionslehrkraft auf eine Gesamtklassen-Lehrkraft – ihr Verantwortungsbereich erweitert sich dementsprechend, was auf Kosten der Unterrichtstätigkeit geht.

Ähnliche Strukturen (ein erweiterter Verantwortungsbereich durch organisatorische Herausforderungen) treten auch bei FRAU DOMPFAFF zutage, wie die dementsprechende Falldarstellung ausführlich zeigte (Kap. 5.2, S. 150f.). Auch sie verantwortet die Betreuung der vom Religionsunterricht abgemeldete Schüler*innen während der Unterrichtszeit, was auch bei ihr eine Rollendopplung, hier sogar einen Rollenkonflikt als betreuende Klassenlehrerin und unterrichtende Religionslehrerin mit sich bringt. Während diese Rollendopplung bei FRAU BUNTSPECHT noch mit einer klaren zeitlichen Trennung zwischen dem organisatorischen Rahmen (Klassenlehrkraft) und der anschließenden unterrichtenden Tätigkeit (Religionslehrkraft) einherging, findet dies bei FRAU DOMPFAFF (auch) zeitlich parallel statt. Damit stehen vielmehr Fragen der räumlich-sphärische Trennung als der zeitlichen im Zentrum. Denn die Betreuung der nicht-teilneh-

---

[13] Vgl. ausführlich dazu die Falldarstellung, Kap. 5.3, S. 171f. Die Passage wurde hier nicht noch einmal in voller Länge wiedergegeben, um Dopplungen zu vermeiden.

menden Schüler*innen hat für sie auch während des Unterrichts handlungspraktische Relevanz, da einige von ihnen beispielsweise *„hinten eh also oder an ihrem Platz sitzen und sich selber ruhig beschäftigen“* (94). Reibungen in ihrer Doppelrolle entstehen in den Momenten, in denen die (nicht teilnehmenden) Schüler*innen *Unruhe reinbringen* (96),

> *wo ich sehen muss dass ich sie irgendwie beschäftige wo ich zwischendurch dann hingehen muss; wo ich meinen Religionsunterricht unterbrech::e, wo äh dann auch Stimmung zerstört wird °dadurch°* (103–105)

Auch bei FRAU DOMPFAFF zeigt sich also eine Erweiterung des Verantwortungsbereichs, ein Druck zur individuellen Anpassung ihres eigenen Handelns. Ihre Rolle als Religionslehrerin kann sie aufgrund ihrer Zweitfunktion als betreuende ‚Gesamtklassen-Lehrerin' nicht mehr ungestört ausüben – was hier vor allem räumlich-sphärische Auswirkungen auf den Unterricht hat.

Während zwei Lehrkräfte (FRAU BUNTSPECHT und FRAU DOMPFAFF) die alltagspraktischen Anpassungen in den Interviews als individuell-persönliche Kompensation mit Rollenkonflikten konstruieren, findet die organisatorische Anpassung bei FRAU STIEGLITZ auf schulisch-kollektiver Ebene statt. Dies schließt eine Erweiterung der individuellen Verantwortung sowie einen persönlichen Rollenkonflikt aus, weil die Schule kollektiv auf die (besondere) Ausgangslage der Schüler*innen ‚vor Ort' reagiert und entsprechende Modifikationen auf der schulorganisatorischen Ebene vornimmt:[14]

> *also ich bin jetzt ja fast zwanzig Jahre hier an dieser Schule. und (.) das Klientel ist (.) so, sag ich mal wenn wir in drei Klassen (.) dreizügig, wenn wir in drei Klassen 60 Kinder ungefähr haben, dann ist ein Drittel die am christlichen Religionsunterricht teilnehmen, und davon ist (.) maximal die Hälfte getauft. und wir haben auch konfessionell-kooperativ, weil wir (.) sonst gar nicht genug Kinder hätten (.) die evangelisch oder katholisch getauft sind* (58–62)

Der *„Klientel“* (58) an der Schule, dem Aufhänger dieser Beschreibung, wird also eine gewisse Relevanz angesichts der Frage nach den Alltagserfahrungen, konkret: der Unterrichtsorganisation, beigemessen. Dahinter kann sich ein Verweis auf die Schüler*innenschaft (möglicherweise eingebettet in ein soziales-familiär Umfeld) verbergen.

In der Umschreibung der Schüler*innen (*„das Klientel ist (.) so, sag ich mal wenn“*, 58f.) unterteilt sie die Klassenstufe reduktionslogisch deshalb in diejenigen, die *‚am Religionsunterricht'* teilnehmen bzw. diejenigen, die *‚getauft sind'*. Sie begründet damit die Unterrichtsform *„konfessionell-kooperativ“*[15] (61), woran sich gleichzeitig eine gewisse Prekarität der Ausgangslage abzeichnet: Hätte man die Lösung *„konfessionell-kooperativ“* nicht gefunden, würde die Anzahl an Schü-

---

[14] Die folgende Sequenz ist die direkte Reaktion FRAU STIEGLITZS auf den Haupterzählimpuls.

[15] Dies ist als Verweis auf die Unterrichtsform des konfessionell-kooperativen Religionsunterrichts zu lesen, vgl. Kap. 2.3.1, S. 36.

ler*innen für einen Religionsunterricht nicht *genügen* (62). Aufgrund dieser Behelfskonstruktion wird der Mangel an Schüler*innen mit einem bestimmten Merkmal überwunden. Schulintern gilt es, diesen Mangel durch Anpassungen auszugleichen, denn die Schule ist mit ihren bestehenden Unterrichtsorganisationsstrukturen zunächst nicht auf diese Schüler*innenschaft vorbereitet, d. h. die „*Klientel*".

Im weiteren Interviewverlauf geht sie auch auf die weiteren zwei Drittel des Jahrgangs ein und charakterisiert diese: „*ein Drittel [...] muslimische Kinder, [die] haben auch (.) eigentlich islamischen Religionsunterricht*" und ein weiteres „*Drittel die (.) entweder gar nichts sind oder nicht am Religionsunterricht teilnehmen wollen oder sollen, und die machen dann [...] meistens Deutsch-Förderunterricht*" (67–71). Aufgrund dieser schulinternen Kompensationsstrategie einer prekären Ausgangslage herrscht „*dann immer ein bisschen Gewusel*" in ihrem Unterricht, denn bis zu „*zwanzig Kinder aus drei verschiedenen Klassen*" (75f.) müssen sich dazu erst zusammenfinden.

In diesen drei Fällen dokumentiert sich ein erhebliches Maß an schulinterner Anpassungsleistung an die jeweilige Schüler*innenschaft, wobei diese allerdings von Fall zu Fall variiert: Bei Frau Buntspecht und Frau Dompfaff wird die Adaption an die prekäre Ausgangslage persönlich-individuell gelöst, was zudem das Unterrichtsgeschehen erheblich beeinflusst. Bei Frau Stieglitz geschieht dies schulintern organisiert und damit kollektiv, was zu einer Aufteilung des Jahrgangs führt. Sie selbst muss deshalb keine weitere Organisation (in Form von Betreuung) individuell verantworten und ist schulintern entlastet. Prekär ist dieser Anpassungsmodus deshalb, weil die Schüler*innen bzw. ihre ‚Beschaffenheit' in der institutionellen organisatorischen Konstitution des Faches zunächst keine vollständige Berücksichtigung zu finden scheint. Die Schule bzw. die einzelne Lehrkraft muss kompensatorisch handeln – zuungunsten des Unterrichts. Diese ‚Beschaffenheit' wird zum einen an die zugeschriebene Religionszugehörigkeit der Schüler*innen geknüpft („*muslimisch*", „*islamisch*", „*gar nichts*", 68–70) und zum anderen an die Haltung (Wahrnehmung der Abmeldeoption).

Anpassen der Unterrichtspraxis

Wie die Rekonstruktionen der Kernfälle bereits im Kapitel des Brückenschlags belegen, dokumentiert sich ein entscheidendes Maß an Anpassung bzw. wahrgenommenem Anpassungsdruck auch in der Unterrichtspraxis von Religionslehrkräften Ähnlich wie in der unterrichtsrahmenden Organisationspraxis bilden die Schüler*innen den Ausgangspunkt für ebendiese Überlegungen und Anpassungen.[16] Denn eine Passung zwischen Unterrichtsgegenstand und konkreten, jeweils spezifisch zugeschriebenen Eigenschaften der Schüler*innen,

[16] Im weiteren Verlauf wird sich zeigen, dass sich daran ein entscheidendes Maß an Schüler*innenorientierung dokumentiert.

scheint zunächst nicht grundsätzlich vorzuliegen.[17] Konkret steht der unterrichtspraktische Umgang mit christlich-religiösen Themen zur Disposition, die vor allem durch biblische Texte repräsentiert werden. Damit weist die Ausgangslage auch auf Unterrichtsebene ein gewisses Maß an Prekarität auf. Doch anders als bei den ersten vier Modi kann diese wirksame Anpassung auf der Unterrichtsebene aus der prekären Ausgangslage hinausführen, sodass die Unterrichtssituation neu gestaltet bzw. redefiniert wird.

In den Kernfällen zeigen sich drei verschiedene Formen, um eine unterrichtspraktische Passung zwischen Schüler*innen und dem Unterrichtsgegenstand vorzunehmen: (1) die Herstellung von Anschlussfähigkeit und Verbindungen, (2) die Akzentuierung der Neuartigkeit (Basisbildung) und (3) die Relativierung des Geltungsanspruchs (Vervielfältigung).

‚*Herstellung von Anschlussfähigkeit und Verbindungen*': Wie FRAU ZAUNKÖNIG Kontinuität und Verbindung zwischen den Schüler*innen und dem christlich-biblischem Unterrichtsgegenstand herstellt, konnte bereits an ihrer Anpassungsstrategie rekonstruiert werden (vgl. die Falldarstellung, Kap. 5.1, S. 108–112): Sie tut dies über die Genese von Anschlussfähigkeit, indem sie ein allgemeinethisches *Thema* zwischenschaltet. Eine ähnliche Handlungspraxis weist auch FRAU KOHLMEISE auf, wobei der Ausgangspunkt keine veränderte, *religionsferne* Schüler*innenschaft ist, sondern das Alter bzw. die Entwicklungsstufe, sodass sie Themen aus der Erwachsenenwelt kindgerecht übersetzt:

> *und ähm (.) das ist so total (.) niedlich auf was für Ideen sie kommen zum Beispiel als Beispiel bei den zehn Geboten, [...] wenn es dann dahin geht du sollst ähm die Ehe nicht brechen, in der Grundschule sagen wir dann immer du sollst deinen Freunden hier treu bleiben, dann ist immer ganz (.) viel Gekicher und so (225–231)*

Im Kontext des Interviewimpulses zu *fruchtbaren Unterrichtssituationen* kommt der Modus der Anpassung zwar nur nebensächlich zum Tragen, ist jedoch durch Rekonstruktionen des Interviewzusammenhangs relevant, wie sich auch an der zweiten Passage zeigt. Die Anpassungsleistung besteht in der sprachlichen Modifikation des Gebots „*die Ehe nicht [zu] brechen*" seitens der Lehrkraft (229), die dies nun als *Freunde-Treue* reformuliert. Diese Anpassung im Sinne einer inhaltlichen Modifikation wird zum einen als kollektiver Akt gerahmt („*wir*", 230), was sich als kommuniziertes Vorgehen unter Kolleg*innen interpretieren lässt. Zum anderen erfolgt die Adaption der Inhalte mit Blick auf das (*Grundschul-)*Alter der Schüler*innen. Mit der Übersetzungsleistung stellt der Lehrkraft einen lebensweltlichen Bezug für die Kinder her: Ein für einige Schüler*innen möglicherweise abstraktes bzw. wenig alltagsrelevantes Thema (*Ehebruch)* wird durch ein strukturgleiches Thema aus der jeweiligen Lebenswelt der *Freund*schaft ersetzt. Damit zeigt auch diese Form der Anpassung eine (implizit bleibende) Herstellung von Anschlussfähigkeit des Gegenstands für die Schüler*innen.

---

17 Diskussion: Da diese Spannung (Antinomie) grundsätzlich im Unterricht herrscht, müsste in der Diskussion genau herausgearbeitet werden, inwiefern diese nun besonders ist.

Dass auch die religiösen Themen selbst Anpassungsleistungen erforderlich machen, zeigt sich auch an der Unterrichtspraxis von Frau Kohlmeise, die angesichts der „*Brutalität der Bibel*" die Darstellung abmildernd an das Alter der Schüler*innen anpasst:

> *ähm die Brutalität in der Bibel ist immer wieder ein Thema wo ich manchmal ein bisschen ratlos dastehe und es natürlich schwer ist zu sagen Gott ist der Gute, äh derweil gerade alle ertrinken; ja, //(mhm)// auch auch der Gegner den will ich nicht umbringen; sondern ich will ihn überzeugen; abzulassen und nicht ihn ähm ertrinken zu lassen und mich dann darüber zu freuen //(mhm)// dass ich jetzt gerettet bin, da- derweil aber bei Moses zum Bespiel dann die ganzen Soldaten ähm im geteilten Meer sterben; ähm (.) so gibt es eben fast in jeder Geschichte eine Brutalität die schwer zu erklären ist; ähm und über die wir kindgerecht versuchen drüber hinweg zu gehen; und man sich dann da aber immer nur so so halb vorkommt; ich erzähle eigentlich hier (.) ich verschönere das Ganze (.) kindgerecht;* (245–253)

Der „*Bibel*" als (potenziellem) Unterrichtsgegenstand steht Frau Kohlmeise als Lehrkraft zwiegespalten gegenüber, denn diese wird mit der negativ gerahmten Eigenschaft der „*Brutalität*" (245) verknüpft. Dies stellt für sie angesichts der Vermittlung von biblischen Inhalten im Unterricht eine Handlungsherausforderung dar, weil sie in Erklärungsnot gerät („*ratlos dastehe*", 246, „*schwer zu sagen*", 246, „*schwer zu erklären*", 251). Frau Kohlmeise konkretisiert dies dahingehend, dass Inhalte der von ihr exemplarisch genannten „*Moses*"-Erzählung nicht den (moralisch-)normativen Maßstäben entsprechen, u. a. im Umgang mit *Gegnern.* Denn der positive (Gegen-)Horizont ihres Handelns ist hier, das Bild eines *guten Gottes* zu vermitteln. Die konstatierte „*Brutalität der Bibel*", die sich in den Geschichten anhand von Tod und Tötung manifestiert, steht diesem positiven Horizont jedoch entgegen und lässt ihn zunächst zu einem Gegenhorizont[18] werden. Um diese allgegenwärtige Gewalt („*fast in jeder Geschichte*", 250) abzuschwächen, scheint eine Modifikation unabdingbar, sodass die Lehrkraft die Geschichten kindgerecht glättet („*drüber hinweg zu gehen*", 251f., „*verschönere*", 253). Mit dem *Verschönern* als Anpassungsstrategie unterstreicht sie den positiven Horizont des *Guten,* möglicherweise auch des Harmlosen.

Frau Kohlmeise passt dabei den biblischen Unterrichtsgegenstand an die Schüler*innen durch Modifikation an, wobei dies nicht – wie bei Frau Zaunkönig – aufgrund der als prekär wahrgenommenen Eigenschaften bzw. der ‚Beschaffenheit' der Lerngruppe geschieht, die als „*religionsfern*" (38) eingestuft wird, sondern aufgrund der allgemeinen Entwicklungsstufe als *Kinder.* Somit wird der Text *kindgerecht* aufbereitet. Implizit steckt dahinter das Verständnis, dass das Böse (*Brutalität*, nicht das *Gute*) für die Schüler*innen in dem Alter unterrichtspraktisch nicht bearbeitbar ist.

‚*Akzentuierung der Neuartigkeit – Basisbildung*': Diese zweite Anpassungsstrategie setzt bei einer (konstatierten) Leerstelle von Wissen und Können der Schü-

18 Damit stellt es ein (zunächst) nicht zu erreichendes Ideal dar.

ler*innen angesichts des (christl.-biblischen) Unterrichtsgegenstands an. Dass die Lehrkräfte Kenntnisse über christliche Inhalte in der Schüler*innenschaft nicht (mehr) selbstverständlich voraussetzen dürfen, wurde bereits im Brückenschlag u. a. anhand des Falles FRAU DOMPFAFF rekonstruiert. In ihren Äußerungen beschreibt sie, wie sie in ihrer Unterrichtspraxis mit ebendiesem defizitären Wissensstand der Schüler*innen umgeht. Die Ausgangslage erweist sich insofern als prekär, als die Schüler*innen den impliziten normativen Erwartungen FRAU DOMPFAFFS gar nicht (mehr) entsprechen („*dass kein Kind mehr diese Geschichten kennt selbst so bekannte Geschichten wie äh der verlorene Sohn* [...]"[19], 52). Der Unterricht wird dementsprechend durch ein *Tiefer-Ansetzen* (63) angepasst, also hinsichtlich von Niveau und Anspruch nach unten korrigiert. Dabei kommt dem Unterrichten dieser Schüler*innen eine exponierte Wirksamkeit zu, denn gleichzeitig wird die Neuartigkeit der Unterrichtsinhalte akzentuiert. Der Unterricht erhält dadurch einen Charakter von einer Grundlagenbildung.

FRAU KLEIBER geht dabei ebenfalls von keinen Vorkenntnissen religiöser Inhalte bei den Schüler*innen aus, sodass sie die Unterrichtsgestaltung an diese veränderte Ausgangsbasis angleicht:

> *also. wir fangen bei ganz vielen Kindern ja wirklich bei null an; oder eigentlich sogar noch im Minusbereich; das heißt es ist ja wirklich an (.) Wissen oder an Erfahrung auch an Berührung mit Religion fast nichts mehr da; (.) das ist (.) sehr sehr wenig; [...]also für mich war das immer so dass ich im Grunde genommen hier in der Schule auch an bei einigen Kindern wirklich (.) anfangen muss sie überhaupt erst mal an dieses Thema heranzubringen; also in der ersten Klasse, es gibt reihenweise Kinder, die (.) w- w- was ist eigentlich Gott; wer wer ist eigentlich Gott; die haben keine Ahnung; und sie schmeißen alles durcheinander; also äh Gott ist der Sohn von Jesus; und äh Gott ist ja ein Mensch; und (.) also man muss //(mhm)// wirklich (.) bei null @anfangen@* (37–47)

In Reaktion auf den Haupterzählimpuls nach den alltäglichen Unterrichtserfahrungen von FRAU KLEIBER wird die Sequenz anhand von der Fokussierungsmetapher *bei null anzufangen* zu Beginn und am Ende gerahmt. Diese gibt sowohl Aufschluss über die Schüler*innen, die sich an einem Anfangspunkt befinden, als auch implizit über sie selbst als Lehrkraft. Mit der Metapher des *Null*punkts adressiert die Lehrkraft den Umstand, dass sie gewisse Ansprüche, die sie bislang an die Schüler*innen gestellt hat, herunterschrauben muss, weil sie an kein Vorwissen mehr anknüpfen kann. Ihre Praxis ist insofern auch als eine Art Basisbildung zu interpretieren; homolog zu der von FRAU DOMPFAFF.

‚*Relativierung*': Die dritte Form der Anpassung wurde im Falle FRAU BUNTSPECHTS[20] als eine Vervielfältigung der Deutungs- und Bearbeitungsmöglichkeiten biblischer Texte rekonstruiert.. Ähnlich geht auch FRAU GOLDAMMER in ihrer erzählten Unterrichtspraxis vor. Diese Vorgehensweise illustrieren zwei Passa-

[19] Vgl. ausführlich Kap. 4.2, S. 88f.

[20] Vgl. die Falldarstellung, Kap. 5.3, und den Brückenschlag, Kap. 4.

gen, an denen sich diese Form der Anpassung anhand minimaler Kontraste verdeutlichen lässt.

> *und jetzt versuche ich das immer mehr in so einen großen (..) naja zu sagen das wurde überliefert; so steht es in der Bibel; ne //(mhm)//, das ist auch vergleichbar mit äh was weiß ich mit dem Islam, oder so etwas dass man doch (.) nochmal den Bogen immer wieder spannt //(mhm)// oder auch den Kindern die möglich gibt zu sagen das steht da zwar so, aber das müsst ihr jetzt nicht alle glauben;* (38–43)

In Abgrenzung zu ihrem früheren unterrichtspraktischen Vorgehen an einer anderen Schule („*aus der Bibel vor[zu]lesen und dazu die Geschichten*" zu *machen*, 38) bedient sie sich nun einer anderen Anpassungspraxis an die hiesigen Schüler*innen im Sinne der Erweiterung. Die abgebrochene Formulierung könnte beispielweise auf einen „*großen*" (39) ‚Zusammenhang' hindeuten: Inhaltlich wird der *biblische* Text dabei in einen Kontext von anderen Religionen gestellt, wie z. B. „*dem Islam*" (40f.), sodass immer auch andere Religionen und religiöse Schriften miteinbezogen werden und eine Vervielfältigung der einbezogenen Inhalte stattfindet. Daneben zeigen sich auch andere Formen der Relativierung, indem FRAU GOLDAMMER beispielsweise den Entstehungsprozess der Texte als *Überlieferung* hervorhebt und mit der relativierenden Interjektion „*naja*" verknüpft. Zusätzlich hebt sie jeglichen Verdacht auf Glaubenszwang explizit auf, der bei den Schüler*innen möglicherweise aufkommt („*müsst ihr jetzt nicht alle glauben*", 42f.). Sie nimmt damit den Erwartungsdruck und schafft eine Relativierung des Geltungs- sowie Wahrheitsanspruchs des Gesagten ‚für alle'. Wie sie dies bearbeitet, wenn sie nach ihren persönlichen Überzeugungen gefragt wird, zeigt sich auch in einer Sequenz zu *problematischen Situationen*:

> *also ich werde immer wieder gefragt [Frau x] glaubst du auch da dran was du @uns erzählst@ //(mhm)// so ne, das ist für mich eher so problematisch; und dann erzähle ich wieder immer diese Geschichte; wie das ist; dass das alles überliefert ist; und dann am ne, und stellt euch vor, ein/ ihr erzählt das jemandem hier in der Schule, und dann erzählt er das immer weiter, und dann gehen wir an die [Nachbarschule x] es wird immer weiter erzählt, //(mhm)// und dann gehen wir an die [Nachbarschule y], und erzählen es immer weiter, und so war das früher, und irgendeiner hat es dann aufgeschrieben; //(mhm)// und dann (hab ich) gesagt ich glaube tatsächlich irgendwas ist da passiert, ähm ob es genauso ist wie es in der Bibel steht du/ des/ das kann ich euch nicht sagen; so ne, und so versuche ich den Kindern das dann zu verpacken;* (217–226)

Anfragen von Schüler*innen nach der eigenen Rezeption biblischer Geschichten rahmt FRAU GOLDAMMER zunächst als „*problematisch*" *(218).* Damit eröffnen die Schüler*innen einen Raum, um den Status der *Glaubwürdig*keit der bearbeiteten Geschichten diskutieren zu können. Ohne sich zunächst direkt dazu zu positionieren, überführt FRAU GOLDAMMER den Entstehungszusammenhang der *Überlieferung* in einen lebensweltlichen analogen Kontext: Sie setzt die Bibel mit dem Weiter*erzählen* einer Geschichte von einer Nachbarschule zur nächsten gleich. Die Autorenschaft durch *irgendeinen* unterstreicht dabei die Beliebigkeit der Vorgänge. Mit dieser lebensweltlichen Rahmen-Analogie zur Entstehung des Bibeltextes veranschaulicht sie die Vieldeutigkeit und Beliebigkeit auch in Bezug auf ihre eigene Bibelrezeption („*irgendwas ist da passiert*“, 224). Eine Detailkorrektheit wird damit ausgeklammert. Ihre Reaktion bleibt – entsprechend der Schüler*innenanfrage – im Rahmen des individuellen Glaubens; sie öffnet die Diskussion nicht hinsichtlich einer allgemeinen Gültigkeit bzw. Realität. Damit schärft der Fall FRAU GOLDAMMER den bereits am Falle FRAU BUNTSPECHTS rekonstruierten relativierenden, und damit anpassenden Umgang mit biblischen Geschichten.

Im Folgenden werden die drei Formen der Unterrichtsanpassungen überblicksartig dargestellt:

Herstellung von Anschlussfähigkeit und Verbindung	Akzentuierung der Neuartigkeit sowie Basisbildung	Vervielfältigung, Öffnung und Relativierung des Geltungsanspruchs
FRAU ZAUNKÖNIG → über die Zwischenschaltung eines allgemeinethischen Themas	FRAU DOMPFAFF → Überraschung: Akzentuierung der Neuartigkeit	FRAU BUNTSPECHT → v. a. Vervielfältigung der Deutungsangebote
FRAU KOHLMEISE → Modifikation des Inhaltes des bibl. Textes für die Schüler*innen	FRAU KLEIBER → Basisbildung	FRAU GOLDAMMER → v. a. Relativierung
Bild der Schüler*innen: → entfernt vom Unterrichtsgegenstand; entfremdet, unverbunden	Bild der Schüler*innen: → kollektiv nicht-wissend	Bild der Schüler*innen: → vielfältig und aktiv, zu großen Teilen religiös gebunden

Abbildung 7: Formen der Anpassung

Mit diesen Umgangsformen wird die prekäre Situation des Unterrichtsfachs Religion bearbeitet, sodass sie in vielen Fällen abgewendet werden kann. Dies verlangt den Lehrkräften (und auch den einzelnen Schulen) jedoch ein hohes Maß an individuellen Anpassungs- und Modifikationsleistungen ab, die sich auch in vielfältigen Aushandlungs- und Übersetzungsprozessen bemerkbar machen (wie z. B. in Form von Elterngesprächen oder alternativen Betreuungsformen). Die inhaltliche Unterrichtsgestaltung fungiert dabei als ‚Stellschraube‘, wobei an derjenigen der Zusammensetzung der Schüler*innen lediglich bei FRAU STIEGLITZ ‚gedreht‘ werden kann.[21]

[21] Dieser Aspekt könnte – im Sinne eines Ausblicks – einen interessanten Ausgangspunkt für eine fächerübergreifende Vergleichsstudie darstellen, um herauszufiltern, welche Anpassungsformen eher schulisch-pädagogischer Natur sind und welche spezifisch für das Unterrichten von Religion sind.

Dieser Fall nimmt hier eine Sonderrolle ein, weil sich dort zwar starke Anpassungen auf unterrichtsorganisatorischer Ebene zeigen, während auf der inhaltlichen Unterrichtsebene jedoch keine stattfinden. Inwiefern dies kausal mit der Organisationsform (drei parallel stattfindende Unterrichtsangebote) zusammenhängt, kann jedoch auf Basis der vorliegenden Daten nicht schlussendlich beantwortet werden.

6.2 ‚Sternstunden' – Potenziale des Religionsunterrichts als zweite Basisrahmung

Angesichts der ersten Basisrahmung – der Prekarität des Religionsunterrichts in den Konstruktionen der Lehrkräfte – liegt es nahe, dass dieses Unterrichtsfach im Schulalltag der Lehrkräfte einen zusehends negativen Horizont darstellt, sodass sie demgegenüber eine verstärkt ablehnende Haltung einnehmen. In der Rekonstruktion zeigte sich jedoch, dass neben der ersten Basisrahmung (Prekarität) noch eine zweite existiert: Darin bündeln die Interviewten das ‚Potenzial' des Religionsunterrichts, was in der Schilderung mehrfach durch die Metapher der „*Sternstunden*"[22] illustriert wurde. Beide Rahmungen des Religionsunterrichts, sowohl die Prekarität als auch das Potenzial, finden sich in den Fällen in je unterschiedlicher Ausprägung.

Den ‚Aufhänger' dieser zweiten Basisrahmung bilden die positiven Bewertungen des Faches, die vor allem in seiner zugeschriebenen Einzigartigkeit im Vergleich zu anderen Fächern gesehen werden. In den expliziten Konstruktionen der Lehrkräfte scheint der Religionsunterricht Möglichkeiten zu eröffnen, die die handlungsleitenden Orientierungen der Lehrkräfte begünstigen, sodass sie sich vermehrt an den Schüler*innen bei der Unterrichtsgestaltung ausrichten können. Diese zweite Basisrahmung wird nun ausführlich präsentiert, woran sich eine ‚Spurensuche' nach positiv gerahmter Unterrichtspraxis anschließt. Damit wird das Ziel verfolgt, die zentralen impliziten, handlungspraktischen Orientierungen der Lehrkräfte angesichts dieser zugeschriebenen Unterrichtspotenziale aufzudecken (Orientierungsrahmen i. e. S.). Dadurch lässt sich die Frage beantworten, worin sich diese zweite positive Basisrahmung manifestiert, die einen Gegenpol zur rekonstruierten Prekarität des Religionsunterrichts darstellt.[23]

Die expliziten Wissensbestände der Lehrkräfte sind vielfach durch eine allgemein positive Grundhaltung der Lehrkräfte angesichts des Religionsunter-

---

[22] Dieser Begriff stellt ein Zitat aus zwei Interviews dar (vgl. FRAU DOMPFAFF (388), FRAU BUNTSPECHT (522)).

[23] Da sich diese zweite Rahmung nicht derart kleingliedrig in Modi unterteilen lässt, wird die Darstellung wesentlich kürzer ausfallen als diejenige der ersten Basisrahmung.

richts geprägt: Zum einen zeigt sich dies an Verallgemeinerungen und subjektiven Bewertungen wie dem Religionsunterricht als *Lieblingsfach* (FRAU DOMPFAFF, 17, FRAU KOHLMEISE, 10, FRAU ZAUNKÖNIG, 25), den Religionsstunden als „*Sahnestückchen*“ (FRAU SPERLING, 281) oder aber beispielweise in der subjektiven Einschätzung, *wahnsinnig gerne Religion zu unterrichten* (FRAU STIEGLITZ, 52). Dabei basieren die Bewertungen zumeist auf Kontrastierungen gegenüber den anderen Fächern im Fächerkanon.

Als Potenziale des Faches werden allgemeine Faktoren von institutionalisiertem Unterricht genannt, die im Religionsunterricht im Gegensatz zu anderen Fächern vorhanden sind, wie z. B. ausreichend Zeit („*in Ruhe*“, FRAU KOHLMEISE, 27) und die geringen formal-institutionellen Anforderungen („*nicht so die (.) die gesteckten Ziele die man definitiv erreichen muss*“, FRAU BUNTSPECHT, 34, kein „*Leistungsdruck*“, FRAU KOHLMEISE, 26), das soziale Gefüge (Nähe, Vertrauen und *Offenheit* (42), FRAU STIEGLITZ, 39–53) oder auch die vielfältigen Arbeitsformen („[kann] *öfter im Kreis arbeiten*“, FRAU BUNTSPECHT, 33).

Ein weiteres Orientierungsschema angesichts der Unterrichtspotenziale wird bei zwei Lehrkräften in Formen der explizit zugeschriebenen, strukturellen Polyvalenz des Gegenstandes bzw. Unterrichtsgeschehens deutlich.[24] So wird der Religionsunterricht als (impliziter) Gegenentwurf zur Eindeutigkeit und Norm der Korrektheit in anderen Fächern betrachtet, was beispielsweise in der Mathematik durch „*bestimmte Konstanten, die stehen*“ besteht (FRAU DOMPFAFF, 39) sowie auch „*in Deutsch die Rechtschreibung und in Mathe das ist ganz klar [...] die Antwort*“ (FRAU FINK, 11).[25]

Der Religionsunterricht wird damit im Schulalltag zu einer Art Möglichkeitsraum für Formen des Unterricht(en)s, die sich in anderen Fächern kaum realisieren lassen – sowohl für die Schüler*innen als auch für die Lehrkraft. Auf sprachlicher Ebene dokumentiert sich dieser Spielraum in der verstärkten Nutzung des Verbs *können*, was hier anhand einiger Schlaglichter demonstriert wird:

> „das ist das Fach in dem es nicht primär um Leistung geht; (..) die Kinder können runterkommen; und (.) ich kann mich auch wieder ganz neu sammeln“ (FRAU ZAUNKÖNIG, 26f.)
> „die Kinder können über ihre Ängste reden; die können ähm über ihr Leben über das was sie was sie erleben was sie in ihrer Umwelt wahrnehmen (.) können von sich etwas preisgeben wenn sie wollen“ (FRAU SPERLING, 10f.)
> „*und [ich] kann die Kinder ganz ganz anders greifen; und die sind wesentlich offener im Religionsunterricht, (.) als selbst morgens im Stuhlkreis; //mhm// ne, da erzählen die viel viel mehr; und wenn man dann so'n Thema hat so (.) Gott als Vater oder so etwas dann*

[24] Dass es sich dabei um Orientierungsschemata handelt, die sich nicht notwendigerweise auf die Handlungspraxis niederschlagen, ist hier das Postulat der Interpretation.

[25] Dass der Gegenstand als polyvalent wahrgenommen wird, ist im letzten Kapitel Gegenstand der Diskussion – im Kontext der Modi des inhaltlichen Erklärens der Inhalte, die auf die Prekarität verweisen (vgl. Kap. 7.1.4, S. 250f.).

fangen die auch an (.) einfach zu erzählen; welche Erfahrungen sie damit haben; oder ne, wie es zu Hause mit Papa ist oder (.) solchen Sachen" (FRAU STIEGLITZ, 41–46)

In der Logik dieses Möglichkeitsraums geht es weniger um den ‚Outcome', d. h. was der Unterricht beispielsweise mit Blick auf die Zukunft bewirken kann, als vielmehr um das situativ-persönliche, soziale Unterrichtgeschehen, was im Rahmen des Religionsfachs praktiziert werden kann. Der Unterricht scheint von der Struktur indirekt vom Zwang bzw. Druck der anderen Fächer zu profitieren, sodass diese besondere Unterrichtsform an Kontur, insbesondere im Kontrast zu den anderen gewinnt. Auch FRAU DOMPFAFF rahmt den Religionsunterricht als Möglichkeitsraum; jedoch nicht in allgemeindidaktischer, sondern in gegenstandsbezogener Hinsicht: So eröffnet der Religionsunterricht einen *Zugang* zur Religion, den die Schüler*innen in anderen Kontexten nicht erhalten (215, 274). Mit Ausnahme von FRAU DOMPFAFF zeigen sich jedoch Orientierungsschemata, die verstärkt auf allgemein-schulpädagogische Gründe für das Fach Religion hinauslaufen und weniger auf dessen inhaltlich-fachliche Kriterien.

Jenseits der Orientierungsschemata werden nun diejenigen Konstruktionen von Lehrkräften hinzugezogen, in denen konkrete Unterrichtspraxis positiv gerahmt wird (Orientierungsrahmen i. e. S.).[26] Als Vorgriff sei an dieser Stelle formuliert, dass die Lehrkräfte den Religionsunterricht vor allem als *Sternstunden* bezeichnen, weil dort die alltagspraktische Möglichkeit besteht, einen schüler*innenorientierten Unterricht anzubieten. Die positive Rahmung auf der Ebene des Orientierungsrahmens beruht demnach auf dem erweiterten Handlungsspielraum, über den Lehrkräfte dadurch verfügen. Dies wird darin deutlich, dass der fachlich-inhaltliche Unterrichtsgegenstand – beispielsweise biblische Geschichten – ein Stück weit zugunsten der Schüler*innen selbst als Unterrichtsgegenstand weicht.[27]

Bei FRAU ZAUNKÖNIG scheint der positive Horizont in den Erzählungen von zwei Unterrichtsstunden zunächst an der Partizipation aller Schüler*innen und damit der gemeinsamen Projektarbeit auf: In der ersten Passage[28] sind es die Schüler*innen*fragen*, die den Unterrichtsgegenstand dieser *besonderen Stunde* (136) konstituieren, sowie ein gemeinsames *Reflektieren* (140) über die unterschiedlichen Facetten dieser Fragen zum Stellenwert von Jesu in ihrem Leben.[29] In der zweiten Passage[30] setzt die Unterrichtsstunde an einer biblischen Geschichte an (*„Zachäus"*, 431), die jedoch als Rollenspiel didaktisch-methodisch aufbereitet wird: Die Schüler*innen werden selbst zu den Figuren der Geschichte

---

26 Die negativ gerahmten Situationen werden in den Darstellungen zur Basisrahmung der Prekarität thematisiert.

27 Zur Darstellung: Es werden hier v. a. solche Passagen gesucht, die von konkretem Unterricht erzählen.

28 Passage „letzte Stunde jedenfalls" (120–145).

29 Vgl. ausführlich die Falldarstellung in Kap. 5.1, S. 121f.

30 Passage „Zachäus" (426–478).

(z. B. „*Jesus sein*", 472), sodass ihre eigene Performance – und nicht mehr der biblische Inhalt an sich – zum Unterrichtsinhalt wird. An beiden Darstellungen ist der hohe Grad der Schüler*innenbeteiligung an der Unterrichtspraxis markant, sodass das Unterrichtsgeschehen um die Fragen bzw. die Performance der Schüler*innen kreist und nicht (mehr) um den (sachlich-inhaltlichen) Unterrichtsgegenstand.

Im Zusammenhang dieser positiven Horizonte eines schüler*innenfokussierten Unterrichts rahmt FRAU ZAUNKÖNIG den „*Lehrplan*" (147) als einen Störfaktor, der sie in der Vergangenheit *irritierte* (147).

In der Erzählung FRAU DOMPFAFFS – beispielsweise zur Schüler*innenrezeption eines *kirchenpädagogischen Projektes* (361)[31] – wird als positiver Unterrichtshorizont die emotionale Beteiligung der Schüler*innen deutlich.[32] Ihr Blick richtet sich auf die (Sprech-)Handlungen, die von den Schüler*innen selbst ausgehen. Weniger geht es um eine korrekte, reibungslose Bearbeitung von Aufgabenstellungen. Viel eher wird durch diesen Schüler etwas Persönliches und Neues – hier: „*Emotionalität*" (393) – in das Unterrichtsgeschehen eingebracht, was durch die Lehrkraft nicht (unbedingt) gefordert gewesen zu sein scheint aber begrüßt wird. Seine eigene Person bzw. Persönlichkeit wird (ungefragt) zum Unterrichtsgegenstand, was letzten Endes das Besondere dessen konstituiert.

Im Falle FRAU BUNTSPECHTS zeigte sich in verschiedenen Situationen das zentrale Unterrichtsmoment eines (vergleichenden) Dialogs unter den Schüler*innen.[33] Dies bildet auch mit Blick auf ihre positiven Unterrichtshorizonte die zentrale Struktur: Anhand einer von ihr erzählten Unterrichtsstunde, „*wo es zu Luther ging von Abraham*" (578), gab eine biblische Geschichte den Schüler*innen den Gesprächsanlass für ein Unterrichtsgespräch: Merkmale dieser Stunde sind erstens, dass der Gesprächsverlauf in dieser Stunde durch die Schüler*innen bestimmt wurde („*und dann sagte ein Kind*", 581, „*und dann haben sie wirklich überlegt*", 586, „*und hatten dann halt drüber diskutiert* ", 596). Zweitens stammten die von den Schüler*innen eingebrachten Gesprächsthemen aus ihrer Lebenswelt (der verstorbene *Opa* bzw. die verstorbene *Katze*) und ihren persönlichen Vorstellungen bzw. ihrem eigenen Glauben (die Vorstellungen vom Leben nach dem Tod (513)). FRAU BUNTSPECHT markiert ihr eigenes Vorgehen dabei als ein *Laufen-Lassen* (602). Damit dokumentiert sich, dass die biblische Geschichte als Unterrichtsgegenstand in gewisser Weise zugunsten der Schüler*innen, ihren Vorstellungen bzw. persönlichen Themen u. v. m als neuem Unterrichtsgegenstand gewichen ist. Zugleich dokumentieren sich darin die Freiheiten aufseiten der Lehrkraft, eine vorgabenorientierte Unterrichtssteuerung ein Stück weit zurückzunehmen, um eigene Schwerpunkte zu setzen, was auch den Schüler*in-

---

31 Passage „kirchenpädagogisches Projekt" (358–390).

32 Vgl. ausführlich in der Falldarstellung Kap. 5.2, S. 143.

33 Vgl. ausführlich in der Falldarstellung Kap. 5.3, u. a. S. 182.

nen zugestanden wird. Das Unterrichtspotenzial liegt demnach hier in der Möglichkeit, vom Plan für die Stunde abzukommen und die Unterrichtssteuerung loszu*lassen*. Die Schüler*innen können hingegen Themen einbringen, die sie beschäftigen, wodurch diese zum Unterrichtsgegenstand werden können. Homolog zu Frau Zaunkönig bildet auch in diesem Falle der Lehrplan eine einschränkende Norm, dessen handlungsleitende Relevanz es ein Stück weit immer wieder neu auszuhandeln gilt, denn sie steht der Schüler*innenorientierung entgegen. So formuliert sie, dass sie schüler*inneninitiierte Dialoge *dann auch einfach zulässt* bzw. versucht, *„es im Lehrplan zu verankern, manchmal ist es nicht möglich"* (75f.). Die inhaltlichen Vorgaben dienen dabei weniger als Vorstrukturierung der Stunde als vielmehr als nachträgliche Absicherung über die angesprochenen Themen.

Auch bei Frau Stieglitz wird anhand der geschilderten Unterrichtssituationen deutlich, dass sie sich mit der Frage nach einer (partiellen) Revision der Unterrichtsplanung auseinandersetzt und den Unterricht stattdessen auf die Personen der Schüler*innen ausrichtet. Am Beispiel des *Themas Gott als Vater* erklärt sie, wie die Schüler*innen auf einen Impuls reagieren: *„dann fangen die auch an (.) einfach zu erzählen; welche Erfahrungen sie damit haben; oder 'ne, wie es zu Hause mit Papa ist oder (.) solchen Sachen"* (45f.). Ein weiteres Beispiel dafür ist das *„Kaninchen"*: Frau Stieglitz erzählt von der zunehmenden Freiheit, von ihrer ursprünglichen Planung in bestimmten Situationen abzukommen, beispielsweise wenn ein Haustier stirbt: *„bei dir ist das Kaninchen gestorben; lassen wir das Thema weg reden wir mal über dein Kaninchen; reden wir über die Gefühle die du hast; warum bist du traurig; was können wir tun dass du wieder lachst; wie geht es deinem Kaninchen; 'ne, und dann hat man 'ne völlig andere Stunde auf einmal"(102–105).* Auch in dieser Sequenz wird das Ausgangsthema durch eine konkrete, lebensweltliche Erfahrung eines Schülers bzw. einer Schülerin ersetzt, sodass diese in unterschiedlichen Facetten zum neuen Unterrichtsgegenstand wird.

Diese Schüler*innenorientierung dokumentiert sich bei Frau Stieglitz in der Fokussierungsmetapher (hier: eine ganze Passage)[34] zu einem Unterrichtsprojekt: Im Rahmen einer *Barmherzigkeitseinheit* haben sie Flaschendeckel für *Polioimpfungen* gemeinsam gesammelt. Als positives Charakteristikum markiert sie neben der gemeinsamen Projektdurchführung auch die Verselbstständigung unter den Schüler*innen. Frau Stieglitz ist nicht (mehr) die Initiatorin bzw. Anleiterin des Geschehens und die biblische Geschichte (‚der barmherzige Samariter') steht nicht mehr im Vordergrund, vielmehr machen es die Schüler*innen zu ihrem eigenen Projekt. Zudem spürt sie Themen in der Schülerschaft auf, sodass sie diese in den Unterricht trotz anderer inhaltlich-institutioneller Vorgaben integriert: *„ähm von den Themen her (.) klar muss ich mich an's KC halten, auch an unsere schuleigenen Lehrpläne, und trotzdem suche ich mir eigentlich auch immer wieder so Lücken wo ich merke (.) das interessiert die Kinder jetzt besonders; und dann*

---

[34] Passage „ein ganz tolles Projekt gestartet" (216–255).

machen *wir das auch*" (79–82). Das bedeutet nicht, dass sie diese Festlegungen anhand von Lehrplänen nicht grundlegend akzeptiert („*klar*"), jedoch handelt sie die handlungsleitende Relevanz dessen tagtäglich neu aus („*immer wieder*"), um Präferenzen von Schüler*innen zu berücksichtigen („*und trotzdem*").

Zuletzt wird der Blick auch auf die homologen Konstruktionen FRAU KLEIBERS angesichts positiv erlebter Unterrichtssituationen gerichtet: Ihre Erzählung einer als *fruchtbar* wahrgenommenen Stunde beginnt mit den Worten: „*wir sind auf Umwegen zum Thema Auferstehung gekommen; und zwar ging das eigentlich über das Thema Martin Luther*" (230f.). Homolog zu FRAU BUNTSPECHT (s. o.) zeigen sich Prozesse eines gemeinschaftlichen und situativ-unbeabsichtigten Unterrichtsgesprächsverlaufs („*entwickelt sich das, dass das Gespräch in eine ganz andere Richtung geht*", 237f.). Dabei weicht das Ausgangsthema (*Martin Luther)* im Unterrichtsgespräch einem neuen Unterrichtsgegenstand: in diesem Falle das *Thema Auferstehen* und die Erkenntnis der Schüler*innen, dann keine *Angst vor Tod haben* zu müssen (241f.). Damit ist der neue Unterrichtsgegenstand das Leben der Schüler*innen (bzw. hier: ihre Emotionen und Erkenntnisse).

In allen Darstellungen zeichnet sich erstens ab, dass es einen Moment der Verselbstständigung des Geschehens gibt, in welchem die Schüler*innen den Unterrichtsgegenstand in ein persönliches Thema transformieren, in das sie ihre persönlichen Erfahrungen und Emotionen einbringen. Sie werden selbst zum Gegenstand. Entweder wird diese Dynamik über ein christlich-biblisches Ausgangsthema in Gang gesetzt, oder die Schüler*innen initiieren eigenständig ein neues Gesprächsthema. Die unterrichtspraktische Realisierung der Schüler*innenorientierung wirkt sich auf zwei Ebenen aus: Einerseits nimmt die Lehrkraft die eigene Steuerung des Unterrichts zurück und andererseits wird dadurch ein unerwartetes Moment ausgelöst. Gleichzeitig ringen die Lehrkräfte um die Aushandlung der unterrichtspraktischen Relevanz von inhaltlich-institutionellen Vorgaben. Dies lässt den Schluss zu, dass Religionsunterricht demnach (Spiel-)Raum bietet, eine partielle schüler*innenorientierte Unterrichtspraxis (bei fast allen) Lehrkräften zuzulassen. Aufgrund dieses Potenzials steht die zweite Basisrahmung des Religionsunterrichts positiv der ersten Rahmung gegenüber, wobei darin aber gleichzeitig dessen Prekarität liegt. Wenn Inhalte relativ flexibel im Religionsfach bestimmt werden können, wird auch schnell über dessen Verzichtbarkeit und Notwendigkeit diskutiert.

Markante Praktiken lassen sich auch mit Blick auf das Verhältnis von christlich-biblischem Unterrichtsgegenstand und Lebensweltbezug der Schüler*innen identifizieren. Aus den Erzählungen ergibt sich, dass eine ‚Richtung' bei der Verknüpfung dominiert, denn zumeist wird der christlich-biblische Unterrichtsinhalt von einem lebensweltlichen Thema abgelöst oder der Lebensweltbezug wird unmittelbar an den christlich-biblischen Unterrichtsgegenstand angeschlossen. Was jedoch in der erzählten Praxis kaum vorkommt, ist die entgegengesetzte ‚Richtung', sodass der Bogen zum christlich-biblischen Gegenstand von einem lebensweltlichen Unterrichtsgegenstand geschlagen wird.[35] Die Deutung einer lebensweltlichen Erfahrung könnte dann in Bezug zur christlichen Tradition gesetzt werden. Damit kennzeichnen zwei Momente die ‚Potenziale des Religionsunterrichts', die als positive Basisrahmung für das Fach Religion wiederholt genannt werden:

1. Verselbstständigung des Geschehens → Relativierung der Planung bzw. Vorgaben
2. Schüler*innen werden zum Gegenstand des Unterrichtsgeschehens → deutliche Schüler*innenorientierung
   → Richtung der Verknüpfung: vom christ.-bibl. Unterrichtsgegenstand zum lebensweltlichen Unterrichtsgegenstand, weniger umgekehrt

35 Ausnahme ist die Erzählung von FRAU STIEGLITZ zum *Kaninchen* (102–105).

7 Schlussfolgerungen und Diskussion der Ergebnisse

Das abschließende Kapitel enthält sowohl verdichtende Schlussfolgerungen aus den bisherigen Rekonstruktionen (Kap. 4, 5 und 6) als auch die Diskussion und Einbettung der Ergebnisse in theoretische Diskurse.

Unter Rückbezug auf die Forschungsfragen können Schlussfolgerungen mit Blick auf die Wahrnehmung der Organisationsformen des Religionsunterrichts (7.1), der Schüler*innen (7.2) sowie der Unterrichtsinhalte (7.3) formuliert werden. Allen drei Bereichen lassen sich rekonstruierte Spannungsfelder zuordnen, die damit den konjunktiven Erfahrungsraum der befragten Religionslehrkräfte konstituieren. Sie werden im Sinne einer abschließenden Abstraktion und Zusammenfassung nun präsentiert und anschließend je vor dem Hintergrund ausgewählter theoretischer Diskurse beleuchtet, die sich als anschlussfähig erweisen.

In den weiteren Teilkapiteln folgt sodann eine Diskussion der Ergebnisse unter den Gesichtspunkten der Fachlichkeit von Religionsunterricht (7.4), mit Blick auf andere empirische Studien (7.5) sowie im Kontext des Drei-Säulen-Modells (7.6). Dabei kann keineswegs auf alle relevanten Diskurse Bezug genommen werden, sodass die theoretische Betrachtung keinen Anspruch auf Vollständigkeit erhebt. Aufgrund der Spannung zwischen Theorie und Praxis ist zudem darauf hinzuweisen, dass in diesem Kapitel ausdrücklich *kein* Abgleich der Rekonstruktionen mit der Theorie stattfindet, um beispielsweise die Korrektheit und fachdidaktische Angemessenheit des Redens über Religionsunterricht von Lehrkräften zu prüfen oder zu kritisieren. Stattdessen werden die Ergebnisse in einen produktiven Dialog mit theoretischen Überlegungen überführt, um Anknüpfungs- und Reibungspunkte aufzuzeigen.[1]

7.1 Organisationsformen und äußere Strukturen des Religionsunterrichts

In den Rekonstruktionen der Erzählungen der Lehrkräfte wurde deutlich, dass die äußeren organisatorischen Strukturen des Religionsunterrichts für die Alltagserfahrungen der Lehrkräfte relevant sind: Sie bewegen sich in einem Spannungsfeld aus der Diskrepanz zwischen Freiheit und Zwang in ihrem Religions-

[1] Vgl. beispielsweise den Ansatz von Roose 2019, explizit 17f. und Roose 2021.

unterricht. Dies manifestiert sich in den Erzählungen in unterschiedlichen Facetten, sodass es auch ihre Erfahrungen auf verschiedene Art und Weise strukturiert, was im Folgenden dargestellt wird.

Schlussfolgerungen aus den Rekonstruktionen

Das Spannungsfeld aus Freiheit und Zwang angesichts äußerer organisatorischer Strukturen und Organisationsformen lässt sich anhand des vorliegenden Samples zwar nicht eindeutig typisieren,[2] denn es zeigen sich – auch innerhalb der Fälle – ambivalente Konstruktionen. Dennoch können hier zentrale Momente zusammengetragen werden, in denen dieses Spannungsverhältnis relevant wird.[3]

Die Lehrkräfte heben hervor, dass den Schüler*innen bzw. den Eltern (und auch ihnen selbst) angesichts der formalen Konstitution des Faches ein hohes Maß an Freiheit zuteilwird, welches im schulisch-institutionellen Kontext der Grundschule einmalig ist:[4] Denn Eltern können ihre Kinder vom Religionsunterricht abmelden. Diese Besonderheit des Faches ist zwar strukturell permanent gegeben, weist jedoch nicht in allen Fällen alltagspraktische Relevanz für die Lehrkräfte auf. Da die Eltern teilweise keine Kenntnis von dieser Wahlmöglichkeit haben oder aber eine Abmeldung nicht wünschen, wirkt sich dies nicht unmittelbar auf die Unterrichtspraxis aus. Diese Fachkonstitution ist nicht ‚an sich' relevant, sondern wird erst durch die individuelle Rahmung und Bearbeitung der Lehrkräfte relevant gemacht, wenn diese mit diesem Spannungsverhältnis im konjunktiven Erfahrungsraum umgehen müssen.

Bei Frau Fink und Frau Kleiber gewinnt dieser Aspekt von Freiheit an Bedeutung, wenn sie dies mit dem Gegenpol kontrastieren: den genuinen schulisch-institutionellen Zwang innerhalb schulischen Unterrichts. Dies manifestiert sich in ihren Darstellungen beispielweise in *Mappenführung* (Frau Fink, 60) und der *Benotung* (Frau Fink, 190, Frau Kleiber, 64, 73) von Schüler*innenleistungen. Denn die Abmeldeoption eröffnet den Schüler*innen nicht nur die Wahlfreiheit, auf eine möglicherweise unerwünschte religiöse Bildung zu verzichten, sondern zugleich eine (zeitweise) Befreiung vom schulisch-institutionellen Zwang wie einer weiteren Note bzw. zusätzlichem Arbeitsaufwand (*Mappenführung*). Denn

2 S. Kap. 1.3, S. 25; Kap. 3.2.2, S. 63f.

3 Diese Aspekte stellen zwar eine Zusammenstellung aus allen Fällen dar, finden sich jedoch nicht gleichermaßen in allen Fällen auch wieder.

4 Zwar ist die Frage der ‚Freiheit' auch angesichts des Religionsunterrichts im Sekundarbereich I und II relevant, da die (negative) Religionsfreiheit des Einzelnen auch dort geschützt ist, jedoch beziehen sich die Ausführungen hier lediglich auf Konstruktionen an der Grundschule, sodass keine generellen Aussagen getroffen werden können. Der Religionsunterricht an der Grundschule stellt einen Sonderfall dar (vgl. Kap. 2.3). Die negative Religionsfreiheit betrifft auch die Religionslehrkräfte selbst, da auch sie nicht zum Unterrichten von Religion gezwungen werden können.

an der jeweiligen Grundschule wird kein Alternativfach angeboten. Der Religionsunterricht – und dessen Unterrichtsgestaltung durch die Lehrkräfte – scheinen also mit Freizeit bzw. freiem Spiel konkurrieren zu müssen (so v. a. im Falle Frau Finks, vgl. ausführlich Kap. 6.1.4, S. 210).

Infolgedessen weist dieser Aspekt von Freiheit teilweise Formen einer Art Angebot-Nachfrage-Situation auf, denn Abmeldungen werden durch die Lehrkräfte gelegentlich zunächst als eine Abwahl ihres persönlichen Unterrichts (-handelns) bearbeitet (so z. B. bei Frau Fink, 58–67, und aber auch bei Frau Sperling, 90–95). Deshalb zeigt sich anhand der Rekonstruktionen, dass die Religionslehrkräfte dadurch unter erhöhtem Legitimationsdruck stehen, ihren Unterricht an die Elternwünsche anzupassen (vgl. Kap. 6.1.2, S. 201–208).

Für den Großteil der Lehrkräfte bilden Abmeldungen einen negativen Horizont.[5] Damit spannt sich bei nahezu allen Lehrkräften der positive (Gegen-)Horizont eines Religionsunterrichts mit allen Schüler*innen der Klassengemeinschaft auf. Deshalb sehen sie sich mit einem Anpassungsdruck des Unterrichts konfrontiert, um sich diesem positiven Horizont anzunähern (vgl. dazu Kap. 6.1.2, 6.1.3, 6.1.4). Im Falle Frau Stieglitzs deuten sich jedoch deutlich kontrastierende Konstruktionen an. Denn in ihrem Fall stellt nicht der klasseninterne Religionsunterricht die Ausgangslage dar, von dem die Schüler*innen abgemeldet werden. Viel eher ist die schulorganisatorische Aufteilung des Klassenverbands für die religiöse Bildung auf drei verschiedene Angebote selbst die ‚Ausgangslage'. Die Nicht-Teilnahme am konfessionell-kooperativen Religionsunterricht ist dadurch kein singuläres Ereignis mehr, sondern erhält durch die automatische Teilnahmeoption an einem anderen Unterricht Normalitätsstatus (vgl. Kap. 6.1.5, S. 214).

Aufgrund dieser grundsätzlichen Abmeldemöglichkeit vom Religionsunterricht werden deutliche Rahmeninkonsistenzen im Sinne von Norm-Habitus-Spannungen[6] der Lehrkräfte erkennbar, d. h. ambivalente Konstruktionen zwischen den Orientierungsschemata und dem Orientierungsrahmen. Denn die Freiheit zur Nicht-Teilnahme wird als explizite Norm, also als Orientierungsschema bearbeitet; beispielsweise bei Frau Buntsprecht („*sie müssen es* [die Abmeldung] *auch gar nicht weiter begründen*", 454, „*nicht meine Aufgabe sie zu überzeugen*", 456) oder bei Frau Goldammer („*man kann ja ganz leicht mit einem Brief sagen ich möchte nicht*", 79). Demgegenüber dokumentiert sich in der beschriebenen Handlungspraxis, also auf der Ebene des Orientierungsrahmens i. e. S., mehrfach eine Art ‚Überzeugungspraxis' der Lehrkräfte den Eltern gegenüber, ihr Kind

[5] So z. B. Frau Zaunkönig, 218–222, Frau Dompfaff, 156–166, Frau Kohlmeise, 44–51, Frau Fink, 58f., Frau Sperling, 358–360.

[6] Vgl. zu Rahmeninkonsistenzen bzw. Norm-Habitus-Spannungen Roose 2021, bes. 141–142, die ebendiese Spannungen mit Blick auf die Wirksamkeit von Lehrerfortbildungen analysiert hat.

nicht abzumelden.[7] Diametral steht demnach die Norm der (Religions-)Freiheit zur Abmeldung der handlungsleitenden Orientierung eines Unterrichts im Klassenverband bzw. mit allen Schüler*innen entgegen.[8]

Zwischen Freiheit und Zwang bewegen sich die Lehrkräfte auch durch ihren rekonstruierten ambivalenten Umgang[9] mit inhaltlich-institutionellen Vorgaben (beispielweise dem Kerncurriculum und schuleigenen Lehrplänen). Auf der einen Seite spannen sich deutliche positive Unterrichtshorizonte angesichts eines freieren Umgangs mit ebendiesen Vorgaben sowie allgemeinen Strukturen auf: Hier wird dem Religionsunterricht zunächst zugeschrieben, mehr Möglichkeiten für schüler*innenorientierte[10] Unterrichtsweisen zu bieten, was den Lehrkräften einen freieren Umgang mit Vorgaben – im Kontrast zu anderen Fächern – erlaubt (so beispielsweise Frau Zaunkönig, Frau Buntspecht und Frau Stieglitz, Kap. 6.2, S. 224f.). Dabei zeichnen sich gewisse Dynamiken im Unterricht ab, die eine Gegenstands- und Inhaltskonstitution nicht (nur) ‚top-down' durch die Lehrkraft und die Vorgaben, sondern vor allem situativ ‚bottom-up' durch die Schüler*innen, durch ihr Interesse und ihr Engagement zulassen. Hier werden Themen gefunden und weniger gesetzt, wie folgende Formulierung offenlegt: *„wir sind auf Umwegen zum Thema Auferstehung gekommen"* (Frau Kleiber, 230). Damit werden Vorgaben (hier: im Sinne eines inhaltlichen Zwangs) für den Religionsunterricht in ihrer handlungspraktischen Gültigkeit zugunsten einer situativen Eigendynamik dekonstruiert, wodurch sich gleichzeitig die Möglichkeit zu einem schüler*innenorientierten Unterrichtshandeln (hier: im Sinne einer Freiheit) eröffnet.

Dieser Dynamik des (partiellen) Loslösens von Vorgaben und ihrer handlungsleitenden Funktion für die Lehrkräfte steht jedoch die (paradoxe) Praxis gegenüber, ebendiese Vorgaben ‚nach außen' hin produktiv zur Legitimation von Unterrichtsinhalten und -praxis zu nutzen. Als Beispiel sei hier der Umgang mit inhaltlicher Kritik durch Eltern bei Frau Sperling und Frau Stieglitz ge-

---

7 Vgl. dazu die Darstellungen des Modus ‚Inhaltliches Erklären und Positionieren des Unterrichts', 6.1.3.

8 Bei Frau Dompfaff findet sich diese Rahmeninkonsistenz nicht; sowohl Orientierungsschema als auch Orientierungsrahmen verweisen auf den positiven Horizont des Klassenverbandsunterrichts (*„wir versuchen die Kinder zu halten"*, 157).

9 Hier befindet sich die Spannung jedoch nicht im Sinne einer Rahmeninkonsistenz zwischen Norm und Praxis, sondern in den unterschiedlichen handlungspraktischen Rahmungen.

10 Im religionspädagogischen Kontext und mit Blick auf geläufige religionspädagogische Konzepte würde man hier von einer Subjektorientierung sprechen. Um zu verdeutlichen, dass sich diese Äußerungen hier noch auf der Analyse-Ebene befinden, wird hier – entsprechend der dokumentarischen Methode – von Schüler*innenorientierung (im Gegensatz zu einer Gegenstandsorientierung) gesprochen.

nannt.[11] Daran verdeutlicht sich, dass das Spannungsfeld aus Festhalten oder Loslösen von den Vorgaben keineswegs eindeutig durch die Lehrkräfte in eine Richtung aufgelöst wird. Es bleibt ambivalent.

Die dargelegten Momente des Spannungsverhältnisses aus Freiheit und Zwang können angesichts der formalen Konstitution des Religionsunterrichts sowie möglicherweise der zugeschriebenen Stellung des Fachs als ‚Nicht-Hauptfach' bereits Aspekte einer Art Fachkultur aufweisen.

Dass auch der Benotungszwang homolog ambivalent bearbeitet wird, belegen mehrere Äußerungen der Lehrkräfte (z. B. Frau Zaunkönig, 153f., Frau Buntspecht, 891, 902f., Frau Fink, 59, 190–192). So bildet die Pflicht zur Notenvergabe sowohl von der Lehrkraft als auch von der/dem Schüler*in konkret im Religionsunterricht mehrheitlich einen explizit negativen Horizont. Jedoch zeigen sich auch hier Ambivalenzen, denn neben der negativen Rahmung von Benotungen zeigt sich beispielsweise bei Frau Fink auch eine positive Konnotation: Benotungen werden – aus Lehrkräfteperspektive – auch mit der Steigerung der „*Motivation*" (197f.) aufseiten der Schüler*innen verbunden. Zusammenfassend zeigt sich sowohl anhand des Umgangs mit Vorgaben als auch anhand der Wahrnehmung von Benotungen, dass institutioneller Zwang im Religionsunterricht vornehmlich negativ gerahmt wird, was in bestimmten Fällen jedoch ambivalent bearbeitet wird.

Theoretische Einbettung der Ergebnisse

Zwar fußt die Konzeption der vorliegenden Studie grundlagentheoretisch nicht auf professionstheoretischen Überlegungen, dennoch legt der rekonstruierte konjunktive Erfahrungsraum der Religionslehrkräfte – insbesondere mit Blick auf die organisatorischen Strukturen – nahe, Bezüge zu den von Werner Helsper erarbeiteten Antinomien herzustellen, die den Lehrer*innenhabitus konstituieren.

Helsper stellt auch vor dem Hintergrund historischer Entwicklungen fest, dass *„pädagogisches Handeln durch konstitutive, nicht aufhebbare Antinomien gekennzeichnet ist, die in den Modernisierungsprozessen spezifische Ausformungen erfahren"*.[12] Exemplarisch wird die Antinomie aus ‚Autonomie und Zwang'[13] (bzw. ‚Autonomie und Heteronomie'[14]) im Hinblick auf das hier rekonstruierte Spannungsverhältnis aus ‚Freiheit und Zwang' diskutiert. Zudem hat Helsper noch die Anti-

11 Vgl. dazu die Legitimations- und Rechtfertigungspraxis über die Vorgaben im Kerncurriculum und im Lehrplan, Kap. 6.1.2, S. 200.

12 Helsper 2004, 15. Hier wird zudem auf die Diskussion durch Wernet 2003 und Reh 2004 verwiesen.

13 Helsper 2004, 19f.

14 Helsper 1996, 535.

nomien aus Einheit vs. Vielfalt, aus Nähe und Distanz, aus Organisation und Interaktion sowie aus Subsumtion und Rekonstruktion erarbeitet.[15]

Mit Bezug auf IMMANUEL KANT[16] fasst er die Antinomie als Spannung zwischen den äußeren Zwängen pädagogischen Handelns, das sich „*im Rahmen sozialer Regelwerke und Normen*" vollzieht, und der Absicht pädagogischen Handelns, „*die Heranwachsenden zum eigenverantworteten ‚Gebrauch der Freiheit' zu befähigen*".[17] Die Befunde belegen, dass das Spannungsverhältnis zunächst auf einer weitaus basaleren Ebene liegt: zwischen der gesetzlich verankerten Religionsfreiheit und dem schulischen Zwang von Noten sowie dem damit verbundenen Arbeitsaufwand etc. Eine Abmeldung – und damit die Wahrnehmung der Religionsfreiheit – stellt damit eine zeitweise Befreiung aus diesem institutionellen Zwang dar.

Neben dieser schulisch-pragmatischen Facette der Antinomie zeigt sich auch eine unterrichtspraktische, denn die Lehrkräfte bearbeiten mehrfach die Frage danach, inwiefern sich dieses Spannungsverhältnis speziell für den Religionsunterricht anders ausgestalten lässt. Schulische Zwänge (wie Notengebung und inhaltliche Bindung ans Kerncurriculum) werden von ihnen besonders im Religionsunterricht tendenziell negativ bewertet. Der positive Horizont spannt sich diesbezüglich an einer größeren Freiheit von unterrichtspraktischen Vorgaben auf. Zugleich laufen sie selbst aber auch Gefahr, mit Vorwürfen der (falschen) Ausübung des Zwanges auf der Inhaltsebene (Missionierung) konfrontiert zu werden. Damit stellt die Befähigung zur Autonomie auch in religiöser Beziehung eine äußerst relevante, explizite Norm dar; dazu wird die Freiheit auch fachdidaktisch-normativ abgesichert (Überwältigungsverbot[18]).

7.2 Die Schüler*innen

Neben den äußeren organisatorischen Strukturen bilden auch die Schüler*innen einen zweiten relevanten Bereich im konjunktiven Erfahrungsraum der Religionslehrkräfte. Hier zeigen die Rekonstruktionen ein Spannungsverhältnis aus (durch die Lehrkräfte hergestellter) Differenz und Einheit unter Schüler*innen,[19] welches im Folgenden präsentiert wird.

---

15 Vgl. Helsper 2004 und Helsper 1996.

16 Vgl. Kant 1977b, 711: „*Wie kultiviere ich die Freiheit bei dem Zwange? Ich soll meinen Zögling gewöhnen, einen Zwang seiner Freiheit zu dulden, und soll ihn selbst zugleich anführen, seine Freiheit gut zu gebrauchen. [...] Er muß früh den unvermeidlichen Widerstand der Gesellschaft fühlen, um die Schwierigkeit, sich selbst zu erhalten, zu entbehren, und zu erwerben, um unabhängig zu sein, kennen zu lernen*" (vgl. dazu Helsper 2004, 19).

17 Helsper 2004, 19.

18 Vgl. Roose 2013a. Vgl. auch Pohl-Patalong 2018, 22.

19 Wie bereits das erste Spannungsverhältnis wurde auch dieses zweite Spannungsverhältnis aus dem Material rekonstruiert. Zugleich bildet es jedoch auch einen an das Material herangetragenen Forschungsschwerpunkt, vgl. die Forschungsfragen in Kap. 1.2.4, S. 23.

Schlussfolgerungen aus den Rekonstruktionen

Es rückt die Frage ins Zentrum, welche konkreten (religionsbezogenen) Differenzierungen oder auch Vereinheitlichungen anhand von welchen Kriterien in welchen Kontexten relevant werden. Differenzlinien verlaufen (nicht nur) entlang der formalen Konfessionszugehörigkeit[20] – v. a. in der Unterscheidung von *evangelisch / katholisch / konfessionslos* – und entlang der formalen Religionszugehörigkeit, weshalb von religionsbezogenen Kriterien gesprochen wird. Denn die Merkmale sind nicht ausschließlich religionsbezogen, worauf die Lehrkräfte verweisen. Im Folgenden werden die zentralen Momente dieser Differenzierungen bzw. Vereinheitlichungen mit Blick auf die Schüler*innen zusammengetragen.

Ein erstes Moment dieses Spannungsverhältnisses ist auf der außerunterrichtlichen Schulebene zu verorten und findet sich recht deutlich im Fall von Frau Stieglitz. Wie in 6.1.5 (S. 202f.) präsentiert, sind ihre Erfahrungen mit der schulinternen Organisation der Religionsunterrichtserteilung maßgeblich durch die formale Konfessionszugehörigkeit der Schüler*innen – durch ihr ‚Getauftsein' – strukturiert. Dieses Merkmal wirkt sich auf das Handeln der Lehrkräfte aus, weil dadurch bestimmte Unterrichtsformen und -angebote etabliert („*konfessionell-kooperativ*", 61, *islamischer Religionsunterricht*", 68) und der Einsatz besonderer Lehrkräfte festgelegt wird (u. a. „*katholische Schule, die brauchten eine evangelische Lehrkraft*", 17f.).

Auf der konkreten Unterrichtsebene hingegen scheint diesem Differenzkriterium jedoch (nicht nur) im Fall von Frau Stieglitz keinerlei Relevanz beigemessen zu werden, was auf eine konkrete Sphärendifferenz von schulischer Unterrichtsorganisationslogik und konkreter Unterrichtslogik hindeutet. Auch im Falle Frau Dompfaffs erscheint dieses Differenzkriterium ausschließlich auf der außerunterrichtlichen Organisationsebene: Obwohl das *offizielle Konzept* (115) einen nach Konfessionen getrennten Religionsunterricht vorsieht, wird inoffiziell an ihrer Schule die Praxis des gemeinsamen Klassenverbandsunterrichts betrieben. Dabei wird organisatorisch das Merkmal *katholisch* wirksam, denn als Begründung für einen gemeinsamen Unterricht wird die Schwierigkeit *auf disziplinarischer Ebene* (131–133) angeführt, dass ansonsten lediglich die katholischen Schüler*innen gemeinsam unterrichtet werden müssten, denen ein höheres Maß an sozial auffälligem Verhalten zugeschrieben wird.

[20] Mit der Formulierung der ‚formalen' Konfessionszugehörigkeit soll angedeutet werden, dass es um die ‚betitelte' Konfessionszugehörigkeit durch die Lehrkraft geht und nicht um das (konfessionelle) Selbstverständnis aufseiten der Schüler*innen. Zugleich wird darauf hingewiesen, dass mit der „*Konfessionszugehörigkeit*" die christliche Glaubensrichtung gemeint ist. Hier wird vornehmlich die Dichotomie aus *evangelisch* und *katholisch* bearbeitet; weiterführende Differenzierungen (‚römisch-katholisch'; ‚russisch-orthodox' ‚evangelisch-lutherisch') u. a. kommen nicht vor. Im Unterschied dazu steht die Differenzierung nach der Religionszugehörigkeit (zumeist *christlich* bzw. *muslimisch*).

Daraus lässt sich ein weiteres Moment dieses Spannungsverhältnisses ablesen, das sich aufgrund des Differenzkriteriums der ‚formalen' Konfessionszugehörigkeit ergibt: eine eigentheoretische Kopplung der formalen Religionszugehörigkeit mit anderen Differenzmerkmalen, welches sich mehrere Lehrkräfte als Orientierungsschema heranziehen. So verknüpfen sowohl Frau Dompfaff als Frau Sperling die Konfessionszugehörigkeit (*katholisch bzw. konfessionslos*) beispielsweise mit Merkmalen des Sozialverhaltens (*sozial schwieriger* bzw. *auffällig*).[21] Dies wird als Entscheidungsgrundlage für die Zusammensetzung von Lerngruppen genutzt. Die formale Konfessionszugehörigkeit (sowie auch die Nichtzugehörigkeit) ist weniger ein inhaltlich-fachliches Kriterium für die Bildung von Klassen als vielmehr ein Indiz, um ein reibungsloses, diszipliniertes Unterrichtsgeschehen zu gewährleisten.

Ein drittes Moment angesichts des Differenzkriteriums der formalen Konfessionszugehörigkeit, ebenfalls auf der Ebene der Orientierungsschemata, ist eine implizit zugeschriebene, jedoch zugleich uneindeutige Verhältnisbestimmung zwischen den Kriterien der ‚formalen Religionszugehörigkeit' und ‚Taufe' in einigen Fällen: Denn während beide Eigenschaften bei den *katholischen* Schüler*innen zusammenfallen (z. B. „*die katholischen, sind tatsächlich alle getauft*", Frau Stieglitz, 140f., ähnlich auch Frau Dompfaff, 183f.), ist die Taufe kein Kennzeichen, dass die Schüler*innen als *evangelisch* eingestuft werden können. Das ‚Evangelischsein' wird dabei als ein Sammelbegriff auch für die *Unentschiedenen* (Frau Stieglitz, 142) genutzt, sodass die Konfessionszugehörigkeit auch anhand von geografisch-lokalen, familiären Aspekte definiert wird (Frau Dompfaff, „*mit evangelischem Hintergrund*", 171, „*in Norddeutschland*", 73).

In allen Fällen weisen jedoch konfessionsbezogene Differenzen bzw. Differenzierungen auf der Unterrichtsebene selbst keine handlungspraktische Relevanz (Orientierungsrahmen i. e. S.) auf. Selbst in solchen Fällen, in denen die Lehrkräfte explizit von der Erteilung des *konfessionell-kooperativen Religionsunterrichts* sprechen (Frau Stieglitz 61, Frau Dompfaff, 116, Frau Sperling, 55), bleibt die unterrichtspraktische Bearbeitung dieser Differenzen in den Erzählungen eine Leerstelle. Anders verhält es sich hingegen mit Differenzen, die sich auf die ‚Religion' beziehen.

Auf der Unterrichtsebene scheinen ganz andere Kriterien der Differenzierung zu wirken: so z. B. das Kriterium des *Zugangs* bzw. der *Nähe* der Schüler*innen zum Gegenstand (Frau Dompfaff,271, Frau Zaunkönig, 38), die Frage der individuellen Beteiligung am Unterrichtsgeschehen (Frau Fink, 63f.), die nach der Gottesvorstellung (Frau Fink, 25, 128), nach Behinderung (Frau Stieglitz, 232f.), nach religionsbezogenen Erfahrungen (Frau Sperling, 212–218, Frau Dompfaff, 55–57) und Wissen (Frau Dompfaff, 49–55, Frau Kohlmeise, 161–163, Frau Stieglitz, 349–352) und auch nach der formalen Religionszugehörigkeit.

---

[21] Vgl. Kap. 5.2, S. 149f. Frau Sperling: „*Kinder, die keiner Konfession angehören [...] weil das wirklich oft auffällig*" (405–408).

Die Lehrkräfte bearbeiten das Differenzkriterium der formalen Religionszugehörigkeit jedoch ambivalent. Einerseits wird religiöse Vielfalt der Schüler*innen auf der Ebene der Orientierungsschemata mehrfach als positiv konnotierte Norm bearbeitet, zum Beispiel FRAU BUNTSPECHT (70–74), FRAU FINK (54) und FRAU DOMPFAFF (206–208). Kritischer sieht diese grundsätzlich positive Rahmung FRAU DOMPFAFF, die dies auch als Euphemismus entlarvt: *„ob das [religiöse Vielfalt] eine Chance ist; das sagt man immer so schön“* (200). Aufgrund ihrer eigenen Erfahrungen teilt sie diese explizit positiv konnotierte Norm nicht wirklich, über die gesellschaftlicher Konsens zu bestehen scheint.

Die Schüler*innen, denen das Merkmal *muslimisch* zugeschrieben wird, nehmen in einigen Konstruktionen der Lehrkräfte eine besondere Position ein, denn sie sind von einer Art Ausgangs(lern)gruppe unterschieden.[22] Die Lerngruppe wird nicht explizit in christliche und muslimische Schüler*innen unterteilt, sondern die *muslimischen* Schüler*innen stellen eine Gruppe dar, die durch eine Andersartigkeit gegenüber der inhaltlich wenig umrissenen Ausgangsgruppe gekennzeichnet ist. So wird beispielsweise das Merkmal *muslimisch* im Kernfall FRAU BUNTSPECHT mit einer Art Reporter*innen-Funktion verknüpft (*„berichten“*, 65), Informationen und Einblicke aus ihrer Religion in den Religionsunterricht zu tragen. Sie versteht die muslimischen Schüler*innen demnach als ‚Sprachrohr‘ für eine Welt, die außerhalb des Unterrichtsrahmens bzw. der Unterrichtsgemeinschaft liegt. Damit schreiben die Lehrkräfte ihnen auch im Kollektiv einen gewissen Expert*innenstatus zu, wie z. B. FRAU DOMPFAFF (vgl. 310–313, 531–532) und FRAU BUNTSPECHT (64–66).

Besonders FRAU BUNTSPECHT bearbeitet ausführlich den unterrichtspraktischen, vergleichenden Effekt durch die Beteiligung dieser Schüler*innengruppe, der Eingang ins Unterrichtsgespräch findet. Konstruktionen von *wir* und *ihr* sind zentrales Moment im Austausch über Gemeinsamkeiten und Trennendes der Tradition bzw. der religiös kulturellen Praxis.[23] Jedoch unterscheiden sich beide Fälle in der Art, wie sie sich selbst in dem sozialen Gefüge positionieren: Während FRAU BUNTSPECHT sich von jeglicher religiösen Prägung abgrenzt, positioniert sich FRAU DOMPFAFF als Teil einer christlichen Gemeinschaft, die sich allerdings nicht nur auf eine (formale), sondern auch auf eine geografisch-lokale Zugehörigkeit bezieht (vgl. Kap. 5.2, S. 148f.), wodurch sich ein vereinheitlichtes Kollektiv bildet (FRAU DOMPFAFF: *„unser christlicher Glaube“*, 299f., *„eine Stärkung der eigenen Religiosität, ähm (.) unserer Kinder“*, 428). Mit der Differenzierung nimmt sie eine implizite Vereinheitlichung vor, denn den Schüler*innen wird eine *Religiosität* zugesprochen, die damit ein Kollektiv hervorbringt, das den muslimischen Schüler*innen gegenübersteht.

[22] Schüler*innen anderer sog. ‚Weltreligionen‘ wie jüdische, buddhistische sowie hinduistische Schüler*innen bilden eine implizite Leerstelle.

[23] Vgl. ausführlich die Falldarstellung, Kap. 5.3, S. 182.

Während *muslimische* Schüler*innen in den Erzählungen von FRAU BUNTSPECHT (64–70), FRAU DOMPFAFF (310–313, 531f.) und FRAU KLEIBER (152–155) eine inhaltlich bedeutsame Perspektive für ein vergleichendes Unterrichtsgespräch darstellen, findet die Perspektive der als *konfessionslos/religionslos* bzw. als *nichts* und *nicht gläubig* markierten Schüler*innen hingegen keinen Eingang in die erzählten Unterrichtsgespräche. Ihre Perspektive scheint inhaltlich keine Relevanz zu haben. Diese Gruppe stellt lediglich – im Orientierungsschema – ein äußeres Kennzeichen der als *vielfältig* markierten Schüler*innenschaft bzw. Lerngruppe dar.[24]

Als Veranschaulichung sei eine Sequenz aus dem Interview mit FRAU BUNTSPECHT angeführt: Ausgehend von der Situation *verschiedener Religionen in der Klasse* (45f.), hebt sie daraufhin beispielhaft u. a. eine Vielzahl derjenigen *Kinder* hervor, die *„einfach sagen ich glaube da an gar nichts“* (167). Aus dieser Ausgangslage entwickelt sich folgende Unterrichtssituation: *„und da ist schon so die Diskussion entstanden, ähm ja; ihr habt den Gott, und wir haben den Gott, und (.) kann das eigentlich der gleiche sein, oder sind das unterschiedliche“* (170–172). Dadurch entsteht ein deutlicher Bruch zwischen dem Orientierungsschema, dass konfessionslose, *nichtgläubige* Schüler*innen ebenfalls Teil der religiösen Vielfalt sind, und dem Orientierungsrahmen i. e. S., dass sie sich (lediglich) an muslimischen Schüler*innen als Dialogpartner*innen orientiert.

Nur in einem Fall thematisiert eine Lehrkraft explizit nichtgläubige Schüler*innen und ihre Überzeugungen, die allerdings als keine inhaltlich relevante Perspektive gerahmt werden, sondern lediglich als Beispiel für Ablehnung und Provokation genannt werden: So erzählt FRAU FINK von einem Schüler, *„der wirklich von vornherein sagt Gott ist doof, Religion ist doof, ohne überhaupt eine Vorkenntnis zu haben; und das finde ich so schade. dass er von von vornherein so ablehnend ist“* (128–130). Daran wird eine weitere Differenzlinie erkennbar, die die Lehrkräfte zwischen solchen Schüler*innen ziehen, die eine ablehnende ‚Haltung' dem (christlich-biblischen) Unterrichtsgegenstand gegenüber haben, und implizit denjenigen, deren Haltung offen und aufgeschlossen zu sein scheint.

In den Konstruktionen der Lehrkräfte zeigt sich, dass zur Unterteilung einer Gruppe neben Differenzierungen der Schüler*innen gleichzeitig auch Vereinheitlichungsprozesse wirksam werden, sodass anhand von einem Merkmal implizit klassifiziert wird: So werden Unterschiede innerhalb der Gruppe, die sich unter dem Merkmal *muslimisch* versammelt, nivelliert, da diese vereinheitlichend als wissend und religiös praktizierend wahrgenommen wird. Zum Vergleichshorizont wird dabei eine Ausgangslerngruppe, denen damit implizit kei-

[24] So zum Beispiel FRAU BUNTSPECHT *„viele Kinder einfach sagen ich glaube da an gar nichts“*, 167f., und auch FRAU KLEIBER, *„haben bis jetzt auch Kinder (.) die (.) nicht getauft waren die keiner Religion zugehörig waren oder eben tatsächlich irgendwie Islam oder was weiß ich was“*, 151–153.

nerlei Wissen und religiöse Praxis zugeschrieben wird (vgl. zu FRAU ZAUNKÖNIG und zu FRAU DOMPFAFF ausführlich den Brückenschlag, Kap. 4).[25]

Theoretische Einbettung der Ergebnisse

Die Rekonstruktionen angesichts des Spannungsfelds aus Vereinheitlichung und Differenzierung der Schüler*innen werden nun aus der Perspektive eines der Studie entsprechenden, praxeologischen Verständnisses betrachtet: In Anlehnung an ANKE WISCHMANN und CORNELIE DIETRICH kann Heterogenität *„als eine Folge sozialer Differenzierungspraktiken [...] [aufgefasst werden], welche sozial wirksame Unterscheidungsraster produzieren, reproduzieren und transformieren"*.[26] Damit wird diese Ordnung explizit nicht – wie in vielen wissenschaftlichen Diskursen – als *„ontologisch gegeben"* begriffen, mit der ein didaktisch angemessener Umgang zu finden wäre.[27] JÜRGEN BUDDE formuliert in diesem Zusammenhang, dass Gleichheit und Differenz damit in einem *„Prozess des Vergleichens"* entstehen und jeweils mit spezifischen Bedeutungen und Wertungen aufgeladen werden.[28] Heterogenität ist demnach nie ohne das Gegenstück der Homogenität denkbar.[29]

Bezogen auf den Raum ‚Schule' kann dieser auf seine Eigenlogiken untersucht werden, die möglicherweise von denen der gesellschaftlichen Ordnungen unterschieden und damit nicht (nur) Reproduktionen sind, wie WISCHMANN und DIETRICH zeigen.[30] Im Anschluss an diese Überlegung und aufgrund der Daten der vorliegenden Studie wäre damit zu untersuchen, inwiefern möglicherweise auch

---

25 Auf Nachfrage teilen einige Lehrkräfte mit, dass sie die Verteilung nicht genau wissen, dies aber nachschauen könnten (so z. B. FRAU DOMPFAFF, 169–174 und FRAU FINK, 132–134).

26 Wischmann & Dietrich 2014, 1. So auch Budde 2017, bes. 13. Der Band Bohl, Budde & Rieger-Ladich 2017 bietet hier verschiedene Perspektiven auf Heterogenität im schulischen Feld.

27 Vgl. Wischmann & Dietrich 2014, 1. Auch JÜRGEN BUDDE führt die unterschiedlichen wissenschaftlichen Rahmungen der Erforschung von Heterogenität aus, die er als *„unscharfe Einsätze"* benennt (vgl. Budde 2013, 7f.).

28 Budde 2013, 8.

29 Vgl. dazu ausführlich Dietrich 2017: *„Dass aber Heterogenität und Ungleichheit Kontur und Prägnanz gewinnen können nur im Horizont von Gleichheitsannahmen, ist nicht nur ein moralisches, rechtliches und damit handlungstheoretisch wirksames, sondern schon ein basales logisches Problem: Ungleichheit gibt es nicht an sich, sondern immer nur relational zwischen (mindestens) zwei Vergleichsdingen, die im Hinblick auf ein Drittes als entweder gleich oder verschieden erkannt, beschrieben oder produziert werden"* (Dietrich 2017, 123f.). Vgl. auch Budde 2013, 8f, der im schulischen Feld eine *„höchst widersprüchliche"* Bearbeitung der Konzepte von Heterogenität und Homogenität feststellt und dementsprechend konstatiert, dass es keineswegs auszumachen sei, *„ob die Schule nun eher zu Heterogenisierungen oder aber zu Homogenisierungen tendiert"* (ebd., 8).

30 Wischmann & Dietrich 2014, 3.

andere Differenzen speziell im Raum ‚Religionsunterricht' im Gegensatz zu einem anderen Fachunterricht wirksam werden.[31]

Ein erster zentraler Befund dieser Studie ist, dass bedeutungsvolle Differenzen auf der Ebene der schulischen Unterrichtsorganisation keinerlei handlungsleitende Relevanz für den konkreten Unterricht haben.[32] Dies wurde am Kriterium der formalen Konfessionszugehörigkeit besonders deutlich (vgl. Kap. 7.2, S. 234f.), denn anders als möglicherweise erwartet, bleiben konfessionelle Differenzen – sowohl mit Bezug auf die Gegenstandskonstitution als auch hinsichtlich der Schüler*innen selbst – eine Leerstelle. Stattdessen wird das Merkmal ‚Konfession' mehrfach mit anderen Eigenschaften verknüpft, die sich auf das Sozialverhalten bzw. die Disziplin der Schüler*innen beziehen. Damit werden (soziale) Ordnungen unter einer Art ‚Deckmantel' der Konfession hergestellt, die keinerlei inhaltliche, sondern vielmehr soziale Relevanz haben. Frau Dompfaff steht hierfür als Beispiel für die schulinterne Organisationsentscheidung, sich gegen einen Religionsunterricht nach konfessionell getrennten Lerngruppen im Jahrgang vier zu entscheiden.[33] Das Merkmal ‚katholisch' wurde dort mit dem Attribut ‚sozial schwierig' verknüpft. Mit dieser Maßnahme sollte vorgebeugt werden, dass die Lerngruppe lediglich aus ‚katholischen' und damit ‚sozial schwierigen' Schüler*innen besteht (vgl. Kap. 5.2, S. 149f.; Kap. 7.2, S. 234).

Solche Korrelationen zwischen Einzelkriterien finden sich auch angesichts des Differenzkriteriums der ‚Religion' bzw. der ‚zugeschriebenen formalen Religionszugehörigkeit'. Nicht nur in Bezug auf den schulischen Raum konstatieren Paul Mecheril und Oskar Thomas-Olalde:

> *„Die Differenzkategorie ‚Religion' hat sich in den letzten Jahren im europäischen und auch im deutschsprachigen Diskursraum zu einer medial, wissenschaftlich und politisch wirkmächtigen Kategorie entwickelt, und hat als Differenzierungsschema zur Kennzeichnung zumeist bestimmter und nicht aller Schüler*innen Eingang in den schulbezogenen Sprachgebrauch […] in die Statistik […], in die Organisation und die Praktiken der Bildungssysteme […] gefunden."*[34]

Auf die Befunde der vorliegenden Studie trifft besonders zu, dass die Differenzkategorie ‚Religion' von den Lehrer*innen nicht (immer) gleichermaßen auf alle Schüler*innen angewandt wird: Denn die Ausprägung ‚muslimisch' wird deutlich intensiver bearbeitet als beispielsweise ‚christlich', ‚evangelisch' oder ‚katholisch'. ‚Muslimische' Schüler*innen werden dadurch eher als religiös identifiziert und positioniert als andere Schüler*innen. Sie bilden in Folge dessen

---

[31] Eine trennscharfe Zuordnung speziell religionspädagogischer Differenzierungspraktiken ist im vorliegenden Forschungskontext mangels Vergleichswerte nicht möglich; hierzu können lediglich Thesen aufgestellt werden.

[32] Vgl. dazu auch Budde 2013, 8.

[33] Der konfessionell-kooperative Religionsunterricht – im Klassenverband – wurde also auf Jahrgang vier ausgeweitet.

[34] Mecheril & Thomas-Olalde 2018, 179.

tendenziell ein Gegenüber zu einer Ausgangslerngruppe, die nicht über die Religionszugehörigkeit definiert ist (vgl. Kap. 7.2, S. 235).

In diesem Zusammenhang diskutieren MECHERIL und THOMAS-OLALDE – unter besonderer Bezugnahme auf den Islam – das Konzept des religiösen *Otherings.*[35] Dieses verweist als „*Sprechen über die Religion der Anderen*“[36] auf eine wirkmächtige, diskursive Praxis, „*die eine soziale Gruppe durch Essentialisierung, Attribuierung und Repräsentation hervorbringt*“.[37] Neben der sprachlichen Formung dieser Gruppe beinhaltet das religiöse *Othering*, dass dabei ein nicht-muslimisches, komplementäres Wir-Narrativ konstituiert wird. Diese Form des Selbstbildes wird erst durch die Markierung des Anderen möglich.[38] Problematisch erscheint an dieser Praxis zum einen, dass die Ordnungen des Wir und Ihr stets aufs Neue (re-)produziert werden, auch wenn die explizit formulierten Anliegen möglicherweise andere sein mögen, wie z. B. Integration[39]. Zum anderen scheint herausfordernd, dass die als ‚muslimisch‘ und damit als religiös adressierten Schüler*innen sich nicht *nicht* zu dieser Adressierung verhalten können, sondern reagieren (müssen). Sie bekommen dadurch eine gesonderte Rolle im Unterrichtskontext zugesprochen.

Indem den als ‚muslimisch‘ markierten Schüler*innen von vorn herein eine Religiosität attribuiert wird, erhalten diese von den Lehrkräften auch einen gewissen Expert*innenstatus für ihre Religion – sie können von ‚ihrer‘ Religion *berichten* (vgl. Kap. 7.2, S. 235). Es entsteht dahingehend ein Ungleichgewicht, dass die Schüler*innen diesem Anspruch einerseits tatsächlich möglicherweise gar nicht gerecht werden können und dass andererseits die nicht muslimisch markierten Schüler*innen nicht im selben Maße als Expert*innen einer Religion angesprochen werden, um Wissen und Erfahrung zu ‚ihrer‘ Religion in die Klasse zu tragen. Die nicht-muslimischen Schüler*innen stellen dabei oftmals die Mehrheit dar (außer bei FRAU BUNTSPECHT).

DENNIS GRAHAM wirft einen kritischen Blick auf den Einsatz von Schüler*innen als Expert*innen im Religionsunterricht und verweist auf durch Mehrheits- und Minderheitsverhältnisse hervorgerufene Gefahren von Fremdheitserfahrungen und daraus resultierenden Stigmatisierungen und Diskriminierungen.[40] Außerdem deutet er – in Bezug auf HANS MENDL (2009) – auf die Herausforderung hin, dass die jeweilige soziale Position den Schüler*innen-Expert*innen in der

35 Vgl. Mecheril & Thomas-Olalde 2018., 187–191. Zur Erarbeitung dessen berücksichtigen die Autoren hier gesamtgesellschaftliche, politische und historische Aspekte.

36 Mecheril & Thomas-Olalde 2018, 187.

37 Mecheril & Thomas-Olalde 2018, 188.

38 Mecheril & Thomas-Olalde 2018, 188.

39 Vgl. dazu Mecheril & Thomas-Olalde 2018, 189: „*Die Paradoxie der Anerkennung, Assimilation oder gegenwärtig Integration [Fußnote nicht berücksichtigt] besteht also vor allem darin, dass im Prozess des Anerkennens, Assimilierens oder Integrierens ‚Minderheiten‘ stets aufs Neue markiert oder produziert werden.*“

40 Vgl. Graham 2018.

Klasse andere Möglichkeiten bietet, ‚ihre' Religion im Gespräch zu thematisieren.[41] Eine gewisse alltagspraktische Logik ist nicht von der Hand zu weisen, Schüler*innen in einem positionellen Religionsunterricht zu einer ihnen zugeschriebenen Religion zu Wort kommen zu lassen. Denn im Religionsunterricht sind beispielsweise der Islam und andere Religionen curricular vorgegebene Unterrichtsgegenstände. Die damit einhergehenden Herausforderungen und Schwierigkeiten sprechen für den Bedarf, die Lehrkräfte mit Konzepten und Fortbildungen zu entlasten. GRAHAM verweist hier auf die nützliche Unterscheidung, die Schüler*innen zwar nicht als Expert*in einer (formalisierten) Religion, aber sehr wohl als Expert*in ihrer selbst bzw. ihrer Religiosität zu adressieren.[42] Ungeklärt bleibe dabei die Frage, welche Relevanz dann die formalisierte Religion im Unterricht bzw. auch im Verhältnis zur individuell-persönlichen Religion noch haben kann bzw. wie Verbindungen zwischen diesen Ausprägungen hergestellt werden können.[43]

Homolog zur rekonstruierten Verknüpfung des Differenzkriteriums der Konfession mit disziplinbezogenen Kriterien finden sich bezüglich des Merkmals ‚muslimisch' Analogiebildungen zu Merkmalen der ‚Nationalität' (vgl. Kap. 5.2, S. 149). Dies kann mit MECHERIL und THOMAS-OLALDE als ein Verweben religiöser und nationaler Semantiken[44] bezeichnet werden, das auch außerhalb des schulischen Kontextes wirksam wird.

Während die formale Konfessionszugehörigkeit als Differenzkategorie nur bedingt auf der Unterrichtsebene und die religiöse Zugehörigkeit nur in Kontexten der Anwesenheit ‚muslimischer' Schüler*innen wirksam werden, zeichnen sich im Unterricht selbst andere Differenzlinien ab: Wissen bzw. die Kenntnis (biblischer Geschichten) stellt beispielsweise ein bedeutsames Differenzkriterium innerhalb der Schüler*innenschaft dar (vgl. Kap. 7.2, S. 235).

Mit Blick auf die Diskussionen von Unterrichtskonzeptionen (s. o.) unterstützt dies die beobachtete Tendenz einer zunehmenden Versachkundlichung des Religionsunterrichts. So stellt auch HANNA ROOSE (2013) in ihrer Unterrichtsforschung differenziert fest, dass diese Differenzkategorie nicht in gleichem Maße auf alle Schüler*innen angewandt wird, sondern von konkreten Schüler*innen abhängt.[45]

Weitere relevante Differenzkategorien im vorliegenden Forschungskontext sind beispielweise die Frage nach dem *Zugang* und die nach der ‚Haltung' zum (christlich-biblischen) Unterrichtsgegenstand (vgl. Kap. 7.2, 235). Beides bezieht

---

41 Vgl. Graham 2018, 250, in Bezug auf Mendl 2009, 29.

42 Vgl. Graham 2018, 251f. Zugleich verweist er in diesem Zusammenhang auf eine hinderliche Vermischung beider Arten von Expertise in der Studie von Pohl-Patalong et al. 2016, sodass hier kein quantitativ differenziertes Bild möglich ist (vgl. ebd., 250).

43 Möglicherweise ist der Ansatz Dresslers fruchtbar, der Glaube von Religion unterscheidet (vgl. Dressler 2015, 40).

44 Vgl. Mecheril & Thomas-Olalde 2018, 192.

45 Vgl. Roose 2013b, 515.

sich auf mögliche Formen des unterrichtspraktischen Einsatzes bestimmter Unterrichtsgegenstände – genauer: auf Möglichkeiten einer erfolgreichen Implementierung. Implizit wird den Schüler*innen demnach auch eine hohe Relevanz angesichts der Frage nach den Chancen auf gelingende Unterrichtspraxis zugeschrieben. Auch KATHARINA KAMMEYER konnte in Fallstudien zum ‚Theologisieren' herausarbeiten, dass Religionslehrkräfte – neben anderen Differenzlinien – auch solche zwischen Schüler*innen mit *„kritischer Frage- und Diskussionshaltung"* und *„mit unkritischer Glaubenshaltung"*[46] ziehen.

Die Religionslehrkräfte richten ihren Blick also verstärkt darauf, was die Schüler*innen (aus dem außerschulischen Bereich) in den Unterricht hineintragen und dort dann sichtbar wird. In fachkulturell-vergleichender Perspektive konnte in den Forschungsgruppen festgestellt werden, dass die Konstruktionen von Englischlehrer*innen anders sind. Denn diese nehmen Relevanzsetzungen eher mit Blick auf die Zukunft vor, wie beispielsweise: Was können und brauchen die Schüler*innen für die Zukunft?[47]

7.3 Unterrichtsinhalte

Der dritte Bereich der *Unterrichtsinhalte* wurde in den Rekonstruktionen in erster Linie im Kontext eines Spannungsfelds zwischen dem christlich-religiösen Unterrichtsgegenstand und den Schüler*innen relevant, was sich bereits im 4. sowie im 6. Kapitel explizit abzeichnete. Es reiht sich damit in die beiden Spannungsfelder der vorigen Bereiche ein, weil hier eine Diskrepanz von den Lehrkräften in ihrer Praxis permanent bearbeitet wird, deren zentrale Aspekte nun zusammengefasst werden.

Schlussfolgerungen aus den Rekonstruktionen

Dieses Spannungsfeld bildete im 4. Kapitel das zentrale *Tertium Comparationis* bei der Kontrastierung der drei Kernfälle FRAU ZAUNKÖNIG, FRAU DOMPFAFF und FRAU BUNTSPECHT, denn jede der drei Lehrkräfte geht unterschiedlich mit ebendieser Spannung in ihrem Unterricht um (vgl. die Übersicht Kap. 4.4, Abb. 6, S. 99). Die unterschiedlichen Modi lassen sich dabei gleichzeitig in die Basisrahmung der ‚Prekarität' des Religionsfachs verorten, was sich als Resultat aus ebendiesem Spannungsverhältnis ergibt (vgl. Kap. 6.1). Unterschieden wird zwischen folgenden Praktiken:

[46] Kammeyer 2012, 194.

[47] Hier beziehe ich mich beispielsweise auf das Forschungsprojekt von Anja Wilken an der Universität Hamburg (Wilken 2021).

- ‚Herstellung von Anschlussfähigkeit und Verbindung'
- ‚Akzentuierung der Neuartigkeit und Basisbildung'
- ‚Vervielfältigung sowie Öffnung und Relativierung des Geltungsanspruchs'

Nahezu alle Lehrkräfte im Sample bearbeiten das Spannungsfeld über Anpassungen und Modifizierungen am Gegenstand bzw. an der unterrichtlichen Ausarbeitung. Dabei differenzieren sie implizit zwischen den Polen: ‚christlich-biblisch' vs. ‚allgemeinethisch-lebensweltlich', wobei die Spannung zu den Schüler*innen vornehmlich bei ersterem entsteht. Hier verknüpfen die Lehrkräfte den unterrichtspraktischen Umgang mit christlich-biblischen Themen mit Fragen nach der eigenen gefühlten Sicherheit (Mut / Vorsicht, so z. B. FRAU ZAUNKÖNIG, „*trauen*", 18, FRAU DOMPFAFF, „*trauen*", 492, und FRAU SPERLING „*vorsichtig*", 185, „*oh geht das jetzt in Richtung missionieren*", 186). Nicht nur die expliziten Ansprüche seitens der Eltern, sondern auch seitens der Schüler*innen rufen Verunsicherung und Zurückhaltung bei den Lehrkräften angesichts des Umgangs mit christlich-biblischen Unterrichtsgegenständen hervor. Diese Spannung, die auf die Prekarität von Religion als Fach verweist, lösen die Lehrkräfte vielfach in Richtung eines schüler*innenorientierten Unterrichtens auf, sodass nicht nur allgemeinethisch-lebensweltliche Themen als Brücke und als neuer Unterrichtsgegenstand genutzt werden, sondern die Schüler*innen selbst zum Unterrichtsthema werden. Ein hoher Anpassungsgrad des Unterrichts an die Schüler*innen – in Verbindung mit dem rekonstruierten frei(er)en Umgang mit curricularen Vorgaben – bedeutet in der Konsequenz, dass damit eine Unschärfe in der inhaltlichen Profilierung des Faches einhergeht, weil sich von den dezidiert biblisch-christlichen Lerninhalten entfernt und den philosophisch-ethische Themen angenähert wird.

Der Fall FRAU STIEGLITZ bildet in diesem Zusammenhang eine Ausnahme, denn bei ihr finden sich zunächst schulisch-organisatorische Anpassungen, die u. a. die Zusammensetzung der Lerngruppe betreffen (vgl. Kap. 6.1.5, S. 213f.). Im Fallvergleich stellte sich heraus, dass FRAU STIEGLITZ keine unterrichtspraktischen Anpassungen in der prekären Form vornimmt wie in den anderen Fällen.

Theoretische Einbettung der Ergebnisse

Dieses zentrale Moment einer Spannung zwischen dem christlich-religiösen Unterrichtsgegenstand und der (besonderen Wahrnehmung der) Schüler*innen im Religionsunterricht dominiert das gesamte Sample und wird von den Lehrkräften auf unterschiedliche Art und Weise bearbeitet. Auch in den Systematisierungen fachdidaktischer Unterrichtskonzeptionen ist von dieser Spannung die Rede, die dort als „*Traditionsabbruch*"[48] bzw. Tradierungsabbruch oder aber als

[48] Käbisch 2014, 378; vgl. kritisch Schweitzer 2016, 389.

„fortschreitende Enttraditionalisierung“[49] bzw. *„religiöse Gleichgültigkeit“*[50] bezeichnet wird. Während Claus Peter Sajak und Rainer Möller mit Blick auf die Entwicklung der Konzeptualisierungen religionspädagogischer Leitbilder im letzten Jahrzehnt konstatieren, dass *„das Pendel wieder stärker in Richtung von Schülerinnen und Schülern ausgeschlagen [ist], in dem Sinne, dass nun wieder ein größeres Augenmerk auf das Interesse und die Aneignungsbereitschaft der Adressanten gelegt wird“*[51], finden sich dennoch verschiedene Ansätze der Realisierung. Ausgehend von den Befunden werden im Folgenden nun solche Konzeptionen angeführt, die sich primär darin unterscheiden, welche Position der formalisiert-institutionalisierten Religion bzw. der religiösen Tradition zukommt: Dem Ansatz des performanzorientierten Religionsunterrichts[52] wird deshalb der jüngere Ansatz der Subjektorientierung[53] gegenübergestellt. Diese theoretischen Überlegungen zur didaktischen Ausrichtung werden dabei auf ihre Anschlussfähigkeit mit Blick auf die Befunde aus der Praxis hin angefragt. Bernhard Dressler formuliert den Kern des performanzorientierten Religionsunterrichts wie folgt:

> *„[N]ach dem weitgehenden Ausfall religiöser Sozialisation kann [...] nicht mehr vorausgesetzt werden, dass zu den im Religionsunterricht thematisierten Gegenständen bereits Kenntnisse und Erfahrungen vorliegen, bevor sie kritisch reflektiert werden. Im Unterricht muss Religion erst gezeigt werden. ‚Religion zeigen‘ ([...]) zielt darauf ab, Religion als eine Praxis zu erschließen [sic!], also im Blick auf ihre Vollzugsformen als Kultur symbolischer Kommunikation. Die christliche Religion wird nur als erzählte, gestaltete, gefeierte Religion begreifbar.“*[54]

Die Notwendigkeit eines performanzorientierten Religionsunterrichts liegt demnach darin, dass die Bedeutung von Symbolen nur *„abhängig von den kommunikativen Gebrauchstexten“*[55] zu bestimmen sei, konstatiert Dressler. Als bedeutsam stufen Vertreter*innen einer performanzorientierten Religionsdidaktik das

---

49 Sajak & Möller 2015, 4.

50 Kunstmann 2017, 368.

51 Sajak & Möller 2015, 4. Den Gegensatz bilden den Autoren zufolge beispielweise das Konzept der Elementarisierung.

52 Die begriffliche Präzisierung des performativen Religionsunterrichts zu einer *„performanzorientierten Religionsdidaktik“* dient zum einen dazu, von einer reinen Methodendiskussion abzuheben (vgl. Dressler 2015, 1) und zum anderen, dem Missverständnis eines *„Zurückfallen[s] in Verkirchlichung und religiöse Missionierung“* (Husmann 2018, 146) vorzubeugen.

53 Vgl. Kunstmann 2017; ders. 2018.

54 Dressler 2015, 2. Vgl. zur ‚performativen Religionsdidaktik‘ der Sammelband Klie & Leonhard 2008.

55 Dressler 2015, 2. Bärbel Husmann hingegen spricht sich für einen performanzorientierten Religionsunterricht nicht aufgrund eines Traditionsbruchs aus, sondern betont die konstitutive Zugehörigkeit religiösen Handelns zu Religion als *„kulturelle[m] Zeichensystem“* (Husmann 2018, 147).

Zusammenspiel aus – probeweisem – Erfahren religiöser Praxis und der sich anschließenden kognitiven Reflexion ein,[56] was DRESSLER mit seiner *„Didaktik des Perspektivwechsels"* verknüpft, die eine große Nähe damit aufweist.[57]

Dabei kann die Art und Weise, wie religiöse Praxis ins konkrete Unterrichtsgeschehen integriert wird, unterschiedlich ausgestaltet sein. So unterscheidet DAVID KÄBISCH fünf Typen der unterrichtspraktischen Bezugnahme auf religiöse Praxis: (1) Ein Rückgriff auf mediale Erfahrungen der Schüler*innen mit religiöser Praxis wird ergänzt durch die Möglichkeit des *„authentischen Erfahrens"* von religiöser Praxis im Schulleben (2), durch den direkten Einsatz religiöser Praxis im Religionsunterricht (3), durch die gänzliche Suspendierung religiösen Handels aus dem Schulkontext (4) und durch den von ihm vorgeschlagenen Ansatz, dass religiöse Praxis im Modus *„unterrichtlicher Inszenierung"* (5) bearbeitet wird.[58]

Die Rekonstruktionen deuten bei den Erfahrungen der Religionslehrer*innen insgesamt auf einen problematisierenden Umgang mit religiöser Praxis im Unterricht hin, wenn sie denn überhaupt relevant wird. Im Zusammenhang des rekonstruierten Anpassungsmodus in Form der ‚Akzentuierung der Neuartigkeit & Basisbildung' (s. Kap. 6.1.5, S. 216f.) sind besonders bei FRAU DOMPFAFF performative Momente als zunächst positive Horizonte erkennbar (Einsatz *performativer Anteile* und das Ermöglichen von *Probehandeln*). Jedoch können diese performativen Anteile im Unterricht nur bedingt handlungsleitend werden, denn es bedarf der Bereitschaft zur Beteiligung aller Schüler*innen am Unterricht, was mit Blick auf einige Schüler*innen, u. a. auch muslimische nicht immer vorzuliegen scheint (vgl. Kap. 5.2, S. 135f., 138ff.). Mit Blick auf die von KÄBISCH unterschiedenen Typen lässt sich kaum trennscharf unterscheiden, inwiefern es sich dabei um die tatsächliche religiöse Praxis im Unterricht (Typ 3) oder aber lediglich um eine Inszenierung dessen (Typ 4) handelt. DRESSLER verweist auf folgende Schwierigkeit im Zusammenhang unterrichtlicher religiöser Praxis:

> *„Problematisch wird der Bezug auf religiöse Vollzüge dann, wenn er mit dem Ziel einer ‚Beheimatung' der Schülerinnen und Schüler zu unmittelbar in den Sog eines kirchlichen Einübungs- und Rekrutierungsinteresses gerät."*[59]

Zwar vermag dieser Aspekt theoretisch zu überzeugen, dennoch ist er aus empirisch-rekonstruktiver Sicht kaum zu prüfen, denn FRAU DOMPFAFF verbindet den Einsatz *„performativer Anteile"* explizit mit dem positiven Horizont, den Schüler*innen einen *„Zugang zur Religion"* (214–216) zu ermöglichen und sie zu *„beheimaten"*. Allerdings lassen sich aus Perspektive der dokumentarischen Methode keine eindeutigen Intentionen bzw. Motive unterstellen, weil der gewähl-

---

56 Vgl. Dressler 2015, 2; Husmann 2018, 147.

57 Vgl. Dressler 2015, 7–9.

58 Vgl. Käbisch 2014, 379f.

59 Dressler 2016, 4.

te methodische Zugang dies nicht erlaubt.[60] Dementsprechend muss die von DRESSLER formulierte Problematik in diesem Zusammenhang zwar grundsätzlich mitgedacht werden, dennoch ist sie auf das Datengrundlage kaum eindeutig zu identifizieren.

Auch Eltern werden als relevante Faktoren angesichts der problematischen Erfahrungen mit religiöser Praxis im Unterricht markiert. FRAU SPERLING schildert im Zusammenhang mit einer performativen Unterrichtssequenz die aufkommende Elternkritik, weil ihre persönliche Motivation dazu hinterfragt und ihr *Mission* vorgeworfen wurde (vgl. Kap. 6.1.2, S. 203f.). Hier scheint das von HANNA ROOSE kritisch angemerkte Spannungsfeld des performativen Religionsunterrichts zwischen *„drohender Missionierung und Profanisierung“*[61] in Richtung Ersterem auszuschlagen – zumindest in der skeptischen Bewertung durch die Eltern aus der Distanz, die selbst nicht im Unterricht sitzen. Auch wenn diese Kritik am Konzept von Vertreter*innen einer performanzorientierten Didaktik auf theoretischer Ebene entkräftet werden könnte,[62] so lässt sich aus alltagspraktischer Perspektive dennoch festhalten, dass dies als eine ernst zu nehmende Herausforderung für die Lehrkräfte bestehen bleibt.

Eine weitere aus den gewonnenen Befunden der Empirie kommende Anfrage an die performanzorientierte Religionsdidaktik stellt sich mit Blick auf die rekonstruierten Lesarten des Begriffs des *Probehandelns* (vgl. Kap. 5.2, S. 138). Der *Probe*-Charakter konnte dabei entweder im Sinne einer (Chor-)Probe als Einübung einer Praxis oder aber als (Wein-)Probe im Sinne eines Ausprobierens verstanden werden. Der begrifflichen Problematik des *Probehandelns* (nicht nur mit Blick auf diese Lesarten)[63] begegnet HUSMANN mit dem Vorschlag, stattdessen von *„Experimenten“*[64] zu sprechen. Damit lassen sich ihrer Meinung nach auch Außen- und Binnenperspektive auf das konkrete Unterrichtssetting deutlicher trennen.[65]

Während der unterrichtspraktische Einsatz performativer Unterrichtselemente zwar von einigen Lehrkräften besonders intensiv bearbeitet wird,

---

60 Vgl. Nohl 2017, 4ff.

61 Roose 2006, 112.

62 Vgl. Roose 2006, 112.

63 Dazu auch noch mal Roose 2006, 112, die auf die Spannung zwischen der implizierten *„mangelnde[n] Ernsthaftigkeit“* im Begriff der Probe gegenüber der *„implizierten Ernsthaftigkeit“* im Begriff des Handelns verweist. DAVID KÄBISCH hat in Bezug auf die Kritik am Begriff des Probehandelns den Handlungsbegriff ausbuchstabiert und unterschiedliche Formen der unterrichtlichen Bearbeitung von religiösen Handlungen unterschieden, vgl. Käbisch 2014, 379f.

64 Husmann 2018, 148f.

65 Husmann 2018.

nicht aber von allen Lehrkräften als relevant erachtet wurde,[66] zeigen sich hingegen mehr Anknüpfungspunkte für die Subjektorientierung,[67] die von Joachim Kunstmann entworfen wurde, wie im Folgenden aufgezeigt wird. Den konkreten Anknüpfungspunkt bildet die rekonstruierte zweite Basisrahmung: die ‚Potenziale des Religionsunterrichts', da die Lehrkräfte durch ihre Erfahrungen im Religionsunterricht die Möglichkeit sehen, (zumindest zeitweise) die Unterrichtssequenzen gezielt schüler*innenorientiert zu gestalten.[68] Insbesondere geht aus den Rekonstruktionen hervor, dass sich positive Horizonte an den Momenten aufspannen, an denen die Erfahrungen und Emotionen der Schüler*innen selbst zum Unterrichtsgegenstand werden. Dafür müssen teilweise die (christlich-biblischen) Ausgangsthemen der Unterrichtsstunde im Stundenverlauf weichen bzw. das eigentliche biblische Thema wird zurückgestellt (vgl. ausführlich Kap. 6.2, S. 223ff.).

Welche diesbezüglichen Ansatzpunkte finden sich für diese Handlungspraktiken in der Theorie? Kunstmanns Konzept der Subjektorientierung fußt auf einem konstatierten „*Scheitern*" von religionspädagogischen Modellen, die an der „*Erfahrbarkeit* vorgegebener *Religion*"[69] ansetzen und sich dem – auch durch die EKD formulierten – Ansatz der „*Beheimatung*"[70] in einem vorgegebenen Lehrglauben verschreiben. Diese Formen des Unterrichtens scheinen im Kontext wachsender religiöser Indifferenz und „*gesteigerter Autonomieansprüche*"[71] unter Schüler*innen nicht (mehr) erfolgsversprechend zu sein, so Kunstmann.

Im Zuge dessen fordert er eine Neuordnung: Nicht mehr die Tradition bzw. die Weitergabe des Christentums, sondern die Lebenserfahrung des Einzelnen

---

66 An dieser Stelle verbietet sich jedoch der Rückschluss, dass andere Lehrkräfte keine performativen Elemente im Unterricht einsetzen; diese werden in der Interviewsituation lediglich nicht als relevant markiert.

67 Vgl. Kunstmann 2017. Im Folgenden wird mit dem Begriff der „*Subjektorientierung*" auf die Ausarbeitungen Kunstmanns verwiesen. Davon zu differenzieren sind Konzeptionen, die sich als subjektorientiert verstehen bzw. denen dieser Status zugeschrieben wird. So subsumieren Sajak und Möller unter Ansätzen subjektorientierten Religionsunterrichts sowohl den kompetenzorientierten, den performativen und den konstruktivistischen Religionsunterricht, das Theologisieren mit Kindern bzw. Jugendlichen sowie den an Inklusion orientierten Religionsunterricht (vgl. Sajak & Möller 2015, 4f.; zusätzlich: Kunstmann 2017, 369).

68 Es sei an dieser Stelle auf die bewusst gewählte begriffliche Unterscheidung einer Schüler*innenorientierung als rekonstruierte Größe auf der Ergebnis-Ebene und einer Subjektorientierung bzw. einer subjektorientierten Religionspädagogik als fachdidaktische Konzeption und insofern auf der Theorie-Ebene verwiesen.

69 Kunstmann 2017, 370.

70 Kunstmann 2017, 370, auch in Bezug auf die EKD 2014.

71 Vgl. Kunstmann 2017, 367–370, 370.

soll zum „*Ausgangspunkt*“ – und nicht nur Aufhänger[72] – religiöser Bildung werden:

> „*Sie [die subjektorientierte Religionspädagogik] nimmt ihren Ausgangspunkt bei existenziellen Fragen und prägenden Erfahrungen. Ihre zentralen ‚Inhalte‘ sind die Subjekte: die Lernenden, und das, was sie bewegt. Ihr Ziel ist nicht mehr nur das Verstehen oder Nacherleben vorgefundener Religion, sondern die religiöse Deutung eigenen Erlebens; im Idealfall eine religiös bedingte Haltung und Lebensperspektive.*“[73]

Diese „*Erfahrungen*“ konkretisiert er u. a. als „*Scheitern und Schmerz, Glück und Erfüllung, Wirklichkeit und Sinn*“[74], denn diese seien religiös deutungsbedürftig. Zum zentralen Moment des Unterrichts wird dadurch das „*individuelle Symbolisieren*“[75]. Dem Bruch zwischen Schüler*innen und der Tradition wird nicht mit einem Kompensationsversuch begegnet, sondern eher mit einer Analogiebildung: Gemäß den in der Tradition berichteten Erfahrungen setzt die Subjektorientierung auch an den individuellen Erfahrungen der Schüler*innen an, allerdings mit dem Ziel, diesen ebenfalls zu einer religiösen Deutung zu verhelfen.

Grundsätzlich ergibt sich aus den Gesprächen, dass eine an den Schüler*innen und ihren Erfahrungen bzw. Emotionen – und damit dem Subjekt – ausgerichtete Unterrichtsgestaltung den Orientierungs- bzw. Relevanzrahmen der Lehrkräfte entspricht. Was die Praxis jedoch nicht zeigt,[76] ist eine subjektorientierte Stundenausrichtung. Denn zunächst scheint die ‚eigentliche‘ Unterrichtsplanung zumeist an die Tradition (im Sprachgebrauch KUNSTMANNS) angelehnt zu sein. Situativ wird dann diese Planung aufgebrochen und damit der Weg zu einem schüler*innenfokussierten Unterrichtsverlauf geöffnet. Zudem lässt sich in der Praxis nicht erkennen, inwiefern Unterrichtssituationen, die zugunsten von schüler*innenfokussierten Stundenverläufen geöffnet wurden, im Nachgang an ein Angebot einer (christlich-religiösen) Deutung rückgebunden werden, wie KUNSTMANN es vorschlägt.[77]

Eine weitere Beobachtung der Befunde, die sich erst im Zusammenhang der theoretischen Diskussion ergab, ist eine unterrichtpraktische Trennung dieser offenen, schüler*innenorientierten Unterrichtsformen von anderen Formen in-

---

[72] „*An die Erfahrungen der Subjekte ist nicht ‚anzudocken‘, sondern diese sind zum Ausgangspunkt religiösen Lernens zu machen*“ (Kunstmann 2017, 372).

[73] Kunstmann 2017, 374.

[74] Kunstmann 2017, 375. Hier wendet er sich konkret gegen KARL ERNST NIPKOWS Aussage, der als Ausgangspunkt die „religiösen *Fragen z. B. nach der Existenz Gottes, nach Gott und dem Leid, nach der Schöpfung usw.*“ (ebd.) formuliert hatte (Verweis auf Nipkow 1992).

[75] Kunstmann 2018, 371; 374f. Als unterrichtspraktisches Beispiel zieht er hier u. a. die Studie von GUNDULA ROSENOW zum individuellen Symbolisieren heran, vgl. Rosenow 2018.

[76] Anzumerken ist, dass die Lehrkräfte auch nicht planten, einen subjekt-orientierten Unterricht zu erteilen. Insofern stellt dieser Aspekt eine deskriptive Beschreibung, keine normative Bewertung dar.

[77] Vgl. Kunstmann 2017, bes. 375.

stitutionalisierten Unterrichts, wie z. B. die Vorgaben inhaltlich-institutioneller Art, die Unterrichtssteuerung als Lehrkraft sowie die Benotung. Für die schüler*innenorientierten Unterrichtssequenzen scheinen diese festen Formen und Strukturen institutionalisierten Unterrichts suspendiert zu werden. Nicht nur setzt die Bindung an die inhaltlichen Vorgaben aus, sondern die Lehrkräfte sprechen beispielsweise auch davon, dass Benotungen nur bei der Thematisierung abfragbaren (christlich-religiösen) Wissens möglich seien. Damit könnten die Lehrkräfte Gefahr laufen, dass dies zu einer Aufspaltung ihrer Unterrichtspraxis im Fach Religion führt: in versachkundlichte Unterrichtsituationen einerseits (Gegenstand: christlich-biblische Themen, zur Generierung von Noten und Erfüllung curricularer Vorgaben) und schüler*innenorientierte Unterrichtssituationen andererseits (jedoch ohne christliche Deutung und Profil und ohne Vorgabenbindung). Ersteres entspricht in Teilen den Ergebnissen von RUDOLF ENGLERT ET AL.[78] und später auch von HANNA ROOSE[79], die jeweils die Tendenz zu einer versachkundlichten Bearbeitung religiöser Fragen im (konfessionellen) Religionsunterricht feststellten.

In Anbetracht der Praxis sind folgende Fragen an die Theorie zu stellen: Wie ist eine konsequente Subjektorientierung innerhalb des Rahmens des institutionell-strukturierten Fachunterrichts möglich? Dabei ist an die Entwicklung von Kerncurricula und die Bewertung von Schüler*innenleistungen zu denken. Zusätzlich ergibt sich die Frage nach den konkreten praktischen Möglichkeiten, wie christlich-religiöse Deutungen in subjektorientierten Unterrichtssituationen angeboten werden können. Wie lässt sich nach der Thematisierung von Erfahrungen seitens der Schüler*innen von den Lehrkräften wieder der Bogen zu einer christlich-religiösen Deutung schlagen, ohne dem Überwältigungsverbot zu erliegen?[80]

Als drittes Moment dominiert in der Diskussion zu den gegenwärtigen religionspädagogischen Leitbildern die Rekonstruktion einer (partiellen) dialogisch-vergleichenden Öffnung des Unterrichts, wie dies im Sample pointiert bei FRAU BUNTSPECHT festzustellen ist (vgl. Kap. 4 und 6.1). Bezogen wird diese Praxis nun auf die konzeptionelle Ausarbeitung eines dialogischen Religionsunterrichts in Hamburg (auch in der Weiterentwicklung durch THORSTEN KNAUTH).

Zum „*Kernanliegen*"[81] gehörte in den Anfängen der Konzeptionierung des Hamburger Religionsunterrichts nach FOLKERT DOEDENS und WOLFRAM WEIßE der „*Dialog, ggf. auch die Auseinandersetzung über Gemeinsamkeiten und Differenz ange-*

78 Vgl. Englert, Hennecke & Kämmerling 2014, 111: „*Aufschlussreich ist, dass über religiöse Tradition vielfach lediglich informiert wird.*" Vgl. dazu auch die Erkenntnis ENGLERTS, dass auf Fragen nach Relevanz und Geltung von biblischen Texten auch im konfessionellen Religionsunterricht vielfach nicht eingegangen wird, vgl. Englert 2017, 27f.

79 Vgl. Roose 2019, 127.

80 Vgl. dazu Ansätze einer Erarbeitung bei Rosenow 2018. Vgl. zur fachkulturellen Spannung aus Überwältigungsverbot und Positionierungsgebot: Roose 2013a.

81 Doedens & Weiße 2007, 51.

sichts religiöser und weltanschaulicher Vielfalt in den Lerngruppen". In der Weiterentwicklung dieser Unterrichtskonzeption durch u. a. THORSTEN KNAUTH wird Dialog nun deutlich anders gefasst, indem sich – ähnlich zu KUNSTMANN – von einer formalen Religion bzw. ihrer Tradition als Dialogbasis verabschiedet wird:

> *„Wenn Dialog darin besteht, dass Menschen sich einander in ihrer Persönlichkeit zeigen und einander mitteilten, wie sie sich, Wirklichkeit und andere verstehen, dann kann Religion in einer dialogischen Struktur nur angemessen zur Geltung kommen, wenn sie eine Dimension dieses interpersonalen Geschehens ist. Dies bedeutet, dass Religion in ihrem Bezug auf Person und Perspektive der Menschen zur Sprache kommt, die sich im Dialog miteinander befinden."*[82]

Durch diese Form der existenziellen Bedeutung von Religion für die Dialogpartner*innen grenzt KNAUTH sich direkt von einem diesbezüglichen Religionsverständnis ab, das *„exklusiv und primär einen bestimmten Phänomenbereich [bezeichnet], der durch religiöse Traditionen und Institutionen vorgegeben ist"*.[83] Die empirischen Befunde lassen die These zu, dass dialogische Momente – im Sinne KNAUTHS – vornehmlich dann entstehen, wenn sich die Gruppe vergleichsweise formal religiös homogen gestaltet (vgl. FRAU FINK und FRAU STIEGLITZ, 217), d. h. wenn sich die Gruppe vor allem aus evangelischen und nicht religiös geprägten Schüler*innen zusammensetzt. Sobald jedoch beispielsweise muslimische Schüler*innen im Unterricht anwesend waren,[84] traten in den Erzählungen der Lehrkräfte andere dialogische Momente hervor. Dann floss doch die (formale) religiöse Zugehörigkeit der Schüler*innen in den Dialog mit ein. Denn dann trat dieser Dialog zwischen den muslimischen Schüler*innen in ihrer Funktion als solche und den kulturell christlich geprägten Schüler*innen zutage. (vgl. FRAU BUNTSPECHT, Kap. 4.3, S. 93f.; Kap. 5.3, S. 183, auch FRAU DOMPFAFF (310–312). Die daraus abzuleitende These ist, dass zunehmende religiöse Pluralität aufseiten der Schüler*innen einen Dialog im Sinne KNAUTHS alltagspraktisch zunächst erschwert. Hier schließt sich die Frage an das Hamburger Modell an, wie – mit Blick auf die empirischen Ergebnisse – die angestrebte (religiöse) Pluralitätsfähigkeit über den Dialog gelingen kann, wenn die (formale) Religionszugehörigkeit keine Rolle spielt bzw. spielen soll.

---

82 Knauth 2017, 199.

83 Knauth 2017, 200.

84 Die Frage danach, wie sich die Lerngruppen in den jeweiligen Fällen zusammensetzen, wurde zum einen im Interview selbst deutlich, wenn die Lehrkräfte davon erzählten. Zur Anreicherung der Daten wurde die formal religiöse Zusammensetzung der Lerngruppen der Lehrkräfte im Anschluss an das Interview in einem Fragebogen erhoben.

7.4 Diskussion der Fachlichkeit des Religionsunterrichts im Vergleich

Teilergebnisse dieser Studie werden nun in einen theoretischen Diskurs zur Fachlichkeit von Unterricht(-sfächern) eingebettet, der u. a. von SABINE REH und IRENE PIEPER (2018) – am Beispiel des Deutschunterrichts – aufgenommen wurde. Dabei können lediglich Möglichkeiten und Thesen aufgestellt werden, die sich ggf. als Ausgangspunkt für weitere Forschung erweisen können, wobei kein vollständiges Konzept der Konstitution von Fachlichkeit im Religionsunterricht präsentiert wird.

Mit REH und PIEPER (2018) wird die Fachlichkeit des Unterrichts als *„ein[] Modus der Organisation des Wissens und des Umgangs mit Wissen im Zusammenhang von schulischem Lernen und Lehren bestimmt“*, der auf die *„Er- und Bearbeitungsformen fachlicher Gegenstände in je eigenen schulfachlichen Gattungen“*[85] spezifiziert werden kann. Bei aller Beharrlichkeit unterliegen diese einer gewissen *„Entwicklungsdynamik“*[86]. Überdies formiert sich Fachlichkeit REH und PIEPER zufolge eben nicht (notwendigerweise) als Reduktion einer Fachwissenschaft und stellt auch kein *„Ergebnis von Steuerung“*[87] dar. Stattdessen muss diese als Wechselspiel unterschiedlicher Faktoren jenseits der Absichten der Akteur*innen betrachtet werden.[88] Welche Thesen zur Fachlichkeit des Religionsunterrichts könnten – ausgehend vom Material – formuliert werden?

Zunächst gilt es, die rekonstruierten Modi der Lehrkräfte zu beschreiben, die allesamt auf eine Prekarität des Religionsunterrichts verweisen. Neben dem *Erkämpfen der Unterrichtserteilung,* dokumentiert sich der Modus des *Rechtfertigens bzw. Legitimierens* und des *inhaltlichen Erklärens und Positionierens des Unterrichts.* Zudem ist auch ein *Infragestellen des eigenen Unterrichtens* zu beobachten sowie ein *Anpassen der Unterrichtspraxis* u. a. an die Schüler*innen und die Anforderungen von Eltern (vgl. Kap. 6.1, S. 200–220). Daraus lässt sich implizit schlussfolgern, dass 1. das Fach in den Konstruktionen der Lehrkräfte keineswegs einen gesicherten Status im Fächerkanon der Grundschule hat, dass 2. die Unterrichtsgegenstände und -praxen erklärungs- und auch legitimierungsbedürftig (nicht nur) gegenüber Eltern werden, sodass 3. Praxen der Anpassung in Form eines Loslösens von curricularen (inhaltlichen) Vorgaben entstehen, die vermehrt zu schüler*innen-orientierten bzw. schüler*inneninitiierten Unterrichtssequenzen führen. Explizit wird dem Gegenstand des Religionsunterrichts sogar mehrfach ein polyvalenter Charakter beigemessen (vgl. Kap. 6.2, S. 221),

---

85 Reh & Pieper 2018, 37.
86 Reh & Pieper 2018, 37.
87 Reh & Pieper 2018, 32.
88 Vgl. Reh & Pieper 2018, 32.

was zugleich einen positiven Horizont darstellt, weil dieser sich dadurch von anderen Fächern abgrenzt (Alleinstellungsmerkmal).[89]

Fachlichkeit scheint sich im Religionsunterricht demnach an einem sich immer neu zu bestimmenden Verhältnis des Unterrichtsgeschehens zu inhaltlichen Vorgaben (u. a. Kerncurriculum) aufzuspannen. Dabei geht es weniger um ein starres Erfüllen von Vorgaben bzw. dem Erreichen von (feststehenden) Lernzielen als vielmehr um eine Unterrichtsdynamik, die sich immer wieder neu entwickeln muss. Von einer starren (Vor-)Strukturierung des Gegenstands grenzen sich die Lehrkräfte ab. Demnach lässt sich die These aufstellen, dass von der Fachlichkeit im Sinne der Organisation von deklarativem Wissen abgerückt wird. Zum einen zeigt sich diese Offenheit des Faches in den (zugeschriebenen) ‚Potenzialen' des Religionsunterrichts. Zum anderen führen diese Formen der extremen Anpassung an die Schüler*innen und dem Loslösen von Curricula möglicherweise zum Verlust einer (eindeutigen) Profilierung des Faches oder erschweren diese zumindest. Dies trägt womöglich auch dazu bei, dass das Fach hinsichtlich seiner Inhalte und Intentionen zunehmend ‚interpretationsbedürftig' für die Eltern wird, was sich im Modus des Erklärens und Positionierens des Unterrichts im Handeln der Lehrkräfte niederschlägt.

Demgegenüber heben Reh & Pieper in ihrem Aufsatz zum Deutschunterricht hervor, dass auch in diesem Fach strittig ist, worin die Fachlichkeit bestünde – *„trotz seines hohen Etablierungsgrads und der immer stärkeren curricularen Formierung“*.[90] Doch anders als im Religionsunterricht scheint die Außenwahrnehmung des Deutschunterrichts nicht von (kritischen) Anfragen geprägt zu sein, denn Letzterer steht keinesfalls unter Legitimationsdruck. Die Frage nach einer mangelnden Profilierung und ambivalenten Praxis des Religionsunterrichts könnte im Kontext eines hohen Legitimationsdrucks ein interessante Forschungsperspcktive für weitere Studien darstellen. In diesem Zusammenhang fordert auch Jürgen Kaube in der FAZ eine deutlichere bzw. andere Positionierung des derzeitigen Religionsunterrichts.[91] Er kritisiert, dass die religionskundlichen Aspekte des Unterrichts und der Bezug zur Religion zu kurz bzw. nur beiläufig Eingang in den Unterricht finden: *„so als wäre die Geschichte, Bild- und Argumentationswelt der Religionen nur ein Pool von Ratschlägen für lebensweltlich interessante Situationen der Schüler [sic!].“* Die Folge dessen sei eine als *„konfus“*[92] bewertete Situation des Unterrichts und Schüler*innen, denen es an Wissen über Religion fehlt.

---

89 Vgl. dazu die Ergebnisse aus der Unterrichtsforschung zum unterrichtspraktischen Umgang mit dem polyvalenten Unterrichtsgegenstand biblischer Texte in Roose 2021. Denn dort konnte rekonstruiert werden, dass die Lehrkraft auf unterrichtspraktischer Ebene eine Orientierung an Vereindeutigung aufweist, was zu Norm-Habitus-Spannungen ihrerseits angesichts der Norm der Polyvalenz biblischer Texte führt.

90 Reh & Pieper 2018, 30.

91 Vgl. Kaube 2019, 9.

92 Beides Kaube 2019, 9.

Die theoretischen Ausarbeitungen von Reh und Pieper werfen ein Schlaglicht auf den historischen Prozess der „*Verfächerung*" schulischen Unterrichts, der dem ‚Fach' vorausgegangen ist. Sie fassen diesen nicht etwa als die Entstehung eines (einzelnen) Schulfaches, sondern als Herausbildung „*mehrere[r], miteinander in einer auch hierarchischen Beziehung stehende[r] Fächer.*"[93] Diese historische Genese von Schulfächern ist in zweierlei Hinsicht für die Interpretation der vorliegenden Ergebnisse relevant: Zum einen zeigt sich anhand der Konstruktionen der Lehrkräfte, dass einer ordnungsgemäßen Erteilung des Religionsunterrichts im Fall von Vertretungssituationen schulkulturell weniger Relevanz beigemessen wird als in anderem Fachunterricht (vgl. Kap. 6.1.1, S. 201f.). Die Lehrkräfte erleben diesbezüglich eine Fächerhierarchie zuungunsten des Religionsunterrichts. Zugleich sehen sie sich selbst in der Position, eine ordnungsgemäße Erteilung bzw. Vertretung erkämpfen zu müssen und damit gegen die hierarchische Struktur, die Rangfolge aktiv vorzugehen. Auch von Eltern bzw. Schüler*innen und angesichts der Abmeldeoption wird dem Religionsunterricht institutionell eine weniger wichtige Rolle zugeschrieben, da diese beispielsweise im Religionsunterricht lediglich einen Arbeitsaufwand für die Schüler*innen ohne inhaltlichen Mehrwert sehen (vgl. Kap. 6.1.4, S. 199). Auch hier nehmen die Lehrkräfte in ihrer Praxis entsprechende Prozesse von Hierarchisierung und Priorisierung zuungunsten des Religionsunterrichts wahr.

Diese theoretischen Ausführungen zur Verfächerung sind allerdings auch angesichts der (normativen) positiven Horizonte der Lehrkräfte bedeutsam, denn aufgrund der Andersartigkeit des Religionsunterrichts sind diesem auch ‚Potenziale' gegenüber den sog. Hauptfächern inhärent, was auf den dort bestehenden strukturellen Druck bzw. Zwang zurückgeführt wird. Dies bedeutet, dass der Religionsunterricht bzw. seine Fachkultur und Fachlichkeit auch von anderen Fächern bzw. Fachkulturen ex negativo zu profitieren scheint, gerade weil dieser sich von den anderen Fächern abhebt.

7.5 Diskussion mit empirischen Studien

Die Frage nach religiöser Schulbildung im Kontext von Pluralisierungsprozessen der Gesellschaft ist nicht nur in der vorliegenden Studie Anlass zur Forschung gewesen, sondern hat in jüngerer Vergangenheit mehrere Wissenschaftler veranlasst, (nicht nur) bundeslandspezifische Grundlagenforschung bereitzustellen. Dementsprechend gilt es an dieser Stelle, die Ergebnisse in den Kontext ausgewählter relevanter Studien einzubetten, um den Ergebnissen auf diese Weise

---

93 Reh & Pieper 2018, 24.

Profil zu verleihen.[94] Wenige Studien beziehen sich direkt auf die Situation in Niedersachsen. Da religiöse Schulbildung deutschlandweit durch eine *„große Vielfalt“*[95] gekennzeichnet ist, die sowohl *„von rechtlichen Vorgaben“* als auch von *„religionspädagogischen Besonderheiten“*[96] geprägt ist, müssen die deutlichen Unterschiede bereits in der gesellschaftlich-geprägten Ausgangslage sowie in der organisationalen Rahmung berücksichtigt werden, was einen Vergleich der Studien erschwert. Dennoch bieten sich auch bundeslandübergreifende Bezüge an, weil dadurch auch Abgrenzungen und Besonderheiten deutlicher hervortreten.

Für Niedersachsen veröffentlichten ANDREAS FEIGE ET AL. bereits im Jahre 2000 eine umfangreiche und einschlägige Studie zu den Zielvorstellungen von Religionslehrer*innen, sodass Beziehungen zwischen gelebter und gelehrter Religion hergestellt wurden. In Bezug auf die vorliegende Studie erscheint u. a. diskussionswürdig, dass die Autoren damals – vor 20 Jahren – zwar ebenfalls von einer *„hohen Identifikation“* der Lehrkräfte mit dem Religionsunterricht ausgehen konnten, jedoch lediglich von einer *„klagenden Minderheit“*[97] angesichts der Unterrichtsbedingungen sprachen. Zwar findet sich auch in der vorliegenden Studie keineswegs in allen Fällen eine explizite Klage, dennoch spricht die sich fallübergreifend zeigende ‚Prekarität‘ des Religionsunterrichts dafür, dass das Bild einer *„klagenden Minderheit“*[98] auf die Situation heute nicht länger zuzutreffen scheint. Dies hängt möglicherweise mit den wahrgenommenen Bedingungen zusammen, die in den letzten 20 Jahren einem Wandel unterlagen. Ebenfalls bestätigt sich ein *„Bemühen um die SchülerInnen als ‚Hauptpersonen‘“*[99], das im Gegensatz zu FEIGE ET AL. nun auch aus praxeologischer Perspektive – und demnach relativ *„unabhängig vom subjektiv gemeinten Sinn“*[100] der Lehrkräfte – belegt und in einen Zusammenhang mit den Vorgaben christlich-biblischer Unterrichtsgegenstände gestellt werden konnte.

In der groß angelegten, triangulierenden Studie von MARTIN ROTHGANGEL, CHRISTHARD LÜCK und PHILIPP KLUTZ (2017) mit Fokus auf dem Gebiet der Evangelischen Kirche im Rheinland wurden ausführliche (qualitative und quantitative) Daten zu den expliziten Wissensbeständen der dortigen Lehrkräfte erhoben (vgl. die quantitativen Befunde[101] sowie die qualitative Teilstudie 1[102]). Besonders gilt es nun jedoch, Abgrenzungen gegenüber der qualitativen Teilstudie von PHILIPP

---

94 Zur Einordnung dieses Kapitels: Die ausführliche Darstellung des Forschungsstandes erfolgte bereits in Kap. 1.2, S. 14; damit gilt es nun, die Befunde mit ausgewählten Ergebnissen zu kontrastieren.

95 Meyer-Blanck 2013, 160.

96 Beides Meyer-Blanck 2013, 161.

97 Feige et al. 2000, 452.

98 Hervorhebung durch K. W.

99 Feige et al. 2000, 416f.

100 Bohnsack, Nentwig-Gesemann & Nohl 2013b, 9.

101 Lück 2017.

102 Rothgangel 2017.

Klutz vorzunehmen, da auch dort ein Fokus auf implizite, handlungsleitende Wissensbestände von Grundschullehrkräften gelegt wurde. Die im vorliegenden Kontext rekonstruierte Prekarität des Religionsunterrichts findet sich bei Klutz für einen konkreten Ausschnitt des konjunktiven Erfahrungsraums: den institutionellen Organisationsrahmen. Hier konnte er die Wahrnehmung des Religionsunterrichts als ein „*schulorganisatorisch fragiles Fach*"[103] rekonstruieren. Die vorliegende Studie kann an diese Instabilität anschließen, weitet sie jedoch in entscheidendem Ausmaß auf große Bereiche des konjunktiven Erfahrungsraums ‚Religionsunterricht' aus. So betrifft diese Instabilität bzw. hier Prekarität neben der Unterrichtsorganisationsebene auch die Unterrichtsebene, die Wahrnehmung der Schüler*innen, den Umgang mit Eltern und Schulleitungen usw. Während sich die rekonstruierte Prekarität stellenweise auch in einer gewissen Unsicherheit angesichts des *Stellenwerts* des Religionsunterrichts im Fächerkanon und darüber hinaus niederschlug, findet sich dies bei Klutz viel fundamentaler in einer „*Sorge um das Weiterbestehen der evangelischen Identität*"[104] für den Fortbestand des Klassenverbandsunterrichts. Eine solche dezidiert konfessionelle Identifikation der Lehrkräfte findet sich im Datenmaterial dieser Studie selten bis gar nicht; zu bedenken sind in diesem Falle möglicherweise auch anders verteilte Diaspora-Situationen.[105]

Die von Klutz rekonstruierte Orientierung an den „*Interessen, Bedürfnissen und Anliegen der Kinder*"[106] schließt zunächst an die Befunde Feiges et al. (s. o.) an; die vorliegende Studie kann dies belegen und zugleich angesichts des Spannungsverhältnisses aus Schüler*innen und christlich-biblischem Unterrichtsgegenstand sowie aus Zwang (Vorgaben) und Freiheit (Unterrichtsdynamik) ausbuchstabieren bzw. spezifizieren (vgl. u. a. Kap. 7.3; 7.1).

Für das Bundesland Schleswig-Holstein legten Uta Pohl-Patalong et al. (2016) eine ähnlich groß angelegte Studie vor. Auch hier werden explizite Wissensbestände von Religionslehrkräften bereitgestellt, die sich im Kontext von religiöser Vielfalt bei den Schüler*innen sowie eines konfessionellen Religionsunterrichts abzeichnen. Dabei konnte die Forscher*innengruppe eine auch „*der religiösen Vielfalt inhärente Vielfältigkeit der Verhältnisse einerseits und der Wahrnehmungen [dessen durch die Lehrkräfte] andererseits*"[107] feststellen, wobei diese ‚vielfältige Vielfalt' hauptsächlich als Normalität wahrgenommen wird.[108] Dennoch zieht die Anwesenheit „*nicht-religiöser Schüler*innen*" didaktische Herausforderungen für die Lehrkräfte nach sich, was sich auch hier mit der vorliegenden

103 Klutz 2017, 246.

104 Klutz 2017, 250.

105 Vgl. Klutz 2017, 250f. Die dortigen (evangelischen) Lehrkräfte befinden sich im Kontext einer „*katholisch dominierten Region*" deutlich in der Diaspora (ebd., 251).

106 Klutz 2017, 247ff.

107 Pohl-Patalong 2016, 299.

108 Vgl. Pohl-Patalong et al. 2016, 300.

Studie stützen lässt. Insgesamt scheinen die wahrgenommenen Chancen eines Unterrichts, der nicht nach Konfessionen und Religionen getrennt ist, deutlich gegenüber den Schwierigkeiten zu überwiegen.[109] Dies trifft explizit auch auf die vorliegenden Befunde zu, denn die zunehmende gesellschaftliche Vervielfältigung führt doch auf der implizit rekonstruierten Ebene zu einer Instabilität des Faches, die sich in dessen Prekarität dokumentiert. Damit ergänzt die vorliegende Studie die bestehenden Befunde aus Schleswig-Holstein, da die Wahrnehmungen von Vielfalt seitens der Lehrkräfte ausgearbeitet wurden, sodass auch dessen handlungspraktische, implizite Relevanz erfasst wurde und um die komplementären Momente einer Homogenisierung ergänzt wurden.

Mit besonderer Beachtung der Alltagsrealität eines Religionsunterrichts in der Grundschule haben Klaus Kießling, Andreas Günter und Stephan Pruchniewicz (2018) für Hessen in einem ersten Ergebnisvorschuss[110] festgestellt, dass die Lehrkräfte einem Unterricht in konfessionell-heterogenen Lerngruppen positiv gegenüberstehen und dieser zusehends den Normalfall darstellt, was nach Meinung der Lehrkräfte die *„konfessionelle Profilierung [...] sogar deutlicher zutage [...] treten“*[111] lässt. Damit zeigen sich deutliche Unterschiede dieser subjektiven Daten bei katholischem Lehrpersonal gegenüber den vorliegenden Rekonstruktionen evangelischer Lehrkräfte, die nahelegen, dass konfessionelle Unterschiede kaum inhaltliche Relevanz haben: weder für die Konstitution des Unterrichtsgegenstandes noch hinsichtlich der Wahrnehmung der Schüler*innen. Inwiefern diese Differenz tatsächlich auf den konfessionellen Hintergrund der Lehrkräfte bzw. des jeweiligen Unterrichts zurückzuführen ist oder aber auf den methodischen Zugriff o. ä., lässt sich leider an dieser Stelle nicht mit Sicherheit feststellen, was allerdings eine interessante Forschungsfrage für die Zukunft darstellt.

In der empirischen Studie von Englert, Hennecke und Kämmerling (2014) erscheint äußerst anschlussfähig, dass die Forschenden in ihren Beobachtungen von (katholischem) Religionsunterricht feststellen konnten, dass *„über religiöse Tradition vielfach lediglich informiert wird“*[112], selbst wenn es um die ‚eigene Tradition‘ geht. Zur Identifizierung der Rahmungen von thematischen Gegenständen unterschieden sie eine *„wir-gruppenbezogene konfessionelle Rahmung“*[113] (z. B. ‚wir Christ*innen glauben‘) von einer *„sie-bezogene[n] kulturkundliche[n] Rahmung“*[114] (z. B. ‚die Christ*innen glauben‘) und damit eine Teilnehmer*innen- von einer Beobachter*innenperspektive. Dabei haben sie herausgefunden, dass in Glau-

---

[109] Vgl. Pohl-Patalong et al. 2016, 303f.

[110] Vgl. Kießling, Günter & Pruchniewicz 2018, 8.

[111] Kießling, Günter & Pruchniewicz 2018, 126.

[112] Englert, Hennecke & Kämmerling 2014, 111. Das Hauptanliegen der Studie war alltagspraktische Erforschung des Korrelationskonzepts in katholischem Religionsunterricht. So auch Roose 2019, 127.

[113] Englert, Hennecke & Kämmerling 2014, 110.

[114] Englert, Hennecke & Kämmerling 2014, 111.

bensfragen kaum noch von einem „*kollektiven ‚Wir' zu sprechen*"[115] ist, sodass tendenziell in die Beobachter*innenperspektive gewechselt wird.[116] Daran lassen sich auch die vorliegenden Ergebnisse anschließen, denn auch in den Rekonstruktionen der evangelischen Lehrkräfte sind kaum ‚wir-gruppenbezogene Rahmungen' vorzufinden. Zwar werden die Schüler*innen teilweise mit in biblische Geschichten hineingezogen, allerdings gibt es keinerlei Angebote ‚in die andere Richtung', sodass der im Unterricht thematisierte Lebensweltbezug, ihre eigenen Erfahrungen hinterher nicht mit einer christlich-fundierten Deutung in Verbindung gebracht werden. Die christlich-biblische Tradition bildet lediglich den Ausgangspunkt von Unterrichtsgeschehen, wird jedoch nicht zur Deutung erklärt (vgl. Kap. 6.2 und auch die Diskussion mit den fachdidaktischen Konzeptionen in diesem Kapitel, 7.1.1). Die ‚wir-bezogenen Rahmungen', die sich im Material finden lassen, kommen entweder nur im Vergleich gegenüber der islamischen Tradition vor (vgl. beispielsweise die Falldarstellung Frau Buntspecht (72f.), z. B. in Kap. 5.3, S. 182), oder sie haben aber keinen christlich-konfessionellen, sondern eher einen allgemein(ethisch)en bzw. allgemein-didaktischen Charakter (vgl. zum Beispiel Frau Zaunkönig (138–141), u. a. in Kap. 5.1, S. 122f.).

Zusammenfassend zeigen sich teilweise aufschlussreiche Schnittmengen mit den diskutierten Studien, was beispielsweise die Ausrichtung an den Schüler*innen angeht. Hier kann die vorliegende Studie die erhobenen expliziten Wissensbestände der Studien ausbuchstabieren und die alltags- und handlungspraktische Relevanz dessen, auch im Zusammenspiel mit der Bearbeitung von Vorgaben, rekonstruierend aufzeigen.

Mit Blick auf die Befunde zu konfessionellen Differenzen lassen sich hingegen deutliche Unterschiede feststellen – sowohl angesichts katholischer Befunde (Kießling) als auch evangelischer Erkenntnisse aus der Diaspora-Situation (Klutz). Die vorliegenden Befunde gehen dabei auch über andere empirische Befunde hinaus, denn es ließen sich zwei miteinander konkurrierende Basisrahmungen für den Religionsunterricht rekonstruieren: die ‚Prekarität' und dessen ‚Potenziale'. Dadurch lässt sich der von Klutz beschriebene fragile Charakter des Religionsunterrichts näher charakterisieren, die hohe Identifikation der Lehrkräfte mit ihrem Fach (Feige et al.) erklären und beide rekonstruktiv in Verbindung setzen. Damit zeigt die vorliegende Studie durch ihre rekonstruktive praxeologische Ausrichtung detailliert Spannungen in der Alltagspraxis von Religionslehrkräften auf, die zur Ergänzung des bisherigen Forschungsstands beiträgt.

---

115 Englert, Hennecke & Kämmerling 2014, 111.

116 Vgl. Englert, Hennecke & Kämmerling 2014, 111.

7.6 Diskussion im Kontext des Drei-Säulen-Modells

Den Ausgangspunkt der vorliegenden Studie stellten anstehende Veränderungen in der Organisation des Grundschul-Religionsunterrichts dar. Aufgrund der Etablierung des avisierten ‚Drei-Säulen-Modells'[117] wird mit dieser Studie beabsichtigt, Grundlagenforschung anhand von Rekonstruktionen der Erfahrungen von Lehrkräften vorzulegen, um u. a. Indizien aus der Praxis für eine erfolgreiche Etablierung zu generieren. Im Folgenden wird anhand der Befunde noch einmal der Bogen zur anstehenden Neustrukturierung des Unterrichts anhand dieses ‚Drei-Säulen-Modells' geschlagen, um Chancen und Herausforderungen praxisbasiert zu formulieren. Fragen nach den – auch durch die Lehrkräfte thematisierten – schulisch-organisatorischen Aspekten der Etablierung des ‚Drei-Säulen-Modells' sind in dieser Arbeit und auf Grundlage der Daten nicht fundiert zu bearbeiten und müssen dementsprechend ausgeklammert werden (dies betrifft beispielsweise die Erstellung von Stundenplänen, die Konzeptualisierung des Faches ‚Werte und Normen' und die Frage nach zur Verfügung stehenden Lehrkräften für weitere Unterrichtsangebote u. v. m).

Doch was lässt sich angesichts des Unterrichts selbst aussagen? Zunächst ist Frau Stieglitz die einzige Lehrkraft im Sample, bei der sich schulintern bereits eine ähnliche Organisationsform zum Drei-Säulen-Modell etabliert hat: Die Jahrgänge werden jeweils auf die drei Unterrichtsangebote des konfessionell-kooperativen Religionsunterrichts, des islamischen Religionsunterrichts sowie eines Förderunterrichtsangebots (für alle abgemeldeten Schüler*innen) aufgeteilt, was auch den zahlenmäßigen Verhältnissen entspricht. Die rekonstruierte Prekarität des Religionsunterrichts äußert sich bei Frau Stieglitz lediglich in der organisatorischen Rahmengestaltung, nicht jedoch im Religionsunterricht selbst. Da der Religionsunterricht jahrgangsübergreifend ‚im Band' (parallel) offiziell organisiert wird, scheinen Situationen der Verteidigung bzw. des Erkämpfens des Unterrichts nicht relevant zu werden. Auch auf der Ebene der Unterrichtsgestaltung dokumentiert sich keinerlei Prekarität. Trotz der eindeutigen Befunde ist es auf dieser Datengrundlage verfehlt, nun eindeutige kausale Rückschlüsse aus dem Einzelfall zu ziehen. Es lässt sich demnach nicht eindeutig sagen, dass diese Organisationsform beispielweise Prekarität verhindert. Dies wäre zu kurz gegriffen. Insofern wird nach weiteren Indizien für Chancen und Herausforderungen dieses Modells gesucht.

Für die Situation der Lehrkräfte wird in alltagspraktischer Hinsicht eine flächendeckende Etablierung des Drei-Säulen-Modells möglicherweise entlastend wirken, denn danach müssen sie nicht mehr mit der (attraktiven) Alternative einer Freistunde konkurrieren. Zudem würde für sie selbst die Rollendopplung

[117] Mit der Formulierung des Drei-Säulen-Modells wird im Folgenden auch die Option eines Zwei-Säulen-Modells mitgedacht, sodass die Säule des islamischen Religionsunterrichts lediglich an Schulen mit Bedarf eingeführt wird.

wegfallen, da sie während ihres Unterrichtens nicht mehr zusätzlich als Betreuungslehrkräfte für abgemeldete Schüler*innen fungieren müssen. Des Weiteren könnte das Drei-Säulen-Modell der Unterrichtserteilung ‚in der Grauzone' durch fehlende institutionelle Organisationsformen entgegenwirken und diese kompensieren, sodass dies zu organisationaler Eindeutigkeit beiträgt (vgl. dazu die Ausführungen in Kap. 2.3).

Während das Drei-Säulen-Modell zu Beginn dieser Studie in Kap. 2.3 als eine ‚Homogenisierungsstrategie' der Lerngruppe angesichts ihrer formalen Religionszugehörigkeit interpretiert wurde (S. 34), erweist sich auf Grundlage der vorliegenden Daten nun eine andere relevante und zugleich wirksame Facette der Differenzierung im ‚Drei-Säulen-Modell': die Frage nach einer Homogenisierungstendenz von Haltungen und Ansprüchen der Eltern und Schüler*innen. Das bedeutet, dass sich im Unterrichtsfach ‚konfessionell-kooperativer Religionsunterricht' (bzw. evangelischer / katholischer, später: christlicher) tendenziell Schüler*innen finden, die sich aufgrund der elterlichen Erwartungshaltungen an den Unterricht ‚homogener' verhalten, da tendenziell ablehnende bzw. kritische Eltern ihr Kind möglicherweise eher in einen ‚Werte und Normen'-Unterricht geben würden. Damit befänden sich die Lehrkräfte weniger in der (misslichen) Lage, ihren Unterricht an äußerst unterschiedlichen Ansprüchen auszurichten, um die Abmeldungsgefahr zu umgehen. So bekäme der Unterricht die Chance, ein deutlicheres Profil zu gewinnen, denn die negative Religionsfreiheit wäre nicht nur eine (irgendwie explizit) zu bearbeitende Norm (vgl. Kap. 7.1, S. 229f.), sondern würde – durch alternative Unterrichtsmöglichkeiten – tatsächlich handlungsleitend werden können.[118]

Aus Perspektive der Lehrkräfte selbst findet sich in ihren Alltagskonstruktionen jedoch in maßgeblicher Weise die Orientierung an den Schüler*innen, verknüpft mit dem deutlich positiven Horizont, der sich angesichts des Unterrichts im Klassenverband zeigt. Dem sozialen (Klassen-)Gefüge messen die Lehrkräfte einen herausgehobenen Stellenwert bei, der über das Unterrichtsgeschehen hinausweist. Das Drei-Säulen-Modell wird diesen Orientierungen am Klassenverband nicht gerecht werden können.

Insofern stellt sich auch mit dieser Arbeit die möglicherweise ernüchternde Einsicht ein, dass sich die bereits konstatierte Spannung zwischen präferiertem Klassenverbandsunterricht und konfessioneller Prägung des Unterrichts[119] auf Basis der Daten nicht in eine Richtung auflösen lässt. Allerdings deuten die Befunde auf relevante Wegweiser, die eine erfolgreiche Etablierung des Drei-Säulen-Modells möglicherweise begünstigen:

[118] Einen komplexitätssensiblen Blick auf die Organisationsformen und Ausgestaltungen von Religionsunterricht bietet Hanna Roose 2020.

[119] Vgl. Kap. 1.2.4, S. 22, in Bezug auf Schweitzer 2017a, 189.

- konzeptionelle und institutionelle Unterstützungen für die Lehrkräfte: Stärkungen, die ihnen zunächst auf individueller Ebene aus prekären Konstellationen heraushelfen und Verantwortlichkeiten abnehmen
- Möglichkeiten zum fächerübergreifenden, klasseninternen Austausch – trotz Drei-Säulen-Modell – schaffen, in denen auch gemeinsame Momente (inter-)religiöser Bildung im Klassengefüge ermöglicht werden
- Forschung, die sich auf die Fachkultur und die Fachlichkeit des Religionsunterrichts bezieht

7.7 Limitationen der Arbeit und Ausblick

Abschließend bleibt zu fragen, an welche Grenzen die vorliegende Studie stößt und welche Forschungsfragen sich an die Erkenntnisse im Sinne eines Ausblicks anschließen. Forschungspraktisch lassen sich einige Limitationen feststellen, die das Studiendesign betreffen. So erlaubt die Fallzahl von acht Lehrkräften lediglich, erste Strukturen und Spannungsfelder zu rekonstruieren, die keinesfalls als repräsentativ gelten können, sodass die Datenbasis keine generalisierenden Aussagen zum Lehrer*innenhandeln erlaubt. Das Sample selbst besteht zudem lediglich aus Frauen, deren Universitäts- und Studienseminar-Nähe überdurchschnittlich hoch ist, womit sie womöglich nicht dem niedersächsischen Durchschnitt einer Religionslehrkraft entsprechen. Zwar konnte die Studie interessante Ergebnisse hervorbringen, dennoch sind diese nicht in der durch die dokumentarische Methode geforderten Form der Typologie präsentiert worden. Dies gründet u. a. in der forschungspraktischen Einschränkung, dass die Interviews nicht durchweg das gewünschte Maß an Erzählungen aufwiesen, was u. a. auch durch die Interführung und -konzeption bedingt gewesen ist (vgl. ausführlich Kap. 3.3.3).

Nichtsdestotrotz konnte die vorliegende Studie die Orientierungen von Religionslehrerinnen, Spannungsfelder sowie Orientierungsschemata in ihrer Alltagspraxis rekonstruieren, die einerseits für sich stehen und andererseits Möglichkeiten für Anschlussforschung bieten: Ein erster möglicher Forschungsstrang bildet die Frage nach der alltagspraktischen Profilierung des Religionsunterrichts unter den tatsächlichen Bedingungen des Drei-Säulen-Modells; hier wäre beispielweise eine vergleichende Längsschnittstudie vor und nach der Etablierung an einer konkreten Schule zu empfehlen. Dies könnte auch in konkreter Unterrichtsforschung bearbeitet werden.

Als zweiter Forschungsstrang sind die drei rekonstruierten Spannungsfelder vertieft zu erforschen: Freiheit vs. Zwang; christlich-biblischer Unterrichtsgegenstand vs. Schüler*innen; Vereinheitlichungen vs. Differenzierungen (unter den SuS). Diese könnten in Unterrichtsforschungen einer weiterführenden Bearbeitung unterzogen werden, sodass herausgearbeitet werden könnte, wie sich das Spannungsfeld aus (religiöser) Freiheit und (schulischem) Zwang im konkreten Unterrichtsgeschehen manifestiert und an welchen Stellen die Grenzen zur (religiösen) Gleichgültigkeit überschritten werden. Hier könnten weiterführende Befunde zur Fachkulturforschung gewonnen werden.

Daran schließt sich ein dritter Forschungsstrang an: Auf Grundlage der Ergebnisse aus den interdisziplinären Forschungswerkstätten bilden vergleichende Studien zu unterschiedlichen Unterrichtsfächern eine interessante neue Forschungsperspektive, die die rekonstruierten Strukturen zu den Religionslehrer*innen deutlich konturieren und möglicherweise weiter die spezifischen Herausforderungen des Fachs Religion klären könnten.

8 Literaturverzeichnis

Abdel-Rahman, A. (2011). Lehrpläne und Lehrmaterialien – was gibt es, was wird gebraucht? In BAMF (Hrsg.), *Islamischer Religionsunterricht in Deutschland. Perspektiven und Herausforderungen. Dokumentation. Tagung der Deutschen Islam-Konferenz* (S. 117–122).

Adam, G. (2013). Religionslehrerin / Religionslehrer: Beruf – Person – Kompetenz. In M. Rothgangel, G. Adam & R. Lachmann (Hrsg.), *Religionspädagogisches Kompendium* (8. Aufl., S. 293–309). Vandenhoeck & Ruprecht.

Adam, G. & Lachmann, R. (2013). Begründungen des schulischen Religionsunterrichts. In M. Rothgangel, G. Adam & R. Lachmann (Hrsg.), *Religionspädagogisches Kompendium* (8. Aufl., S. 144–159). Vandenhoeck & Ruprecht.

Altrichter, H., Brüsemeister, T. & Wissinger, J. (Hrsg.). (2007). *Educational Governance: Handlungskoordination und Steuerung im Bildungssystem*. VS Verlag für Sozialwissenschaften.

Amling, S. (2017). Formen von und Umgang mit Diskrepanzerfahrungen von LehrerInnen – Reflexionen auf die dokumentarische Analyse der Organisation Schule. In W. Vogd & S. Amling (Hrsg.), *Dokumentarische Organisationsforschung: Perspektiven der praxeologischen Wissenssoziologie*. Verlag Barbara Budrich.

Amling, S. & Hoffmann, N. F. (2013). Die soziogenetische Typenbildung in der Diskussion: Zur Rekonstruktion der sozialen Genese von Milieus in der dokumentarischen Methode. *Zeitschrift für Qualitative Forschung*, *14*(2), 179–198.

Amling, S. & Vogd, W. (Hrsg.). (2017). *Dokumentarische Organisationsforschung: Perspektiven der praxeologischen Wissenssoziologie*. Verlag Barbara Budrich.

Antes, P. & Ceylan, R. (Hrsg.). (2017). *Muslime in Deutschland: Historische Bestandsaufnahme, aktuelle Entwicklungen und zukünftige Forschungsfragen*. Springer VS.

Asbrand, B. (2000). *Zusammen Leben und Lernen im Religionsunterricht: Eine empirische Studie zur grundschulpädagogischen Konzeption eines interreligiösen Religionsunterrichts im Klassenverband der Grundschule*. IKO, Verlag für Interkulturelle Kommunikation.

Asbrand, B. & Martens, M. (2018). *Dokumentarische Unterrichtsforschung*. Springer VS.

Avest, I. ter, Josza, D.-P., Knauth, T., Rosón, J. & Skeie, G. (Hrsg.). (2009). *Dialogue and conflict on religion: Studies of classroom interaction in European countries*. Waxmann.

Bade, R. (2007). „Islamischer Religionsunterricht" – ein niedersächsischer Schulversuch. In W. Bock (Hrsg.), *Islamischer Religionsunterricht? Rechtsfragen, Länderberichte, Hintergründe* (2. Aufl., S. 129–134). Mohr Siebeck.

Bade, R. (2014). Stellung des Religionsunterrichts und Anregungen zu seiner Weiterentwicklung aus der Perspektive staatlicher Verantwortung. In B. Schröder (Hrsg.), *Religionsunterricht – Wohin? Modelle seiner Organisation und didaktischen Struktur* (S. 117–123). Neukirchener Verlagsgesellschaft.

BAMF (Hrsg.). (2011). *Islamischer Religionsunterricht in Deutschland. Perspektiven und Herausforderungen. Dokumentation. Tagung der Deutschen Islam-Konferenz*.

Behr, H. H., Rochdi, A. & Ulfat, F. (2012). Zur Diskussion um die muslimische Lehrbefugnisordnung. *Zeitschrift für die Religionslehre des Islam*, *6*(11), 13–25.

Beier, M., Heller, T. & Wermke, M. (o. J.). Religionsunterricht erforschen – Stand und Perspektiven. In P. Schreiner & F. Schweitzer (Hrsg.), *Religiöse Bildung erforschen: Empirische Befunde und Perspektiven* (S. 149–164). Waxmann.

Bock, W. (Hrsg.). (2007). *Islamischer Religionsunterricht? Rechtsfragen, Länderberichte, Hintergründe* (2., durchges. Aufl.). Mohr Siebeck.

Böckenförde, E.-W. (2013). Die Entstehung des Staates als Vorgang der Säkularisation. In Ders. (Hrsg.), *Recht, Staat, Freiheit. Studien zur Rechtsphilosophie, Staatstheorie und Verfassungsgeschichte* (5. Aufl.). Suhrkamp.

Bogner, A., Littig, B. & Menz, W. (2009). *Experteninterview und der Wandel der Wissensproduktion* (3., grundl. überarb. Aufl.). VS. Verl. für Sozialwiss.

Bohl, T., Budde, J. & Rieger-Ladich, M. (Hrsg.). (2017). *Umgang mit Heterogenität in Schule und Unterricht: Grundlagentheoretische Beiträge, empirische Befunde und didaktische Reflexionen*. Verlag Julius Klinkhardt.

Bohnsack, R. (2011a). Art. „Dokumentarische Methode". In R. Bohnsack, W. Marotzki & M. Meuser (Hrsg.), *Hauptbegriffe qualitativer Sozialforschung* (3. Aufl., S. 41–44). Barbara Budrich.

Bohnsack, R. (2011b). Art. „Fokussierungsmetapher". In R. Bohnsack, W. Marotzki & M. Meuser (Hrsg.), *Hauptbegriffe qualitativer Sozialforschung* (3. Aufl., S. 67). Barbara Budrich.

Bohnsack, R. (2011c). Art. „Praxeologische Wissenssoziologie". In R. Bohnsack, W. Marotzki & M. Meuser (Hrsg.), *Hauptbegriffe qualitativer Sozialforschung* (3. Aufl., S. 137–138). Barbara Budrich.

Bohnsack, R. (2014a). Habitus, Norm und Identität. In W. Helsper, R.-T. Kramer & S. Thiersch (Hrsg.), *Schülerhabitus: Theoretische und empirische Analysen zum Bourdieuschem Theorem der kulturellen Passung* (S. 33–55). Springer VS.

Bohnsack, R. (2014b). *Rekonstruktive Sozialforschung. Einführung in qualitative Methoden* (9. Aufl.). Barbara Budrich.

Bohnsack, R. (2012). Orientierungsschemata, Orientierungsrahmen und Habitus. In K. Schittenhelm (Hrsg.), *Qualitative Bildungs- und Arbeitsmarktforschung* (S. 119–153). Springer.

Bohnsack, R. (2013). Typenbildung, Generalisierung und komparative Analyse: Grundprinzipien der dokumentarischen Methode. In R. Bohnsack, I. Nentwig-Gesemann & A.-M. Nohl (Hrsg.), *Die dokumentarische Methode und ihre Forschungspraxis: Grundlagen qualitativer Sozialforschung* (3. Aufl., S. 241–270). Springer Fachmedien.

Bohnsack, R. (2017). *Praxeologische Wissenssoziologie*. Verlag Barbara Budrich.

Bohnsack, R., Fritzsche, B. & Wagner-Willi, M. (Hrsg.). (2015). *Dokumentarische Video- und Filminterpretation: Methodologie und Forschungspraxis* (2., durchgesehene Aufl.). Verlag Barbara Budrich.

Bohnsack, R., Marotzki, W. & Meuser, M. (Hrsg.). (2011). *Hauptbegriffe qualitativer Sozialforschung* (3., durchgesehene Aufl.). Verlag Barbara Budrich.

Bohnsack, R., Michel, B. & Przyborski, A. (Hrsg.). (2015). *Dokumentarische Bildinterpretation: Methodologie und Forschungspraxis*. Verlag Barbara Budrich.

Bohnsack, R., Nentwig-Gesemann, I. & Nohl, A.-M. (Hrsg.). (2013a). *Die dokumentarische Methode und ihre Forschungspraxis: Grundlagen qualitativer Sozialforschung* (3. Aufl.). Leske + Budrich.

Bohnsack, R., Nentwig-Gesemann, I. & Nohl, A.-M. (2013b). Einleitung: Die dokumentarische Methode und ihre Forschungspraxis. In R. Bohnsack, I. Nentwig-Gesemann &

A.-M. Nohl (Hrsg.), *Die dokumentarische Methode und ihre Forschungspraxis: Grundlagen qualitativer Sozialforschung* (3. Aufl., S. 9–32). Leske + Budrich.

Bohnsack, R., Przyborski, A. & Schäffer, B. (Hrsg.). (2010). *Das Gruppendiskussionsverfahren in der Forschungspraxis* (2., vollst. überarb. und aktual. Aufl.). Verlag Barbara Budrich.

Borck, K. & Schluß, H. (2009). Religion unterrichten in Brandenburg. In M. Rothgangel & B. Schröder (Hrsg.), *Evangelischer Religionsunterricht in den Ländern der Bundesrepublik Deutschland: Empirische Daten, Kontexte, Entwicklungen* (S. 95–111). Evangelische Verlagsanstalt.

Bourdieu, P. (1976). *Entwurf einer Theorie der Praxis auf der ethnologischen Grundlage der kabylischen Gesellschaft*. Suhrkamp.

Bourdieu, P. (1979). *Die feinen Unterschiede: Kritik der gesellschaftlichen Urteilskraft* (4. Aufl.). Suhrkamp.

Bucher, A. A. (2000). Geschichte der empirischen Religionspädagogik. In B. Porzelt & R. Güth (Hrsg.), *Empirische Religionspädagogik: Grundlagen - Zugänge - Aktuelle Projekte* (Bd. 7). Lit.

Bucher, A. A. (2001). *Religionsunterricht zwischen Lernfach und Lebenshilfe: Eine empirische Untersuchung zum katholischen Religionsunterricht in der Bundesrepublik Deutschland* (3. Aufl.). Kohlhammer.

Bucher, A. A. & Büttner, G. (Hrsg.). (2009). *„In den Himmel kommen nur, die sich auch verstehen": Wie Kinder über religiöse Differenz denken und sprechen*. Calwer Verl.

Budde, J. (Hrsg.). (2013). *Unscharfe Einsätze: (Re-)Produktion von Heterogenität im schulischen Feld*. Springer VS.

Budde, J. (2017). Heterogenität: Entstehung, Begriff, Abgrenzung. In T. Bohl, J. Budde & M. Rieger-Ladich (Hrsg.), *Umgang mit Heterogenität in Schule und Unterricht: Grundlagentheoretische Beiträge, empirische Befunde und didaktische Reflexion* (S. 13–26). Julius Klinkhardt.

Büttner, G., Freudenberger-Lötz, P., Kalloch, C. & Schreiner, M. (Hrsg.). (2014). *Handbuch Theologisieren mit Kindern*. Calwer.

Büttner, G., Mendl, H., Reis, O. & Roose, H. (Hrsg.). (2017). *Religiöse Pluralität*. Verlag LUSA.

Carlson, S., Kahle, L. & Klinge, D. (2017). Wenn Narrationen nicht zustande kommen ... Wie hochreflektierte Berufsfelder dazu beitragen, dass argumentativ-evaluative Darstellungsweisen im narrativen Interview dominant werden. *Zeitschrift für Qualitative Sozialforschung, 2*, 239–262.

Combe, A. & Helsper, W. (Hrsg.). (1996). *Pädagogische Professionalität: Untersuchungen zum Typus pädagogischen Handels*. Suhrkamp.

Danilovich, Y. (2017). Die Bedeutung von Konfessionalität und Kooperation für einen zukunftsfähigen Religionsunterricht aus orthodoxer Sicht. In K. Lindner, M. Schambeck, H. Simojoki & E. Naurath (Hrsg.), *Zukunftsfähiger Religionsunterricht: Konfessionell—Kooperativ—Kontextuell* (S. 67–80). Herder.

Darwisch, K. (2014). *Islamischer Religionsunterricht in Deutschland Darstellung und Analyse der islamischen Unterrichtsprojekte*. Tectum Wissenschaftsverlag.

Diehm, I., Kuhn, M. & Machold, C. (Hrsg.). (2017). *Differenz - Ungleichheit - Erziehungswissenschaft: Verhältnisbestimmungen im (Inter-)Disziplinären*. Springer VS.

Dieterich, V.-J. (Hrsg.). (2012). *Theologisieren mit Jugendlichen: Ein Programm für Schule und Kirche*. Calwer Verlag.

Dietrich, C. (2017). Im Schatten des Vielfaltsdiskurses: Homogenität als kulturelle Fiktion und empirische Herausforderung. In I. Diehm, M. Kuhn & C. Machold (Hrsg.), *Differenz*

– *Ungleichheit—Erziehungswissenschaft: Verhältnisbestimmungen im (Inter-)Disziplinären.* Springer VS.

Dirim, İ. & Mecheril, P. (2018). *Heterogenität, Sprache(n) und Bildung: Eine differenz- und diskriminierungstheoretische Einführung.* Verlag Julius Klinkhardt.

Doedens, F. & Weiße, W. (2007). Religion unterrichten in Hamburg. *Theo-Web. Zeitschrift für Religionspädagogik, 6*(1), 50–67.

Doedens, F. & Weiße, W. (2009). Religion unterrichten in Hamburg. In M. Rothgangel & B. Schröder (Hrsg.), *Evangelischer Religionsunterricht in den Ländern der Bundesrepublik Deutschland: Empirische Daten, Kontexte, Entwicklungen* (S. 129–156). Evangelische Verlagsanstalt.

Domsgen, M. & Witten, U. (2018). Religiöse Heterogenität im Religionsunterricht. *Praktische Theologie, 53*(2), 79–83.

Dressler, B. (2015). Schule im Spannungsfeld von religiöser und kultureller Pluralität. In H. Schluß, S. Tschida, T. Krobath & M. Domsgen (Hrsg.), *Wir sind alle „andere": Schule und Religion in der Pluralität* (S. 37–48). Vandenhoeck & Ruprecht.

Dressler, B., Feige, A. & Schöll, A. (Hrsg.). (2004). *Religion - Leben, Lernen, Lehren: Ansichten zur „‚Religion' bei ReligionslehrerInnen".* Lit.

Dressler, B., Klie, T. & Kumlehn, M. (Hrsg.). (2012). *Unterrichtsdramaturgien: Fallstudien und Performanz religiöser Bildung.* Verlag W. Kohlhammer.

Eisenhardt, S., Kürzinger, K. S., Naurath, E. & Pohl-Patalong, U. (Hrsg.). (2018). *Religion unterrichten in Vielfalt: Konfessionell, religiös, weltanschaulich. Ein Handbuch.* Vandenhoeck & Ruprecht.

Englert, R. (2012). Der Religionslehrer—Zeuge des Glaubens oder Experte für Religion? *Religionspädagogische Beiträge (RpB), 68,* 77–88.

Englert, R. (2014). Konfessioneller Religionsunterricht—Zehn Thesen zum besseren Verständnis. In *Religionsunterricht - wohin? Modelle seiner Organisation und didaktischen Struktur* (S. 155–161). Neukirchener Theologie.

Englert, R. (2017). Das Theologische der Religionspädagogik. Grundfragen und Herausforderungen. In T. Schlag & J. Suhner (Hrsg.), *Theologie als Herausforderung religiöser Bildung. Bildungstheoretische Orientierungen zur Theologizität der Religionspädagogik* (S. 21–32). Verlag W. Kohlhammer.

Englert, R. & Güth, R. (Hrsg.). (1999). *„Kinder zum Nachdenken bringen": Eine empirische Untersuchung zu Situation und Profil katholischen Religionsunterrichts an Grundschulen. Die Essener Umfrage.* Kohlhammer.

Englert, R., Hennecke, E. & Kämmerling, M. (2014). *Innenansichten des Religionsunterrichts: Fallbeispiele - Analysen - Konsequenzen.* Kösel.

Evers, H. (2016). *Bildung durch interkulturelle Begegnung: Eine empirische Studie zum Kontakt von Austauschstudierenden mit deutschen Familien.* Springer VS.

Feige, A., Dressler, B., Lukatis, W. & Schöll, A. (Hrsg.). (2000). *„Religion" bei ReligionslehrerInnen: Religionspädagogische Zielvorstellungen und religiöses Selbstverständnis in empirisch-soziologischen Zugängen. Berufsbiographische Fallanalysen und eine repräsentative Meinungserhebung unter evangelischen ReligionslehrerInnen in Niedersachsen.* Lit.

Feige, A. & Tzscheetzsch, W. (2005). *Christlicher Religionsunterricht im religionsneutralen Staat? Unterrichtliche Zielvorstellungen und religiöses Selbstverständnis von ev. und kath. Religionslehrerinnen und -lehrern in Baden-Württemberg: Eine empirisch-repräsentative Befragung.* Schwabenverl. [u. a.].

Fellmann, A. (2014). *Handlungsleitende Orientierungen und professionelle Entwicklung in der Lehrerbildung: Eine Studie zur Umsetzung eines innovativen Lehr-Lernformats im Mathematikunterricht der Klassen 1 bis 6.* Waxmann.

Fend, H. (2008). *Neue Theorie der Schule: Einführung in das Verstehen von Bildungssystemen.* VS Verlag für Sozialwissenschaften.

Fischer, D., Elsenbast, V. & Schöll, A. (Hrsg.). (2003). *Religionsunterricht erforschen: Beiträge zur empirischen Erkundung von religionsunterrichtlicher Praxis.* Waxmann.

Flick, U. (2011). *Qualitative Sozialforschung. Eine Einführung* (4. Aufl.). Rowohlt.

Freudenberger-Lötz, P. (2013). Religiöse Bildung in der Grundschule. In B. Schröder & M. Wermke (Hrsg.), *Religionsdidaktik zwischen Schulformspezifik und Inklusion: Bestandsaufnahmen und Herausforderungen* (S. 45–68). Evang. Verl.-Anst.

Gäfgen-Track, K. (2014). Zur Zukunft des Religionsunterrichts aus einer evangelisch-kirchlichen Perspektive. In B. Schröder (Hrsg.), *Religionsunterricht – wohin? Modelle seiner Organisation und didaktischen Struktur* (S. 125–133). Neukirchener Theologie.

Gennerich, C. & Mokrosch, R. (2016). *Religionsunterricht kooperativ: Evaluation des konfessionell-kooperativen Religionsunterrichts in Niedersachsen und Perspektiven für einen religionskooperativen Religionsunterricht.* Verlag W. Kohlhammer.

Gläser, J. & Laudel, G. (2009). *Experteninterviews und qualitative Inhaltsanalyse als Instrumente rekonstruierender Untersuchungen* (3., überarb. Aufl.). VS Verlag für Sozialwissenschaften.

Göhlich, M., Hopf, C. & Tröhler, D. (2008a). Persistenz pädagogischer Organisationen. Eine Einführung. In M. Göhlich, C. Hopf & D. Tröhler (Hrsg.), *Persistenz und Verschwinden: Pädagogische Organisationen im historischen Kontext* (S. 9–14). VS Verlag für Sozialwissenschaften.

Göhlich, M., Hopf, C. & Tröhler, D. (2008b). *Persistenz und Verschwinden: Pädagogische Organisationen im historischen Kontext.* VS Verlag für Sozialwissenschaften.

Graf, P. & Gibowski, W. G. (Hrsg.). (2007). *„Islamische Religionspädagogik“: Etablierung eines neuen Faches: Bildungs- und kulturpolitische Initiativen des Landes Niedersachsen.* V&R unipress.

Graham, D. (2018). Schüler*innen als Expert*innen im Religionsunterricht. In S. Eisenhardt, K. S. Kürzinger, E. Naurath & U. Pohl-Patalong (Hrsg.), *Religion unterrichten in Vielfalt: Konfessionell, religiös, weltanschaulich. Ein Handbuch* (S. 249–254). Vandenhoeck & Ruprecht.

Grethlein, C. & Lück, C. (2006). *Religion in der Grundschule: Ein Kompendium.* Vandenhoeck & Ruprecht.

Hasselhorn, M., Köller, O., Maaz, K. & Zimmer, K. (2014). Implementation wirksamer Handlungskonzepte im Bildungsbereich als Forschungsaufgabe. *Psychologische Rundschau, 65*(3), 140–149.

Hastedt, S. & Lange, S. (Hrsg.). (2012). *Männer und Grundschullehramt: Diskurse, Erkenntnisse, Perspektiven.* Springer VS.

Häusler, U. (2009). Religion unterrichten in Berlin. In M. Rothgangel & B. Schröder (Hrsg.), *Evangelischer Religionsunterricht in den Ländern der Bundesrepublik Deutschland: Empirische Daten, Kontexte, Entwicklungen* (S. 65–94). Evangelische Verlagsanstalt.

Heckel, M. (2002). *Der Rechtsstatus des Religionsunterrichts im pluralistischen Verfassungssystem.* Mohr Siebeck.

Heinemann, A. (2018). *Professionalität und Professionalisierung im Bilingualen Unterricht. Was es bedeutet, Lehrperson für den Bilingualen Unterricht zu sein und es zu werden.* Verlag Julius Klinkhardt.

Heinig, H. M. (2014). Religionsunterricht nach Art. 7.3 des Grundgesetzes - Rechtslage und Spielräume. In B. Schröder (Hrsg.), *Religionsunterricht - Wohin? Modelle seiner Organisation und didaktischen Struktur* (S. 141–154). Neukirchener Theologie.

Heinrich, M. & Wernet, A. (Hrsg.). (2018). *Rekonstruktive Bildungsforschung: Zugänge und Methoden.* Springer VS.

Helsper, W. (1996). Antinomien des Lehrerhandelns in modernisierten pädagogischen Kulturen. In A. Combe & W. Helsper (Hrsg.), *Pädagogische Professionalität: Untersuchungen zum Typus pädagogischen Handels* (S. 521–569). Suhrkamp.

Helsper, W. (2004). Pädagogisches Handeln in den Antinomien der Moderne. In H.-H. Krüger & W. Helsper (Hrsg.), *Einführung in Grundbegriffe und Grundfragen der Erziehungswissenschaft* (6., überarb. und aktual. Aufl., S. 15–34). VS, Verl. für Sozialwiss.

Hericks, U. (2006). *Professionalisierung als Entwicklungsaufgabe: Rekonstruktionen zur Berufseingangsphase von Lehrerinnen und Lehrern.* VS Verlag für Sozialwissenschaften.

Hermanns, H. (2000). Interviewen als Tätigkeit. In U. Flick, E. von Kardoff & I. Steinke (Hrsg.), *Qualitative Forschung: Ein Handbuch* (S. 360–368). Rowohlt.

Hoffmann, N. F. & Keitel, J. (2018). Soziogenetische Typenbildung der Dokumentarischen Methode. Möglichkeiten und Begründungen von Entscheidungen im Forschungsverlauf. In M. S. Maier, K. I. Keßler, U. Deppe, A. Leuthold-Wergin & S. Sandring (Hrsg.), *Qualitative Bildungsforschung. Methodische und methodologische Herausforderungen in der Forschungspraxis* (S. 211–227). Springer.

Hoffmann-Riem, C. (1980). Die Sozialforschung einer interpretativen Soziologie. Der Datengewinn. *Kölner Zeitschrift für Soziologie und Sozialpsychologie, 32*, 339–372.

Holl, A. (2011). *Orientierungen von Lehrerinnen und Lehrern an Schulen in evangelischer Trägerschaft: Eine qualitativ-rekonstruktive Studie.* Waxmann.

Honer, A. (2011). Art. Interview. In R. Bohnsack, Marotzki, Winfried & M. Meuser (Hrsg.), *Hauptbegriffe qualitativer Sozialforschung* (2. Aufl., S. 94–99). Barbara Budrich.

Hopf, C. (1987). Die Pseudo-Exploration: Überlegungen zur Technik qualitativer Interviews in der Sozialforschung. *Zeitschrift für Soziologie*, 97–115.

Hopf, C. (2000). Qualitative Interviews—Ein Überblick. In U. Flick, E. von Kardoff & I. Steinke (Hrsg.), *Qualitative Forschung: Ein Handbuch* (S. 349–360). Rowohlt.

Husmann, B. (2018). Performative Religionsdidaktik. In S. Eisenhardt, K. S. Kürzinger, E. Naurath & U. Pohl-Patalong (Hrsg.), *Religion unterrichten in Vielfalt: Konfessionell, religiös, weltanschaulich. Ein Handbuch* (S. 146–153). Vandenhoeck & Ruprecht.

Hütte, S. & Mette, N. (2003). *Religion im Klassenverband unterrichten: Lehrer und Lehrerinnen berichten von ihren Erfahrungen.* Lit.

Käbisch, D. (2014). Performanzorientierte Religionsdidaktik. Oder: Wie können Schülerinnen und Schüler über religiöse Handlungen ins Gespräch kommen? *Zeitschrift für Pädagogik und Theologie, 4*, 376–385.

Kallmeyer, W. & Schütze, F. (1977). Zur Konstitution von Kommunikationsschemata der Sachverhaltsdarstellung. In *Gesprächsanalysen: Vorträge, gehalten anläßlich des 5. Kolloquiums des Instituts für Kommunikationsforschung und Phonetik, Bonn, 14.-16. Oktober 1976* (S. 159–274). Buske.

Kammeyer, K. (2012). Theologisieren in heterogenen Lerngruppen—Empirische Einsichten in Perspektiven von Lehrkräften und konzeptionelle Überlegungen. In V.-J. Dieterich (Hrsg.), *Theologisieren mit Jugendlichen: Ein Programm für Schule und Kirche* (S. 191–210). Calwer Verlag.

Kant, I. (1977a). *Schriften zur Anthropologie, Geschichtsphilosophie, Politik und Pädagogik: Werkausgabe Band XII. Herausgegeben von Wilhelm Weischedel*. Suhrkamp.

Kant, I. (1977b). Über Pädagogik. In *Schriften zur Anthropologie, Geschichtsphilosophie, Politik und Pädagogik: Werkausgabe Band XII. Herausgegeben von Wilhelm Weischedel* (S. 695–761). Suhrkamp.

Kaube, J. (2019, Januar 8). Haben wir was in Reli auf? Der Religionsunterricht ist zwischen Grundgesetzt, Biographiebegleitung und Glückskeks-Weisheiten angesiedelt. Er sollte sich anders positionieren: Bescheidener und anspruchsvoller. *FAZ*, 9.

Keiser, J. (2020). *Zwischen Märchen, Tatsachenbericht und Glaubenszeugnis Biblische Geschichten im Religionsunterricht der Grundschule*. V & R unipress GmbH.

Kenngott, E.-M. (2015). Religiöse Pluralisierung und die Pluralisierung des Religionsunterrichts. In E.-M. Kenngott, R. Englert & T. Knauth (Hrsg.), *Konfessionell – interreligiös – religionskundlich: Unterrichtsmodelle in der Diskussion* (S. 7–18). Kohlhammer; Ausdruck im Ordner.

Kenngott, E.-M., Englert, R. & Knauth, T. (Hrsg.). (2015). *Konfessionell – interreligiös – religionskundlich: Unterrichtsmodelle in der Diskussion*. Kohlhammer.

Kießling, K., Günter, A. & Pruchniewicz, S. (2018). *Machen Unterschiede Unterschiede? Konfessioneller Religionsunterricht in gemischten Lerngruppen: Ansichten – Einsichten – Aussichten*. Vandenhoeck & Ruprecht.

Kirchenamt der EKD (Hrsg.). (2000). *Identität und Verständigung: Standort und Perspektiven des Religionsunterrichts in der Pluralität. Eine Denkschrift der Evangelischen Kirche in Deutschland* (5. Aufl.). Gütersloher Verl.-Haus.

Kirchenamt der EKD (Hrsg.). (2014). *Religiöse Orientierung gewinnen: Evangelischer Religionsunterricht als Beitrag zu einer pluralitätsfähigen Schule; eine Denkschrift des Rates der Evangelischen Kirche in Deutschland (EKD)* (2. Aufl.). Gütersloher Verl.-Haus.

Kirchenamt der EKD (Hrsg.). (2018). *Konfessionell-kooperativ erteilter Religionsunterricht: Grundlagen, Standards und Zielsetzungen*. Evangelische Kirche in Deutschland (EKD).

Klie, T. & Leonhard, S. (Hrsg.). (2008). *Performative Religionsdidaktik: Religionsästhetik – Lernorte – Unterrichtspraxis*. Kohlhammer.

Klutz, P. (2015). *Religionsunterricht vor den Herausforderungen religiöser Pluralität: Eine qualitativ-empirische Studie in Wien*. Waxmann.

Klutz, P. (2017). Qualitative Teilstudie 2: Gruppendiskussionen mit ReligionslehrerInnen an Grundschulen. In M. Rothgangel, C. Lück & P. Klutz, *Praxis Religionsunterricht: Einstellungen, Wahrnehmungen und Präferenzen von ReligionslehrerInnen*. Kohlhammer.

Knauth, T. (2009). Dialogue on a Grassroots Level. Analysing Dialog-oriented Classroom Interaction in Hamburg RE. In *Dialog and Conflict on Religion. Studies of Classroom Interaction in European Countries*.

Knauth, T. (2017). Dialogisches Lernen als zentrale Figur interreligiöser Kooperation? In K. Lindner, Schambeck, Mirjam, H. Simojoki & E. Naurath (Hrsg.), *Zukunftsfähiger Religionsunterricht: Konfessionell—Kooperativ—Kontextuell* (S. 193–212). Herder.

Knauth, T., Leutner-Ramme, S. & Weiße, W. (Hrsg.). (2000). *Religionsunterricht aus Schülerperspektive*. Waxmann.

Knoblauch, H. & Kahl, A. (2018). Art. „Transkription“. In R. Bohnsack, A. Geimer & M. Meuser (Hrsg.), *Hauptbegriffe qualitativer Sozialforschung* (4. Aufl., S. 233–234). Verlag Barbara Budrich.

Kraft, F. (2007). Religion unterrichten in Niedersachsen. *Theo-Web. Zeitschrift für Religionspädagogik, 6*(1), 80–97.

Kramer, R.-T., Helsper, W., Thiersch, S. & Ziems, C. (Hrsg.). (2009). *Selektion und Schulkarriere: Kindliche Orientierungsrahmen beim Übergang in die Sekundarstufe I.* VS, Verl. für Sozialwiss.

Kramer, R.-T. & Pallesen, H. (2019). *Lehrerhabitus Theoretische und empirische Beiträge zu einer Praxeologie des Lehrerberufs.* Verlag Julius Klinkhardt.

Kuld, L., Schweitzer, F., Tzscheetzsch, W. & Weinhardt, J. (Hrsg.). (2009). *Im Religionsunterricht zusammenarbeiten: Evaluation des konfessionell-kooperativen Religionsunterrichts in Baden-Württemberg.* Kohlhammer.

Kunstmann, J. (2017). Subjektorientierte Religionspädagogik: Modellvorschlag für ein zeitgemäßes Konzept religiöser Bildung. *Zeitschrift für Pädagogik und Theologie, 69*(4), 167–177.

Kunstmann, J. (2018). *Subjektorientierte Religionspädagogik: Plädoyer für eine zeitgemäße religiöse Bildung.* Calwer Verlag.

Kussau, J. & Brüsemeister, T. (2007). Educational Governance: Zur Analyse der Handlungskoordination im Mehrebenensystem der Schule. In H. Altrichter, T. Brüsemeister & J. Wissinger (Hrsg.), *Educational Governance: Handlungskoordination und Steuerung im Bildungssystem* (S. 44–54). VS Verlag.

Lamnek, S. (2005). *Qualitative Sozialforschung. Ein Arbeitsbuch* (4. Aufl.). Beltz.

Lamprecht, J. (2012). *Rekonstruktiv-responsive Evaluation in der Praxis: Neue Perspektiven dokumentarischer Evaluationsforschung.* VS Verl. für Sozialwiss./Springer Fachmedien Wiesbaden GmbH.

Leonhard, S. (2018). *Religionspädagogische Professionalität: Eine empirisch-theologische Studie im Horizont des Pathischen.* V&R unipress.

Liebold, R. & Trinczek, R. (2009). Experteninterview. In S. Kühl, P. Strodtholz & A. Taffertshofer (Hrsg.), *Handbuch Methoden der Organisationsforschung: Quantitative und qualitative Methode* (S. 32–56). VS Verlag für Sozialwissenschaften.

Lindner, H. (2011). Art. Bibeldidaktik (AT). In *Das Wissenschaftliche Bibellexikon im Internet (www.wibilex.de).*

Lindner, K., Schambeck, M., Simojoki, H. & Naurath, E. (Hrsg.). (2017). *Zukunftsfähiger Religionsunterricht: Konfessionell – kooperativ – kontextuell.* Herder.

Link-Wieczorek, U. (2014). Die Kirchen und die Konfession: Zum konfessionellen Verständnis des konfessionellen Religionsunterrichts. *Ökumenische Rundschau, 63*(1), 7–26.

Loos, P., Nohl, A.-M., Przyborski, A. & Schäffer, B. (Hrsg.). (2013). *Dokumentarische Methode: Grundlagen – Entwicklungen – Anwendungen.* Budrich.

Lott, J. & Schröder-Klein, A. (2009). Religion unterrichten in Bremen. In M. Rothgangel & B. Schröder (Hrsg.), *Evangelischer Religionsunterricht in den Ländern der Bundesrepublik Deutschland: Empirische Daten, Kontexte, Entwicklungen* (S. 111–128). Evangelische Verlagsanstalt.

Lück, C. (2002). *Religionsunterricht an der Grundschule: Studien zur organisatorischen und didaktischen Gestalt eines umstrittenen Schulfaches.* Evang. Verl.-Anst.

Lück, C. (2003). *Beruf Religionslehrer: Selbstverständnis, Kirchenbindung, Zielorientierung.* Evangelische Verlagsanstalt.

Lück, C. (2017). Darstellung und Interpretation der Ergebnisse der quantitativen Untersuchung. In M. Rothgangel, C. Lück & P. Klutz, *Praxis Religionsunterricht: Einstellungen, Wahrnehmungen und Präferenzen von ReligionslehrerInnen* (S. 27–124). Kohlhammer.

Mannheim, K. (1964a). Beiträge zur Theorie der Weltanschauungsinterpretation. In *Wissenssoziologie* (S. 388–407). Luchterhand.

Mannheim, K. (1964b). *Wissenssoziologie.* Luchterhand.

Mannheim, K. (1980). *Strukturen des Denkens* (D. Kettler, V. Meja & N. Stehr, Hrsg.). Suhrkamp.

Mannheim, K. (1995). *Ideologie und Utopie* (8. Aufl.). Vittorio Klostermann.

Martens, M., Rabenstein, K., Bräu, K., Fetzer, M., Gresch, H., Hardy, I. & Schelle, C. (Hrsg.). (2018). *Konstruktionen von Fachlichkeit: Ansätze, Erträge und Diskussionen in der empirischen Unterrichtsforschung.* Verlag Julius Klinkhardt.

Mecheril, P. & Thomas-Olalde, O. (2018). Religion oder die Identifikation der Anderen. In İ. Dirim & P. Mecheril (Hrsg.), *Heterogenität, Sprache(n) und Bildung: Eine differenz- und diskriminierungstheoretische Einführung* (S. 179–196). Verlag Julius Klinkhardt.

Mendl, H. (2009). Wie Kinder mit Differenz umgehen – Theologisieren mit Kindern im Kontext religiöser Pluralität. In A. A. Bucher & G. Büttner (Hrsg.), *„In den Himmel kommen nur, die sich auch verstehen: Wie Kinder über religiöse Differenz denken und sprechen“* (Bd. 8, S. 23–38). Calwer.

Meuser, M. & Nagel, U. (2009). Experteninterview und der Wandel der Wissensproduktion. In A. Bogner, B. Littig & W. Menz (Hrsg.), *Experteninterviews. Theorien, Methoden, Anwendungsfelder* (3., grundlegend überarb. Aufl., S. 35–60). VS, Verl. für Sozialwiss.

Meyen, M., Löblich, M., Pfaff-Rüdiger, S. & Riesmeyer, C. (2019). *Qualitative Forschung in der Kommunikationswissenschaft: Eine praxisorientierte Einführung* (2., aktualisierte und erweiterte Aufl.). Springer Fachmedien Wiesbaden GmbH.

Meyer, C. & Meier zu Verl, C. (2014). Ergebnispräsentation in der qualitativen Sozialforschung. In N. Bauer & J. Blasius (Hrsg.), *Handbuch Methoden der empirischen Sozialforschung* (S. 245–257). Springer VS.

Meyer-Blanck, M. (2013). Formen des Religionsunterrichts in den Ländern der Bundesrepublik Deutschland. In M. Rothgangel, G. Adam & R. Lachmann (Hrsg.), *Religionspädagogisches Kompendium* (8. Aufl., S. 160–174). Vandenhoeck & Ruprecht.

Mohagheghi, H. (2014). Überlegungen zum islamischen Religionsunterricht in Deutschland. *Ökumenische Rundschau, 63*(1), 54–65.

Müller, P. (2009). *Schlüssel zur Bibel: Eine Einführung in die Bibeldidaktik.* Calwer Verl.

Müller, R. (2010). Warum konfessionell gebunden und dialogisch geöffnet? In B. Uçar & D. Bergmann (Hrsg.), *Islamischer Religionsunterricht in Deutschland. Fachdidaktische Konzeptionen: Ausgangslage, Erwartungen und Ziele* (S. 173–182). V&R unipress.

Nentwig-Gesemann, I. (2013). Die Typenbildung der dokumentarischen Methode. In R. Bohnsack, I. Nentwig-Gesemann & A.-M. Nohl (Hrsg.), *Die dokumentarische Methode und ihre Forschungspraxis: Grundlagen qualitativer Sozialforschung* (3. Aufl.). Leske + Budrich.

Niedersächsisches Kultusministerium (1998). *Organisatorische Regelungen für den Religionsunterricht und den Unterricht Werte und Normen.*

Nipkow, K. E. (1992). *Erwachsenwerden ohne Gott? Gotteserfahrung im Lebenslauf* (4. Aufl.). Kaiser.

Nohl, A.-M. (2017). *Interview und dokumentarische Methode: Anleitungen für die Forschungspraxis* (5., aktualisierte und erweiterte Aufl.). Springer VS.

Noormann, H. (2012). Religion in heterogenen Lerngruppen: I. Heterogenität und Konfessionsbindung. *lernchancen, 85*, 4–6.

Pemsel-Maier, S. (2014). Konfessionell-kooperativer Religionsunterricht: Mehr als konfessionelle Kooperation in der Schule. *Ökumenische Rundschau, 63*(1), 27–37.

Pirner, M. L. & Schwarz, S. (2017). Art. „Unterrichtsforschung, empirische". *Das wissenschaftliche religionspädagogische Lexikon im Internet (WiReLex)*, 1–19.

Pohl-Patalong, U. (2018). Die Situation des Religionsunterrichts heute. In S. Eisenhardt, K. S. Kürzinger, E. Naurath & U. Pohl-Patalong (Hrsg.), *Religion unterrichten in Vielfalt: Konfessionell - religiös - weltanschaulich. Ein Handbuch* (S. 19–27). Vandenhoeck & Ruprecht.

Pohl-Patalong, U., Boll, S., Dittrich, T., Lüdtke, A. E. & Richter, C. (2017). *Konfessioneller Religionsunterricht in religiöser Vielfalt II: Perspektiven von Schülerinnen und Schülern.* Verlag W. Kohlhammer.

Pohl-Patalong, U., Woyke, J., Boll, S., Dittrich, T. & Lüdke, A. E. (2016). *Konfessioneller Religionsunterricht in religiöser Vielfalt: Eine empirische Studie zum evangelischen Religionsunterricht in Schleswig-Holstein.* Verlag W. Kohlhammer.

Polanyi, M. (1985). *Implizites Wissen* (H. Brühmann, Übers.). Suhrkamp.

Porzelt, B. & Güth, R. (Hrsg.). (2000). *Empirische Religionspädagogik: Grundlagen - Zugänge - aktuelle Projekte.* Lit.

Przyborski, A. (2004). *Gesprächsanalyse und dokumentarische Methode: Qualitative Auswertung von Gesprächen, Gruppendiskussionen und anderen Diskursen.* Springer Fachmedien Wiesbaden GmbH.

Przyborski, A. & Wohlrab-Sahr, M. (2014). *Qualitative Sozialforschung: Ein Arbeitsbuch* (4., erweiterte Aufl.). Oldenbourg Verlag.

Rat der Evangelischen Kirche in Deutschland (Hrsg.). (2014). *Religiöse Orientierung gewinnen: Evangelischer Religionsunterricht als Beitrag zu einer pluralitätsfähigen Schule; eine Denkschrift des Rates der Evangelischen Kirche in Deutschland (EKD)* (2. Aufl.). Gütersloher Verl.-Haus.

Rauschenberg, A. & Hericks, U. (2018). Wie sich Lehrerinnen und Lehrer im Berufseinstieg mit Normen auseinandersetzen. Überlegungen aus der Forschungspraxis zu einigen neueren Entwicklungen in der Dokumentarischen Methode. In M. Heinrich & A. Wernet (Hrsg.), *Rekonstruktive Bildungsforschung. Zugänge und Methoden* (S. 109–122). Springer VS.

Reh, S. (2004). Abschied von der Profession, von Professionalität oder vom Professionellen? Theorien und Forschungen zur Lehrerprofessionalität. *Zeitschrift für Pädagogik, 50*(3).

Reh, S. & Pieper, I. (2018). Die Fachlichkeit des Schulfaches. Überlegungen zum Deutschunterricht und seiner Geschichte zwischen Disziplinen und allgemeinen Bildungsansprüchen. In M. Martens, K. Rabenstein, K. Bräu, M. Fetzer, H. Gresch, I. Hardy & C. Schelle (Hrsg.), *Konstruktionen von Fachlichkeit: Ansätze, Erträge und Diskussionen in der empirischen Unterrichtsforschung* (S. 21–41). Verlag Julius Klinkhardt.

Rohe, M. (2014). Zum Wandel der deutschen und europäischen Gesellschaft durch die Präsenz des Islam. In H. Engin & M. Reder (Hrsg.), *Wandel durch Dialog: Gesellschaftliche, politische und theologische Aspekte des Dialogs zwischen Islam und Christentum* (S. 13–19). Kohlhammer.

Roose, H. (2006). Performativer Religionsunterricht zwischen Performance und Performativität. *Loccumer Pelikan, 3*, 110–115.

Roose, H. (2013a). Unentscheidbare Fragen zwischen Überwältigungsverbot und Positionierungsgebot. *Evangelische Theologie, 73*(6), 450–462.

Roose, H. (2013b). Zur Frage nach bedeutsamen Differenzen im Fachunterricht—Ein Beitrag zum Thema Heterogenität in der Schule. *Pädagogische Rundschau, 67*(5), 507–516.

Roose, H. (2019). *Kindertheologie und schulische Alltagspraxis. Eine Studie zum Verhältnis von kindertheologischen Normen und eingeschliffenen Routinen im Religionsunterricht.* Calwer Verlag.

Roose, H. (2020). Wie schulische Praxis religionspädagogische Programmatik unterläuft. Ein komplexitätssensibler Blick auf (Organisationsmodelle von) Religionsunterricht. *Theo-Web. Zeitschrift für Religionspädagogik 19*(2), 93–111.

Roose, H. (2021). Norm-Habitus-Spannungen: Das biblische Gespräch in Lehrerfortbildung und evangelischem Religionsunterricht aus der Perspektive der Dokumentarischen Methode. *ZISU - Zeitschrift für interpretative Schul- und Unterrichtsforschung, 10*, 127–144.

Rosenow, G. (2018). *Individuelles Symbolisieren: Zugänge zu Religion im Kontext von Konfessionslosigkeit* (2. Aufl.). Evangelische Verlagsanstalt.

Rothgangel, M. (2014). Empirische Befunde zu Religionslehrkräften. In P. Schreiner & F. Schweitzer (Hrsg.), *Religiöse Bildung erforschen: Empirische Befunde und Perspektiven* (S. 165–176). Waxmann.

Rothgangel, M. (2017). Qualitative Teilstudie 1: Offene Items des Fragebogens. In M. Rothgangel, C. Lück & P. Klutz, *Praxis Religionsunterricht: Einstellungen, Wahrnehmungen und Präferenzen von ReligionslehrerInnen* (S. 125–188). Kohlhammer.

Rothgangel, M., Adam, G. & Lachmann, R. (Hrsg.). (2013). *Religionspädagogisches Kompendium* (8. Aufl.). Vandenhoeck & Ruprecht.

Rothgangel, M., Lück, C. & Klutz, P. (2017). *Praxis Religionsunterricht: Einstellungen, Wahrnehmungen und Präferenzen von ReligionslehrerInnen.* Verlag W. Kohlhammer.

Rothgangel, M. & Schröder, B. (Hrsg.). (2009). *Evangelischer Religionsunterricht in den Ländern der Bundesrepublik Deutschland: Empirische Daten, Kontexte, Entwicklungen.* Evangelische Verlagsanstalt.

Sajak, C. P. & Möller, R. (2015). Art. „Fachdidaktische Konzeptionen". In *Das wissenschaftliche religionspädagogische Lexikon im Internet (WiReLex)* (S. 1–12).

Schambeck, M. & Riegel, Ulrich (Hrsg.). (2018). *Was im Religionsunterricht so läuft: Wege und Ergebnisse religionspädagogischer Unterrichtsforschung.* Herder.

Schatzki, T. R. (1996). *Social Pracitces: A Witgensteinian approach to human activity and the social.* Cambridge Univ. Press.

Schieferdecker, R. (2016). *Orientierungen von Lehrerinnen und Lehrern im Themenfeld Heterogenität: Eine rekonstruktive Analyse.* Verlag Barbara Budrich.

Schieferdecker, R., Hinzke, J.-H. & Kessler, S. (2019). Umgang mit Spannungen im schulischen Alltag: Eine studienübergreifende Synopse zur Rekonstruktion eines beruflichen Habitus von Lehrpersonen. In Rolf-Thorsten Kramer & H. Pallesen (Hrsg.), *Lehrerhabitus. Theoretische und empirische Beiträge zur einer Praxeologie des Lehrerberufs.* Verlag Julius Klinkhardt.

Schittenhelm, K. (2012). *Qualitative Bildungs- und Arbeitsmarktforschung.* Springer.

Schlag, T. & Suhner, J. (Hrsg.). (2017). *Theologie als Herausforderung religiöser Bildung: Bil-*

dungstheoretische Orientierungen zur Theologizität der Religionspädagogik. Verlag W. Kohlhammer.

Schluß, H., Tschida, S., Krobath, T. & Domsgen, M. (Hrsg.). (2015). *Wir sind alle „andere": Schule und Religion in der Pluralität.* Vandenhoeck & Ruprecht.

Schmerbauch, A. (2017). *Schulleitung und Schulsteuerung: Zwischen Ansprüchen der Profession, ökonomischen Interessen und Reformbestrebungen.* Springer VS.

Schreiner, P. & Schweitzer, F. (Hrsg.). (2014). *Religiöse Bildung erforschen: Empirische Befunde und Perspektiven.* Waxmann.

Schröder, B. (2017). Religionspädagogik angesichts von Konfessionslosigkeit und Religionspluralität. *Religionspädagogische Beiträge (RpB), 77*, 15–24.

Schröder, B. (2014a). Auf dem Weg zu einer zukünftigen Gestalt des Religionsunterrichts - Methodische Überlegungen. In B. Schröder (Hrsg.), *Religionsunterricht - wohin? Modelle seiner Organisation und didaktischen Struktur* (S. 181–192). Neukirchener Verlagsgesellschaft.

Schröder, B. (2014b). Einleitung. In B. Schröder (Hrsg.), *Religionsunterricht - wohin? Modelle seiner Organisation und didaktischen Struktur* (S. 7–16). Neukirchener Verlagsgesellschaft.

Schröder, B. (2014c). Empirische Religionspädagogik. *Verkündigung und Forschung, 59*(2), 94–109.

Schröder, B. (Hrsg.). (2014d). *Religionsunterricht - wohin? Modelle seiner Organisation und didaktischen Struktur.* Neukirchener Theologie.

Schröder, B. (2014e). Was heißt Konfessionalität des Religionsunterrichts heute? Eine evangelische Stimme. In B. Schröder (Hrsg.), *Religionsunterricht - wohin? Modelle seiner Organisation und didaktischen Struktur* (S. 163–178). Neukirchener Theologie.

Schröder, B. (2013). Religionsunterricht in Europa. In M. Rothgangel, G. Adam & R. Lachmann (Hrsg.), *Religionspädagogisches Kompendium* (8. Aufl., S. 175–190). Vandenhoeck & Ruprecht.

Schröder, B. & Wermke, M. (Hrsg.). (2013). *Religionsdidaktik zwischen Schulformspezifik und Inklusion: Bestandsaufnahmen und Herausforderungen.* Evangelische Verlagsanstalt.

Schütze, F. (1983). Biographieforschung und narratives Interview. *Neue Praxis, 13*(3), 283–293.

Schütze, F. (1987). *Das narrative Interview in Interaktionsfeldstudien. Studienbrief der Universität Hagen, Teil 1.*

Schweitzer, F. (2017a). Das besondere Buch (Rezension). *Zeitschrift für Pädagogik und Theologie, 69*(2), 185–190.

Schweitzer, F. (2017b). Die Bedeutung von Konfessionalität für einen zukunftsfähigen Religionsunterricht aus evangelischer Sicht. In K. Lindner, M. Schambeck, H. Simojoki & E. Naurath (Hrsg.), *Zukunftsfähiger Religionsunterricht: Konfessionell - kooperativ - kontextuell* (S. 41–54). Herder.

Schweitzer, F. (2008a). *Elementarisierung und Kompetenz: Wie Schülerinnen und Schüler von „gutem Religionsunterricht" profitieren.* Neukirchener Verl.-Haus.

Schweitzer, F. (2008b). Religionsunterricht erforschen: Aufgaben und Möglichkeiten empirisch-religionsdidaktischer Forschung. *Zeitschrift für Pädagogik und Theologie, 60*(1), 59–73.

Schweitzer, F. (2016). Wo also steht die Religionsdidaktik? Kritische Fragen in weiterführender Absicht. *Zeitschrift für Pädagogik und Theologie, 66*(4), 385–391.

Schweitzer, F. & Biesinger, A. (Hrsg.). (2002). *Gemeinsamkeiten stärken - Unterschieden gerecht werden: Erfahrungen und Perspektiven zum konfessionell-kooperativen Religionsunterricht*. Gütersloher Verl.-Haus.

Schweitzer, F. & Boschki, R. (2018a). Introduktion. In F. Schweitzer & R. Boschki (Hrsg.), *Researching religious education: Classroom processes and outcomes* (S. 9–19). Waxmann.

Schweitzer, F. & Boschki, R. (Hrsg.). (2018b). *Researching religious education: Classroom processes and outcomes*. Waxmann.

Schweitzer, F. & Ziebertz, H.-G. (2017). Gestalt und Wirkung des Religionsunterrichts: Empirische Befunde und interkonfessionelle Perspektiven. *Zeitschrift für Pädagogik, 1*, 29–51. ausgedruckt im Ordner.

Sekretariat der Deutschen Bischofskonferenz (Hrsg.). (1996). *Die bildende Kraft des Religionsunterrichts: Zur Konfessionalität des katholischen Religionsunterrichts.*

Sekretariat der Deutschen Bischofskonferenz (2016). *Die Zukunft des konfessionellen Religionsunterrichts. Empfehlungen für die Kooperation des katholischen mit dem evangelischen Religionsunterricht. Die deutschen Bischöfe.*

Sekretariat der Ständigen Konferenz der Kultusminister der Länder in der BRD (2006). *Bericht „Zuwanderung", Beschluss der KMK vom 24.05.2002 i.d.F. vom 16.11.2006.*

Seng, M. (2019, November 1). Grundschülerlernen jetzt auch Werte und Normen. *Landeszeitung*, 1.

Stein, M., Ceylan, R. & Zimmer, V. (2017). Einstellungen zum Islamischen Religionsunterricht von muslimischen ReligionslehrerInnen und LehramtsanwärterInnen in Deutschland. *Hikma, 8*(1), 48–63.

Thomsen, S. (2020). *Bildung in Protestbewegungen: Empirische Phasentypiken und normativitäts- und bildungstheoretische Reflexionen*. Springer Fachmedien Wiesbaden GmbH.

Tiefensee, E. (2009). „Wen interessiert den so etwas?" Der Streit zwischen dem „alten Glauben" und dem „neuen Atheismus" angesichts religiöser Indifferenz. *Lebendige Seelsorge, 60*(6), 414–418.

Uçar, B. & Bergmann, D. (Hrsg.). (2010). *Islamischer Religionsunterricht in Deutschland. Fachdidaktische Konzeptionen: Ausgangslage, Erwartungen und Ziele*. V & R Unipress, Univ.-Verl. Osnabrück.

van der Want, A. van der, Bakker, C., Avest, I. ter & Everington, J. (Hrsg.). (2009). *Teachers responding to religious diversity in Europe: Researching biography and pedagogy*. Waxmann.

Weber, F. (2007). *Bericht des Landeskirchenamtes vor der Landessynode im November 2006, 12f, Aktenstück Nr. 31 E „Im Glauben sprachfähig werden—Zum Verhältnis von Kirche, Schule und Religionsunterricht"*. Zur Verfügung gestellt durch eine Referentin der Konföderation evangelischer Kirchen in Niedersachsen.

Weber, M. (1992). *Wissenschaft als Beruf* (9. Aufl.). Duncker & Humblot.

Wegenast, K. (1968). Die empirische Wende in der Religionspädagogik. *Der evangelische Erzieher, 20*, 111–125.

Wernet, A. (2003). *Pädagogische Permissivität: Schulische Sozialisation und pädagogisches Handeln jenseits der Professionalisierungsfrage*. Leske + Budrich.

Wernet, A. (2009). *Einführung in die Interpretationstechnik der objektiven Hermeneutik*. VS, Verl. für Sozialwiss.

Wiedenroth-Gabler, I. (2008). Islamischer Religionsunterricht in Niedersachsen. Ein Modellversuch zwischen politischem Anspruch und pragmatischem Schulalltag. *Theo-Web. Zeitschrift für Religionspädagogik, 7*(2), 89–89.

Wilken, A. A. (2021). *Professionalisierung durch Schüler*innen-Mehrsprachigkeit? Englischlehrer*innen im Spannungsfeld zwischen Habitus und Norm.* Verlag Julius Klinkhardt.

Wischmann, A. & Dietrich, C. (2014). Genese von Heterogenität im Fachunterricht – Ein Beitrag zur Kontextualisierung von Differenzierungspraktiken. *bildungsforschung, 11*(1), 1–13.

Witzel, A. (1982). *Verfahren der qualitativen Sozialforschung: Überblick und Alternativen.* Campus-Verlag.

Woppowa, J. (2015). Gsarant konfessionelle Vielfalt?! Zu einer notwendigen Didaktik des konfessionellen Religionsunterrichts. *Loccumer Pelikan, 4*, 157–160.

Yavuzcan, I. H. (2017). Stand und Entwicklung des Islamischen Religionsunterrichtes und Religionspädagogik in Deutschland. In P. Antes & R. Ceylan (Hrsg.), *Muslime in Deutschland: Historische Bestandsaufnahme, aktuelle Entwicklungen und zukünftige Forschungsfragen* (S. 171–186). Springer VS.

Ziebertz, H.-G. & Riegel, U. (Hrsg.). (2009). *How teachers in Europe teach religion: An international empirical study in 16 countries.* Lit-Verl.

Onlineressourcen

Bade, R. (2012). Zum Erlass „Regelungen für den Religionsunterricht und den Unterricht Werte und Normen". In Das Katholische Büro Niedersachsen & Die Konföderation evangelischer Kirchen in Niedersachsen (Hrsg.), *Religionsunterricht in Niedersachsen: Dokumente – Erklärungen – Handreichungen.* https://schulabteilung-os.de/fix/files/607/doc/RUinNDS_2012.pdf (letzter Zugriff: 07.03.2020).

Braunschweiger Zeitung (2019, Januar 31). Zu wenig Lehrer: Ausbau des Islamunterrichts dauert noch. *Braunschweiger Zeitung.* https://www.braunschweiger-zeitung.de/niedersachsen/article216333951/Zu-wenig-Lehrer-Ausbau-des-Islamunterrichts-dauert-noch.html (letzter Zugriff: 07.03.2020).

Das Katholische Büro Niedersachsen & Die Konföderation evangelischer Kirchen in Niedersachsen (Hrsg.). (2012). *Religionsunterricht in Niedersachsen: Dokumente – Erklärungen – Handreichungen.* Hannover. https://schulabteilung-os.de/fix/files/607/doc/RUinNDS_2012.pdf (letzter Zugriff: 07.03.2020).

Der Beirat für den Islamischen Religionsunterricht in Niedersachsen (2012). *Lehrerlaubnis für Lehrkräfte des Unterrichtsfachs Islamische Religion an öffentlichen und freien Schulen in Niedersachsen – Idschaza-Ordnung.* http://beirat-iru-n.de/app/download/5780358776/Ijaza-Ordnung+Niedersachsen+Fssg+27.01.12.pdf (letzter Zugriff: 07.03.2020).

Der Präsident der Universität Osnabrück (Hrsg.). (2018). *Zahlen, Daten, Fakten. 2016–2018.* https://www.uni-osnabrueck.de/fileadmin/documents/public/1_universitaet/1.2_zahlen_daten_fakten/Zahlenspiegel/Zahlenspiegel_2016-2018_web.pdf (letzter Zugriff: 07.03.2020).

Die Deutsche Bischofskonferenz & Evangelische Kirche in Deutschland (1998). *Zur Kooperation von Evangelischem und Katholischem Religionsunterricht.* http://archiv.ekd.de/download/konfessionelle_kooperation_1998.pdf (letzter Zugriff: 07.03.2020).

Die Humanisten, AG Säkularisierung (Moira Lambrecht) (o. J.). *Impulspapier Religionsunterricht.* Abgerufen 26. September 2019, von https://diehumanisten.de/vision/themen/religionsunterricht/ (letzter Zugriff: 07.03.2020).

Dressler, B. (2016). Art. „Performativer Religionsunterricht". In *Das wissenschaftliche reli-*

gionspädagogische Lexikon im Internet (WiReLex) (S. 1–13). https://www.bibelwissen schaft.de/stichwort/100017/ (letzter Zugriff: 07.03.2020).

Duden (o. J.). *Art. „heutzutage"*. Abgerufen 25. September 2019, von https://www.duden.de/suchen/dudenonline/heutzutage (letzter Zugriff: 07.03.2020).

Ehlert, J. (2019, Februar 22). Streit um Islamunterricht in Niedersachsen. *NDR Kultur.* https://www.ndr.de/ndrkultur/sendungen/freitagsforum/Streit-um-Islamunter richt,avenariusislamunterricht100.html (letzter Zugriff: 23.01..2020).

Evangelisch-lutherische Landeskirche Hannovers (2013). *Religionsunterricht vor neuen Herausforderungen.* https://www.landeskirche-hannovers.de/evlka-de/wir-ueber-uns/landessynode/synoden-archiv/dreizehnte-tagung-der-24-landessynode/berichte/religionsunterricht (letzter Zugriff: 07.03.2020).

Evangelisch-lutherische Landeskirche Hannovers (2018). *Fach „Werte und Normen" an Grundschulen ist angemessen.* https://www.landeskirche-hannovers.de/evlka-de/presse-und-medien/nachrichten/2018/06/2018_06_12_4 (letzter Zugriff: 07.03.2020).

Evangelisch-lutherische Landeskirche Hannovers (o. J.). *Konfessionell kooperativ.* Abgerufen 26. August 2019, von https://www.landeskirche-hannovers.de/evlka-de/wir-fuer-sie/kinder/kita-und-schule/konfessionell_kooperativ (letzter Zugriff: 07.03.2020).

Evangelische Kirche in Deutschland (2018). *Kirchenmitgliederzahlen. Stand 31.12.2017.* https://archiv.ekd.de/download/Kirchenmitglieder_2017.pdf (letzter Zugriff: 07.03.2020).

FAZ, Frankfurter Allgemeine Zeitung (2021, Mai 19). *Kirchen in Niedersachsen wollen gemeinsamen Religionsunterricht.* https://www.faz.net/aktuell/politik/inland/niedersach sen-kirchen-wollen-gemeinsamen-religionsunterricht-17348551.html (letzter Zugriff: 13.10.2021).

Kalbheim, B. (2017). Art. „Empirische Wende". In *Das wissenschaftliche religionspädagogische Lexikon im Internet (WiReLex).* https://www.bibelwissenschaft.de/fileadmin/buh_bibelmodul/media/wirelex/pdf/Empirische_Wende__2018-09-20_06_20.pdf (letzter Zugriff: 07.03.2020).

Kirchenamt der EKD (1999). *Religionsunterricht für muslimische Schülerinnen und Schüler. Eine Stellungnahme.* https://www.ekd.de/religionsunterricht_muslimisch_1999.html (letzter Zugriff: 07.03.2020).

Marschall, B. & Mayntz, G. (2010). Sommerinterview mit Thomas de Maizière, „Islam aus den Hinterhöfen holen". *Rheinische Post.* http://www.rp-online.de/politik/deutsch land/islam-aus-den-hinterhoefen-holen-aid-1.480644 (letzter Zugriff: 07.03.2020).

Meseth, W. (2011). Erziehungswissenschaft – Systemtheorie – Empirische Forschung. Methodologische Überlegungen zur empirischen Rekonstruktion pädagogischer Ordnungen. *Zeitschrift für Qualitative Forschung.* https://www.budrich-journals.de/index.php/zqf/article/viewFile/10806/9350 (letzter Zugriff: 07.03.2020).

Niedersächsisches Kultusministerium (Hrsg.). (2011). *Regelungen für den Religionsunterricht und den Unterricht Werte und Normen (RdErl. D. MK v. 10.5.2011 – 33-82105).* https://www.mk.niedersachsen.de/download/59640/Erlass_Religionsunterricht_1.8.2011.pdf (letzter Zugriff: 07.03.2020).

Niedersächsisches Kultusministerium (2012). *Beirat konstituiert sich: Neues Fach „Islamische Religion" soll in Niedersachsen 2013 starten.* https://www.mk.niedersachsen.de/start seite/aktuelles/presseinformationen/102675.html (letzter Zugriff: 07.03.2020).

Niedersächsisches Kultusministerium (2017). *Land will „Werte und Normen“ an Grundschulen erproben – Einjährige Erprobungsphase startet zum Schuljahr 2017/18.* Hannover. https://www.mk.niedersachsen.de/startseite/aktuelles/presseinformationen/land-will-werte-und-normen-an-grundschulen-erproben--einjaehrige-erprobungsphase-startet-zum-schuljahr-20172018-154338.html (letzter Zugriff: 07.03.2020).

Niedersächsisches Kultusministerium (2018). *Land will die Erprobungsphase „Werte und Normen an Grundschulen“ ausweiten – künftig nehmen 40 Grundschulen teil.* https://www.mk.niedersachsen.de/startseite/aktuelles/presseinformationen/land-will-die-erprobungsphase-werte-und-normen-an-grundschulen-ausweiten--kuenftig-nehmen-40-grundschulen-teil-165458.html (letzter Zugriff: 07.03.2020).

Niedersächsisches Kultusministerium (2019a). *Die niedersächsischen allgemeinbildenden Schulen in Zahlen. Stand: Schuljahr 2017/18.* https://www.mk.niedersachsen.de/startseite/service/statistik/die-niedersaechsischen-allgemein-bildenden-schulen-in-zahlen-6505.html (letzter Zugriff: 07.03.2020).

Niedersächsisches Kultusministerium (2019b). Werte und Normen soll 2025 ordentliches Unterrichtsfach an Grundschulen werden. https://www.mk.niedersachsen.de/startseite/aktuelles/presseinformationen/werte-und-normen-soll-2025-ordentliches-unterrichtsfach-an-grundschulen-werden-182148.html (letzter Zugriff: 13.10.2021).

Nohl, A.-M. (2005). Dokumentarische Interpretation narrativer Interviews. *bildungsforschung, 2*(2). https://www.pedocs.de/volltexte/2014/4658/pdf/bf_2005_2_Nohl_Dokumentarische_Interpretation.pdf (letzter Zugriff: 07.03.2020).

Nohl, A.-M. (Hrsg.). (2020). *Liste von Publikationen mit Bezug zur Dokumentarischen Methode, Stand 07.01.2020.* Abgerufen 22. Januar 2020, von https://www.hsu-hh.de/systpaed/dokumentarische-methode (letzter Zugriff: 07.03.2020).

Rat der Konföderation evangelischer Kirchen in Niedersachsen (2007). *Aus der Synode der Konföderation: Kirchen besorgt über Ausfall von Religionsunterricht.* https://www.landeskirche-hannovers.de/evlka-de/presse-und-medien/nachrichten/2007/03/10-5772 (letzter Zugriff: 07.03.2020).

REMID, Religionswissenschaftlicher Medien- und Informationsdienst. (2017). *Religionen & Weltanschauungsgemeinschaften in Deutschland: Mitgliederzahlen.* https://www.remid.de/info_zahlen (letzter Zugriff: 07.03.2020).

RPI Loccum (Religionspädagogisches Institut). *Weiterentwicklung des Religionsunterrichts in Niedersachsen.* https://www.rpi-loccum.de/tmp/cru (letzter Zugriff: 13.10.2021).

Schaumburger Nachrichten. (2018, Mai 12). *Niedersachsen will islamischen Religionsunterricht ausbauen.* https://www.sn-online.de/Nachrichten/Der-Norden/Niedersachsen-will-islamischen-Religionsunterricht-ausbauen (letzter Zugriff: 07.03.2020).

Sekretariat der Ständigen Konferenz der Kultusminister der Länder in der Bundesrepublik Deutschland (2002). *Zur Situation des Evangelischen Religionsunterrichts in der Bundesrepublik Deutschland: Bericht der Kultusministerkonferenz vom 13.12.2002.* https://www.kmk.org/fileadmin/Dateien/veroeffentlichungen_beschluesse/2002/2002_12_13-Situation-Evangel-Religionsunterr.pdf (letzter Zugriff: 07.03.2020).

Sekretariat der Ständigen Konferenz der Kultusminister der Länder (2019). *Auswertung Religionsunterricht. Schuljahr 2017/18.* https://www.kmk.org/fileadmin/Dateien/pdf/Statistik/Dokumentationen/AW_Religionsunterricht_II_2017_18.pdf (letzter Zugriff: 07.03.2020).

Spiegel Online (2018, Mai 9). Muslimische Lehrerinnen. Kopftuchverbot – in jedem Bundesland anders. *Spiegel Online.* https://www.spiegel.de/lebenundlernen/job/kopftuchverbot-an-schulen-so-unterschiedlich-sind-die-regeln-fuer-lehrerinnen-a-1206983.html (letzter Zugriff: 07.03.2020).

Bibelübersetzung:

Die Bibel: Nach Martin Luthers Übersetzung: Lutherbibel (M. Luther, Übers.; Revidiert 2017, Jubiläumsausgabe „500 Jahre Reformation"). (2017). Deutsche Bibelgesellschaft.

Abbildungsverzeichnis